학교에서의
교육과정 통합단원 개발

김대현 · 류영규 · 김지현 · 이진행 · 박종혁 공저

How to Plan
Curriculum
Integrated
Units in Schools

학지사

머리말

코로나19 감염병의 위세가 여전하다. 한 해면 충분할 줄 알았는데, 그리고 백신이 개발되면 멈출 줄 알았는데, 끝이 보이질 않는다. 희망과 절망이 교차하는 '희망고문'이다.

교육개혁도 마찬가지이다. 어떤 이는 최근 수년 동안 학교가 크게 달라졌다고 말한다. 교과서 대신 교육과정 중심 수업이 이루어지고, 학생이 주도적이고 협력적으로 참여하는 수업이 진행되며, 학생들의 정신 건강을 위하여 회복적 생활교육이 전개된다. 교육이라는 생명이 학교에서 이제 꽃을 피우기 시작했다고 한다.

이와 달리, 학교가 달라진 것이 없다고 보는 이도 있다. 학생들은 학교에서의 배움에 재미를 느끼지 못하고, 하교 후에는 학원 주변을 서성거리며, 늦은 밤 생기 없는 얼굴로 집으로 돌아온다. 마치 그리스 신화에 나오는 시시포스처럼 학생은 학업에 짓눌려 고통스러운 삶을 반복한다. 학부모는 자녀의 미래를 불안한 마음으로 지켜보며 자신이 가진 것을 털어 내어놓는다.

나는 교육개혁에 대한 가슴 뛰는 희망도, 아무것도 달라진 것이 없다는 절망도 우리가 보고 있는 현실이라고 생각한다. 학교 안은 분명히 달라지고 있다. 학교 혁신을 이룬 학교들이 여기저기 성과를 드러낸다. 하지만 학교 혁신을 방해하는 그릇된 사회이념과 이를 지탱하는 사회구조가 거대한 벽처럼 버티고 있다. '능력주의'를 너무나 당연한 것으로 여기고 사회를 유지하고 발전시키는 근본 동력이라고 믿는 기득권자들이 스스로 벽을 무너뜨리지 않는 한, 우리 교육의 변화는 한계가 있을 수밖에 없다.

따라서 교육개혁의 성공은 근본적으로 능력주의 이념과 이를 유지하고자 하는 사회구조를 혁파할 때 가능하다. 학력, 계층, 성별, 민족, 인종 등에 따라 차별을 받지 않는 사회보상 시스템이 마련될 때 비로소 교육개혁은 성공할 수 있다. 출신 학교의 졸업장에 따른 사회적 보상 차이가 줄어들 때 학교교육이 비로소 정상화될 수 있다.

물론 외부의 변화만으로 학교가 바뀔 수는 없다. 학교 내에서도 개혁이 중단 없이 진행되어야 한다. 교육과정통합은 단순히 교과를 관련짓는 활동이 아니라, 학습에서 교과가 갖는 의미를 진지하게 묻고, 교과 구분에 대한 타당한 이유를 찾으며, 통합의 필요성, 가능성, 한계를 성찰하게 하는 활동이라는 점에서 학교개혁의 주요한 한 축을 담당한다.

나는 2021년 『교육과정통합이론』이라는 저서를 집필했다. 그동안의 연구와 경험을 한군데 녹여서 교육과정통합에 관계되는 다양한 개념과 이론을 정리하고, 우리나라 통합교과의 역사와 구성 방식을 살폈으며, 학교에서 통합단원을 개발하는 절차와 이를 위해 갖추어야 할 환경을 제시하였다. 학교 안팎의 교육 현장에서 이러한 주제에 관심을 가진 교원들이 교육과정통합의 필요성과 중요성을 이해하고 통합단원을 만들 수 있는 역량을 갖도록 하는 데 초점을 두었다.

하지만 이 책을 읽어 본 독자 중에는 통합단원의 개발 절차가 실제로 적용된 사례가 있으면 좋겠다고 말씀하신 분도 있었다. 책을 내고 난 뒤에 나도 같은 생각을 하였다. 마침 그동안 함께 공부해 온 역량 있는 선생님들이 주변에 있어서 『학교에서의 교육과정 통합단원 개발』을 내게 되었다. 실제 사례만 싣게 되면 이론적 기반 없이 흉내만 낼 가능성이 있기에, 『교육과정통합이론』에 제시한 기본 개념과 이론 그리고 학교에서의 통합단원 개발 절차를 제1부에 싣고, 제2부에는 통합단원 개발의 실제 사례를 제시하였다.

제2부의 실제 사례는 초등학교 네 단원, 중학교 두 단원, 고등학교 두 단원으로

구성하였다. 단원 개발에 앞서서 『교육과정통합이론』의 이론 편을 여러 번 반복해서 읽는 것으로 출발점을 같이했다. 실제 단원 개발에 들어갔을 때, 교사 개인의 성향, 학교급의 차이, 단원 주제의 성격, 교육과정과 교과서 구성 내용의 차이로 인해 한 가지 양식으로 단원 개발을 하는 것이 어렵다고 판단하였다. 가장 기본적인 설계 형식은 공통으로 하고, 나머지는 학교급, 단원 주제 그리고 개발자의 개성을 바탕으로 독자적으로 개발하기로 하였다. 단원을 개발한 이후에는 모여서 함께 검토하고 수정하는 작업을 여러 번 반복하였다.

부디 이 책이 학교에서 통합단원을 개발하고자 하는 선생님들에게 도움이 되기를 바란다. 이 책에 적혀 있는 이론을 읽어 보고, 개발의 실제를 따라가면 어렵지 않게 통합단원을 개발할 수 있을 것으로 생각한다.

얼마 전 도서출판 학지사 창립 30주년 행사가 있었다. 학지사와 나와의 인연도 창립부터 함께했기에 30년이 되는 셈이다. 최근 코로나19 감염병의 확산으로 대면 수업이 줄어들고, 교원양성 기관의 축소로 교육학 관련 도서를 출판하는 데 어려움이 많을 것으로 생각한다. 쉽지 않은 환경 속에서도 수준 높은 편집과 디자인으로 좋은 책을 만들어 주신 김진환 사장님, 김순호 이사님, 김은석 이사님, 유가현 과장님께 감사의 말씀을 드린다.

2023년
저자 대표 김대현

차례

제2부

통합단원 개발의 실제

제1부

학교에서의 교육과정 통합단원 개발의 이론적 기반

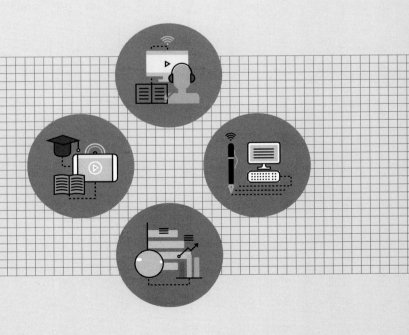

제1장

교육과정통합의 개념

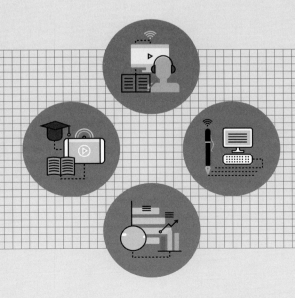

1. 교육과정통합의 의미

교육과정통합이라는 말에서 통합은 'integration'을 번역한 말이다. 교육과정 분야에서 통합이라는 말을 많이 사용하는 이유는 통합이 '완전함' '전체성(wholeness)'을 지향한다는 믿음 때문이다.

우리는 부분보다는 전체라는 말에 이끌린다. 특히 교육은 특정한 영역에서 한 가지 기능을 발휘하는 사람보다 지적 · 정의적 · 도덕적 · 신체적으로 균형 있는 발달을 갖춘 전인을 양성하는 것을 목표로 한다. 이러한 목표를 지향하는 교육과정의 구성 역시 일부가 아닌 전체성을 가져야 한다고 믿는다. 하지만 교육에서 인간의 완성된 상태, 곧 전체성을 획득한 상태가 무엇인지 규정하기 어려운 것처럼, 교육과정통합을 통하여 구현하고자 하는 전체성이란 매우 모호하고 애매한 개념이다.

나는 통합의 조건으로 전체성의 출현을 내거는 것은 교육과정통합에 관심이 있는 많은 사람을 낙담시키리라고 본다. 그 이유는 다음과 같다. 우선, 전체성의 출현이란 어떤 상태인가? 전체성이라는 개념 자체를 부정하는 것은 아니지만, 현재 우리의 지식으로는 교육 요소들을 결합하여 전체성을 이룬 상태가 어떤 것인지 알기 어렵다. 다음으로, 교육과정통합에서 통합의 대상이 되는 교육 요소들, 특히 교과나 학문, 지식형식이 각기 결합하여 하나의 통일된 체제를 이룬다고 하는 것은 다음과 같은 이유로 문제가 있는 주장이다.

첫째, 교과의 경우에 여러 교과가 결합하여 하나의 통일된 체계를 갖춘다는 것은 말할 것도 없고, 하나의 교과도 내부적으로 통일된 체계를 이루고 있다는 주장도 가능한 것은 아니다. 왜냐하면 교과는 교과내용의 논리적 형식뿐만 아니라 수업의 운영, 사회의 요구 등이 반영된 복합물이기 때문이다.

둘째, 학문도 교과와 마찬가지로 학문 간의 통일성은 물론이고 학문 내의 통일성도 말하기 어렵다. 학문의 구조는 개념과 논리구조, 방법론을 토대로 하고 있지만, 그 속에는 학문공동체의 가치관과 태도 등이 포함되어 때로는 정의적이고 파당적(派黨的)인 성격을 지닌다. 그러나 이보다 더욱 큰 문제는 같은 학문을 연구하는 학자들조차 학문의 구조에 대한 견해가 같지 않다는 점이다(Goodlad & Su, 1992: 335).

셋째, 지식형식들 간의 통합성은 물론이고 어떤 하나의 지식형식에 속하는 하위 형식들 간의 통합성도 인정하기 어렵다. Hirst로 대표되는 지식형식 이론은 지식형식의 독자성을 성립시키는 범주적 개념과 논리적 구조를 제대로 설명하지 못한다는 점에서 정당성이 약한 주장이다(김대현, 1992: 52-69).

이와 같이, 통합의 의미를 전체성의 출현 여부로 규정한다면 교육과정통합은 실체가 매우 모호한 상태가 된다. 따라서 통합이라는 말이 비록 논리적으로는 전체성의 실현을 그 필요조건으로 하여 의미를 지니는 말이라 할지라도, 교육과정 분야에서 통합을 논할 때는 전체성이라는 지나치게 엄격한 조건을 내걸기보다 '상호 관련성(inter-relation)'을 토대로 하여 의미를 찾는 것이 타당해 보인다. 물론 이러한 접근 방식이 명석과 판명을 생명으로 하는 '논리의 세계'에는 어울리지 않지만, 교육과정통합에 대한 불필요한 논쟁에 쏟게 될 시간과 노력을 절감하는 방안이 될 수 있다. 왜냐하면 논리의 세계에서 가능한 전체성 또는 완전한 개체라는 개념에 매달리게 되면, 앞에서 밝힌 바와 같이 이 개념들이 의미하는 상태에 대한 우리 인식의 한계를 마주하게 되며, 정작 우리가 관심을 가져야 할 실제의 세계를 이해하거나 개선하는 데 힘을 쏟을 수 없기 때문이다.

그러므로 전체성을 둘러싸고 일어나는 개념적 논쟁에서 벗어나서, 교육 요소들 간에 실제로 존재하는 상호 관련성을 바탕으로 교육과정통합을 논의하는 것이 현실적이다. 비록 통합이라는 말의 개념적 의미에 반하는 것이기는 하지만, 나는 교육과정통합을 '교육과정을 구성하는 교육 요소들을 상호 관련짓는 활동'으로 규정하고자 한다. 즉, 통합이라는 말에서 전체성을 잠시 옆으로 제쳐 두고, 통합이라는 말의 사전적인 본래적 의미에 충실하게 접근하는 것이 합리적이고 현실적인 일이다.

통합의 사전적 의미는 다음과 같다.

Integration은 '2개 이상의 어떤 것을 결합하여 하나로 만드는 것(to combine two or more things into one)'이라는 의미를 지닌다. 이러한 정의는 결합의 요소(two or more things), 과정(to combine)과 결합의 상태(one)를 보여 준다. 여기에 덧붙여 '어떤 것이 더욱 효과적이기 위하여 2개 이상의 어떤 것을 결합시키는 것(to combine two or more things to make something more effective)'이라는 정의는 결합의 이유(to make something more effective)까지도 제시한다. 여기서 결합의 상태(one)를 전체성을 획득한 '이상적인 상태'로 보기보다는, 2개 이상이 결합되어 새로운 효과/효력을 나타내는 것으로 보는 것이 타당하다.

곽병선(1983)도 오래전에 교육(교육과정)에서의 통합을 '횡적 통합'과 '종적 통합'으로 구분한 바 있다. 횡적 통합은 주어진 한 연령이나 학년 단위에서 교과의 학습경험을 통합하는 것이고, 종적 통합은 연령이나 학년 수준을 가로질러서 교과와 학습경험을 통합하는 것이다. 전자는 교육과정에서 범주를 통합하는 것이고, 후자는 계열의 통합을 시도하는 것이다(곽병선, 1983: 88).

나는 곽병선의 주장에 동의하면서도, 교육의 공간을 학교 바깥 사회로 확대하고, 교육받는 시기를 학교 교육 이전 시기와 학교 교육 이후 시기까지로 넓히며, 교육의 영역을 교과뿐만 아니라 창의적 체험활동, 생활지도, 학급경영을 포함하는 것으로 확장하여, 교육(교육과정)에서의 통합을 제안한다.

교육과정통합은 교육의 성과를 높이기 위하여 교육과정의 구성 요소들을 결합(combine)하는 것을 가리킨다. 학교에서의 학습이 학교 밖의 가정이나 사회에서의 경험과 결합되어야 하고, 어린 시절의 경험이 청년 시절의 경험과 결합되어야 하며, 이 경험이 장년과 노년 시절의 경험과 결합되어야 한다. 학교 교육에 한정하여 생각하더라도 학년이나 학교급 간의 경험이 서로 결합되고(수직적 결합), 동일 학년에서도 교과와 교과, 교과와 창의적 체험활동, 교과와 학급경영과 생활지도가 결합되어야 한다(수평적 결합).

한편, 통합에서 결합의 방식은 여러 가지 양상을 지닌다. 관련 있는 것을 같은 시간대나 공간에 놓는 것(parallel, juxtapose), 유사한 것들을 물리적으로 크게 하나로 묶는 것(broad fields), 어떤 것을 중심으로 개별 요소들의 독립성은 유지한 채 관련 짓는 것(multi-), 여러 분야의 공통적인 요소를 떼어 내어 하나로 묶는 것(inter-), 어떤 것을 중심으로 결합하되 개별 요소들의 독립성이 사라지는 것(trans-) 등으로 다양하다. 통합교육과정에서 결합의 방식은 통합의 유형에 관한 다음 절에서 더욱 구체적으로 다룬다.

최근 교육과정통합과 유사한 의미로 융합교육과정, 융복합교육과정, 통섭교육과정이라는 말이 사용되고 있다. 여기서는 융합, 융복합, 통섭 등의 의미를 살핌으로

써 교육과정통합과의 관계를 간단히 정리하려고 한다.

먼저 영어의 fusion과 convergence는 '융합'으로 번역되어 사용되고 있다. fusion은 '종류가 다른 것들이 녹아서 서로 구별이 없게 하나로 합하여지거나 그렇게 만듦'이라는 뜻이다. 나는 융합을 교육과정통합의 한 가지 유형으로 본다.

'융합'으로 번역되고 있는 convergence의 사전적인 의미는 2개 이상의 사물이나 아이디어가 유사해지거나 함께 모이는 것(the fact that two or more things, ideas, etc. become similar or come together)이다. 이 용어는 본래 광학 용어로, 17세기 천문학자 Kepler가 수렴렌즈(볼록렌즈, convex lens)를 통해 광선이 한 점으로 모이는 현상을 '컨버전스(수렴)'라고 설명하면서 최초로 개념화됐다(선호, 2007). 김덕현은 이 용어를 '과학과 산업 기술의 결합 분야에서 사용할 것'을 제안하였다. 그는 다음과 같이 말하였다.

> 국내에서 일상적으로 쓰였던 용어인 융합을 국가 차원에서 논의하기 시작한 것은 과학기술 및 산업경제 정책의 수립 과정이었음을 상기해야 한다. 2008년에 정부가 수립한 국가 융합기술발전 기본계획은 2002년과 2004년에 각각 발표된 미국과 EU의 융합기술(converging technology) 발전계획에 대응하기 위한 것이었다. 이런 배경에서 융합(convergence)을 독립적으로 존재하던 개체들의 화학적 결합을 통해 가치가 커진 새로운 개체를 창조하기 위한 (의도적) 생산공정이라 정의하고, 그 대상을 기술과 제품·서비스·산업 등으로 제한할 것을 제안한다(김덕현, 2011).

융복합이라는 용어는 fusion과 compound를 합친 것이다. '복합'을 뜻하는 compound는 2개 이상의 다른 요소를 합친 것(something consisting of two or more different parts)으로, 융합과 유사하지만 복합이라는 말에서 複(겹침)과 合(합침)이 의미하듯이, 서로 구분을 하지 못할 정도로 하나로 합치는 것이 아니라, 개개의 독립된 성질을 가지고 합치는 것을 복합이라고 말할 수 있다. 안유섭도 융합과 복합을 다음과 같이 구분하고 있다.

> 복합(compound)은 두 가지 이상을 하나로 합친다는 뜻으로, 융합이 물리·화학적으로 분리가 불가능한 상태로 합쳐지는 데 비하여, 복합은 분리 가능한 상태로 합쳐

지는 것을 말한다. 예를 들어, 인쇄복합기는 인쇄기에다 복사와 스캔 기능 등을 더해서 만들어짐으로써 복합기(multifunctional departmental device)라고 부르는 반면, 스마트폰은 여러 기능이 서로 분리할 수 없도록 연결되어 있는 점이 다르다고 할 수 있다(안유섭, 2020).

나는 복합도 융합과 마찬가지로 교육과정통합의 한 가지 유형으로 본다.

교육과정통합과 관련하여 통섭(consilience)이라는 용어도 사용되고 있다. '통섭'이라는 말의 사전적 의미는 여러 학문의 원리를 연결하여 종합적인 이론을 만드는 것(the linking together of principles from different disciplines especially when forming a comprehensive theory)이다. 미국의 생물학자 Edward Wilson은 학문의 통합이론으로 통섭을 주장했다. 최종덕(2007)에 따르면, Wilson이 말하는 통섭은 사회학적 현상은 심리학적 현상으로 환원되고, 심리학적 현상은 생물학적 현상으로 환원되며, 궁극적으로 모든 것은 물리학적 현상으로 설명된다는 물리환원주의를 신봉하는 흐름 속에 있다(손제민, 2007에서 재인용). 통섭이 여러 학문을 연결하여 종합적인 이론을 만드는 데 관심이 있는 반면에, 교육과정통합은 교육의 성과를 높이기 위하여 교육과정의 여러 요소를 관련짓는 데 초점이 있다는 점에서 차이가 있다.

한편, 교육과정통합에서 사용되는 교육과정이라는 말도 통합과 마찬가지로 매우 포괄적이다. 포괄적이라는 말은 '일정한 대상이나 현상 따위를 어떤 범위나 한계 안에 모두 끌어넣는 것'이라는 의미를 가진다. 학술적 개념을 규정할 때, 포괄적 접근을 하는 것은 설명하고자 하는 대상이나 현상을 엄밀하게 기술하는 데 어려움을 준다. 여기서는 통합과 함께 사용되는 교육과정의 의미를 내용의 폭, 개발 차원, 운영 형태, 전달 수준과 매체, 운영 목적 등의 차원으로 구분하고자 한다.

첫째, 교육과정 속에는 교과와 과목, 창의적 체험활동의 영역이 있다. 교과와 과목은 교육과정의 기본 단위(curriculum units)로, 수업이나 학습을 목적으로 교육내용을 선정하고 조직한 것이다. 오늘날 학교에서는 행정적인 면에서 관리가 쉽고, 교사의 책임이 명확히 드러나며, 학생들이 일관성 있는 학습활동을 하기 쉽도록 전체 교육활동을 교과나 과목의 활동으로 분할하여 운영한다. 이 중에서 교과는 과목을 포함하는 것으로, 예를 들면 사회과는 교과이며, 역사, 지리, 일반사회는 과목에 속한다(김대현, 2017). 그리고 교과나 과목은 지식, 기능, 태도와 가치 등의 내용으로 구성된다.

따라서 교과와 과목 내에서 이러한 교육내용을 통합할 때는 교과 내 통합, 과목 내 통합이라고 부른다. 교과와 과목 간에도 이러한 교육내용의 통합이 이루어지는데, 이를 교과 간 통합, 과목 간 통합이라고 한다. 또한 창의적 체험활동은 자율활동, 동아리활동, 봉사활동, 진로활동의 네 영역으로 구성되는데, 이들 영역 간의 통합(창의적 체험활동의 영역 통합)이나 이들 영역과 교과활동의 통합(교과와 창의적 체험활동의 통합)을 생각할 수 있다.

둘째, 개발 차원에서는 국가 수준의 개발과 학교 차원의 개발로 구분할 수 있다. 국가 수준에서 보면 학생의 발달 수준에 부응하거나, 사회의 요구를 반영하기 위하여, 때로는 교육의 효율성을 높이기 위하여, 기존의 교과(과목)나 프로그램을 통합하여 새로운 교과를 개발할 수 있다. 초등학교의 학교적응활동 프로그램(이전의 '우리들은 1학년'), 저학년의 통합프로그램(대주제 중심의 통합프로그램, 바른 생활, 슬기로운 생활, 즐거운 생활), 중등학교의 공통/통합사회와 공통/통합과학 등이 이에 해당하며, 우리는 통합교과(integrated subjects)라고 부른다. 반면에, 학교 차원에서의 교육과정통합은 국가 수준 교육과정에서는 분리된 교과를 학교에서 연계하여 운영하는 것을 가리킨다. 또한 국가 수준에서 개발된 통합교과도 다른 교과와 연계하거나 통합교과들 간에도 연계를 할 수 있다. 이와 같이 학교에서의 교육과정통합은 교육과정 재구성 작업의 일환으로, 학교 단위에서 이루어지는 교과 내, 교과 간, 과목 내, 과목 간, 교과와 창의적 체험활동 등의 통합을 의미한다.

셋째, 개발 단위에서 교육과정통합은 통합교과나 과목의 개발, 통합단원의 개발, 수업통합, 차시통합 등으로 나타난다. 통합교과나 과목은 학생의 발달 수준, 사회의 요구, 교육의 효율성을 높이기 위하여 기존의 교과나 과목을 하나로 묶거나 과거에는 없었던 새로운 교과나 과목을 만드는 것을 말한다. 통합단원의 개발은 개별 교과나 과목 내에서 때로는 교과나 과목 간에 관련이 있는 내용을 묶어서 일정한 기간 내에서 운영하는 것을 가리킨다. 학교에서 이루어지는 교육과정통합은 대개 통합단원을 개발하고 운영하는 형태이다. 수업통합이란 다소 모호한 말이다. 넓은 의미로 수업통합에는 학교에서 하게 되는 교과나 과목의 통합을 포함하여 제반 형태의 모든 통합교육이 포함된다. 하지만 좁은 의미로는 묶음 시간표를 이용하여 과목 내 또는 과목 간을 연계하여 수업하는 차시 통합을 의미한다. 열린교육운동이 한창이던 1990년대 초등학교를 중심으로 활발했던 차시통합은 여러 교과(과목) 간에 걸친 관련 내용을 2~3시간으로 묶어 가르치는 수업을 의미했다.

넷째, 전달 수준과 매체의 차원에서 보면, 교육과정통합은 교과 교육과정 내용들의 연계, 교과서 바깥의 인쇄물 및 유·무형의 온라인 교수·학습 자료의 연계 등으로 나타난다. 국가 수준의 교과별 내용(여기서는 성취기준)을 중심으로 통합단원을 만드는 것과 교과별 내용을 효과적으로 전달하기 위한 수단으로서 마련된 교과서 내용을 중심으로 통합단원을 구성하는 것은 구분된다. 우리나라 교육의 역사에서 교육과정의 내용이 곧바로 교과서의 내용이라는 인식이 강했던 시절에는 교과서 내용을 중심으로 통합단원을 구성하고자 하는 시도가 많았다. 반면에, 교육과정 중심 수업이 강조된 제6차 교육과정과 성취기준이 도입된 제7차 교육과정 이후에는 교육과정 중심의 통합단원의 개발과 운영 사례가 늘어나고 있다. 또한 교수·학습 자료가 서책 중심의 교과서 범위를 넘어서서 국내외의 문자, 음성, 영상 등의 다양한 매체로 확장됨에 따라, 통합단원의 개발과 운영이 더욱 용이하고 다채로운 방식으로 전개되고 있다.

다섯째, 통합의 목적에서 교육과정통합은 학생의 삶과 교과(과목)의 연계, 학교에서의 학습과 사회 속에서의 배움의 연계, 교과를 구성하는 지식, 기능, 태도와 가치 등의 학습 요소들의 연계, 자신과 동료 및 사회의 연계 등을 목적으로 하는 교육활동을 의미한다. 교육과정통합은 그 자체로 가치를 지닌다기보다는 학습경험을 횡적으로 그리고 종적으로 결합하는 활동으로서 의미가 있다. 이것을 '학습의 통합'이라고 부른다면, 학습의 통합은 학습자가 이전의 경험과 현재의 경험을 관련짓고, 자신의 개인적 경험과 학교에서 배우는 교과 학습을 연계하며, 학교에서 배우는 학습과 가정, 사회에서 경험한 것을 관련짓는 성장의 과정을 의미한다. 또한 학습의 통합은 지적·사회적·도덕적·신체적·미학적인 경험을 서로 연계하며, 자신의 삶이 사회의 유지와 발전에 어떤 도움이 되는지를 반성적으로 성찰하고 실천하는 활동을 가리킨다.

이와 같이 교육과정통합은 교육과정이라는 말이 갖는 다차원적인 의미와 통합이라는 말이 갖는 여러 결합 방식을 포함하는 매우 포괄적인 교육활동을 가리킨다. 결론적으로, 교육과정통합은 학습의 통합을 지향하며, 국가나 학교 차원에서 개발하거나 운영할 수 있고, 교과(과목) 내 통합과 교과(과목) 간 통합, 교과와 창의적 체험활동의 통합으로 나타난다. 그것은 통합교과(과목), 통합단원 그리고 차시통합 (수업통합)의 형태로 모습을 드러낸다. 또한 교육과정통합은 국가 수준의 교과내용 의 통합뿐만 아니라 교과서 내용의 통합, 나아가 다양한 형태의 교수 · 학습 자료의 활용 등으로 교육적 성과를 높이기 위한 전문적인 교육활동이다.

2. 교육과정통합의 유형

이영덕(1983)과 곽병선(1983)은 교육과정통합이 본격적으로 논의되고 학교 현장 에 교육과정 구성 방법으로 자리 잡기 시작한 것을 미국에서 진보주의 교육운동이 활발했던 시기로 보고 있다. 당시 교육과정은 전통적인 교과 중심 교육과 입장을 달리하면서, 학생의 흥미, 발달, 생활 사태 및 필요, 사회 문제 해결 등을 중심으로 구성되어야 한다고 보았다. 이러한 교육과정의 관점을 '경험주의 교육과정 관점'이 라고 부른다.

이영덕(1983: 15)은 먼저 '교육과정통합'과 '통합교육과정'을 구분한다. 전자가 교 육과정의 요소가 어떤 기준에 의해서 분리 · 독립되어 있는 것을 상호 관련짓고 통 합함으로써 하나의 의미 있는 체계로 발전시키는 과정 내지 시도를 의미한다면, 후 자는 그러한 시도와 노력으로 이룬 산출물을 의미한다고 보았다.

그는 교육과정통합의 궁극적 목적을 학습경험의 통합으로 보고, Alberty와 Alberty(1963)가 학습경험의 통합 내지 학습의 유의미성을 중심으로 일반교육을 위 한 교육과정의 조직 유형을 제시한 것을 정리하여 소개하였다(이영덕, 1983: 27-33).

Alberty와 Alberty는 교육과정통합의 유형을 분과형, 상관형, 융합형, 문제 중심 형, 문제 생성형으로 구분하고, 분과형, 상관형, 융합형은 교과를 기반으로 하지만, 문제 중심형과 문제 생성형은 학생들의 흥미와 관심 그리고 그들이 생활에서 느끼 는 문제를 다룬다는 점에서 교과 간의 경계를 벗어난다고 보았다. 이 중에서 문제 생성형은 문제 중심형과 유사하지만, 교사들에 의하여 사전에 계획되지 않는다는 점에서 구별된다. 즉, 교육이 이루어지는 바로 그 현장에서 계획되고 학습되고 평 가되는 성격이 있다는 점에서 '생성 교육과정(emerging curriculum)'이라고 불리지 만, 이러한 유형의 교육과정을 운영하는 학교는 극히 적다.

Alberty와 Alberty는 통합의 유형 중에서 '문제 중심형 통합'에 가장 큰 관심을 가졌다. 그들은 문제 중심형 통합이 학교와 실세계를 연결하고 학생들의 문제 해결력을 길러 준다고 보았다. 물론 교과를 중심으로 하는 교육과정 운영(분과형, 상관형, 융합형)도 학생들의 문제 해결력 신장을 중시한다. 이 경우에 교과 속에 들어 있는 지식과 기능을 학습시키면 실생활에서 만나는 문제들도 잘 처리할 것이라는 믿음을 가지고 있다(교과의 학습 → 문제 해결력 신장).

반면, 문제 중심형 통합에서는 문제를 먼저 제기하고, 이를 해결하는 과정에서 지식, 기능, 태도를 갖게 된다고 본다. 당면한 문제들을 찾아내고 그 문제를 다방면으로 분석하고 해결방안을 찾는 과정에서 지식, 기능, 태도와 가치 등의 학습이 일어난다는 것이다(문제 분석과 해결의 과정 → 지식, 기능, 태도와 가치의 학습). 또한 공통적인 관심사나 문제를 중심으로 하는 집단 사고를 통해서 민주적 문제 해결력, 의사소통, 협력의 산경험들을 길러 주고, 문제 해결 과정에서 자신의 능력과 흥미에 맞는 역할을 분담함으로써 개별화된 학습기회를 갖게 된다. 또한 여러 교사가 공동으로 계획하고 준비할 기회를 준다는 점에서 장점이 있으며, 대개 학생이 선택하는 문제들이 학생들과 그들이 사는 세계와의 교호작용에서 나타나는 것이기 때문에, 지역사회 자체를 연구하고 그 지역사회가 제공하는 자원들을 동원할 필요가 높다는 점에서 학교와 지역사회의 연대가 커진다.

하지만 Alberty와 Alberty는 전체 교육 프로그램을 모두 문제 중심으로 구성하는 것은 바람직하지 않다고 하였다. 계통적인 학습을 요하는 지식내용이라든지 특수한 연습과 전문적인 활동을 요하는 영역들은 별도의 교과 시간을 배당하여 가르쳐야 하기 때문이다. 수학, 미술, 음악, 체육 등을 교과별로 구분하여 가르치는 것은 이 때문이다.

이영덕과 곽병선은 1960년대 이후 미국에서 일어난 '학문 중심 교육과정 관점'에 역점을 둔 교육과정 개혁과 1970년대 영국에서 진행되었던 통합교육과정의 개발을 '또 다른 견해들' '새로운 시도' 등으로 규정하고, 그 동향을 소개하였다.

특히 곽병선(1983: 81-82)은 1970년대 영국에서 활발하게 전개되었던 교육과정통합을 소개하고 있다. 그는 영국 학교교육평의회(school council)가 지원하여 개발한 대표적인 교육과정 개혁 프로그램으로 통합과목 프로젝트(integrated studies project,

1968~1972), 인문 교육과정 프로젝트(humanities curriculum project, 1967~1972), 통합
과학 프로젝트(integrated science project) 등을 간략하게 소개하였다.

　　또한 곽병선은 교육과정통합을 교육내용 구조, 통합의 중심, 수업 운영에서의 통
합으로 구분하여, 교육과정통합에 대한 체계적인 접근을 시도한 바 있다. 그가 제
시한 교육과정통합의 구성 방법은 〈표 1-1〉과 같다.

※ 표 1-1　통합교육과정 구성의 제 측면

교육내용 구조 면	통합의 중심 내용 면	수업 운영 면
가. 전체적 접근 나. 부분-전면적 통합 다. 종적-횡적 통합 라. 다학문-간학문-탈학문	가. 주제 · 제재 중심 나. 문제 중심 다. 기초 기능 중심 라. 사고의 양식 중심 마. 경험 중심 바. 표현 중심 사. 활동 중심 아. 흥미 중심	가. 통합의 날 운영 나. 융통성 있는 시간표의 운영 다. 집단교수제

출처: 한국교육개발원 편(1983): 84.

　　이 가운데 통합의 유형과 관련하여 다학문, 간학문, 탈학문의 세 가지 형태를 제
시하였다.

※ 표 1-2　다학문, 간학문, 탈학문 통합 유형별 비교

통합 유형	교사조직	자원	교육과정 내용 및 교수 방법	시간표	개별 분야의 독립성
다학문	• 공통계획 필요 • 공통교수제 가능	정상적 교과목 지도할 때와 유사	정상 교과 구조와 별 차이 없으나 조정이 필요	경우에 따라 다양한 시간 계획 활용 가능	완전한 독립성 보장
간학문	• 세밀한 공동계획 필수적	교사가 전공 분야가 아닌 내용을 가르칠 때 이를 보조할 수 있는 부수적 자료 필요	내용 구조의 변화가 생기고, 교수 방법에서도 변화 가능	사전 공동으로 작성된 시간 계획 필요	상당한 정도로 독립성 약화
탈학문	• 공동계획이나 공동제 교수 불필요	아동 중심/아동 스스로 선정. 정상 교과목 지도 때보다 다양한 자료 필요	교수 방법에서 변화 불가피, 내용에서도 변화 생김	특별한 시간 계획 요구치 않으나, 계획 수립과 수업에서 시간을 고려할 수 있음	독립성 완전히 상실됨

출처: 한국교육개발원 편(1983): 89.

그는 다학문, 간학문, 탈학문 통합의 성격을 제시하고 유형별로 교사 조직, 자원, 교육과정 내용 및 교수 방법, 시간표, 개별 분야의 독립성 등에 차이가 있다는 점을 밝혔다.

이와 같이 교육에서의 강조점이 시대와 사회에 따라 교과 중심, 경험 중심, 학문 중심 등으로 변함에 따라 교육과정의 구성 방식(교육과정통합)도 영향을 받게 되었다. 앞에서 말한 이영덕과 곽병선도 경험형 교육과정에서의 통합 유형을 제시한 다음, '새로운 시도'라는 이름으로 학문형 교육과정에서의 통합 유형을 제안하였다. 김재복(1988)도 교육과정통합 유형을 교과형에서의 통합, 경험형에서의 통합, 학문형에서의 통합으로 구분하여 제시하였다.

이것은 교육의 역사를 통해서 볼 때(통시적 관점), 특정한 교육의 관점이 강조되던 시기에 특정한 통합 방식이 학교에서의 교육과정 구성과 운영 방식에 크게 영향을 주었다는 것을 의미한다. 하지만 시대적 상황을 옆으로 제쳐 두고(공시적 관점) 교육과정을 통합적으로 '구성하는 방식'만을 살펴보면, 교과형, 경험형, 학문형을 넘어서서 교육과정의 조직 방식에 공통점이 나타난다. 즉, 교육과정통합 유형은 교과(과목)나 단원 그리고 프로그램을 통합적으로 설계하는 방식을 나타낸다는 점에서, 교과형, 경험형, 학문형에 두루 적용할 수 있다.

김대현(1990)은 '교육과정 조직 방식에 얽힌 오해들'이라는 글에서 이 점을 지적하였다.

> 명백한 오해가 또 하나 있다. 그것은 미국에서 일어난 교육과정의 역사적 변천 흐름에다 교육과정의 조직 방식을 '기계적으로' 대응시키는 과정에서 발생했다. 이 견해에 따르면, 교육과정은 교과형에서 경험형을 거쳐 학문형으로 나아갔으며, 교과의 조직 방식 또한 이 흐름에 각기 대응하는 방식으로 나타났다는 것이다(김대현, 1990).

이러한 생각은 여러 글(곽병선, 1983; 김재복, 1988; 이영덕, 1983)을 통해 확인할 수 있는데, 그중에서도 오래전에 교육대학 교재편찬연구회가 펴낸 『통합교과 및 특별활동』은 이러한 관점을 잘 드러내고 있다. 이 책에 따르면, 교육과정은 교과형, 경험형, 학문형으로 나눌 수 있으며, 교과조직은 이에 각기 대응하는 방식으로 나타난다는 것이다. 즉, 교과형은 분과·상관·융합·광역, 경험형은 중핵, 그리고 학문형은 간학문ㆍ다학문ㆍ탈학문의 조직 방식을 취한다는 것이다.

그런데 만약 이러한 설명이 각 시대마다 강조되는 교육과정의 조직 방식이 달랐다는 역사적 사실을 가리키는 것이라면 타당한 주장이라고 볼 수 있다. 실제로 경험형 교육과정이 지배하고 있었던 진보주의 시대에는 중핵형의 조직 방식이 강조되었으며, 그 전후의 교과형과 학문형의 시대에는 분과형 조직 방식이 강조되었기 때문이다.

그러나 만약 이러한 관점이 이와 같은 역사적 사실을 적시하는 수준을 넘어서 교과와 경험의 조직 방식이 구별되어야 한다든지, 교과와 학문의 조직 방식은 전혀 다르다는 의미를 내포하는 것이라면 문제가 있다. 왜냐하면 교육과정 분야에서 교과와 경험과 학문은 서로 독립된 영역을 지닌 것이 아니라 불가분리의 상호 연관된 의미를 지닌 개념들이기 때문이다. "교과와 경험은 서로 다른 실체가 아니며, 교육은 교과를 경험하는 것이다."라는 Dewey의 탁견은 말할 것도 없고, 교과의 구성은 학문적 성과를 바탕으로 한다는 점에서도 이것은 분명한 사실이다.

1980년대부터 오늘에 이르기까지 미국의 초등학교와 중등학교에서 전개되고 있는 교육과정통합을 이끌었던 대표적인 학자들이 제시한 교육과정통합의 유형 구분은 이러한 성격을 띠고 있다. 그들은 교과형, 경험형, 학문형이라는 시대 구분에 따라 통합 유형을 제시하기보다는 교육의 목표, 교과나 학문의 성격과 구조, 학생의 흥미와 사회적 필요 등의 차원에서 구분하였다.

Ingram(1979)은 교육과정통합의 유형을 지식의 성격을 바탕으로 구조적 통합과 기능적 통합으로 구분하였다. 구조적 통합은 지식을 교육내용을 조직하는 핵심 요소로 보며, 기능적 통합은 지식을 통합적 경험을 제공하는 수단으로 보았다. 그리고 구조적 통합은 지식(학문)의 독립적 구조를 존중하는 양적 통합과 지식의 구조를 전면적으로 재조직하는 질적 통합으로 구분하고, 기능적 통합은 학습자의 흥미나 동기를 강조한 내적 통합과 사회 문제의 인식과 해결력을 강조하는 외적 통합으로 구분하였다.

Jacobs(1989)는 교육과정통합의 유형을 여섯 가지로 구분하였다. 첫째, 개별 학문의 성격에 바탕을 두고 조직하는 학문구조, 둘째, 학문들 간에 관련 내용이 있을 때 같은 시기에 가르치도록 시기를 조정하는 학문 병렬, 셋째, 학문의 개별적 독립성을 유지하면서 한 가지 주제나 쟁점을 중심으로 여러 교과를 묶어 조직하는 다학문, 넷째, 학문들 간에 공통되는 개념, 원리, 법칙, 기능 등을 중심으로 조직하는 간학문, 다섯째, 유치원에서 많이 하고 있는 것으로, 영역별 학습 센터를 마련하고 이를 중심으로 학습이 이루어지도록 하는 통합된 일과(integrated day), 여섯째, 서머힐 스쿨(Summerhill School)에서와 같이 기숙학교에서 교과 학습과 생활 학습이 같이 이루어지도록 하는 완전 프로그램이다.

　Drake(1993)는 통합교육과정의 설계에서 개별 학문의 성격이 어느 정도 드러나는가에 따라 다학문, 간학문, 탈학문으로 구분하였다. 다학문 통합은 개별 학문의 구조를 습득하는 것에 목적을 두고, 하나의 주제를 개별 학문의 측면에서 다양하게 다룸으로써 한 주제에 대하여 통합적 접근을 시도한다. 간학문 통합은 학문들의 공통 구조를 습득하는 데 목적을 두고, 이러한 공통 구조 자체를 중심으로 삼아 여러 학문내용을 조직하는 것이다. 따라서 개별 학문들 간의 경계를 구분 짓기 어렵다는 특징이 있다. 탈학문 통합은 개인의 성장이나 사회 문제 해결 능력의 신장에 목적을 두고, 개인의 관심사나 주요한 사회 문제를 중심으로 학문과 비학문의 내용을 조직하는 것이다. 사회 문제나 기능 등 학문 외적인 주제를 다루기 때문에 결과적으로 학문의 경계가 완전히 사라지는 접근 방법이다.

　〈표 1-3〉에서 보는 바와 같이, 다학문적 설계는 하나의 주제를 개별 교과의 측면에서 다양하게 다룸으로써 통합의 효과를 노리는 것이며, 간학문적 설계는 교과들 간에 공통되는 사고 기술이나 학습 기술과 같은 요소를 중심으로 교과들을 연결하고, 탈학문적 설계는 실제 세계와 관련된 주제를 중심으로 교과들 간에 경계선이 완전히 없어지는 통합이다.

　나는 Ingram, Jacobs, Drake 등이 행한 교육과정통합의 유형 구분이 의미 있다고 보지만, 다른 한편으로 부족한 점이 있다고 생각한다. 따라서 나는 교육과정통합이 교육과정의 설계의 한 방식이라는 측면에서 설계에 대한 체계적인 접근을 통하여 유형을 구분하고자 한다.

　교육과정 설계란 교육과정을 구성하는 요소들을 적합한 원칙과 원리에 따라 배치하는 것을 말한다. 교육의 목적을 설정하고, 이를 달성하기 위하여 교육목표, 교육내용, 교육방법, 교육평가, 교육환경 등의 다양한 구성 요소를 적절하게 배치하고 유기적으로 결합하는 것이 교육과정 설계에서 하는 일이다. 여기서는 교육과정통합의 유형을 제대로 구분하기 위해서 통합의 단위, 통합의 요소, 통합의 중심과

⬦ 표 1-3 Drake의 세 가지 통합교육과정 모형

	다교과통합	교과 간 통합	탈교과통합
접근 방식	역사 음악 문학 가족연구 설계공학 주제 과학 수학 연극 경영 예술 지리	문학 • 읽기 • 협동학습 • 이야기하기 • 사고 기술 • 셈하기 • 연구 기술 과학 역사 지리	공통 주제, 전략 및 기술들
개념적 구조들의 도식	가족 운동 오존감소 설계 연료 이산화탄소 자동차 자원고갈 연소 오염 열대우림 오존층	체육 문학 수학 건강 초점 역사 지리 가정경제 음악 과학 공학·설계 예술	정치 매체 법률 경영 환경 경제력 초점 공학 사회 문제 시간 세계관
개념적 구조들	• 브레인스토밍으로 의미 망 구축하기 • 아이디어들을 유사한 것 끼리 결합하기	• 교육과정 수레바퀴	• 탈교과적 망: 실제세계 에 관계된 주제, 교과 간 경계가 완전히 허물어짐 • 실생활에서 추출한 주제
인식론적 가치	교과의 절차적 지식을 다 른 교과와 관련지어 제시	일반적 기술(예: 비판적 사고, 대인관계 기술)을 학습	미래의 생산적 시민을 위 한 기술들
연계 방식	각 교과를 통해서 본 명 확한 연계성	탐색적 렌즈를 통한 학문 들 간의 연계성	실제 생활 속에서 추출되 는 연계성
학습결과	교과 중심 ⟶ 인지적·기능적·정서적 혼합진술(인지적·기능적·정의적 차원) 교과 간 ⟶ 탈교과 본질적 학습		
평가	교과 절차의 습득 ⟶ (구체적인 내용에 한정) 일반적 기술 습득 ⟶ (산물보다 과정 중시) 실생활에서의 기술 획득 (질적·일화적 기록 이용)		

출처: 김대현(1998): 293-294에서 재인용.

목표, 통합의 방식 등을 중심으로 체계적으로 규명하고자 한다.

첫째, 통합의 단위는 매우 다양하다. 한 학기나 그보다 훨씬 오랜 기간에 걸쳐서 진행되는 통합 '교과'나 '과목'이 될 수도 있고, 대충 4~18차시, 또는 한 주나 두 주에 걸쳐 운영되는 통합 '단원'이 될 수도 있다. 여기에 덧붙여 2~3시간 정도로 수업이 이어지는 묶음 단위의 단기적인 '차시'통합이 될 수도 있다. 유치원이나 초·중등학교에서는 통합교과(과목), 통합단원, 차시통합 등의 형태가 일반적이다.

둘째, 통합의 요소는 교육과정을 통합적으로 구성할 때 들어가는 낱낱의 성분이라고 할 수 있다. 통합의 요소는 개별 교과나 과목이 될 수 있다. '통합사회'라는 통합과목을 구성할 때 역사, 지리, 일반사회, 윤리 과목은 통합의 요소가 된다. 교과와 창의적 체험활동을 통합하는 프로그램을 만든다면 통합에 포함되는 교과와 창의적 체험활동이 통합의 요소가 된다. 또한 통합의 요소는 교과별 교육내용(국가 수준의 교육내용과 성취기준 등)이나 교과서 내용, 그 밖의 문자, 음성, 영상 등으로 구성된 온·오프라인의 다양한 교수·학습 자료가 될 수도 있다. 그리고 통합의 요소는 교육내용을 구성하는 지식, 기능, 가치 및 태도가 될 수도 있다. 최근에 초·중등학교에서 통합단원을 개발할 때는 핵심 개념이나 기능 또는 성취기준 등을 통합의 요소로 삼는다.

셋째, 통합의 중심은 통합의 요소들을 엮어 주는 중심축의 역할을 한다. 통합의 중심은 교육과정통합을 통하여 실현하고자 하는 교육목표와 직접 관련이 있기도 하며, 목표 달성을 위한 효율적인 수단으로서 역할을 하기도 한다. 곽병선(89-92)은 통합의 중심으로 제재, 주제, 문제, 기초 학습 기능, 사고의 양식, 표현활동, 흥미 등을 제시하였다. 필자는 통합의 중심 중에서 주제, 문제, 기초 학습 기능, 사고의 양식, 표현활동 등은 목표 달성과 직접 관련이 있으며, 제재와 흥미 등은 수단적 가치가 있다고 생각한다. 다음은 통합의 중심이 되는 주제, 제재, 문제, 기초 학습 기능, 사고 양식, 표현활동, 흥미의 성격을 제시한다.

■ 주제와 제재는 통합의 중심이 된다

한자어로 '주제'는 주(主: 우두머리)와 제(題: 물음)의 합성어로, '우두머리 물음'이라는 뜻이다. 이것을 교육 분야에 적용하면 학생들이 학습해야 할 중심이 되는 문제를 의미한다. 영어의 themes도 한국어의 의미와 크게 다르지 않으며, 대화, 글쓰기, 작품 등의 주제(subject)로 표현되는데, 문학작품이나 음악 등에서 여러 번 반복되는 아이디어라는 뜻이다. 여러 번 반복된다는 것은 그만큼 중요한 대상이라는 것이다.

이런 점에서 주제 중심의 교육과정통합은 학생들이 학습할 만한 가치 있는 주요 대상을 중심으로 통합의 요소들을 연결하는 것이라고 할 수 있다. 국가교육과정 문서에서 교과 간에 중복하여 나타나는 핵심 개념, 일반화된 지식, 지식, 기능, 태도와 가치 등이 해당된다. 예를 들어, 여러 교과 속에 공통적으로 나타나는 생명, 권리, 변화 등은 학생들이 교육을 통하여 학습해야 할 주요한 통합의 주제가 된다. 이러한 통합 주제를 중심으로 기존의 분리된 교과들을 연계하거나 교과 바깥의 다양한 교수 · 학습 자료를 활용하여 통합교육과정을 만들 수 있다.

반면에 '제재'는 "예술작품이나 학술연구의 바탕이 되는 재료"이다(네이버 국어사전). '제재'의 한자어도 제(題: 물음)와 재(材: 재료, 원료)로서, '물음의 재료'를 의미한다. 이 말을 교육에 적용하면, 제재란 학생들이 학습해야 할 바탕이 되는 재료라는 의미로 그 자체로 중요성을 갖기보다는 바탕을 갖추기 위한 수단적 성격이 뚜렷하다. 예를 들면, 학생들에게 올림픽 경기, 비행 물체, 자동차 등은 그 자체를 아는 것도 중요하지만, 이러한 제재를 통해서 국제 사회의 이해와 스포츠의 역사, 부력의 원리와 소재의 개발, 동력 기관의 구조와 작동 등을 이해하는 수단으로서의 가치를 지닌다.

흔히 제재 중심의 통합교육과정을 토픽 활동(topic work)으로 쓰기도 하는데, 이말은 보다 신중히 사용될 필요가 있다. 영어의 topic은 물음의 수단적 재료로서 제재라는 의미도 있지만, 물음의 주요한 대상인 주제로 사용되기도 하기 때문이다. 국가교육과정이 도입되기 전에 영국의 초 · 중등학교에서 광범위하게 적용되었던 토픽 활동은 주제와 제재 중심의 통합교육과정에 두루 적용된다.

Stephens(신옥순, 유혜령, 1991: 158-159에서 재인용)는 토픽 활동의 이점을 다음과 같이 제시하였다.

- 교육과정 내에서 아동 각자가 자신의 관심 분야를 추구해 나갈 수 있다.
- 주제를 가지고 스스로 탐구해 나가는 방법을 배우게 된다.
- 아동이 스스로 자신의 학습을 이끌어 나가도록 한다.
- 교과 간의 인위적인 구분을 없애는 한편, 아동이 자신의 학습내용을 통합적으로 활용할 수 있게 한다.
- 여러 분야에 걸쳐 광범위한 지식을 얻게 된다.
- 새로운 분야에 대한 흥미를 유발한다.

토픽의 사례는 다음과 같다(신옥순, 유혜령, 1991: 159).

- 저명 인사
- 소설의 주인공
- 작가
- 명절
- 악기
- 장난감
- 지역
- 요리
- 텔레비전
- 선거
- 반려동물
- 꽃
- 의상

이런 점에서 김대현(1996)은 통합교육과정 구성에서 조직 중심은 그 자체로 교육적 가치를 가지며 동시에 교육내용을 전달하는 수단적 매체의 역할을 하는데, 엄격하게 구분하기는 어렵지만 교육적 가치가 큰 조직 중심을 주제라고 부르고 수단적 가치만을 지닌 조직 중심은 제재라고 부르도록 제안하였다.

따라서 통합교육과정의 목표와 관련하여 주제 중심 통합교육과정과 제재 중심 통합교육과정을 구분할 필요가 있다. 하지만 교육목표는 사회의 요구, 학습자의 필요, 학문의 성격 등에 따라 다를 수 있으므로, 맥락을 무시하고 주제 중심 통합교육과정과 제재 중심 통합교육과정을 구분하려고 하는 것은 무모한 일이다. 주제 중심 통합교육과정과 제재 중심 통합교육과정의 구분은 성취하고자 하는 교육목표를 명확히 하고자 할 때, 또는 통합 운영의 결과를 평가할 때 필요하다. 하지만 앞에서 말한 바와 같이 교육이 이루어지는 맥락을 무시하고 구분 지으려 하거나, 토픽 활동을 제재 중심으로만 보지 않도록 유의할 필요가 있다.

■ 문제도 통합의 중심이 된다
문제(問題)란 해답을 요구하는 질문이다. 사전에서는 "논쟁, 논의, 연구 따위의 대상이 되는 것, 해결하기 어렵거나 난처한 대상 또는 그런 일을 가리킨다."라고 되어 있다. 이와 같이 문제란 해결이 필요한 일이지만 간단히 해결될 수 없는 일을 가리키며, 논의나 연구를 통해서만 해결할 수 있는 일을 의미한다.

조연순(2006: 16-23)은 일찍이 '문제 중심 학습'을 제안하면서, 문제는 너무 쉽게 해결되거나 정한 틀에 따라 하나의 정확한 답을 구할 수 있는 것이 아니라 비구조화되고 복잡한 것이어야 한다고 하였다. 또한 문제 상황은 학습의 핵심내용과 맥락이 포함되어 있어야 한다고 하였다. 예를 들어, '두 자리 수의 합계', '고려시대의 대외 관계', '몸의 각 기관과 역할'과 같이 정답이 분명한 것은 여기서 말하는 문제로 간주되지 않는다. 그녀는 문제란 다음과 같은 네 가지의 특성을 가져야 한다고 보았다.

- 접근하는 방식에 따라 여러 가지 결론을 얻을 수 있으며, 학습자의 수준과 노력에 따라 도출되는 결론이나 해결안의 수준, 질 등이 결정될 수 있는 비구조화된 문제여야 한다.
- 현실 상황 및 실세계를 바탕으로 하는 문제, 즉 현실 세계에서 일어날 가능성이 높은 실제적인 문제여야 한다.
- 학습자의 인지적 · 정서적 · 신체적 발달과 관련된 학습자의 발달 수준에 맞는 문제여야 한다.
- 학생들이 문제를 해결하면서 교육과정에서 추구하는 개념적 · 기능적 · 태도 등의 교육목표를 달성하도록 하는 것, 즉 교육과정의 목표와 주요 내용과 관련이 있는 문제여야 한다(조연순, 2006: 21).

문제 중심 학습은 반드시 교과통합을 요청하지는 않는다. 단일 교과 속에서도 문제 중심 수업이 필요하고 운영할 만한 가치가 있다. 하지만 교육의 대상이 되는 사회 문제는 대개 개인 차원에서는, 그리고 한 영역의 지식만으로는 대안 마련은커녕 현상 규명조차 쉽지 않다. 이런 점에서 문제의 규명과 해결을 위하여 교육과정의 통합적 접근을 하게 되며, 이때 문제는 통합의 중심이 된다. 예를 들어, '지구 온난화' 문제는 자연과학의 접근뿐만 아니라 사회, 공학, 윤리, 정치 등의 다양한 차원에서 문제의 본질을 규명하고 해결을 위한 대안을 찾아야 한다.

■ 기초 학습 기능, 사고 양식, 표현활동도 통합의 중심이 된다

기초 학습 기능, 사고 양식, 표현활동 등은 그 자체로 교육목표의 성격을 지닌다. 교육과정통합의 목표를 기초 학습 기능을 익히고, 다양한 사고 양식을 습득하며, 여러 가지 방식으로 표현하는 능력을 익히는 데 둔다면, 이들은 통합의 중심으로 삼을 수 있다.

하지만 분명히 해야 할 점이 있다. 먼저 기초 학습 기능이 무엇인가 하는 점이다. 기초 학습 기능이 셈하기, 듣기와 말하기, 글 읽기와 쓰기 등이라면 통합 학습보다는 분과 학습이 더욱 효과적이다. 제5차 교육과정 시기에 제4차에서 '바른 생활'과 '슬기로운 생활'에 통합되었던 국어와 수학을 별도의 독립 교과로 분리한 것은 이와 같은 이유에서이다.

그러나 기초 학습 기능이 사회나 자연 현상을 조사하고 분류하며 가설을 세우고 검증하는 탐구의 방법을 의미한다면, 이러한 기능은 여러 교과에 걸치는 공통점이 있으므로 분과 학습과 함께 통합 학습도 도움이 된다. 제6차 교육과정 시기에 '슬기로운 생활'을 기존의 과학 교과 중심에서 사회과와 과학과를 연계하여 통합교과로 만든 것은 사회과와 과학과 간에 '공통 개념'이 있고 '공통의 탐구 방법'이 있기 때문이다.

이와 함께 기초 학습 기능이 학교 적응에 필요한 제반 학습의 내용을 가리킨다면 통합이 가능하고 필요한 일이기도 하다. 학교 적응을 교과별로 나누어 다루는 것은 적합한 일이 아니다. 학교라는 새로운 환경 속에서 학교에 대해서 알아야 할 것, 학교에서 해야 할 것 등을 학습하게 하는 것은 생활 사태를 중심으로 통합적으로 학습해야 하기 때문이다. '우리들은 1학년'이나 현재의 학교적응활동 프로그램이 통합적인 성격을 띠는 것은 이러한 이유에서이다.

사고 양식이 분과와 통합 중에서 어떤 방식으로 학습하는 것이 효과적인가 하는 것은 철학이나 학습심리학 등을 연구하는 학자들마다 견해가 다르다. 학문에 따라 사고의 양식이 다르다고 생각한다면, 사고의 양식은 분과 학습이 적합하다. 예를 들어, 수학적 사고 양식과 과학적 사고 양식이 다르고, 예술적 사고 양식과 윤리적 사고 양식이 다르다면, 사고 양식들은 각기 독립된 교과(과목) 속에서 배우는 것이 타당하다. 하지만 Bloom 등(1956)의 '목표 분류학'에 따라 사고 양식이 여러 교과에 공통적으로 적용된다면 이야기가 달라진다. Anderson 등(2001)이 제시한 목표 분

류학의 상위 수준은 분석, 평가, 창안으로 조직된다. 여기서 '창안'의 내용을 살펴보면 아래와 같다.

'창안'은 요소들을 종합하여 정합적 또는 기능적 전체가 되도록 하는 것이며, 다음과 같은 능력을 포함할 수 있다(강현석 외 역, 2006: 129).

- 귀납적이고 연역적으로 추론하면서 결론 도출하기
- 요약하기
- 독창적 결과(문제의 해결력) 구성하기
- 지식을 생활 상황에 적용하기
- 일반 원리 개발하기

이와 같은 '창안'의 내용은 한 교과에 한정되기보다 여러 교과의 학습에서 공통적으로 다루어야 하는 내용이며 학습되어야 할 것들이다. 사고의 기능이 이러한 것들을 의미한다면, 사고 양식의 학습은 교과통합을 통하여 가르치는 것이 가능하고 때로는 한 교과에서 배운 것이 다른 교과로 전이될 수 있기 때문에 효과적이다.

표현활동을 중심으로 교과를 통합해야 한다는 의견에 대해서는 의문이 있다. 오랫동안 '슬기로운 생활' 교과는 음악, 미술 및 체육 활동을 감상과 표현 활동을 중심으로 엮어 왔다. 하지만 음악 감상, 미술 감상, 신체활동 감상은 같은 종류의 감상인가? 마찬가지로 음악적으로 표현하기, 그림 또는 조소로 표현하기, 신체로 표현하기 등은 어떤 공통점이 있는가? 예를 들어, 노래로 표현한 것이 신체로 표현하는데 어떤 도움을 주는가? 마찬가지로 신체로 표현한 것을 그림으로 그린다고 해서 그림으로 표현하는 능력이 길러지는가? 아니라고 본다. 더욱이 그림을 노래로 표현하는 것은 고도의 예술적 기반과 재능을 갖추지 않고서는 할 수 없는 일이다. 표현이라는 말의 유사성으로 음악, 미술, 체육을 묶는다면 서로 다른 표현 능력을 길러 주는 것이 아니라, 단지 이미 알거나 할 수 있는 것을 교실에서 활동으로 해 보는 것일 뿐이다.

표현활동이 통합의 중심이 되려면 활동 자체가 아닌 표현 기능들에 대한 연관성 있는 학습이 이루어져야 한다. 표현을 위하여 주의 깊게 관찰하기, 머릿속으로 어떻게 표현할 것인지 생각하기, 다른 사람(전문가를 포함하여)이 표현한 것을 살펴보고 흉내 내기, 그림으로, 소리로, 몸으로 표현했을 때의 느낌과 공통점 또는 차이점 찾기 등이 통합의 중심이 되는 것이다. 이런 점에서 기초 학습 기능, 사고 양식, 표현활동 등이 통합의 중심이 되려면, 이 용어들이 가리키는 바가 분명해야 하고, 통합이 가능해야 하며, 어떤 교육적 성과가 있을 것인가를 살펴야 한다.

■ 통합의 중심으로서의 흥미

흥미가 통합의 중심이 될 수는 있다. 이러한 주장은 아동중심주의를 주장하는 다소 낭만적인 입장에 서 있는 교육자들에게서 볼 수 있다. Alberty와 Alberty(1963)가 말한 생성적 교육과정은 경우에 따라 흥미를 중심으로 교육과정이 운영될 가능성이 있다. 하지만 Alberty와 Alberty가 이러한 방식으로 교육과정을 설계하고 운영하는 학교가 거의 없다고 말했듯이, 교육이 가치 지향적인 활동이라면 Dewey(1913)의 말처럼 아동의 흥미는 교육의 출발점을 강조하는 의미로 받아들이는 것이 타당하다. '봄'이라는 제재는 아이들에게 흥미를 유발하기 때문에 통합의 중심이 될 수 있다. 하지만 아이들이 계절 중의 하나인 '봄'에 대해서 배우는 것보다, 봄과 관련하여 가치 있는 지식, 기능, 생활 태도와 가치를 배우는 데 역점을 두어야 한다.

일찍이 Dewey(1913)는 교육에서 아동들의 흥미가 갖는 역할에 주목하였다. 그는 '진정한 흥미'를 자기가 시작한 활동을 지속해 나가기 위해 요청되는 대상이나 아이디어를 자아와 동일시할 때 수반되는 현상이라고 보았다(조용기 역, 2015: 33). 그는 흥미가 지적인 성격과 사회적 성격을 가져야 한다고 생각했다. 지적인 성격은 다음과 같다.

처음에는 인형을 가지고 놀기 위하여 입힐 옷을 만드는 일에 흥미를 가졌던 여자 아이들이 옷 만드는 일 자체에 흥미를 갖게 된다. Dewey는 여기서 옷을 만드는 과정에서 수반되는 사고의 과정을 중요하게 생각한다. 단순히 인형에 입힐 옷을 만드는 일에 흥미를 가졌던 일이 옷을 디자인하고, 맞는 옷감을 고르며, 가위로 자르고, 바느질하는 과정에서 수반되는 사고와 결부될 때 흥미가 교육적 의미를 갖는다고 보았다. 그는 실제적 측면의 흥미의 추구(인형에 입힐 옷을 만드는 것)가 활동의 지적 측면의 발달을 자극하고, 따라서 그것이 점차 이론적 흥미(사고가 수반된 옷을 만드는 일)로 옮아 가도록 하는 것이 교사의 임무라고 하였다.

흥미의 사회적 성격은 흥미가 아이들의 삶의 세계와 연결되어야 하는 점을 가리킨다. 아이들은 일반적으로 환상적이라 해도 좋을 만큼 사회적 흥미를 갖고 지리 공부를 시작한다. 하지만 먼 곳의 낯선 사람들이 어떻게 살고 있는지를 배울 때 아이들은 추상적인 개념 정의와 분류 결과를 외우도록 강요당한다. 즉, 지형과 바다, 대륙의 구조와 같은 순전히 자연에 관한 사실을 외우도록 강요당한다. 이때 아이들이 공부에 흥미를 보이지 않는다는 불평이 나오는데, 이는 아이들이 관심 있어 하는 측면을 활용하지 못했기 때문이다. 많은 아이가 순전히 추상적이고 지적인 교과를 싫어하는 현상은 두말할 나위 없이 아이들에게 제시된 사물, 즉 교과에서 다루어지는 사실과 진리들이 아이들의 삶의 맥락으로부터 유리되어 있기 때문이다(조용기 역, 2015: 110-114).

3. 교육과정통합의 방식

1) 병렬

(1) 개별 교과(과목) 내 병렬

병렬(竝列)이라는 것은 나란히 늘어놓은 것을 말한다. 교육과정통합에서 관련 있는 내용을 비슷한 시간대에 배울 수 있도록 순서를 조정하는 것을 병렬이라고 한다. 교과(과목) 내 병렬은 교과나 과목 내에서 관련 있는 내용임에도 배우는 시기가 다를 경우 비슷한 시간대에 옮겨 학습할 수 있도록 하는 것을 의미한다. 역사 과목에서 시대별로 정치, 경제, 사회, 문화 등을 총괄적으로 학습하게 하는 것도 좋은 방법이지만, 경제 영역만 따로 떼어서 시대별로 변화 추이를 살피도록 하는 것도 역사를 이해하는 방법이 된다. 예를 들어, 토지제도와 조세제도만 따로 떼어서 통일신라 시대, 고려 시대, 조선 시대, 일제 강점기, 현대에 이르는 동안 어떤 변화가 어떻게 일어났으며 그 수혜자가 누구이며 어떤 개선이 필요한가를 이해하는 데 초점을 들 수 있다. 이와 같이 기존의 역사 교과서의 배열 방식에 따른 학습 순서에서 벗어나 특정 영역만 따로 떼어 비슷한 시기에 집중적으로 학습하도록 하는 것을 과목 내 병렬이라고 할 수 있다.

(2) 교과 간 병렬

교과(과목) 간 병렬은 교과(과목) 간에 관련이 있는 내용들을 비슷한 시간대에 배울 수 있도록 순서를 조정하는 것을 말한다. 고등학교에서 가르치는 국어 교과의 문학 영역은 사회적 상황이 많이 반영되어 있으므로 사회과의 일반사회 영역이나 역사 영역과 비슷한 시간대에 배치하여 교육적 성과를 높일 수 있다. 박태원의 단편소설『소설가 구보씨의 일일』은 1930년 일제 강점기의 사회와 현실을 알고 있을 때 비로소 제대로 이해할 수 있다는 점에서, 국어 교과와 역사 교과의 시간을 조정하여 연관 지어 배울 수 있도록 하는 것이다. Helbowitsh는 이러한 유형을 상관형이라고 불렀다. 그는 상관형을 다음과 같이 규정하였다.

> 상관형의 요점은 둘 이상의 교과를 어떤 공통의 접점으로 함께 가져오는 것이다. 교과의 선은 그 위치를 유지하지만, 특정한 시간과 목적을 위하여 함께하게 된다. 어떤 경우에는 그것이 팀티칭으로 계획되거나 같은 학생들을 가르치는 2명 이상의 교사에 의하여 유기적으로 연계된다(강현석 외 역, 2006: 173).

하지만 나는 상관형이라는 말은 적절하지 않다고 생각한다. 상관(相觀)이란 서로 관계가 있다는 말로, 통합의 모든 유형은 관계의 방식이 다를 뿐, 모두 관계를 가지기 때문이다. 이런 점에서 교과 간 병렬이라는 표현을 사용하는 것이 타당하다고 본다.

2) 혼합

국어사전을 찾아보면, 혼합이란 '뒤섞어서 한데 합하는 것'을 말한다. 이것은 혼(混: 뒤섞다)과 합(合: 합치다)의 뜻 그대로를 나타낸다. 혼합을 이렇게 규정하면 뒤에 나오는 융합이라는 말과 구분할 수 없다. 따라서 여기서 혼합이라는 말은 화학 분야에서 사용하는 말로 '어떤 것을 뒤섞어서 한데 합치되, 그 구성 성분들이 각자의 성질을 잃지 않고 드러나는 경우'라고 한정하는 것이 좋다. 예를 들어, 쌀과 보리를 혼합하면 각기 자신의 고유한 성격을 가지고 뒤섞인다. 물론 섞지 않았을 때와는 다르다. 쌀밥을 먼저 먹고 보리밥을 뒤에 먹는 것과, 쌀과 보리를 적당히 섞어서 함께 먹는 것은 맛이 다르고 먹기 쉬운 정도에도 차이가 있다. 샐러드는 채소ㆍ과

일·육류 제품을 골고루 섞어 마요네즈나 드레싱으로 간을 맞추어 먹는 음식이다. 샐러드에 들어가는 구성 요소들을 분리할 수는 있지만, 이들을 각기 먹을 때와 섞어서 먹는 것은 풍미, 영양, 먹는 방식 등에서 차이가 있다.

교육과정통합에서 혼합이란 어떤 주제나 제재와 관련된 학습에서 그것을 구성하는 개별 교과나 과목의 성격을 유지하면서 연계 짓는 경우를 말한다. 예를 들어, 제4차에서 제7차에 걸치는 국가 수준 교육과정에서 '즐거운 생활'은 대개 음악, 미술, 체육 활동이 혼합된 형식이 많아서, 주제나 제재의 학습과 더불어 각 교과에 들어 있는 목표를 달성하는 데 초점을 두었다.

예를 들어, 제6차 교육과정의 초등학교 1학년 1학기 '즐거운 생활'의 '동물원에서'를 보자. 여기서는 동물원이라는 제재를 중심으로 '리듬악기로 박자 치기'(음악), '그리기와 찰흙으로 만들기'(미술), '움직임 흉내 내기'(체육) 등을 가르치도록 하였다. 이것은 혼합의 방식에 기반을 둔 교육과정통합 사례이다.

경기도 장곡중학교에서 '조선 후기 실학'을 주제로 국어, 역사, 한문, 수학, 미술, 과학을 통합적으로 재구성한 사례도 교과 간의 혼합에 의한 통합이라고 볼 수 있다. 교과별 세부 목표와 교과통합수업 설계안은 〈표 1-4〉 〈표 1-5〉와 같다.

≋ 표 1-4 교과별 세부 목표

교과	교육과정 목표	관련 단원	차시	통합수업 반영 내용
국어	• 박제가의 「북학의」와 박지원의 「양반전」을 감상하고 고전에 담긴 그 시대 지식인의 모습을 이해할 수 있다. • '이 시대의 실학과 나의 삶'에 대해 한 편의 글을 쓸 수 있다.	7. 고전과 그 시대 (1) 북학의	3차시	실학의 시대 읽기 문학 작품 비교 감상 및 역사적 사실 이해 후 '이 시대의 실학과 나의 삶'에 대한 토론 → 글쓰기
역사	• 역사 　- 조선 후기 실학의 등장 배경 및 개혁 사상을 이해할 수 있다. 　- 과거와 현재의 대화를 통해 오늘의 문제를 찾아보고, 개혁안을 작성할 수 있다.	I. 조선사회의 변동 1. 사회경제적 변동과 사회개혁론의 등장	3차시	조선 후기 실학을 이해하고 신문을 통해 현대 우리 사회의 문제점을 찾아 그 대안을 제시
	• 세계사 실학의 개념을 이해하고, 실학이 양명학과 고증학의 영향을 받았음을 알 수 있다.		2차시	실학 사상의 등장 배경을 세계사적으로 접근

교과	교육과정 목표	관련단원	차시	통합수업 반영 내용
한문 + 수학	• 수학과 공동협력 수업 – 한자에 담긴 실학 사상과 그 당시에 쓰인 수학의 원리를 이해하고, 현대의 수학과 비교할 수 있다.	Ⅲ. 사물의 이치를 깨달으며	2차시	실학 용어와 실학 사상에서 나온 한자성어 및 계산법 이해하기
미술	• 조선 후기 풍속화 감상을 통해 그 시대의 생활상 및 변화를 읽을 수 있다. • 이 시대의 풍속화(민화)를 그릴 수 있다.	풍속화 감상 우리시대 풍속화 제작	4차시	조선 후기 풍속화(김홍도, 신윤복) 비평 감상 후 이 시대의 풍속화 제작하기
과학	• 홍대용의 천문학에 대한 열정을 본받고 당시 주장했던 이론과 현대 천문학 이론을 비교하며 이해할 수 있다.	5. 태양계	1차시	조선시대 천문학의 발달 정도 이해하기

출처: 박현숙, 이경숙(2014): 89-90.

◈ 표 1-5 　교과별 교과통합수업 설계

교과	교육과정 목표	관련단원	통합수업 반영 내용
국어	• 실학의 시대 읽기 1, 2, 3 – 박제가의 「북학의」 감상 – 박지원의 「양반전」 감상과 풍자 이해 – 시대 속의 지식인의 모습 이해하기 – '이 시대의 실학과 나의 삶'에 대한 토론 → 글쓰기	• 「북학의」, 「양반전」, 「미스터 방」 문학작품 • 「북학의」 관련 동영상	'이 시대의 실학과 나의 삶'에 대한 토론 및 글쓰기
역사	• 역사: 조선 후기 실학의 등장 및 개념 – 실학과 실학자들 이야기 – 중농학파와 중상학파의 개혁론 이해 – 과거와 현재의 대화: 오늘의 문제 짚어 보기 • 세계사 – 실학의 개념 알기, 실학의 등장 배경인 중국의 양명학과 고증학에 대한 이해와 자료 읽기	• 영화·영상자료 〈광해〉 • 정약용의 한시 「애절양」 • 박지원의 「양반전」 • 신문 기사 자료 • 읽기 자료 '사료' 제시	조선 후기 실학을 이해하고 신문을 통해 현대 우리 사회의 문제점을 찾아 그 대안을 제시

한문 + 수학	• 실학과 관련된 용어 이해하기 • 수학과와 공동협력 수업 - 실학 사상에서 나온 한자성어 및 계산법 읽고 해석하기, 한자에 담긴 수학의 원리 이해하기, 현대의 수학과 비교해 보기	자전 〈鷄兎算〉	실학 용어 해석하기
미술	• 조선 후기 풍속화 감상을 통한 시대 변화 읽기(김홍도, 신윤복) 및 비평 활동 • 이 시대의 풍속화(민화) 그리기	풍속화, 민화, 진경산수화 등 그림 자료	이 시대의 풍속화(민화) 제작
과학	• 실학과 과학의 만남 '홍대용' - 홍대용의 천문학에 대한 열정을 본받고 당시 주장했던 이론과 현대 천문학 이론을 비교하며 이해	• 지식채널e 영상 자료 • 홍대용의 「담헌서」	

출처: 박현숙, 이경숙(2014): 90-91.

그런데 여기서 한 가지 의문점을 제기할 수 있다. 이러한 설계를 교과 간 병렬이나 다음에 나오는 교과 간 공유 그리고 마지막에 제시되는 주제나 문제를 중심으로 하는 융합 형태로도 볼 수 있다는 주장이다. 여러 교과에 흩어져 있는 '조선 후기 실학'이라는 내용을 비슷한 시기에 배울 수 있도록 조정한다는 점에서는 '병렬'로 볼 수 있다. 또한 여러 교과에 포함된 '조선 후기 실학'이라는 공통 주제를 찾고 이를 중심으로 통합했다는 점에서 '공유'의 방식에 의한 통합으로 볼 수도 있다. 또한 '조선 후기 실학'의 포괄적인 이해에 목표를 두고 통합을 한 것이라면 '융합' 방식에 의한 통합이라고 할 수 있다.

하지만 장곡중학교에서 시행한 통합단원의 개발과 운영을 교과 간 병렬로 보기에는 교과 수도 많고 시수가 적지 않다. 또한 '조선 후기 실학'이 역사 과목의 주요한 주제이기는 하지만, 교과 간을 연결하는 핵심 개념이나 일반화된 지식 또는 기능으로 보기 어렵기 때문에 공유에 의한 방식이라고 주장하는 것도 지나친 점이 없지 않다. 마지막으로, '조선 후기 실학'의 이해가 학습의 가장 중요한 목표이고 교과별 하위 목표를 달성하는 것이 부수적이라면 융합 방식에 의한 통합이라고 볼 수 있다. 그러나 장곡중학교에서 시행한 조선 후기 실학의 통합단원은 실질적으로는 교과별 목표의 달성이 더욱 중요하게 취급되고 있기 때문에 혼합에 의한 통합이라고 보는 것이 타당하다.

　이와 같이 개발된 통합단원을 두고 어떤 방식에 의한 통합인가를 판단하는 것은 쉬운 일이 아니다. 통합 유형 간에 명확한 경계선을 긋는 일이 쉬운 일도 아니며, 때로는 현실적으로 바람직한 일이 아닐 수 있다. 학교에서 통합단원을 개발하고 있는 교사들은 통합 유형에 그다지 신경을 쓰지 않으며 유형들 간의 차이점에 주목하지 않는 경우가 적지 않다. 또한 통합단원을 개발하기 위하여 협의하는 과정에서 통합의 목표가 달라지고 요소와 중심에 변화가 일어나기 때문에 일관성을 가지고 특정한 유형을 고수하면서 통합단원을 개발하는 것 같지 않다. 하지만 통합을 통하여 어떠한 교육적 성과를 거두고자 하는가에 따라 교육과정통합의 요소와 중심이 달라지고 묶는 방식에 차이가 있기 때문에, 개발자와 운영자들은 통합 방식의 차이점에 유의할 필요가 있다.

3) 교과 간 공유

　공유(共有)란 두 사람 이상이 한 물건을 공동으로 소유하는 것을 말한다. 교육과정통합에서 공유란 통합을 이루는 각 요소들 중에서 공통된 부분을 뽑아서 학습하는 것을 가리킨다. 예를 들어, 사회 현상의 변화와 자연 현상의 변화는 차이가 있지만, '변화'라는 개념적 특징과 '탐구'라는 방법적인 면에서 공통되는 부분이 있으므로 이를 중심으로 사회과와 과학과를 연계할 수 있다. 제6차와 제7차 교육과정 시기의 '슬기로운 생활' 교과는 이러한 공통 개념과 탐구 방법을 중심으로 교육과정을 통합하였다.

　〈표 1-6〉은 제7차 교육과정 시기 초등학교 '슬기로운 생활'의 내용 체계표이다. 이 표에서 보는 바와 같이 '사회'와 '자연' 교과를 살펴보기, 무리짓기, 재어 보기, 조사·발표하기, 만들기, 놀이하기 등의 기초 탐구활동 영역을 중심으로 통합하고 있다.

　학교에서 교육과정을 통합할 때도 공유를 위한 계획은 쉽게 이루어질 수 있다. 국가에서 만든 교과별 문서의 내용 체계(영역, 핵심 개념, 학습 기능 등)를 학년별로 펼쳐 놓으면 여러 교과 사이에 공유할 부분이 쉽게 눈에 띈다. 공유는 대개 핵심 개념이나 학습 기능 등의 공통점과 유사성을 통하여 이루어진다. 앞에서 말한 변화

◈ 표 1-6 '슬기로운 생활' 내용 체계표

기초 탐구활동	1학년 활동 주제	나	사회	자연	2학년 활동 주제	나	사회	자연
살펴보기	• 몸 살펴보기 • 주위의 동식물 찾아 살펴보기	✓		✓	• 우리 집 살펴보기	✓	✓	✓
무리짓기	• 물건 정리하기	✓	✓	✓	• 주위 살펴보기 • 주변의 물체 모으기 • 열매나 씨앗 모으기		✓	✓ ✓ ✓
재어 보기	• 키 비교해 보기 • 거리 알아보기	✓	✓	✓ ✓	• 몸무게 재 보기 • 시간 재 보기	✓ ✓	✓	✓ ✓
조사·발표하기	• 우리집 행사 조사하기 • 우리를 위해 애쓰시는 분 알아보기 • 하루 동안에 하는 일 알아보기 • 가족 구성원 알아보기	✓ ✓	✓ ✓ ✓ ✓	✓	• 우리 이웃 알아보기 • 시간의 흐름에 따른 변화 알아보기 • 동물이나 식물의 자라는 모습 관찰하기	✓	✓ ✓	✓ ✓
만들기	• 도구 사용하기	✓		✓	• 장난감 만들기 • 그림 지도 그리기 • 생활 계획 꾸미기	✓	✓ ✓	✓ ✓
놀이하기	• 안전하게 생활하기 • 놀이터 활동하기 • 병원놀이하기	✓ ✓ ✓	✓ ✓ ✓	✓	• 가게놀이 하기 • 물총놀이 하기 • 그림자놀이 하기		✓ ✓ ✓	✓ ✓

외에도 시간, 속도, 권리, 정의 등의 핵심 개념과 의사소통과 탐구 능력 등의 다양한 기능을 중심으로 통합할 수 있다. 문제는 이러한 핵심 개념과 학습 기능의 습득을 위한 통합이 실제적으로 교육적 성과가 이루어질 수 있도록 하기 위해 관련 교과의 교사들이 통합의 취지를 정확히 알고 이를 달성하기 위한 체계적인 계획과 치밀한 실천이 있어야 한다는 점이다.

4) 주제나 문제를 중심으로 한 융합

융합이란 서로 다른 종류의 것들이 녹아서 서로 구별이 없게 하나로 합쳐지는 것을 의미한다. 이는 한자어 융(融: 녹다, 녹이다)과 합(合: 합치다)의 뜻 그대로이다. 물은 수소와 산소의 융합물로 수소와 산소가 각기 지닌 성질이 아니라 합쳐서 새로운 성질(물)이 만들어진 것이다. 교육과정통합에서 융합이란 주제나 문제를 중심으로 교육내용의 요소들이 결합되어 있지만, 요소들의 개별적 성격보다는 전체가 나타내는 특성이 중요하다. 교육과정통합에서 해결하고자 하는 문제를 중심으로 한 통합에서 이러한 유형이 나타난다. 오늘날 학교에서는 사회적 불평등, 지구 온난화와 자원 보존, 테러리즘, 분권과 자치, 인권과 낙태, 학교 폭력과 범죄, 인권과 안락사, 정보화와 사생활 보호 등의 여러 문제를 중심으로 교육과정통합을 설계하고 운영할 수 있다.

개발 사례　탈문학적 단원

최근 성지식의 무지에서 오는 성범죄의 증가와 이에 따른 학부모와 학생의 요구의 증가로 인해 성교육의 중요성이 더욱 부각되고 있다. 한편, 각종 연구 결과들은 아동이 정규적인 성교육에 의해 성지식을 얻기보다는 매스미디어, 친구, 책을 통해 성지식을 얻고 있다는 것을 보고하고 있다. 성지식에 대한 체계적인 교육의 부재로 인해 청소년의 성지식은 불확실할 뿐만 아니라, 성에 대한 부정적 태도를 갖게 되는 경우가 다반사이다. 적절하고 체계적인 성교육을 통해 건전한 성지식을 갖도록 할 때, 성적 호기심이 무시됨으로써 왜곡된 성적 태도가 형성되는 것을 방지할 수 있다. 여기에 체계적인 성교육의 필요성이 있다. 본 코스는 이러한 필요성과 사회적 요구에 근거하여, 교과 학습만으로는 다루기 어려운 체계적인 성교육을 통해 바른 성지식과 건전한 성태도를 다루기 위해 설정되었다.

코스의 각 영역별 목표를 다음과 같이 확정하였다.

성생리 영역
목표 1: 남녀의 신체적·정신적 특징에 대하여 체계적이고 과학적인 지식을 습득한다.
목표 2: 성의 성숙에 따른 올바른 기능을 습득한다.
목표 3: 출산의 과정을 이해한다.

성윤리 영역
목표 4: 성에 대한 건전한 태도를 함양한다.
목표 5: 성의 존엄성을 이해하며, 생명을 존중하는 태도를 함양한다.

성역할 영역
목표 6: 남녀의 역할과 특성을 이해하고, 이성을 존중하고 서로 협력하는 생활 태도를 기른다.

출처: 김대현 외(1997): 299-305.

4. 교육과정통합의 모형

상기한 내용을 기반으로 결론을 내리면, 통합의 목표, 요소, 중심, 방식을 축으로 교육과정통합의 모형을 제시할 수 있다.

[그림 1-1]에서 볼 수 있는 것처럼 통합의 요소(간단하게는 교육과정과 교과서 내용으로 구분하지만, 보다 구체적으로는 교과와 창의적 체험활동 그리고 더욱 상세하게는 교과 속에 포함된 핵심 개념, 일반화된 지식 등)×통합의 중심(제재, 주제, 문제, 기초 학습 기능, 사고 양식, 표현활동, 흥미)×통합의 방식(개별, 병렬, 혼합, 공유, 융합)의 수만큼 통합프로그램을 개발할 수 있다. 이때 통합프로그램 개발의 목적에 따라 통합교과나 통합과목, 통합단원, 차시통합 소단원 등의 다양한 크기의 통합프로그램이 만들어진다.

이 모형은 그동안 여러 학자가 제시한 다양한 교과통합의 유형을 포괄하면서, 교과통합의 유형들 간의 특성을 파악하는 데 도움을 줄 수 있다. 예를 들어, Drake가 제시한 다학문적 설계는 교과내용을 통합의 요소로 하고, 제재나 주제를 통합의 중심으로 하며, 혼합을 통합의 방식으로 취한 것이다. 간학문적 설계는 교과내용을 통합의 요소로 하며, 통합의 중심을 핵심 개념이나 탐구 기능으로 하고, 공유를 통합의 방식으로 채택한 것이다. 또한 탈학문적 설계는 교과는 물론이지만 교과를

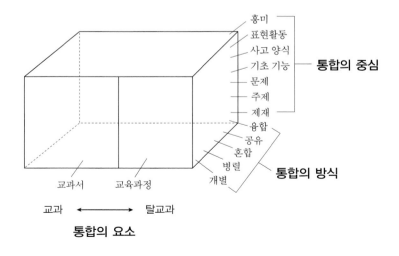

[그림 1-1] 통합의 모형

넘어선 지식, 기능, 가치와 태도를 요소로 하고, 주제나 문제를 중심으로 하며, 융합을 통합의 방식으로 채택한 것이다.

　물론 여러 학자가 제시한 다수의 교과통합의 유형이 이 모형에 딱 맞아떨어지지 않는 경우도 있을 것이며, 많은 연구자가 언급한 바와 같이 혼합과 융합의 방식을 엄격하게 구분하기 어려울 때도 있을 것이다. 그럼에도 불구하고 이 모형은 지금까지 각기 다른 차원이나 이름으로 불리는 교과통합의 제 유형을 상호 비교하고 그 특성을 파악하는 데 도움을 줄 수 있다.

　결론적으로, 교육과정통합에서 통합이라는 말은 매우 포괄적인 의미를 지닌다. 그 속에는 관련 있는 내용들을 단순히 병렬하는 것(나란히 늘어놓는 것)에서부터 구성 요소들이 독립성을 유지하는 혼합, 요소들 간의 공통점을 중심으로 하는 공유, 구성 요소들의 독립성은 약화되고 전체로 합치는 융합 등의 다양한 의미가 들어 있다. 이때 통합이라는 말이 반드시 구성 요소들이 갖지 못한 전체성(wholeness)을 가져야 한다고 보면, 병렬, 혼합, 공유 등은 통합에 속하지 않는다고 말할 수 있다. 이것은 통합이라는 말을 지나치게 엄격하게 사용하는 것으로 현실 세계에서 이루어지는 교육활동을 설명하기에는 적절하지 못한 것으로 보인다. 이런 점에서 나는 통합이라는 말보다 연계에 바탕을 둔 상호 관련성이라는 말을 사용하는 게 더 낫다고 생각한다. 병렬도 연계이며, 혼합, 공유, 융합도 모두 연계의 한 양식을 드러내기 때문이다.

　이와 함께 우리가 같이 생각해 보아야 할 점은 교육과정통합의 유형이 하나의 연속체인가 하는 점이다. Jacobs(1989), Burns(1995), Fogarty(1991) 등은 교육과정통합을 통합의 강도에 따라 분과-병렬-다학문-간학문-탈학문 등의 연속선 위에 있다고 보았으며, Drake(1993) 역시 자신의 교육과 연구의 경험에 따라 다학문-간학문-탈학문 방식으로 통합이 발전 형태를 보인다고 하였다. [그림 1-2]는 Jacobs가 제시한 교육과정통합의 설계 모형 연속체를 수정하여 만든 것이다.

　교육과정통합을 처음으로 시도하는 교사들의 입장에서 보면, 처음부터 간학문이나 탈학문의 통합 방식을 사용하여 단원을 개발하고 운영하기가 쉽지 않다. 또한 분과 위주의 교육과정을 오랫동안 운영해 온 학교의 교육조직과 문화를 생각하면 섣불리 강도가 높은 통합을 계획하고 운영할 수 없는 것은 당연한 일이다. 하지

만 여기서 분명히 해야 할 점은 교육과정통합의 강도가 높다고 해서 반드시 교육적
으로 바람직한 것은 아니라는 것이다. 달성하고자 하는 교육목표, 학생들의 관심과
경험, 수업 참여의 열의와 능력, 교사와 학생 문화, 물리적 시간표 및 공간 그리고
예산 지원, 학교와 지역사회의 관계 등에 따라 적절한 교육과정통합의 유형을 선택
해야 한다는 것이다. 특히 통합을 할 것인가 아니면 분과를 그대로 유지할 것인가,
통합을 하면 어떤 유형을 선택하는 것이 바람직한가를 결정할 때 가장 우선적으로
생각해야 할 것은 학생들에게 어떤 역량(지식, 기능, 가치와 태도 등)을 길러 주고자
하는가, 즉 교육의 목표라고 할 수 있다.

[그림 1-2] 교육과정통합의 설계모형 연속체

제2장

학교에서의 교육과정 통합단원 개발

1. 학교에서의 교육과정통합의 의미
2. 학교에서의 교육과정통합의 필요성과 가치
3. 학교에서의 교육과정통합 운영 원칙
4. 학교에서의 교육과정통합 개발 영역
5. 학교에서의 교육과정통합 개발 절차
6. 학교에서의 교육과정통합 평가

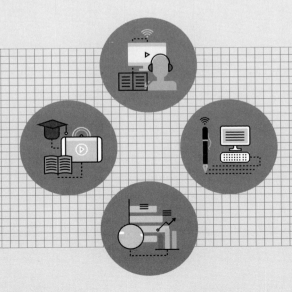

1. 학교에서의 교육과정통합의 의미

학교에서의 교육과정 개발이란 학습자를 구성원으로 하는 교육기관에서 학습자들의 학습 프로그램을 계획, 설계, 실행 및 평가하는 과정을 말한다(Skilbeck, 1984: 2-3). 이를 풀어 쓰면 다음과 같다.

첫째, 여기서 교육기관이라 함은 당연히 개별 학교를 가리킨다. 하지만 학교에서 내리는 어떤 결정도 학교 바깥세계와 분리될 수 없다는 점에서, 학교에서의 교육과정 개발이란 교육과정이 학교 차원에서 결정되기는 하지만 학교의 결정은 학교 바깥의 환경과 밀접한 관계를 통하여 이루어진다는 것을 의미한다. 즉, 교육과정이 학교 차원에서 결정된다 하더라도 그러한 결정이 학교와 지역사회 그리고 국가사회의 상호 관계의 산물임을 결코 잊지 말아야 한다는 뜻을 담고 있다.

둘째, 교육과정 개발이 학교 차원에서 이루어진다 함은 교사들의 역할이 교육과정 개발의 모든 단계에서 중요하다 할지라도 전적으로 교사에 의해서만 주도되는 교육과정 개발은 아니라는 것을 뜻한다. 즉, 학교에서의 교육과정 개발이란 학교교육에 관련된 모든 사람(교사, 학생, 학부모, 학교 행정가, 지역사회 등)이 참여하여 교육과정을 개발하는 과정을 의미한다.

셋째, 교육과정 개발이란 학습 프로그램의 계획, 설계, 실행, 평가의 과정을 뜻하며, 이것은 교육과정을 계획하는 곳과 실행하는 곳이 분리되지 않고 학교라는 곳에서 이 모든 과정이 일어난다는 것을 강조한다. 또한 여기서 개발이란 계획과 설계 단계에 한정되지 않고 실행, 평가 등을 포함하는 활동을 가리킨다.

따라서 학교에서의 교육과정 개발의 의미와 제1장에서 밝힌 바 있는 통합교육과정의 의미를 결부하면, 학교에서의 통합교육과정 개발이란 학습자를 구성원으로 하는 교육기관에서 '통합적인' 학습 프로그램을 계획, 설계, 실행 및 평가하는 과정으로 규정할 수 있다. 즉, 학교에서의 통합교육과정 개발은 다음과 같은 의미를 지닌다.

첫째, 학교 차원에서 통합적인 학습 프로그램을 개발하는 것을 말한다. 하지만 지역사회와 국가사회가 이에 미치는 영향력을 간과할 수 없다는 점에서 이 문제를 둘러싼 학교, 지역사회, 국가사회와의 역학적 관계를 살펴야 한다.

둘째, 학교에서의 통합교육과정 개발이란 교사, 학습자, 학교 행정가, 학부모, 지역사회 시민 등으로 대표되는 학교 내외의 집단이 통합적인 학습 프로그램의 개발에 참여하여 내리는 의사결정 과정을 가리킨다. 즉, 교육과정 혁신 작업의 하나로서, 국가 수준의 교육과정을 토대로 학교에서 통합프로그램을 개발하는 것이므로, 학교 내 집단의 성격과 역할이 이전과 달라지게 된다.

셋째, 학교에서의 통합교육과정 개발은 통합적인 학습 프로그램의 계획, 설계, 실행, 평가의 과정으로 이루어진다.

2. 학교에서의 교육과정통합의 필요성과 가치

교육과정을 통합 운영하는 것은 교육적으로 가치가 있기 때문이다. 김대현(1997a)은 통합교육과정의 개발과 운영의 가치를 교육목표, 교육내용, 교육방법 등의 측면에서 제시하였다.

첫째, 통합교육과정이 교육목표의 측면에서 지니는 가치를 제시하면 다음과 같다.

- 개인이 부딪히는 일상생활의 문제나 사회가 당면하는 문제를 해결하는 능력을 길러 준다.
- 협동심과 민주주의 생활 태도를 길러 준다.
- 인지, 정의, 신체의 균형적 개발을 의미하는 전인의 형성을 가능하게 해 준다.
- 학교생활의 적응과 만족감을 높인다.

이상과 같은 교육목표가 통합교육과정의 편성에 의해서만 실현될 수 있는 것은 아니다. 하지만 통합교육과정의 편성이 분과교육과정보다 이들 목표를 효과적으로 달성할 것이라는 데는 의심의 여지가 없다. 이 말은 분과와 통합이라는 교육과정의 편성 방식은 교육목표의 달성에 각기 기여하는 바가 다르다는 것을 뜻한다. 분과 체제의 교육과정은 기초적인 개념과 개념들의 논리적 조직, 기능 등을 학습하는 데 효과적이며, 통합교육과정은 앞서 제시한 네 가지의 교육목표 달성에 기여하는 바가 크다는 것이다. 분과와 통합은 복잡하고 다양한 교육과정의 목표 달성을 위해서 상호 보완적인 역할을 맡는다.

　그러므로 성공적인 학교란 교과학문들을 개별적으로 학습하며 동시에 그것들을 관련지어 학습하는 기회를 제공하는 곳을 뜻한다. 이 말은 교육과정의 목표와 관련하여 통합교육과정의 편성은 교육과정의 운영 중에 간간이 갖는 즐거운 여가활동이 아니라, 교육과정의 목표 달성을 위한 효과적인 수단(Jacobs, 1989: 5)이라는 것이다.

　둘째, 통합교육과정이 교육내용의 측면에서 지니는 가치를 제시하면 다음과 같다.

- 교과 간의 내용 중복을 피하여 학습자의 불필요한 부담을 덜어 준다.
- 교육내용의 양적 증가에 대처할 수 있다.
- 교육내용의 사회적 적합성을 높일 수 있다.

　이상과 같은 가치들이 반드시 통합교육과정의 편성에 의해서만 실현되는 것은 아니다. 분과체제의 교육과정도 이상과 같은 요구에 부응하기 위하여 여러 가지 시도와 노력을 해 왔다. 그러나 앞서 제시한 요구는 통합교육과정을 통해서만이, 때로는 분과체제의 교육과정과 함께, 그리고 때로는 분과교육과정에 비교하여 효과적으로 충족될 수 있을 것으로 생각한다. 예를 들어, 교과간의 내용 중복을 피하는 문제는 통합교육과정의 구성에 의해서만 해결될 수 있는 문제이다. 김두정(1992: 51)의 지적대로, 우리나라의 교과서가 개념들을 교과와 영역에 따라 독립적으로 다루어 결과적으로 학습자의 부담을 과중시켜 왔다면, 통합교육과정의 편성은 이러한 문제를 해결하는 의미 있는 방법이 된다.

　다음으로, 교육내용의 양적 증가에 대해서는 통합교육과정이 분과교육과정과 역할을 분담하여 해결할 수 있는 길을 제시한다. 즉, 과포화 상태의 교육과정을 해결하기 위해서는 분과교육과정 체계를 통하여 학문이나 지식의 형식을 성립시키는 최소 필수의 개념과 개념조직, 탐구방법론을 중심으로 조직하는 일과, 통합교육과정의 접근을 통하여 학문이나 지식의 형식 간의 상호관련성을 토대로 교육내용의 양을 줄여 가는 방법이 요구된다.

　마지막으로, 교육내용의 적합성 문제는 이 내용을 왜 배우는가, 이 내용이 내가 살고 있는 사회의 이해와 개선에 어떻게 기여하는가 등의 물음과 관련이 있다. 이와 같은 물음에 부응하기 위하여 분과교육과정 아래서도 개개의 학문들이 학생들의 삶에 어떠한 영향을 주는가를 보여 주려는 시도를 할 수 있다. 그러나 분과교육과정은 그 성격에 의하여 개별적 학문이나 지식형식의 논리적이고 위계적인 구조를 강조하게 되므로 교육내용의 적합성 문제는 통합교육과정의 개발과 운영을 통하여 접근하는 것이 더욱 효과적이다. 즉, 개인의 필요와 사회의 요구는 개별 학문의 접근이 아니라, 개별 학문들을 관련지어 종합적으로 접근할 필요가 있기 때문에 통합교육과정의 편성이 교육내용의 적합성 문제를 해결하는 효과적인 대응책이 된다.

셋째, 통합교육과정이 교육방법의 측면에서 지니는 가치를 제시하면 다음과 같다.

- 학습자는 학습의 주체로서 참여한다.
- 학습의 과정이 공포나 두려움 없이 편안함과 즐거움을 느끼게 한다.
- 학습경험의 전이 효과가 크다.

이상과 같은 가치들이 통합교육과정을 통해서만 실현되는 것은 아니지만 통합교육과정이 분과교육과정에 비교하여 앞의 가치들을 보다 잘 실현할 수 있을 것 같다. 먼저 통합교육과정은 학습자가 학습활동을 계획하거나 운영하는 데 주체적으로 참여함으로써 학습에 대한 동기가 커지고 학습의 결과에 대한 책임감이 증대하여 교육의 성과가 높아진다.

그리고 학습자가 학습의 주체로서 참여한다는 것은 민주적이고 허용적인 수업 분위기를 만들기 쉬우므로, 통합교육과정이 분과교육과정에 비하여 학습자들이 편안하고 즐거운 가운데 학습을 수행할 가능성이 높다(Greene, 1941: 42).

마지막으로, 통합교육과정은 학교에서 배운 지식을 실제 생활에 적용하는 능력을 높여 준다. 통합교육과정은 교과학문들 간의 논리적 상호관련성을 인식하거나 실제 생활의 소재를 이용하여 생활의 문제를 직접 해결하는 경험을 제공한다는 점에서, 분과체제의 교육과정에 비하여 학습경험의 전이 효과가 크다.

이상과 같이 교육과정통합이 필요한 이유와 가치를 살펴보았다. 이러한 필요성과 가치는 학교에서 교육과정통합을 해야 하는 이유를 상당 부분 설명한다. 왜냐하면 교육과정통합이 교육적으로 의미 있는 가치를 지닌다면, 국가 수준에서 통합교과를 개발하고 제시하는 것을 넘어서서 학교 차원에서 더 많은 교육과정통합을 할 필요가 있기 때문이다.

그러나 학교에서의 통합교육과정 개발은 통합교육과정의 개발 장소가 왜 하필 단위 학교여야 하는가에 대한 답변을 필요로 한다. 이 말은 교육과정통합이 여러 가치를 지니고 있다 하더라도, '학교에서' 교육과정을 통합적으로 운영해야 하는 이유는 별도로 제시되어야 한다는 것이다. 그 이유를 제시하면 다음과 같다.

첫째, 국가 수준의 교육과정은 국가가 이름을 붙인 통합교과(초등학교 저학년의 주제 중심 교과와 고등학교의 통합사회와 통합과학)를 제외하고는 교과별로 목표와 내용을 제시하고 있다. 이를 달성하는 방법은 교과별 내용 체계에 따라 (대개 교과서를 이용하여) 수업을 진행하는 방법과 학교에서 자체로 교육과정을 통합하여 운영하는 방법의 두 가지로 생각할 수 있다. 학교에서 교육과정을 통합적으로 운영하는 것은 학습자, 학교, 지역사회의 특성을 더욱 잘 반영할 수 있다는 장점이 있다.

둘째, 학교에서의 통합교육과정 개발은 학교 현장에 있는 학습자들의 다양한 요구와 필요를 충족시키는 데 유리하다. 같은 교육과정의 목표를 달성하는 수업일지라도 토픽이나 프로젝트 형태의 통합교육과정 수업은 학생들의 다양한 요구를 충족할 뿐 아니라 새로운 요구를 불러일으키는 촉진제로서의 역할을 한다.

셋째, 학교에서의 통합교육과정 개발은 학교와 지역사회의 연대를 강화한다. 통합교육과정의 개발 과정에 지역사회의 실정과 요구가 반영되고, 학부모를 비롯한 지역사회의 협력과 지원이 이루어진다. 학교에서의 통합교육과정 개발은 학교와 지역사회 간에 동반자적 협력 관계를 형성하는 데 기여한다.

넷째, 교사들 간의 협력이 증가하고 교직의 전문성이 신장된다. 학교에서의 통합교육과정 개발은 교사들의 협력 작업이 없이는 불가능하다(Aschbacher, 1991: 17-18). 개발의 과정에서 동료 의식이 높아지며 교직의 전문성도 신장된다. 특히 중등학교에서는 자신의 전공에 집착하여 자신이 가르치는 과목만을 중요한 것으로 여기는 '과목 우선주의'를 넘어서는 데 기여한다.

다섯째, 학교에서의 통합교육과정 개발은 교사와 학생의 관계를 변화시킨다. 교사와 학생의 관계가 기존의 권위에 입각한 종속적 관계가 아니라 상호 협력적 관계로 바뀐다. 즉, 교사와 학생은 지식의 전달자와 수용자의 관계나 권위를 가진 자와 가지지 못한 자의 관계가 아니라 함께 배우는 관계로 나타난다.

여섯째, 학교에서의 통합교육과정 개발은 학교 교육의 모든 관여 집단을 활동적으로 만든다. 학교에 관련된 모든 인사(교사, 학생, 학부모, 학교 행정가, 지역사회 인사 등)가 통합교육과정의 개발에 참여함으로써 교육에 보다 적극적인 자세로 임하게 된다.

이상과 같이 학교에서의 통합교육과정 개발은 통합교육과정이 가지는 교육적 가치와 함께 학교에서 이를 개발할 때 얻을 수 있는 여러 가지의 장점으로 인하여 그 필요성이 요구된다고 말할 수 있다.

3. 학교에서의 교육과정통합 운영의 원칙

교육과정통합 운영은 개별 교과의 중요한 학습 요소(지식, 기능, 가치 및 태도 등)를 학습하는 데 도움을 줄 수 있으며, 교과들 간의 내용 요소들의 연관성을 파악할 수 있고, 가치 있는 주요한 주제를 학습할 기회를 제공한다. 학교에서 교육과정통합을 계획하고 운영하는 교사들은 그들이 도달하고자 하는 통합의 목표가 무엇인지를 명확히 하고 통합의 주제와 유형을 선택해야 한다. 이와 함께 통합단원의 기획과 운영 과정에서는 교과 속에 포함된 통합의 요소나 주제를 넘어서서, 이 시기 학생들의 성장에 꼭 필요한 요소(지식, 기능, 가치와 태도 등)를 더욱 적극적으로 찾아서 반영할 필요도 있다. 다음은 학교에서 교육과정통합 운영을 할 때 견지해야 할 지침들이다.

첫째, 교육과정통합 운영의 목적에 관한 문제이다. 교과를 통합적으로 운영하고자 하는 근본적인 이유는 교육의 목적을 효과적으로 달성하는 데 있다. Hopkins (1937)는 "통합은 기계적 과정이라기보다는 유기적 과정이다. 비록 유기적 목적을 달성하기 위하여 주제 중심의 수업이나 교과 병렬과 같은 기계적 수단을 사용한다 하더라도, 이러한 기계적 수단의 사용은 유기적 목적, 즉 진리, 의미, 목적, 가치와 같은 인간 존재의 질적 차원에 도움을 줄 때만 효과적이다."라고 말한 바 있다. 이와 같이 교육과정의 통합적 운영은 교과서나 교육과정 내용의 통합에 머물러서는 안 되며, 교육내용과 수업 방법이 궁극적으로는 학생 개인의 인간적 삶과 사회의 유지와 변혁에 연결되는 방식으로 전개되어야 한다.

　그러나 그동안 우리나라의 교육과정이 중앙집권적인 방식으로 운영되어서 교사들이 무엇을(교육내용) 왜(교육목적) 가르쳐야 하는가는 이미 결정되어 있다고 믿어 왔던 것처럼, 교과의 통합 운영도 상부 기관이나 학교 행정가의 요청으로 교과서 내용이나 교육과정의 내용을 연관 짓는 기능적인 일로 생각한다면, 교과와 삶의 통합이나 학교와 사회의 통합과 같은 교육과정 통합 운영의 궁극적인 목적이 간과될 수도 있다. 특히 교육과정의 통합 운영을 교육과정이나 수업 혁신의 최근 동향이나 흐름으로 파악하여 심각한 고민 없이 시행한다면, 교육과정통합 운영에 대한 근본적인 관심은 멀어지고, 교육과정과 통합에 대한 각종 처방전(recipe)을 믿고 따르는 '흉내내기'에 그칠 가능성이 있다. 이와 같은 교육과정통합 운영의 기술적이고 도구적인 관점에서 벗어나기 위해서는 교사들이 교육과정통합 운영의 근본적인 목적을 바로 세울 필요가 있다(Kain, 1996).

　둘째, 교육과정의 통합 운영은 체계적으로 계획되어야 한다. 아직까지 많은 학교가 이에 익숙하지 않으므로 간단한 차시별 통합이나 단기간 운영되는 통합단원의 개발에 머무는 경우가 많다. 교육과정에서 포괄성과 균형성을 확보하는 유일한 방법이 장기, 중기, 단기의 계획을 구체적으로 세우는 것이라는 주장(Hughes, Wade, & Wilson, 1993)과 같이, 교육과정통합 운영에서도 장기, 중기 및 단기 계획을 마련해야 한다. 장기 계획과 중기 계획의 수립은 교과 학습과 교과 통합적 학습, 그리고 교과 통합적 학습들 간의 스코프와 시퀀스를 조정하고 결정해 주며, 부족한 교수·학습 자료, 장비, 학습 공간을 효율적으로 사용하는 데 도움을 준다(김대현, 1997b).

　또한 교육과정통합 운영은 단순히 교과내용들을 통합하는 데 한정되어서는 안 되며, 학습 집단의 조직, 학습활동의 구안, 교수·학습 자료의 구비와 활용, 학습평가의 방법 등과 연계되어야 한다. 즉, 교육과정통합 운영의 교육적 효과를 기대하기 위해서는 계획 단계에서 교과내용의 조직 방식-학습 집단의 조직 방식-학습활동의 선택과 조직 방식-학습 자료의 구비와 활용 방식-학습평가의 방식 등의 유기적인 조직 방안이 체계적으로 확립되어야 한다.

　셋째, 교육과정의 통합 운영이 제대로 이루어지기 위해서는 이를 위한 여건이 조성되어야 한다. 김대현(1996)은 문헌 연구, 설문 조사, 학교교육계획서를 분석하여 다음과 같은 결과를 제시한 바 있다. "교육과정통합 운영에 관한 교사들의 관심은 높으나 이를 수행하는 데 필요한 지식, 기능, 가치를 제공하는 연수기회가 부족하고 연수 방식이 적절하지 않은 것으로 나타났다. 행정 업무의 폭주와 교수·학습 자료, 기구, 시설물의 부족도 성공적인 실행을 가로막고 있다. 또한 교육과정통합 운영을 계획하고 운영하는 데 주도적인 역할을 담당하는 부서나 요원이 부족하며, 학내 연수도 이와 관련된 내용이 별로 없다." 이러한 실태 분석을 기반으로 통합교육과정을 운영하고자 하는 학교는 다음과 같은 여건을 마련할 필요가 있다.

우선 교사들이 교과 통합적 수업을 계획하고 운영하는 데 필요한 전문적 자질을 갖추도록 양성 과정과 현직연수를 강화해야 한다. 교과 통합적 수업에는 아무리 익숙한 교육내용이라 하더라도 이들을 통합의 관점에서 새롭게 조명하고 관련시키기 위한 계획, 운영, 평가를 위한 시간이 필요하다. 그리고 강도 높은 교과 통합적 수업을 계획하고 운영하기 위해서는 교사들이 팀을 만들어 작업하고 필요한 자료를 구입해야 하며 작업에 필요한 안락한 환경도 마련되어야 하므로 적정한 예산이 뒷받침되어야 한다.

또한 교과의 통합적 운영은 교과별 학습에 비하여 학습자에게 학습에 대한 자발성과 주체성을 많이 요구하므로, 이와 관련된 학습 태도를 훈련할 기회를 제공해야 한다. 학부모들은 교과 통합적 수업을 받은 경험이 없기 때문에 그 가치와 효과에 대해 의구심을 갖고 교육과정의 통합 운영을 반기지 않을 수 있다. 학교는 이에 대비하여 학부모의 인식을 바꾸기 위한 다각도의 노력을 할 필요가 있다.[1]

그리고 교장이나 교감과 같은 학교 관리자는 교육과정통합 운영의 가치를 인식하고 교사들이 이를 계획하고 운영하도록 유인 체제를 구축하며, 필요한 시간, 자료, 비용 등을 마련하여 제공해야 한다. 교육청에서는 현재 공급된 대부분의 교수·학습 자료가 교과별로 개발되어 있으므로 교과의 통합적 운영을 위하여 필요한 교수·학습 자료를 대규모로 개발하여 보급할 필요가 있다. 이와 같이 교과 통합적 운영이 학교에서 성공적으로 추진되기 위해서는 Goodlad(1987)가 말한 바와 같이 교육에 대한 생태학적인 사고가 학교 관계자 모두에게 필요하다.

---

1) 현재 교과 통합적 수업을 억제하는 근본적인 원인 가운데 한 가지는 국가 수준 교육과정과 교과서 제도에서 찾을 수 있다. 국가 수준 교육과정이 지나치게 상세화되어 있고, 초등학교의 경우에 영어를 제외한 모든 교과서가 1종 도서로 되어 있어 교사들이 어떤 형태로든 수정이 힘들다고 생각하기 때문에 교과서 수준의 통합이나 교육과정의 통합이 어려울 수밖에 없다.

넷째, 교육과정통합 운영의 평가에 관한 문제이다. 교과 통합 운영의 결과를 사정하기 위해서는 종전과는 다른 평가 방식이 요구된다. 학습자 평가는 수업의 다양한 장면에서 학생들이 실제로 수행하는 일에 평가의 초점을 둔다. 이런 점에서 포트폴리오식 평가는 교과를 통합적으로 운영하는 학급에 적합한 평가 방법이다 (Seely, 1995; Wolfinger & Stockard, 1997). 왜냐하면 포트폴리오는 학습자 개인의 성장과 발달에 관한 기록이기 때문이다. 포트폴리오식 평가와 함께 자기반성의 방법도 중요시된다. 자기반성은 교과의 통합적 운영을 통하여 무엇을 배웠나, 무엇을 배우지 못했는가, 어떤 것들을 서로 연결 지었나, 배운 내용과 자신의 삶의 관련성 등을 멈추어서 되돌아보는 것을 말한다(Seely, 1995). 이와 같이 교과의 통합적 운영에서 학습자 평가는 포트폴리오식 방식과 자기반성 등이 이용될 수 있다.

이와 함께 교육과정통합 운영 전반에 대한 체계적인 평가가 요구된다. 실제로 교과의 통합 운영에 대한 다양한 처방이 검증을 거치지 않고 제시되고 있다. 의사가 진단 없이 처방전을 쓰는 것을 수용하기 어려운 것처럼, 교과의 통합 운영에 대한 다양한 처방도 그 효과성에 대한 검증 과정을 거치지 않는다면 학교 수업의 개선에 도움을 주기보다 해악을 끼칠 수 있다. 즉, 교과 통합 운영의 개발, 설계, 운영, 효과와 영향 등에 관한 과학적이고도 객관적인 평가 작업이 이루어져야 한다. 그러나 교과 통합적 운영이 계획과 실험을 거쳐 현장의 정착에 이르는 데에는 적어도 수년의 기간이 필요하다는 점에서, 몇몇의 양적인 지표만을 보고 섣불리 교과 통합의 성과를 재단하려고 해서는 안 되며, 연구학교와 시범학교의 운영도 단기 운영을 통한 결과 보고에 매달리지 말아야 한다.

4. 학교에서의 교육과정통합 개발 영역

학교에서 교육과정통합을 계획하고 운영할 때 교과서 내용을 활용한 통합, 교과별 교육과정(성취기준)을 이용한 통합, 창의적 체험활동에서의 범교과 학습 주제를 활용한 통합으로 구분할 수 있다.

첫째, 교과서를 이용한 통합교육과정의 개발이다. 교과서는 교육과정을 구현하는 가장 영향력이 있는 교수·학습 자료로서, 현재 많은 수업이 교과서를 중심으로 이루어지고, 학생과 학부모는 교과서의 모든 내용이 수업 시간에 다루어지기를 기대하고 있다. 따라서 학교 수준의 통합교육과정 개발에서 가장 첫 출발점은 교과서를 통합적으로 재구성해 보는 것이 된다. 교과서 내용을 이용한 통합은 다음과 같은 이점을 가진다.

- 교과별 학습과 비교하여 보다 다양한 활동을 포함하므로, 학습자들로 하여금 보다 재미있게 학습하도록 하면서 교과서의 내용을 충실하게 가르칠 수 있다.
- 교과서의 내용을 중심으로 통합단원을 구성하기 때문에, 통합단원으로 인해 교과서의 내용을 충실히 다루지 못한다는 의구심을 가진 학부모, 학생 그리고 교사에게 심리적 안정감을 줄 수 있다.
- 통합의 대상이 되는 각 교과의 교과서 내용이 교사들에게 익숙해져 있으므로, 통합에 대한 경험이 없는 교사들도 쉽게 접근할 수 있다.

그러나 교과서가 교과별 체계로 구성되어 각 교과의 구조를 반영하도록 만들어져 있기 때문에 둘 이상의 교과를 통합하여 새로운 체계를 잡는 작업은 쉽지 않은 일이다. 또한 통합단원이 만들어질 경우, 통합단원의 계열성은 물론이고 각 교과의 계열을 재조정해야 하는 어려움도 있다. 따라서 교과서를 재구성하기 위해서는 새로운 통합단원의 계획뿐만 아니라 학교 교육과정 조정도 고려해야 한다.

둘째, 교육과정을 이용한 통합교육과정의 개발이다. 교육과정의 통합적 재구성은 교과서 내용을 다루어야 하는 한계에서 벗어날 수 있다는 이점이 있다. 여기서는 국가 수준 교육과정의 교과별 내용(핵심 개념, 일반화된 지식과 기능, 가치와 태도, 성취기준 등)을 분석하여 관련 있는 내용을 찾아 통합하고, 그에 따라 교수·학습 자료와 평가 자료를 새롭게 만들어 보게 된다. 국가는 제6차 교육과정 개정 시기 이후에 교육과정 운영과 관련하여 교육청과 학교의 역할을 강조하였으며 이후 지속적으로 교육과정 운영과 관련하여 학교의 자율성을 확대해 왔다. 특히, 2012년 교육부에서 교과별로 성취기준을 발표하고 2013년 핵심 성취기준을 제시하면서, 교육부와 교육청이 교과서가 아니라 성취기준 도달을 향한 수업을 강조함에 따라 단위 학교에서 교육과정통합 운영의 필요성에 대한 인식이 높아지고 개발과 운영 여건이 개선되었다. 그 결과, 경기도 혁신학교를 중심으로 학교에서의 교육과정통합 운영이 활발히 이루어지고 '교육과정 재구성'이라는 이름으로 전국적으로 빠른 속도로 확대되고 있다.

셋째, 2015 교육과정에는 범교과 학습에 관한 내용이 제시되어 있다. 다음은 국가 수준 교육과정 문서에 제시된 범교과 학습 주제이다.

- 안전 · 건강 교육
- 인성 교육
- 진로 교육
- 민주 시민 교육
- 인권 교육
- 다문화 교육
- 통일 교육
- 독도 교육
- 경제 · 금융 교육
- 환경 · 지속가능발전 교육

각 학교는 범교과 주제 학습이 충실히 이루어질 수 있도록 프로그램을 개발하고 운영 여건을 조성할 필요가 있다. 학교에서 개발하여 운영할 수 있는 범교과 학습의 주제는 매우 다양하다. 학생과 사회의 요구 및 학교의 특성은 범교과 학습의 주제를 선택하는 데 가장 우선적으로 고려해야 할 요소들이다. 교육부는 범교과 학습에서의 학교의 역할을 '범교과 학습 주제를 교과와 창의적 체험활동 등 교육활동 전반에 걸쳐 통합적으로 다루도록 하고, 지역사회 및 가정과 연계하여 지도한다'로 규정하고 있다.

범교과 학습 코스는 특정 교과나 활동에 구애를 받음 없이 교육과정 편제상의 모든 영역을 자유롭게 포함할 수 있으므로, 교과서 재구성이나 교육과정 재구성에 비하여 코스의 내용 선정에 대한 제약이 적다. 또한 범교과 학습은 개발과 운영에 있어서 교과에 배당된 시간 수와 교과서를 덜 활용해도 되는 이점이 있다.

그러나 학교에서 범교과 학습 코스를 계획하고 운영하는 데 필요한 구체적인 운영 방안의 예시나 자료 보급은 대단히 미흡한 실정이다. 그리고 교사들도 범교과

학습을 위한 계획을 수립하거나 운영을 한 경험이 그다지 많지 않다. 범교과 학습을 코스로 개발하여 운영할 때 예상할 수 있는 한계점은 다음과 같다. 첫째, 코스는 미리 계획되어야 하므로 학생들의 발달 정도, 흥미, 요구의 변화에 즉각적으로 대응하지 못할 우려가 있다. 둘째, 코스에 포함된 주제들은 서로 밀접한 관련을 갖도록 선정되고 계열성 있게 배열되므로 코스를 운영할 때 융통성을 발휘하는 것을 방해할 수 있다.

이러한 코스 개발의 한계점을 보완하기 위해 코스를 몇 개의 모듈로 구분하여 개발하는 방법을 이용할 수 있다. 즉, 모듈 형태의 코스 개발을 통하여 학습자의 수준이나 과제의 성격에 적합한 학습활동을 통해 코스 목표를 달성하는 것을 가능하게 한다. 결과적으로 학습자들이 코스 개발에 영향을 행사하도록 할 수 있으며, 학습자의 학습 속도에 따라 코스 운영에 융통성을 발휘할 수도 있게 된다.

교과서, 교육과정, 범교과 학습 등의 영역에 상관없이 학교에서 교육과정통합을 계획하고 운영할 때 일반적 지침으로 삼아야 할 원리는 크게 타당성, 심리적 적합성, 논리적 계열성, 실행가능성이라고 할 수 있다.

- 타당성의 원리는 코스가 지향하는 일정한 목표를 달성할 수 있도록 개발하는 것을 의미한다. 코스 개발이 타당성의 원리를 만족하기 위해서는 코스 목표를 달성할 수 있는 내용과 활동을 선정해야 하며, 목표 달성을 확인할 수 있는 평가 방법을 포함하여야 한다.
- 심리적 적합성의 원리는 코스가 학습자의 심리적 특성에 맞도록 개발하는 것을 의미한다. 코스 개발이 학습자의 심리적 적절성을 만족하기 위해서는 먼저 코스의 학습내용을 선정함에 있어 지적 수준, 요구, 흥미, 관심 등 학습자의 특성을 반영하여야 한다. 또한 코스는 학습자의 개인차에 따라 학습의 내용과 순서를 선택할 수 있도록 개발되어야 한다.
- 논리적 계열성의 원리는 코스의 내용과 순서가 코스 주제의 특성에 적합하도록 개발하는 것을 의미한다. 이를 위해서는 코스 주제에 대한 철저한 논리적 분석과 계열화가 필요하다.
- 실행가능성은 계획된 코스를 현장에서 운영할 수 있어야 함을 의미한다. 이를

위해 학교 조직과 문화, 학교 행정가의 재정과 행정 지원, 학교 기구 및 시설, 지역사회의 활용 가능한 인적 · 물적 자원을 구비해야 한다.

5. 학교에서의 교육과정통합 개발 절차

학교에서 교육과정통합을 계획할 때, 특정한 문제 중심의 탈교과 통합이 아니라면, 대체로 여러 교과의 내용 체계표를 보면서 관련 있는 영역, 핵심 개념, 내용 요소를 참고로 하여 통합단원을 개발하게 된다. 이 경우에 도달하고자 하는 학습목표, 학습자의 관심과 흥미, 준비도와 수준, 교사의 경험과 전문성, 학교의 시간표 편성과 공간 활용, 학교 바깥의 자원 인사 및 시설 사용 등의 맥락에 따라 통합의 요소와 중심을 정하고 통합의 방식을 결정한다. 구체적으로 말하면 다음과 같다.

첫째, 개별 교과 속에 있는 영역, 핵심 개념, 내용 요소(통합의 요소) 등을 참고하여 어떤 교과들(창의적 체험활동을 포함하여)을 연계할 것인가를 결정한다. 둘째, 통합을 제재 중심으로 할 것인지, 주제 중심으로 할 것인지, 아니면 특정한 개념이나 기능 습득을 가장 중요한 중심으로 둘 것인지를 결정한다. 셋째, 통합의 방식을 병렬, 혼합, 공유, 융합 등의 어떤 방식으로 할 것인지를 논의를 통하여 결정한다.

이러한 결정을 위하여 국가교육과정 속에 제시된 교과별 내용 체계와 이를 바탕으로 작성된 성취기준이 모두 한 장의 큰 표 속에 잘 드러나도록 교육과정 지도 그리기(curriculum mapping)를 한다. 지도 그리기를 하면 어떤 교과의 어떤 요소들을 함께 묶을 수 있는지를 파악하는 데 도움이 된다.

그러나 교육과정통합을 구체적으로 기획할 때는 내용 체계표를 넘어서서 요소별 성취기준을 확인해야 한다. 성취기준은 국가 차원에서 교과별로 학생들이 최소한 달성해야 할 지식, 기능, 가치 및 태도 등으로 구성되어 있기 때문에 무시해서는 안 된다. 물론 이러한 성취기준도 절대적인 것은 아니어서 시대와 사회의 요구에 따라 생겼다가 없어지기도 하고 강조되기도 하고 단순히 권장될 수도 있다. 최종적으로 교사들이 성취기준의 타당성을 평가하고 이를 근거로 교육과정통합을 계획해야 하지만, 현재는 법적인 측면이나 관행적인 면에서 이러한 교사의 전문성과 단위 학교의 자율성에 한계가 있는 것 같다.

하지만 근본적인 면에서는 교사는 국가의 요구를 수용하되, 자신의 교육적 전문성을 발휘하여 성취기준의 내용과 수준에 대한 타당성을 판단하고, 이를 토대로 교육과정통합 운영 계획을 세워야 한다. 교육과정통합 절차는 다음과 같다.

1) 국가 수준 교육과정의 분석

학교에서 교육과정을 통합하여 운영할 때 국가 수준 교육과정의 내용 체계와 성취기준을 바탕으로 계획을 하게 된다. 국가교육과정은 교과별로 내용 체계와 성취기준을 제시하고 있다. 학교에서 가르치는 한 개의 교과를 선택하여 초등학교부터 고등학교까지의 내용 체계표를 살펴보면 내용들의 수직적 연계성을 파악할 수 있다. 이러한 연계성을 바탕으로 이전에 배운 내용과 지금 배우는 내용 그리고 앞으로 배울 내용을 관련지으면서 학습 계획을 짜는 것을 '종적 차원의 통합성'이라고 부른다.

이와 달리 동 학년에서 배우는 교과들을 모아서 내용 체계와 성취기준을 살피고 연관성을 토대로 학습 계획을 수립하는 것을 '횡적 차원의 통합성'이라고 일컫는다. 학교에서의 교육과정통합 운영은 주로 동 학년에서 교과들 간의 연계나 교과와 창의적 체험활동 간의 연계를 의미하는 경우가 많지만, 학년군제를 운영하는 현재의 교육과정에서는 종적인 차원과 횡적인 차원의 통합이 동시에 고려되기도 한다.

이와 같이 학교에서 교육과정을 통합적으로 운영하기 위해서는 국가 수준의 교육과정 문서를 세밀히 살피는 것이 필요하다. 이를 교육과정 분야에서는 스캔(scan)을 한다고 말한다. 스캔이라는 말은 '대충 훑어보다' '무엇을 찾느라고 유심히 살피다'라는 뜻이다. 사전에서는 스캔을 다음과 같이 규정하고 있다.

- You scan written material, you look through it quickly in order to find important or interesting information.
- When you scan a place or group of people, you look at it carefully, usually because you are looking for something or someone.

필자는 교육과정통합에서는 스캔이라는 말을 '대충 훑어보다'가 아니라 '어떤 것을 찾아내기 위하여 주의 깊게 살핀다'의 의미로 받아들여야 한다고 생각한다. 교육과정통합은 대충 계획해서는 교육적 성과를 거두기 어렵기 때문이다. 앞에서 말한 바와 같이 스캔은 한 개의 교과를 두고 할 수도 있으며, 두 개 이상의 교과나 창의적 체험활동을 포함하여 수평적이거나 수직적으로 할 수도 있다. 우리나라 국가수준 교육과정의 교과별 내용 체계표를 바탕으로 동 학년에서 배울 교과와 창의적 활동의 내용들을 하나의 표로 가로로 연결하면 수평적 스캔이 가능하다. 또한 가로표를 해당 학년을 중심으로 앞뒤의 여러 학년을 묶으면 수직적 스캔을 할 수 있다.

교육과정통합을 할 때 초등학교와 중등학교 교사는 수평적 그리고 수직적 스캔을 한 다음 통합단원의 목표와 요소, 중심, 방식, 운영 기간 등을 결정한다. 이러한 작업은 대체로 동 학년 교사들의 협의를 통하여 이루어지지만, 여러 학년에 걸친 교육과정통합은 여러 학년의 교사들이 함께 참여한다. 교과 병렬과 같은 비교적 단순한 형태의 교육과정통합은 한 교과 내에서 통합이 이루어지는 경우 교사 혼자서 할 수 있으며, 두세 교과가 관련되는 경우에는 해당 과목의 교사들이 협의를 거쳐 계획할 수 있다.

2) 교육과정통합의 목표, 요소, 중심, 방식, 단위 결정하기

교육과정통합은 국가의 교육과정 정책과 교육과정 분야에서 이루어진 학교현장의 실천과 연구의 영향을 받는다. 교육과정통합 분야에서 꾸준히 활동해 온 Drake 와 Burns(2004)의 경우에도 미국에서 일어난 성취기준 중심 운동과 Wiggins와 McTighe가 제안한 '학생의 이해를 목표로 교사들에 의한 단원 개발(Understanding by Design)'이라는 백워드 설계 방식을 자신의 교육과정통합 이론에 접목하고 있다.

그들에 따르면, 학교 차원에서 교육과정통합을 계획할 때는 먼저 교과의 성취기준을 확인하면서 시작해야 한다. 이를 위하여 여러 교과의 성취기준들을 한눈에 알아볼 수 있도록 종합적인 그림을 그리는 것(스캔과 클러스트)이 필요하다. 교육과정통합의 목적에 따라 다학문, 간학문, 탈학문 등의 통합 유형을 결정하고 나면, 단원 계획은 백워드 설계 방식을 따라 목표 설정-평가 계획 수립-학습경험 계획 순으로 이어 간다. 이러한 방식을 따라 통합단원을 설계하고 운영하면, 교육과정(학습목표)-수업-평가-기록의 일관성이 생긴다. 그들은 이에 덧붙여 통합단원이 지식

(know)-기능(do)-인성(be)으로 연결되도록 개발할 것을 제안하였다. 이 설계모형은 교육과정통합 운영을 하고자 하는 집단이 다음 세 질문에 대답하도록 유도한다 (박영무 외 역, 2006: 68).

- 학생들이 알아야 할 가장 중요한 것은 무엇인가?(지식)
- 학생들이 할 수 있어야 할 가장 중요한 것은 무엇인가?(기능)
- 학생들은 어떤 인성을 갖추어야 하는가?(인성)

학교에서 교육과정을 통합적으로 운영하기 위하여 코스나 단원을 개발할 때는 어떤 지식과 기능과 인성을 기를 것인가를 정하고, 이들이 서로 연관성을 가지고 개발되도록 해야 한다는 것이다. 학교에서 개발하는 통합단원의 목표가 설혹 지식이나 기능 영역에 주안점을 두는 경우라 하더라도, 교육은 학생의 총체적인 성장을 목표로 한다는 점에서 지식과 기능과 인성이 서로 연관되면서 운영되도록 세심히 주의해야 하고 실천이 따라야 한다. 특히 학교 교육에서 상대적으로 기르기 어려운 인성 측면이 소홀히 되지 않도록 유의할 필요가 있다.

그들이 지식, 기능, 인성의 다리 만들기를 제안한 것은 교육적으로 매우 의미 있는 주장이다. 교육과정통합 운영도 분과별 운영과 마찬가지로 지식과 기능의 학습에 치중할 가능성이 높기 때문이다. 특히 그들이 제시한 '다리 만들기'라는 말은 고립된 상태로 개별적으로 존재하던 것을 연결 짓는다는 것을 상징적으로 나타내는 매우 적절한 표현이라고 생각한다. 지식, 기능, 인성의 다리 만들기를 표현하면 [그림 2-1]과 같다.

필자는 국가 수준에서 통합교과로 제시된 것이나 분과별로 제시된 교과들을 학교차원에서 통합 운영하고자 할 때는 우선 그것을 통하여 도달하고자 하는 교육목표를 분명히 해야 한다고 생각한다. 교과 내 통합이나 교과 간 통합 그리고 문제 중심 통합을 할 때는 반드시 그 이유가 있기 마련이다. 단지 교과 간에 중복된 내용을 줄이는 성과를 넘어서서 통합을 했을 때 교과의 내용(핵심 개념, 지식 요소와 기능 요소)을 더욱 깊게 이해할 수 있게 된다든지, 보다 쉽게 이해할 수 있게 된다든지, 또는 내용 간의 연관성을 새로이 알게 된다든지 하는 교육적 성과를 기대한다. 이와 더불어, 학생이 관심을 갖는 주제나 알아야 할 사회 문제 등을 깊이 있게 파악하고

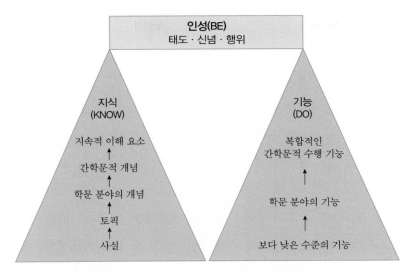

[그림 2-1] '지식 · 기능 · 인성' 다리의 구성 요소

출처: 박영무 외 역(2006): 96.

종합적으로 판단하며 대안을 창출하는 능력을 갖출 것을 기대한다. 이러한 기대를 '교육과정통합 운영의 목표'라고 부른다.

교육과정통합의 목표를 찾을 때는 국가 수준 교육과정의 '일반화된 지식'을 먼저 살펴볼 것을 제안한다. 일반화된 지식은 대개 핵심 개념을 풀어 설명하고 있으며 내용 요소들을 포함하고 있기 때문이다. 학교에서 교육과정을 통합할 때 교과별 성취기준에서 출발하는 것은 통합의 큰 목표를 설정하고 교과별 관계를 파악하기에는 지나치게 구체적이고 지엽적이며 번잡한 일로 보인다. 따라서 교육과정통합의 시작을 일반화된 지식을 살펴보는 데서 출발하는 것이 좋다.

다음으로, 일반화된 지식 속에 포함된 내용 요소와 별도로 제시된 기능에 관심을 가져야 한다. 그리고 우리나라 교과 교육과정이 대개 내용 요소(지식)와 기능 중심으로 편성되어 있으므로, 개발자들은 '가치와 태도 요소'에도 주목해야 한다.

다시 말하면, 교사들은 학교에서 통합교육과정을 개발할 때 먼저 동 학년이나 학년군 단위의 여러 교과의 일반화된 지식을 살펴본 다음, 그것을 구성하고 있는 내용 요소와 기능을 확인하고 가치와 태도 요소를 추가하여 목표를 설정하는 것이 바람직하다.

다음으로, 학교에서 통합교육과정을 개발하고 운영할 때 해야 할 일은 통합의 유형을 결정하는 일이다. 통합의 일차적인 이유가 개별 교과 속의 일반화된 지식과 기능의 습득에 있고, 제재나 주제를 통하여 이들을 관련지어 학습할 때 교육의 성과가 높다고 판단하면, 다학문적 통합의 유형에 맞는 절차를 따라 교육과정을 재구성하게 된다.

이와 달리 통합의 이유가 교과 간에 공통되는 핵심 개념과 일반화된 지식, 기능과 가치와 태도의 습득에 있다면, 간학문적 통합의 유형에 맞는 절차를 따를 필요가 있다.

반면에, 통합의 이유가 교육적으로 가치 있는 주제나 문제의 이해와 해결에 있고 교과의 견고한 틀에 얽매이지 않아도 된다면 탈학문적 통합의 유형에 맞는 절차를 따르게 된다. 요약하면, 통합의 이유에 따라 적합한 유형에 차이가 있으며, 유형에 따라 통합의 과정에도 차이가 있다. 다음은 통합 유형에 따른 절차이다.

(1) 다학문적 통합의 절차
① 통합의 목표 결정

통합의 일차적인 이유가 개별 교과 속의 일반화된 지식과 기능의 습득에 있고, 제재나 주제를 통하여 이들을 관련지어 학습할 때 교육의 성과가 높다고 판단하면, 다학문적 통합을 하게 된다. 다학문적 통합에서 통합의 목표는 개별 교과 속에 들어 있는 개별적인 지식, 기능, 가치와 태도의 습득이다.

② 국가 수준 교육과정의 분석

다학문적 통합의 경우에는 특히 국가교육과정의 분석이 출발점이 된다. 앞에서 언급한 바와 같이, 동 학년 또는 학년군의 여러 교과의 내용 체계표를 모아서 하나의 큰 표로 만들고, 스캔을 통하여 교과 속에 들어 있는 핵심 개념과 일반화된 지식, 기능과 가치와 태도를 살펴보는 일이다. 다음에 적절한 시기에 관련지어서 가르칠 때 교육적 성과가 커질 수 있는 대상을 찾는다. 이때 보다 손쉬운 방법은 교과 하나를 중심에 두고 스캔을 하는 것이다.

③ 브레인스토밍을 통한 통합 중심의 선택

스캔을 통하여 어떤 교과의 어떤 내용(핵심 개념, 일반화된 지식, 기능, 가치와 태도 등)을 어떤 시기에 관련지어서 학습하는 것이 교육의 성과를 높일 수 있겠다는 판단이 서면, 교과를 묶어 주는 제재나 주제를 선택한다. 즉, 조직 요소를 묶어 줄 조직의 중심을 선택해야 한다.

예를 들어, 올림픽 경기가 열리는 해에 어느 초등학교에서 '올림픽'을 주제로 하는 통합단원을 만들어 운영할 수 있다. '올림픽'이라는 주제(사실 제재에 가깝다)를 가지고 미술에서는 국가별 기를 그리고, 사회과에서는 해당 국가의 인구 수, 지리적 위치, 정치제도를 배우고, 음악에서는 올림픽에 사용된 음악을 감상하고, 체육에서는 올림픽의 종목에 대해서 배우도록 할 수 있다.

그러나 이러한 통합은 올림픽에 대한 상식을 넓힌다는 점에서 의미가 있을지 모르지만, 매우 한정된 시간에 교육적으로 중요한 내용을 배우기도 바쁜 학생들에게 적절한 주제로 보이지는 않는다. 교육과정통합은 단지 제재나 주제를 중심으로 교과를 모으는 것 이상의 교육목표를 가지고 있어야 한다. Jacobs(1989)는 이와 같이 초점이 없는 교과들의 단순한 집합을 '혼합(potpourri) 때문에 일어나는 문제'라고 불렀다.

이런 점에서 Ackerman(1989)이 제시한 통합의 중심이 되는 주제와 통합 요소의 관계에 대한 기준에 주목할 필요가 있다. 교육과정통합 운영을 할 때 통합의 '중요한' 요소들이 학습되었는가가 중요하다. 예를 들어, 어떤 중학교에서 '연(kite)'이라는 통합 주제를 설정하고 통합단원을 개발·운영하였다. 과학 교과에서는 연이 날아오르는 공기 역학을 학습하고, 사회 교과에서는 연날리기 역사의 사회적 중요성을 탐구하며, 국어과에서는 연이라는 주제로 시를 짓게 하였다. 하지만 '연'과 관련된 공기역학, 연날리기의 역사, 연이라는 주제로 시 짓기 등을 하는 것이 과학, 사회, 국어 교과의 중요한 내용 요소들인가 하는 점에 의문이 든다. 학생들이 학교 교육을 통하여 학습할 수 있는 시간은 제한이 있기 때문에, 교사들은 학생들이 지엽적인 잡다한 내용을 배우기보다는 교과의 중요한 요소를 학습하는 데 집중하도록 하고 있다. 이런 점에서 '연'이라는 주제를 중심으로 하는 통합단원은 교과의 중요한 요소들을 학습하는 데 그다지 큰 도움을 주지 못할 수 있다. 필자는 다학문(다교과) 방식으로 교육과정통합을 설계하고 운영할 때 특히 이 점에 유의해야 한다고 생각한다.

④ 브레인스토밍을 통한 통합 요소의 선택과 결합 방식 선택

제재나 주제를 중심으로 하여 관련되는 교과들의 내용 요소들을 찾고 어떻게 결합될 수 있는지를 브레인스토밍을 통해서 결정한다. Osborn(1963)은 브레인스토밍 활동을 통하여 많은 양의 아이디어를 산출할 수 있으며, 또 그중에서 더 훌륭한 아이디어들을 선택할 수 있다고 하였다. 그는 브레인스토밍을 하는 데 있어서 네 가지 기본 원리를 제안했다(김대현, 이영만, 1995: 169-170).

- 브레인스토밍 활동 중에는 비판을 금한다.
- 자유로운 분위기를 조성한다. 자발적이고 비일상적인 반응들이 창의성을 촉진한다.
- 아이디어의 양이 중요하다. 아이디어에 대한 평가는 그다음이다.
- 아이디어들의 결합과 개선을 추구한다. 참여자들은 둘 이상의 아이디어를 결합하여 다른 새롭거나 더 훌륭한 아이디어를 만들려고 노력해야 한다.

통합의 중심, 즉 주제가 선정되면 다음 단계는 주제에 관련된 아이디어를 브레인스토밍으로 수집하고 정리하며, 이렇게 정리한 아이디어를 질문의 형태로 옮겨 놓는 것이다. 만일 이러한 아이디어를 곧바로 학습의 내용으로 보고 수업을 계획한다면 '올림픽'의 예시에서 보듯이, 수업은 산만하여 초점 없는 산발적인 활동들로 이루어지고 교육과정의 목표 달성과는 무관하게 진행될 수 있다.

따라서 질문의 형태로 제시된 아이디어들을 교육과정 목표의 내용 영역과 연관 지어야 한다. 교육과정 목표의 내용 영역은 국가별 교육과정의 교과별 내용 체계로 제시되어 있다. 따라서 질문의 형태로 제시된 아이디어들을 교육과정 목표의 내용 영역과 관련짓는다는 것은 아이디어들을 교과별 내용 체계와 관련짓는다는 뜻이 된다.

다학문적 통합 유형에서는 일반적으로 병렬, 광역, 혼합 등의 방식으로 통합 요소들을 결합하게 된다. 간단한 통합의 경우에는 병렬도 가능하며, 관련이 있는 것을 함께 묶어 놓은 광역도 선택할 수 있지만, 혼합의 방식이 가장 많이 활용된다.

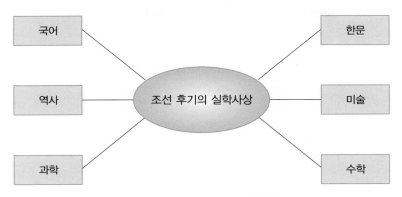

[그림 2-2] 예시: 조선 후기의 실학사상

⑤ 통합단원의 스코프와 시퀀스의 결정

단원에서 스코프는 단원 속에서 배워야 할 내용의 폭과 깊이를 가리킨다. 다학문적 통합 유형에서 스코프는 관련되는 교과 속에 들어 있는 내용 요소(핵심 개념, 일반화된 지식, 기능, 가치와 태도 등)의 범위와 수준을 의미한다. 특히 이 단계에 들어가면 여러 교과의 해당 영역 속에 포함된 성취기준을 바탕으로 하여 스코프를 구성한다고 할 수 있다. 이때 앞에서 말한 바와 같이 교과별 성취기준 속에서 소홀히 되기 쉬운 기능이나 빠져 있는 가치나 태도 요소를 추가하여 단원의 스코프를 만드는 것이 좋다. 또한 다학문적 통합의 일차적 목적이 통합의 대상이 되는 개별 교과의 내용 요소를 습득하는 것에 있지만, 교과와의 연계를 통하여 얻게 되는 제재나 주제의 교육적 가치를 습득하는 것도 중요한 의미가 있는 만큼 무시되어서는 안 된다. 스코프가 결정되면 학교의 학사 일정, 교사의 준비 상태, 지역사회의 여건 등의 다양한 요인을 고려하여 배우는 순서와 시기(시퀀스)를 결정한다.

◈ 표 2-1 예시: 조선 후기의 실학 사상

교과	교육과정 목표	관련 단원	통합수업 반영 내용
국어	• 실학의 시대 읽기 1, 2, 3 　- 박제가의 「북학의」 감상 　- 박지원의 「양반전」 감상과 풍자 이해 　- 시대 속의 지식인의 모습 이해하기 　- '이 시대의 실학과 나의 삶'에 대한 토론 → 글쓰기	• 「북학의」, 「양반전」, 「미스터 방」 문학작품 • 「북학의」 관련 동영상	'이 시대의 실학과 나의 삶'에 대한 토론 및 글쓰기

역사	• 역사: 조선 후기 실학의 등장 및 개념 　- 실학과 실학자들 이야기: 중농학 　　파와 중상학파의 개혁론 이해 　- 과거와 현재의 대화: 오늘의 문제 　　짚어 보기 • 세계사: 실학의 개념 알기, 실학의 등장 배경인 중국의 양명학과 고증 학에 대한 이해와 자료 읽기	• 영화 영상 자료 〈광해〉 • 정약용의 한시 「애절양」 • 박지원의 「양반전」 • 신문 기사 자료 • 읽기 자료 '사료' 제시	조선 후기 실학을 이해하고 신문을 통해 현대 우리 사회의 문제점을 찾아 그 대안을 제시
한문 + 수학	• 실학과 관련된 용어 이해하기 • 수학과 공동협력 수업: 실학 사상에 서 나온 한자성어 및 계산법 읽고 해 석하기, 한자에 담긴 수학의 원리 이 해하기, 현대의 수학과 비교해 보기	자전 〈鷄兎算〉	실학 용어 해석하기
미술	• 조선 후기 풍속화 감상을 통한 시대 변화 읽기(김홍도, 신윤복) 및 비평 활동 • 이 시대의 풍속화(민화) 그리기	풍속화, 민화, 진경산수 화 등 그림 자료	이 시대의 풍속화(민화) 제작
과학	• 실학과 과학의 만남 '홍대용' 　- 홍대용의 천문학에 대한 열정을 　　본받고 당시 주장했던 이론과 현 　　대 천문학 이론을 비교하며 이해	• 지식채널e 영상 자료 • 홍대용의 「담헌서」	

출처: 박현숙, 이정숙(2014): 94-91.

(2) 간학문적 통합의 절차

① 통합의 목표 결정

통합의 이유가 교과 간에 공통되는 핵심 개념과 일반화된 지식, 기능과 가치와 태도의 습득에 있다면 간학문적 통합을 하게 된다. 간학문적 통합에서 통합의 목표는 여러 교과 속에 들어 있는 공통적인 지식, 기능, 가치와 태도의 습득이다.

② 국가 수준 교육과정의 분석

간학문적 통합의 경우에는 국가교육과정의 분석이 출발점이 된다. 앞에서 언급한 바와 같이, 동 학년의 여러 교과나 학년군의 여러 교과의 내용 체계표를 모아서 하나의 큰 표로 만들고, 스캔을 통하여 교과 간에 '공통되는' 핵심 개념과 일반화된 지식, 기능과 가치와 태도를 살펴보는 일이다. 적절한 시기에 관련지어서 가르칠 때 교육적 성과가 커질 수 있는 대상을 찾는다.

③ 브레인스토밍을 통한 통합 중심의 선택

스캔을 통하여 어떤 교과의 어떤 내용(핵심 개념, 일반화된 지식, 기능, 가치와 태도 등)을 어떤 시기에 관련지어서 학습하는 것이 교육의 성과를 높일 수 있겠다는 판단이 서면, 교과를 묶어 주는 제재나 주제를 선택한다. 다시 말하면, 조직 요소를 묶어 줄 조직의 중심을 선택해야 한다. 이때 Perkins(1989)가 제시한 조직 중심의 선정 준거를 따르는 것이 좋다.

첫째, 가능한 한 많은 학문 영역에 걸치는 것이 좋다. 예컨대, '수송'이라는 주제는 사회과에는 적합하나 수학, 문학, 물리학 등에 적용하기는 무리가 따른다. 반면, '논증과 증거'라는 주제는 학문 모두에 관련되는 주제라 할 수 있다.

둘째, 하나의 학문 영역에 적용될 경우에도 해당 학문 전체에 걸치는 적용의 범위가 넓은 것이 좋다. '수송'이라는 주제는 사회과의 내용 중 지리나 역사 분야에만 적용되지만, '논증과 증거'라는 주제는 사회와 전반에 걸쳐 적용될 수 있다.

셋째, 주제를 구성하는 하위 개념이 관련된 학문들의 기본 성격을 이해하는 데 도움을 주는 것이 좋다. 예컨대, '논증과 증거'를 구성하는 하위 개념, 즉 가설, 연역, 논증, 귀납 논증, 실험 등은 관련 학문의 성격을 잘 드러내 준다.

넷째, 개별 학문을 구성하는 하위 영역이나 여러 학문 간의 유사점과 차이점을 잘 드러내 주는 것이 좋다. 예컨대, '논증과 증거'라는 주제는 수학, 물리학, 역사, 문학 등 여러 학문의 유사점과 차이점을 밝혀 주는 중요한 구실을 한다.

다섯째, 학습자에게 매력이 있는 것이 좋다. 학습자의 호기심을 자아내고 학습의 동기를 지속하는 것이 좋은 주제라고 할 수 있다.

위의 내용을 토대로 하면, 바람직한 통합의 주제란 이들 다섯 준거를 모두 만족시키는 것이라고 할 수 있다. 그러나 현실적으로 어떤 주제라도 모든 준거를 만족하기는 어렵다. 따라서 주제를 선정할 때 가능한 한 위에 제시한 다수의 준거를 만족하는 주제를 택하는 것이 바람직하다. 그러나 산술적인 의미에서 만족되는 준거의 수를 비교하는 것이 아니라, 교육의 목표 달성에 보다 기여하는 바가 높다고 판단되는 한 준거에는 가중치를 부여하는 융통성을 발휘하는 편이 좋다.

예를 들어, 교육과정통합 운영의 대상이 유치원생이나 초등학교 저학년 학생이라면 다른 무엇보다도 매력 있는 주제를 선택하는 것이 좋다. 그러나 이 경우에도 매력 있는 많은 주제 중에는 남은 네 준거를 가장 많이 만족시키는 주제를 정선할 필요가 있다.

David Ackerman은 여러 교과에서 반복적으로 나타나는 개념이나 원리라고 해서 모두 통합단원의 좋은 주제라고 여겨서는 곤란하다고 말한다(김대현, 이영만, 1995: 179-195에서 재인용). Ackerman은 그 보기로 '순환(cycle)'을 제시했다. 순환은 여러 교과에서 언급된다. 과학 교과에서의 물과 이산화탄소의 순환, 역사 교과에서의 Toynbee의 역사적 순환관, 수학 교과에서의 순환 함수와 순환적 알고리즘, 문학에서의 탄생, 죽음, 부활이라는 신화적 순환 등이다. 이들 교과 속에 반복적으로 나타나는 순환을 중심으로 통합단원을 개발하여 운영할 수 있지만, 교과에 따라 순환의 의미는 매우 다르다. 즉, 한 교과에서 배운 순환의 의미는 다른 교과의 순환의 의미와 연관성이 적다. 이런 점에서 '순환'이라는 주제를 중심으로 운영되는 통합단원은 교과 간에 피상적으로 연결되어 있는 주제를 다룰 뿐, 교과 간 연계라는 통합 본령의 의미에서 벗어나 있다. 필자는 학교에서 간학문(간교과)적 방식의 통합단원을 개발할 때 이 점에 특히 유의해야 한다고 생각한다.

④ 브레인스토밍을 통한 통합 요소의 선택과 결합 방식 선택

간학문적 통합에서 교과 간에 공통되는 개념이나 원리, 기능을 조직의 중심으로 삼아 여러 교과를 연결할 때 어떻게 결합하는 것이 좋을지를 브레인스토밍을 통해서 찾고 결정한다. 즉, 통합의 중심이 선정되면 다음 단계는 주제에 관련된 아이디어를 브레인스토밍으로 수집하고 정리하며, 이렇게 정리한 아이디어를 질문의 형태로 옮겨 놓는 것이다. 만일 이러한 아이디어를 곧바로 학습의 내용으로 보고 수업을 계획한다면, 수업은 산만하여 초점 없는 산발적인 활동들로 이루어지고 교육과정의 목표 달성과는 무관하게 진행될 것이다.

따라서 질문의 형태로 제시된 아이디어를 교육과정 목표의 내용 영역과 관련지어야 한다. 교육과정 목표의 내용 영역은 국가별 교육과정의 교과별 내용 체계로 제시되어 있다. 따라서 질문의 형태로 제시된 아이디어를 교육과정 목표의 내용 영역과 관련짓는다는 것은 아이디어를 교과별 내용 체계와 관련짓는다는 뜻이 된다. 이때 간학문적 통합에서 통합의 요소는 일차적으로 공통된 내용(핵심 개념, 일반화

된 지식, 기능, 가치와 태도 등)이 되지만, 개발자들의 논의를 통하여 새로운 요소를 추가할 수 있다는 점을 명심할 필요가 있다. 즉, 간학문적 통합에서는 교과 간에 공통되는 내용 요소들이 통합의 초점이 되지만, 이와 더불어 교육의 성과를 높일 수 있다면 교과들의 다른 요소를 추가로 포함할 수 있다는 것이다.

간학문적 통합 유형에서는 일반적으로 공유의 방식으로 통합 요소들을 결합한다. 하지만 공통되는 요소와 함께 새로운 요소가 추가될 때는 혼합의 방식이 혼용될 수 있다.

⑤ 통합단원의 스코프와 시퀀스의 결정

단원에서 스코프는 단원 속에서 배워야 할 내용의 폭과 깊이를 가리킨다. 간학문적 통합 유형에서 스코프는 교과들 간에 공통되는 내용 요소(핵심 개념, 일반화된 지식, 기능, 가치와 태도 등)의 폭과 깊이이다. 특히 통합단원을 구체적으로 만들어 갈 때는 내용 요소를 더욱 구체화한 여러 교과의 해당 영역 속의 성취기준을 바탕으로 하여 스코프를 구성하게 된다. 이때 앞에서 말한 바와 같이 교과별 성취기준 속에서 소홀히 되기 쉬운 기능이나 빠져 있는 가치나 태도 요소를 추가하여 단원의 스코프를 만드는 것이 좋다. 또한 간학문적 통합의 유형이 일차적으로는 통합의 대상이 되는 교과 간에 공통되는 내용 요소의 습득에 목적이 있지만, 개별 교과 속에 주요한 내용 요소가 있다면 이를 포함하는 것도 바람직한 일이다. 스코프가 결정되면, 학교의 학사 일정, 교사의 준비 상태, 지역사회의 여건 등의 다양한 요인을 고려하여 배우는 순서와 시기(시퀀스)를 결정한다.

◈ 표 2-2   예시: 간학문적 통합프로그램 개발 절차 예시

개발 절차 1	【예비 단계】 팀 구성 및 국가교육과정 분석하기
활동 내용	• 교육과정 내용을 통합하는 데는 3명 이상의 교사가 필요하다. • 주제를 중심으로 하는 교육과정 재구성을 위해서는 국가교육과정의 분석도 예비단계에서 하게 된다. 1) 팀을 구성한다. 2) 국가교육과정을 분석한다. 3) 국가교육과정에서 나타나는 주당 시수, 전체 시수에 대한 과목별 구성비를 확인한다.
활동 사례	• 국어, 사회, 과학 교사 3명이 모여 주제를 중심으로 교육과정을 통합하고 교과서 내용을 살려서 하는 수업을 재구성해 보기로 하였다.
개발 절차 2	【1단계】 통합단원의 학습내용 결정하기
활동 내용	1) 단원의 중심 제재에 대한 의견을 교환한다. 2) 중심 제재를 다음의 기준에 비추어 결정한다. (1) 학습자들의 흥미와 호기심 유발에 적절한지 (2) 각 교과가 다루는 내용을 효과적으로 전달할 수 있는지 (3) 여러 교과에서 다루는 내용을 쉽게 묶을 수 있는지 (4) 학생들의 수준에 적합한지 3) 중심 제재에 대한 아이디어를 낸다. 4) 중심 제재가 국가교육과정의 어떤 내용과 관련되는지 표시한다. 5) 중심 제재에 대한 아이디어를 관련되는 내용끼리 묶어 나누어 본다. 6) 통합단원의 학습내용을 확정하여 운영시수를 결정한다.
활동 사례	• 환경에 대한 아이디어 – 국어: 환경과 관련된 글 읽기, 신문, 잡지의 기사 읽기, 환경 주제 만화 그리기 – 사회: 지역사회 개발실태 조사, 우리가 사는 곳의 특징 알기 – 과학: 자연환경 탐사, 이 지역에 사는 생물 조사, 문화, 텔레비전, 방송, 신문, 집, 아파트, 음식, 마트, 오염, 생태, 산성비, 지구온난화, 인간관계, 책, 영화 • 환경에 관련된 아이디어 범주화 1. 환경은 어떤 상태인가? – 환경에 관한 글 읽기 2. 내가 사는 지역 환경은 어떠한가? – 지역사회 자연환경 조사하기, 지역사회 사회적 환경 조사하기 3. 환경을 위해 내가 할 수 있는 일은? – 환경을 호소하는 글쓰기, 환경만화 그리기, 지역 환경 지도 알리기

개발 절차 3	【2단계】 통합단원들의 단원 계획 세우기
활동 내용	1) 단원의 이름을 정한다. 2) 단원의 개관을 적는다. 3) 단원의 목표를 설정한다. 4) 단원의 세부 학습내용을 결정한다. 5) 단원의 전개도를 그린다. 6) 단시 수업계획안을 마련한다
활동 사례	• 단원명: 우리가 사는 곳 • 단원 개관 　환경 단원은 사회과와 과학과에서 반복적으로 제시되고 있는 주제이다. 특히 과학과에서 환경은 마지막 부분에 위치하여 수업 시간에 다른 단원들처럼 잘 다루어지기 어렵다. 통합단원에서는 반복되는 시수를 줄이고 국어를 매개로 이를 효과적으로 연결해 제시하고자 한다. 초점은 학교가 위치가 지역사회와 학교를 둘러싸고 있는 환경의 파악을 통해 환경 문제를 인식하도록 하였다. 지역사회의 자연적, 사회적인 환경을 직접적으로 조사하는 활동을 위주로 국가교육과정의 내용을 학습하도록 통합단원을 구성하였다. • 단원의 목표 ＊ 지식 – 산성비, 생물농축, 온실효과가 일어나는 과정과 지구의 환경 변화를 이해한다(과학). – 자연재해의 종류, 성격 등을 지형, 기후와 연계하여 파악하고, 자연재해가 생활에 미치는 영향을 설명한다(사회). – 환경 문제의 발생 원인과 과정을 파악하고 환경 문제를 둘러싼 갈등 구조를 이해한다(사회). ＊ 기능 – 수질의 오염도를 측정할 수 있다(과학). – 자연환경을 이루는 요소 및 자연재해와 관련되는 정보 및 자료를 수집, 정리, 처리하여 지도화, 도표화한다(사회). – 상황에 따라 내용을 적절하게 생성하여 글을 쓴다(국어). ＊ 태도 – 환경을 파괴하는 물질 방출을 줄이려는 태도를 갖는다(과학). • 통합단원의 전개 계획

◎ 단시 수업계획안

단원		환경		
소단원	나는 무엇을 할 수 있나?			
본시 수업	환경캠페인		차시	8/9.5
학습 목표	• 지역사회의 환경을 위하여 자신이 할 수 있는 활동을 선택할 수 있다. • 표현의 일반 원리를 이용하여 환경에 대하여 설득적으로 글을 쓸 수 있다. • 친구들과 협력하여 환경피켓을 제작할 수 있다.			
단계	시간	교수 · 학습 활동 학생 조직	교수 · 학습 자료	유의점
도입	5′	환경을 주제로 한 활동을 전개한 느낌을 이야기 하고 듣는다(전체).	활동사 슬라이드, 사진자료	2~3명의 이야기를 듣는다.
전개	10′	세 가지 활동에 대한 소개와 선택 - 만화, 피켓 제작, 글쓰기(전체)	활동 안내 지시판	자신의 관심사에 따라 모둠을 형성할 수 있도록 한다.
	40′	만화그리기 - 4컷 구상 - 말풍선 내용 구상 - 펜으로 그리기(모둠)	4컷용지, 펜	내용 구상과 대사 선택 등 소모둠별 작업이 이루어지도록 한다.
	40′	피켓 제작 - 피켓문구 결정 - 피켓 꾸미기 - 종이 씌워 완성(모둠)	피켓, 종이, 필기구	
	40′	환경 체험 글쓰기 - 활동 중심 - 생활 속 이야기(개인)	필기구	솔직한 자신의 체험과 생각을 중심으로 하는 글을 쓰도록 지도한다.
정리	20′	선택활동의 결과물을 전시, 발표 - 쓴 글 부착 및 발표 - 피켓과 구호 발표 - 만화 전시(전체)	부착물	잡지 투고, 환경캠페인 등의 직접 상황에 쓰일 것을 가정
평가	• 자신의 관심과 소신대로 활동을 선택하였는가? • 생각 표현의 결과물이 얼마나 참신한가? • 활동 과정에서 모둠의 협력이 잘 이루어졌는가?			

(3) 탈학문적 통합의 절차

① 통합의 목표

통합의 이유가 교육적으로 가치 있는 주제나 문제의 이해와 해결에 있고 교과의 견고한 틀에 얽매이지 않아도 된다면, 탈학문적 통합의 유형에 따른 절차를 따르게 된다. 탈학문적 통합의 목표는 교과를 벗어나 학습자에게 개인적으로 또는 사회적으로 중요한 가치 있는 주제를 이해하거나 문제를 해결하는 역량을 길러 주는 데 있다.

② 국가 수준 교육과정의 분석

탈학문적 통합의 경우에 학생들이 알아야 하거나 느껴야 하거나 실천해야 할 주요한 주제나 해결해야 할 문제(학생들이 문제를 해결했다는 결과가 중요한 것이 아니라, 해결해야 할 가치 있는 문제가 무엇인지를 찾고, 열정적으로 참여하고 민주적으로 논의하며 합리적으로 해결방안을 찾는 과정과 해결 이후에 갖게 되는 성취감과 새로운 도전 정신이 가치 있음)가 무엇인가를 찾는 데서 출발한다. 국가교육과정이나 시·도 교육청의 교육과정 지침은 이러한 주제나 문제를 찾는 데 도움을 준다. 특히 국가교육과정에서 제시한 범교과 학습 주제와 시·도 교육청에서 제시한 학습 주제를 참고로 하여, 단위 학교에서 학생들의 성장을 위하여 필요한 주제나 문제를 설정한다. 물론 이때도 국가교육과정의 분석이 필요하다. 동 학년 또는 학년군의 여러 교과의 내용 체계표를 모아서 하나의 큰 표로 만들고, 스캔을 통하여 교과 속에 들어 있는 핵심 개념과 일반화된 지식, 기능과 가치와 태도를 살펴볼 필요가 있다. 하지만 다학문이나 간학문과 달리, 탈학문 유형의 통합에서는 국가교육과정의 교과내용 분석을 우선하거나 지나치게 얽매여 진행할 필요는 없다.

③ 통합 요소 및 통합 중심의 선택

탈학문적 통합에서는 통합의 중심이 되는 주제나 문제가 교육적으로 가치 있는 것이어야 한다. 학생들이 호기심을 갖거나 관심을 보인다고 해서, 또한 시사적인 측면이 크다고 해서 주제로 삼겠다는 생각은 재고할 필요가 있다. 앞에서 말한 바와 같이 올림픽이 열리는 해에 '올림픽 경기'라는 주제를 설정할 수는 있지만, 이 주제는 교육적으로 가치가 높다고 말하기는 어렵다.

하지만 유아교육 단계나 초등학교 저학년의 과정에서는 놀이나 흥미가 교육적 가치를 지닐 수 있다는 점에서 교육적 가치에 대해 융통성 있는 판단이 필요하다. 예를 들어, 이 시기에 많이 다루어지고 있는 '나의 몸' '우리 가족' '봄·여름·가을·겨울의 계절' '주변의 사물' 등에 관한 주제는 아이들의 일상 세계를 구성하고 있는 '의미 있는 타자(他者)'라는 점에서 흥미를 바탕으로 한 놀이 중심의 통합단원을 만들 수 있다. 하지만 이 경우에도 아이들이 놀이를 하는 과정에서 얻는 즐거움과 함께 어떤 성장이 이루어지는지를 면밀히 관찰하고 도움을 주어야 한다.

초등학교 고학년이나 중·고등학교에서 탈학문적 통합단원을 개발하는 경우에는 선정하는 주제와 해결해야 할 문제가 얼마나 가치 있는지를 면밀히 따져 보고, 이 과정에서 일어날 수 있는 활동의 교육적 가치를 생각하면서 계획할 필요가 있다. 다시 말하면, 탈학문적 통합에서 통합의 중심과 요소는 모두 교육적 가치를 가져야 한다. 통합의 요소는 국가 수준 교육과정의 분석을 통해서 가져올 수도 있다.

④ 브레인스토밍을 통한 교과내용의 결합과 결합 방식 선택

탈학문적 통합에서는 다학문과 간학문과는 달리 통합 주제를 중심으로 비교적 자유롭게 통합 요소들을 선택한다. 통합 요소 중에는 국가 수준에서 제시한 교과내용은 물론이고 창의적 체험활동의 요소, 학교와 마을의 특성에 기반을 둔 교육의 요소, 그 밖에 교사와 학생이 판단하여 교육적으로 가치 있다고 생각하는 모든 것이 포함된다. 이때 브레인스토밍을 통하여 주제와 관련하여 내용 요소를 찾고 결합하는 방식을 찾는다.

탈학문적 통합 유형에서는 일반적으로 융합의 방식으로 통합 요소들을 결합하게 된다. 하지만 교과 속에 포함된 가치 있는 내용 요소를 결합하려고 할 때는 융합과 더불어 혼합의 방식을 같이 사용할 수 있다.

⑤ 통합단원의 스코프와 시퀀스의 결정

통합의 중심, 즉 주제가 선정되면 다음 단계는 주제에 관련된 아이디어를 브레인스토밍으로 수집하고 정리하며, 이렇게 정리한 아이디어를 질문의 형태로 옮겨 놓는 것이다. 만일 이러한 아이디어를 곧바로 학습의 내용으로 보고 수업을 계획한다면 수업은 산만하여 초점 없는 산발적인 활동들로 이루어지고 교육과정의 목표 달성과는 무관하게 진행될 수 있다.

따라서 질문의 형태로 제시된 아이디어를 교육과정 목표의 내용 영역과 관련지어야 한다. 하지만 교과별 범주는 옆으로 제껴두고 질문의 형태로 제시된 아이디어를 관련지어 나간다면, 탈학문적 통합교육과정이 만들어진다.

탈학문적 통합단원에서 스코프는 단원 속에서 배워야 할 내용의 폭과 깊이를 가리킨다. 탈학문적 통합 유형에서 스코프는 주제와 관련되는 교육적으로 가치 있는 지식, 기능, 가치 및 태도 등이다. 특히 이 유형에서는 다학문이나 간학문 통합 유형에서 비교적 소홀하게 취급될 수 있는 가치 및 태도 영역을 강조할 필요가 있다. 주제나 문제를 해결해 나가는 과정에서 지식, 기능, 태도와 가치 등이 잘 결합할 수 있도록 스코프를 짜는 것이 중요하다. 스코프가 결정되면, 학교의 학사 일정, 교사의 준비 상태, 지역사회의 여건 등의 다양한 요인을 고려하여 배우는 순서와 시기(시퀀스)를 결정한다.

❧ 표 2-3   예시: 탈학문적 통합 학습 프로그램 개발 절차

개발 절차	【예비 단계】 프로젝트 학습의 범위를 정한다
활동 내용	◎ 한 학급 내에서 계획하는 경우 ◎ 하나의 프로젝트 주제를 가지고 조별로 활동하는 경우
활동 사례	• 학급 내에서 하나의 프로젝트 주제를 조별로 나누어 활동하기로 하였다.
개발 절차	**【1단계】 프로젝트의 주제를 선택한다**
활동 내용	◎ 주제 선택은 학생들의 생활 주변과 관심 분야에서 선택하는 것이 좋으며 교사가 몇 개의 주제를 제시하고, 학생들이 선택하도록 할 수 있다. ◎ 청소년에 맞는 주제: 인권, 환경, 생태, 청소년 문화, 만화, 광고, 박물관, 미술관 등
활동 사례	• '학교'를 주제로 선택하였다.
개발 절차	**【2단계】 주제망을 만든다**
활동 내용	◎ 주제망은 프로젝트의 주제가 선택되면 어떠한 측면을 중점적으로 탐색할 것인지의 결정을 위해 필요한 일이다. 조별로 프로젝트에 대한 아이디어를 개발할 수 있다. 1) 조별로 책상을 모은다. 2) 브레인스토밍을 한다. 주제와 관련된 단어를 떠오르는 대로 메모지에 적어 붙인다. 되도록 구체적인 단어를 쓰도록 한다. 3) 단어들의 공통점과 차이점에 따라 몇 개의 집단으로 분류해 본다. 4) 집단의 제목을 붙인다.

	5) 각 조별 주제망을 종합한다. 6) 커다란 종이에 주제망을 기록한다. 7) 주제망은 프로젝트 활동 중 충분히 수정될 수 있다.
활동 사례	• 학교: 체벌, 교칙, 교복, 화단, 공부, 시험, 나무, 운동장, 동상, 칠판, 책상, 분필, 교무실, 교과서, 지각, 동아리 　－ 학교에서 하는 일: 공부, 친구 사귀기 　－ 학교에 있는 것: 화단, 운동장, 교실, 책상 　－ 학교에서 즐거운 일: 동아리활동, 친구와 놀기, 체육, 수학여행, 소풍 　－ 학교에서 싫은 일: 벌 받기, 교칙, 선도부, 시험 • 주제망 그리기
개발 절차	**【3단계】 주제에 관하여 경험, 지식을 토의하고 활동 모둠을 구성한다**
활동 내용	◎ 정해지는 소주제별로 학생이 하고 싶은 대로 모둠을 나눈다.
활동 사례	• 나의 경험 나누기 　－ 학생 1: 학교 하면 엄격한 교칙밖에 생각이 안 난다. 머리를 어떻게 자르고, 무슨 머리핀은 꽂으면 안 되고, 운동화나 스타킹 색까지 정해 주고 단속했다. 제일 이해 안 되는 건 명찰과 배지였다. 왜 꼭 달아야 되나? 　－ 학생 2: 지루한 수업, 공부나 시험은 싫었지만, 친구들과 참 재밌게 놀았다. 같이 뭐 먹으러도 가고, 쉬는 시간, 점심시간도 즐거웠다. 　－ 학생 3: 나는 지금 우리 학교도 좋은 것 같다. 너무 시골에 있어서 나무랑 산밖에 없어서 지루할 때도 있지만 한번씩 집에 갔다 오면 학교 공기랑 학교 주변이 좋다는 생각이 든다.
개발 절차	**【4단계】 선택한 소주제에 대한 질문 목록을 만든다**
활동 내용	◎ 질문 목록을 만든다.
활동 사례	• 질문 목록 * 학교는 무엇을 하는 곳인가? 　－ 꼭 공부를 학교에서 배워야 하나? 　－ 공부를 해야 하는 이유가 있나? 　－ 학교에 대해 가장 좋은 기억과 나쁜 기억은 무엇이 있나? 　－ 학교를 다룬 문학이나 영화는 무엇이 있나? * 우리 학교 　－ 우리 학교에는 무슨 시설이 있나? 　－ 우리 학교의 교칙은 어떠한가? 　－ 우리 학교의 선생님들에 대해 이것이 알고 싶다! 　－ 우리 학교에 대해서 다른 학교 선생님과 학생들은 어떻게 생각하나? 　－ 나는 학교를 마음에 들어하나? 　－ 우리 학교는 좋은 학교인가?

	* 이상적 학교 　– 내가 꼭 다니고 싶은 학교는 어떤 학교인가? 　– 합리적인 교칙은 어떤 것일까? 　– 학교에서 배우고 싶은 것은 무엇인가? 　– 학교를 다룬 문학이나 영화는 무엇이 있나? 　– 돈에 제한이 없다면 학교에 꼭 있었으면 하는 시설은? 　– 우리가 바라는 선생님의 모습은 어떠한가?
개발 절차	**【5단계】 질문 목록을 보면서 어떤 활동을 할 것인지를 결정하고 활동 순서를 조절한다**
활동 내용	◎ 절차 1) 질문의 해결을 위한 활동 계획을 정한다. 2) 학급 전체 활동 계획을 세운다. 3) 활동에 필요한 자원을 기록한다. 4) 각 활동에 걸리는 시간을 고려하여 일자를 조정한다.
활동 사례	• 우리가 세우고 싶은 학교를 소주제로 선택한 학생들의 활동은 다음과 같이 생각해 볼 수 있다. 1) 국내외의 좋은 학교에 관련된 책이나 잡지의 기사를 찾아본다. * 자료: 발도르프 교육, 레지오 에밀리아 유치원, 대안학교 이야기, 홈스쿨, 서머힐 등에 관련된 기사나 책 2) 모둠 내의 각 학생들이 바라는 다른 부분에서 이상적인 학교의 모습을 서로 모은다(교칙, 수업, 선생님의 모습, 학교의 시설, 시간표). 3) 대안학교에 다니는 만큼 대안학교 선생님과 일반 학교에 다니는 학생들의 인터뷰나 앙케이트를 통해 좋은 학교는 어떤 것일지 정보를 얻을 수 있다. * 자료: 녹음기(혹은 캠코더), 필기구, 사진기, 학교 홍보지 등 4) 좋은 학교의 모습을 구체화해 표현한다. 　– 학교에서 배우는 과목, 수업 방식, 시간표, 행사 일정 작성 　– 학교의 시설을 그리거나 모형화 시키기(농구장, 특별실 등을 포함한 학교 건물 배치도, 교실 내 책걸상의 종류와 배치 등) 　– 교사 채용 조건, 교칙 만들기 * 모둠별로 다 같이 인터뷰를 하러 다닐 수도 있고, 일반 학교에 다니는 친구들의 의견을 캠코더로 각자 따와서 함께 보며 이상적인 학교상을 종합할 수 있다. 앙케이트 질문을 만들어서 각자 좋은 시간에 친구들에게 돌려서 조사할 수도 있다. * 마지막 표현 작업은 시간도 많이 걸리고 다 같이 작업해야 하는 부분이므로 하루 혹은 반나절을 비워서 함께 활동한다.

개발 절차	【6단계】 프로젝트 연구계획서를 작성한다
활동 내용	◎ 연구계획서는 각 모둠이 하나씩 만들어 교사에게 조언을 구한다. 활동의 과정이나 결과물을 위한 기록양식은 교사가 만들어 모든 개인이 작성하도록 한다.

활동 사례	• 프로젝트 연구계획서
	  – 모둠 이름:
	  – 날짜:
	  – 완성 예정일:
	  – 모둠 구성원:
	  – 이 주제를 선택한 이유:
	  – 무엇을 탐구하는가?
	  – 어떻게 탐구하는가?
	  – 활동 순서와 일자:
	  – 필요한 자료:
	  – 지도 조언

개발 절차	【7단계】 학생들의 연구계획서를 보고 교사는 교실과 학교 내의 여러 가지 장소를 이용하여 필요한 자료를 배치한다

활동 내용	◎ 절차
	  1) 교실을 이용하여 책상 배열을 모둠별로 해 주고, 교실 벽면도 활용할 수 있도록 비워 준다.
	  2) 학교의 빈 공간이나 특별실을 일정한 시간이나 기간 동안 사용할 수 있도록 허가를 받아 준다.
	◎ 자료를 준비하고 공간을 배치하는 일을 학생들과 같이 하는 것이 학습 동기를 형성하는 데 용이할 수 있다.

활동 사례	• 프로젝트가 끝나고 전체적인 결과물들을 전시할 공간을 미리 확보하고 이를 프로젝트를 위한 작업 공간으로 활용하는 방안이 좋다. 모둠별로 의논하고 작업을 할 수 있도록 테이블을 만들어 주고 미술 작업을 위한 공간은 각종 재료와 더불어 장테이블로 따로 만들어 준다. 학교와 관련된 신문기사 등을 부착할 수 있는 보드판과 학교 관련 비디오물이나 도서나 책자를 비치해 준다.
개발 절차	【8단계】 학생은 계획된 활동을 하고, 교사는 학생들의 프로젝트 진전 상황을 확인하고 조언해 준다
활동 내용	◎ 조사와 관찰한 내용을 기록하고, 작업하여 결과물로 만든다. ◎ 시간도 고려하여 활동의 폭과 깊이를 조절해 준다.
활동 사례	• 첫번째 모둠: 〈학교〉는 무엇을 하나? 학교를 다룬 문학이나 영화를 찾고 이야기하고 있다. * 국어 교과서에 등장하는 드라마 〈학교〉의 대본을 시작으로 국내외의 학교를 배경으로 하거나 학교를 다루고 있는 영화들을 검색할 수 있게 아이디어를 제공

활동 사례	해 준다. 문학작품이나 영화를 감상할 때에 모둠의 공통된 기준에 따라 볼 수 있 도록 지도한다. • 두 번째 모둠: 우리 학교 　우리 학교에 관련된 사항들을 조사하여 종합하고 있다. ＊ 학교 교육계획서를 제공해 주어 학교 현황을 쉽게 파악할 수 있도록 도와준다. 미리 교직원들의 협조를 구하여 학생들의 학교에 대한 질문에 답을 얻을 수 있 게 배려해 준다. • 세 번째 모둠: 이상적 학교 　가장 이상적인 학교에 있어야 할 시설을 의논하고 있다. ＊ 외국의 학교 시설에 대한 사진자료를 살펴볼 것을 조언해 주고, 각 시설마다 학 교운영에 꼭 필요한 이유를 달 것을 조언한다.

개발 절차	【9단계】 학급 전체 활동을 한다
활동 내용	◎ 여러 활동을 종합할 수 있는 활동을 선정할 수 있는데 현장 방문이 효과적이다. 　1) 현장활동에 대한 준비: 무엇을 보고자 하며, 어떤 질문을 준비해 갈 것인가를 토의해서 기록한다. 　　－ 방문 대상지, 위치, 교통 안내 　　－ 준비물: 카메라, 활동지, 필기구 　　－ 유의점: 견학 코스 이외로 벗어나지 않기, 무례한 행동 삼가기 　2) 현장 방문: 준비해 간 내용을 알아 오고, 더 궁금한 부분은 기록을 남겨 온다. 　3) 방문 후 활동: 방문에서 알게 된 점과 느낀 점을 서로 교환하고 질문의 해결 이 미진한 부분에 대해서는 어떻게 할 것인지 의논한다. 　4) 외부인사 초청: 전문가를 초빙하여 특강 및 질의 시간을 갖도록 해 줄 수 있다.
활동 사례	• 현장 방문으로 다른 대안학교를 방문해 보기로 하였다. 　1) 학생들이 가 보고 싶어 하는 대안학교를 조사해서 선정한다. 　2) 교사가 미리 답사하여 방문 학교의 홍보지, 현황, 수업 참관, 양쪽 학교 학생 들 간의 만남이 가능한지 조사하고 안내해 줄 교사 등을 섭외한다. 　3) 방문하여 무엇을 볼 것인지, 어떤 질문을 할 것인지 학생들과 의논하여 결정 한다. 　4) 방문 시 활동지를 만들어 기록한다. 　5) 방문 후 각 모둠의 활동 중에 추가로 방문이나 외부인사 인터뷰가 이루어져 야 할 부분에 대해서 해결방안을 모색한다.

개발 절차	【정리 단계】 활동 과정과 결과물을 전시, 발표한다
활동 내용	◎ 절차 　1) 개인의 프로젝트 공책을 정리하여 제출, 전시한다. 　2) 모둠별 활동 과정을 슬라이드 사진이나 캠코더로 찍어 편집하여 전시장에 상 영한다. 　3) 프로젝트 공간을 활용하여 벽면과 책상 모두를 전시 공간으로 활용한다.

| | 4) 구경하러 오는 사람들에게 설명이 필요한 경우는 모둠별로 당번을 정해서 결과물에 대한 이해를 돕게 한다.
5) 프로젝트 전 과정에 대한 소감을 교환하고, 이후에 더 파고들고 싶은 부분도 서로 나눈다. |
| 활동 사례 | • 프로젝트 학급 내에 서로 다른 모둠의 작업상을 살펴보고, 친구들을 초대하여 관람하게 한다.
• 모둠별 결과물을 벽면과 책상에 보기 좋게 정리한다.
• 전시를 시작하기 전에 활동상을 담은 영상과 2명 정도의 소감 발표, 각 모둠마다의 결과물에 대한 요약 발표로 간단하게 식을 구성할 수 있다.
• 학교에 대한 비판점을 담은 콩트를 준비하여 관람객을 대상으로 일정 시간 공연도 할 수 있다.
• 활동에 사용된 프로젝트 공책과 활동지도 묶어서 전시한다.
• 음악이나 간단한 다과를 준비해서 활용하는 방법도 가능하다. |

이와 같이 교육과정통합 운영은 개별 교과의 중요한 학습 요소를 학습하는 데 도움을 줄 수 있으며, 교과 간의 내용 요소들의 연관성을 파악할 수 있고, 가치 있는 주요한 주제를 학습하는 기회를 제공해 준다. 학교에서 교육과정통합을 계획하고 운영하는 교사들은 그들이 도달하고자 하는 통합의 목표가 무엇인지를 명확히 하고 통합의 주제와 유형을 선택할 필요가 있다. 이와 함께 통합단원의 기획과 운영 과정에서는 통합의 요소나 주제까지도 넘어서서 이 시기의 학생들의 성장에 필요한 요소(지식, 기능, 가치와 태도 등)를 더욱 적극적으로 찾아서 반영하는 것도 좋다.

3) 교수·학습 단원 만들기

교수·학습 단원 만들기는 단원(프로그램)명 결정하기-개관 작성하기-전개도 작성하기 순서로 진행한다. 먼저 통합단원의 주제를 중심으로 단원명을 결정하고, 설정 근거와 이점 등을 담고 있는 단원의 개관을 기술한다. 다음으로 단원의 목표를 확정하고, 다루게 될 소단원과 학습내용의 순서가 제시된 단원 전개도를 작성하고, 상세한 수업 계획서를 첨부한다.

4) 학교 교육과정 연간 계획 조정하기

하나 이상의 통합단원이 만들어지면, 이를 위해 시간표를 조정할 필요가 있다. 새로 만들어진 통합단원의 운영은 여러 교과를 관련지어 학습할 기회를 제공하므로 기존의 교과별 시간표와 차이가 있다. 또한 통합단원의 운영시간은 기존의 교과별 시간을 활용해야 하므로 연간 진로를 조정해야 한다.

5) 학습경험 설정하기

(1) 학생용 자료 만들기

통합단원의 목표와 요소와 중심 그리고 방식을 결정하고 나면 교수 · 학습을 위한 자료 개발로 돌입해야 한다. 먼저, 학생용 자료를 개발한다. 학생용 자료는 교실에서 통합단원 수업을 진행할 때, 학생들이 기존의 교과서와 함께 이를 보충하여 활용할 학습 자료이다.

이때 교과서가 교육과정보다 우선해야 하는 것은 아니지만, 학교에서는 오랫동안 교과서 중심 수업을 해 왔고 학생과 학부모도 교과서 수업에 익숙하다. 또한 교과서가 교육과정을 효과적으로 전달하기 위한 수단으로 장기간의 연구 과정을 거쳐서 전문가들에 의하여 만들어졌다는 점도 무시할 수 없다. 교육과정통합 운영이 교과서에 매이는 방식으로 진행되어서는 안 되지만, 교과서를 버려 두고 운영하는 것도 바람직하지 못하다.

이런 점에서 교육과정통합 운영을 위한 학습 자료는 교과서와 연관 지어 개발하는 것이 바람직하다. 이러한 학습 자료는 교사들이 수업을 실행할 때 편리한 수업 계획 도구가 된다. 학생용 자료에는 서책 중심의 읽을거리, 온라인에서 활용할 수 있는 유튜브 등의 각종 자료, 탐구 및 표현 활동 자료 등을 포함한다.

(2) 교수용 자료 만들기

통합단원을 교실에서 실행하고자 할 때 교사들은 분과적 단원을 운영할 때보다는 학생의 자발성을 이용하고 주체적인 참여를 통한 수업을 하기 쉽다. 통합단원의 교수용 자료는 학생용 자료와 유기적인 관계를 유지해야 하고, 그들의 통합적 경험을 이끌어 내는 데 필요한 내용과 절차적 지식이 포함되어야 한다. 일반적으로 교수용 자료의 개발 속에 포함될 내용은 다음과 같다.

- 단원 개관: 교사들에게 단원에 접근하는 일반 정보를 제공한다.
- 지도 중점: 개발된 연계단원이 의도하고 있는 강조점을 제시한다.
- 지도상의 유의점: 연계단원 운영에서 교사들이 자칫 간과하거나 빠뜨릴 수 있는 부분을 다시 한번 확인하도록 한다.
- 단원을 소단원과 차시 학습으로 나눈다.
- 소단원별로 실제적인 수업안을 개발한다.
- 읽을거리: 소단원 내의 본문을 보충하는 추가 읽을거리를 제시한다.
- 평가 계획: 평가의 내용과 방법, 예시 자료를 제시한다.
- 절정의 학습: 학생들에게 감동을 줄 수 있는 통합적 경험을 제시한다.

6. 학교에서의 교육과정통합 평가

학교에서 교육과정통합 운영을 할 때 강조할 점은 교육과정통합에 동원된 교과별 성취기준을 달성해야 한다는 것이다. 통합단원을 운영하고 난 뒤에 교과별 성취기준에 미달했다면 통합교육과정 운영에 의문이 제기될 수 있다. 하지만 교과별 성취기준의 도달에만 목적을 둔다면 통합 운영은 매우 경직되어 통합이 가져다주는 '사태를 보는 종합적 안목' '문제 해결 능력' '의사소통 능력' '타인과의 공감' '의지와 실천력' 등의 여러 이점을 살리지 못할 수 있다. 이런 점에서 학교에서의 교육과정통합은 교과별 성취기준의 달성과 함께 통합을 통한 이점이 살아날 수 있도록 기획하고 운영해야 한다.

평가에 있어서도 교과별 성취기준의 달성도만 볼 것이 아니라, 통합을 통하여 가질 수 있는 여러 역량과 가치·태도 등이 길러졌는지를 평가의 대상으로 삼아야 한다. 물론 평가는 수업이 진행되는 동안 학생들이 성장하는 과정에 대한 평가와 그 속에서의 적절한 피드백과 단원이 끝나면 하게 되는 총괄적인 평가로 이루어진다. 평가는 교사뿐만 아니라 동료 학생의 비평 그리고 학생 자신의 반성이 포함되어야 하며, 성적을 매기기 위한 것이 아니라 학생의 성장과 관련된 방식으로 이루어져야 함은 물론이다. 이 점을 좀 더 풀어서 설명하면 다음과 같다.

통합단원 운영에 있어서의 평가는 크게 교과별 성취기준 달성과 교과 간 또는 탈교과적 성취기준 달성을 유도하고 촉진하고 결과를 사정하는 데 초점을 두어야 한다. 다학문적 유형의 경우에는 교과별 성취기준의 달성에 초점이 있고 주제나 제재에 대한 이해와 기능의 학습이 추가적으로 주목의 대상이 되지만, 간학문적 그리고 탈학문적 통합의 경우에는 교과 간의 성취기준(핵심 개념과 주요 탐구 기능)과 교과의 범위를 넘어서는 주제나 문제를 중심으로 새로이 갖게 되는 지식, 기능, 태도와 가치 등의 종합적인 능력에 초점을 두게 된다.

또한 통합단원 운영에서 평가는 선수와 사전 학습 평가, 학습의 진행 과정에서 이루어지는 형성 평가 그리고 학습이 종료되는 시점에서의 총괄 평가 등을 포함해야 한다. 이 과정에서 교사의 피드백과 학생들 상호 간의 피드백이 중요하다. 피드백은 평가 자료에 대한 객관적인 판단을 기반으로 이루어져야 하고 즉시 이루어져야 하며, 상대방이 납득할 수 있는 방식으로 제공되어야 한다. 또한 피드백에 대한 당사자의 반응을 토대로 추가 피드백을 제시하는 일이 중요하다.

통합단원 운영에서 평가 형태와 방법은 다양하게 이루어져야 한다. 선다형이나 논술형 등의 지필 평가는 물론 학생들의 관찰 기록, 언어적 상호작용, 협력 행동, 수행 과정과 결과물 등 여러 가지 방식이 활용될 필요가 있다. 특히 통합단원이 체험활동을 포함할 때는 학생들의 제반 행동을 관찰하고 장점을 찾아 격려하고 문제 행동을 찾아서 교정하는 평가 활동이 필요하다. 전시나 공연의 경우에도 서로 간의 소통 역량, 협력 태도와 행위, 책임감, 리더십 등도 평가의 항목으로 반영하는 것이 바람직하다. Seely(1995), Wolfinger와 Stockard(1997)는 다음과 같이 연계단원 운영에서 포트폴리오를 활용한 수행평가를 강조하였다.

통합단원 운영 결과를 사정하기 위해서는 이전과는 다른 평가 방식이 요구된다. 통합단원에서 학생에 대한 평가는 수업의 다양한 장면에서 학생들이 실제로 수행하는 활동 그 자체에 초점을 맞추어야 한다. 이런 점에서 포트폴리오 방식을 이용한 수행평가는 교과 간 연계교육에 적합한 평가 방법이 된다(Seely, 1995; Wolfinger & Stockard, 1997). 왜냐하면 포트폴리오는 학생 개인의 성장과 발달에 관한 기록이기 때문이다. 이러한 수행평가와 함께 자기성찰의 방법도 중요한데, 자기성찰은 교과 간 연계교육을 통해 무엇을 배웠는지, 무엇을 배우지 못했는지, 어떤 것들을 서로 연결했는지, 배운 내용과 자기 삶과의 관련성 등을 되돌아보는 것을 말한다 (Seely, 1995).

　통합단원의 평가에서 주체는 교사, 학생, 학부모, 지역사회 등이 될 수 있다. 교사는 통합단원의 전 과정에 걸쳐서 학생들의 수행 행동을 관찰하고 성취기준에 도달할 수 있도록 환경을 구성하며 피드백을 제공한다. 학생들도 단원을 학습하는 과정에서 서로의 성장을 돕는다는 취지에 바탕을 두고 상호 간에 협력과 지지와 지원(동료 평가)을 한다. 학부모와 지역사회가 통합단원의 운영에 참여할 경우에 학생의 성장 과정을 돕는 방향으로 교사와 협력하여 평가 과정에 참여하게 된다. 또한 학생들이 통합단원의 운영 과정에서 자신의 활동을 관찰하고 스스로 성찰하는 기회를 가짐으로써, 장점을 확인하고 부족한 점을 인식하여 도움을 청하는 자기평가가 이루어지도록 해야 한다.

　마지막으로, 통합단원 평가가 지역사회로 확장되는 경우에는 체험학습과 관련하여 학교 차원에서 학생의 성장을 돕는 것과 저해하는 환경을 세세하게 살펴서 철저히 기획하고 체계적으로 운영할 필요가 있다. 이때 지역사회가 학교의 학습 계획에 대해서 알 수 있도록 서로 협의해야 하며, 관련 인사들이 학생의 성장을 돕는 활동이 무엇인지를 인식하고 준비하도록 도움을 주어야 한다. 이것은 지역사회 인사들이 통합단원 운영에서 지식, 기능, 가치 및 태도의 형성에서 학생들의 멘토나 어드바이저의 역할을 할 수 있도록 교육을 받거나 책임감을 가져야 한다는 것을 의미한다.

　통합단원 운영의 전체 과정, 즉 기획, 운영, 평가의 모든 과정에 대한 체계적인 점검이 필요하다. 통합단원의 운영 취지와 목표에 대한 교사, 학생, 학부모, 지역사회의 공감과 책임 의식, 프로그램, 예산, 시설, 행정적 지원 등의 제반 사항 등에 대한 평가가 필요하다. 이와 함께 통합단원 운영에서 발생하는 우발적인 학습(incidental learning)에 대해서도 관심을 가져야 한다. 학습은 개발자의 의도를 벗어나서 학생과 교사에게 예기하지 못한 영향을 미친다. 이러한 영향이 긍정적일 수도 있고 해로울 수도 있지만, 통합단원을 기획하고 운영할 때는 이러한 우발적인 학습이 언제 어떤 과정을 거쳐서 일어나며 그 영향이 어떠한지를 파악할 필요가 있다.

제2부

통합단원 개발의 실제

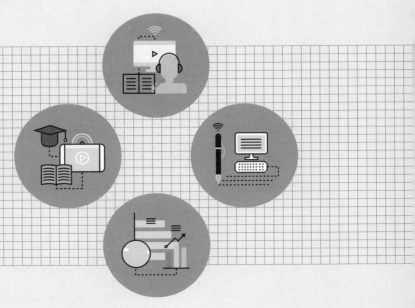

교육과정 통합단원 개발을 마치며

교육과정 통합단원 개발에 대한 전반적인 소감

초등학교는 교과 통합 수업을 하는 교사들이 많은 편이고, 나 역시 통합단원 운영 경험이 많다. 그러나 이번 기회에 제대로 된 통합 단원 설계의 절차를 경험하며, 그간 지나치게 '통합을 위한 통합'을 해 온 것이 아닌지 반성하였다. 통합단원 개발을 해야 한다는 목표에만 휘둘려, 잡화점처럼 여러 교과와 성취기준을 나열하고 짜깁기하는 형태로 통합단원을 개발해 온 것 같다. '왜 통합을 해야 하는지' 통합의 목적을 고민하는 것이 가장 우선이며 중요한 단계인데, 그간 너무 간과하고 있지 않았나 생각하며 주의 깊게 통합 단원을 개발하고자 노력하였다.

사실상 통합단원 설계를 처음 해 보았기 때문에 걱정과 두려움이 앞섰지만, 실제로 통합단원을 개발하면서 교과에 대해 더욱 심도 있게 살펴볼 수 있었고 교육과정을 다각도로 보는 시각을 기른 것 같아 보람찼다. 하지만 실제 중학교 현장에서 과연 통합단원 개발이 가능할까? 교과별 선생님들이 다함께 이런 작업에 대한 관심을 갖고 고민해야 가능할 것이라고 생각한다.

일종의 자기반성이지만, 나는 지금까지 학생들이 보내는 1년의 시기를 '나의 입장'에서만 생각해 보았던 듯하다. 학생들은 다양한 경험을 통해 성장하는데, 이를 내 교과 입장에서만 생각했던 것이다. 그리고 이렇게 생각하자 왜 학생들이 가끔은 답답하고 엉뚱한 답을 내놓는지에 대해서도 어렴풋하게나마 이해할 수 있게 되었다. 통합단원 개발의 경험은 내가 학생들을 바라보는 시야의 확장 측면에서도 특히 도움이 되었던 듯하다.

교과의 통합적 운영은 교사의 교육과정 문해력에서 시작된다고 볼 수 있다. 나는 통합단원을 개발하면서 지난 수업에서 얻은 경험적 지식을 학생들의 삶에 좀 더 가까이 다가가기 위해서는 교육과정을 통합적 관점에서 바라보는 안목이 필요하다는 것을 다시 한번 느끼게 되었다.

교육과정 통합의 과정은 학교의 다양한 프로그램과 행정 운영 시스템에 대해서도 고민해 볼 수 있는 기회가 되었다. 일반적으로 교사는 자신의 교과 수업, 담당 업무 프로세스 정도에만 관심을 가지는 경우가 많다. 하지만 통합단원의 운영을 위해서는 나를 제외한 다른 교과의 내용 요소, 성취기준에 대해서도 어느 정도 이해하고 있어야 하며, 더 원활하게 운영하기 위한 학사 일정 운영-시간표 운영 등에 대해서도 고민해 보게 된다.

통합통합단원을 개발하면서 나는 이런 점이 좋았다

통합단원을 개발하는 것이 쉬운 일은 아니지만, 이를 실제 수업에 적용해 보면 무척 재미있다. 학생들이 수업 시간을 즐거워하며, 주도적으로 학습하는 것이 느껴진다. 나중엔 교과서 차례대로 하는 수업이 교사마저도 심심하게 느껴질 정도이다. 보다 많은 선생님이 현장에서 이 즐거움을 느껴 보았으면 좋겠다.

나는 통합단원을 개발하면서 각 교과별 교육과정이 개별적인 톱니바퀴가 아니라, 공통된 통합 요소를 중심으로 하나의 유기적인 시스템으로 교육과정을 보는 안목을 키울 수 있었다. 때로는 공통된 주제를 중심으로, 때로는 성취기준을 중심으로 학생들의 관심과 흥미를 고려하여 교과를 통합 운영하면서 '왜' 통합을 해야 하는지, 그렇다면 '어떻게' 통합을 하면 좋을지에 대한 고민도 점점 깊어질 수밖에 없었다. 그리고 학생들도 통합 주제를 중심으로 교과별 내용을 넘나들면서 주제에 대한 이해의 폭과 깊이도 넓어졌으며, 기존의 교과별 수업보다 통합 주제 중심의 프로젝트 수업이 훨씬 재미있다는 반응을 보였다. 특히 초등학교 교사는 같은 학년을 여러 해를 거쳐 반복하다 보면 해당 학년의 각 교과별 내용과 성취기준의 공통 요소를 쉽게 발견할 수 있기 때문에 교과의 통합적 운영을 보다 적극적으로 실행

할 수 있을 것이라고 생각한다. 마지막으로, 나는 각 교과에서 학생들의 배움이 삶
으로 이어지는 가장 좋은 방법이 교과의 통합적 운영이라고 생각한다. 일곱 빛깔의
제각기 고유한 색이 하나의 무지개가 되듯이…….

　교과별로 차이가 있겠지만, 내가 가르치는 기술·가정 교과는 실천적 문제 해결
교과로서 학문으로서의 깊이보다는 지식의 실질적 적용에 관련된 내용이 주를 이
루고 있다. 특히 기술 교과 부분은 제조 기술, 건설 기술, 정보통신 기술 등 다양한
분야를 다루기에 그 분야에 해당하는 학문적 지식도 방대하다. 수업을 하다 보면
'이 부분은 과학 또는 수학, 사회 같은 교과에서 다루었을 텐데……' 하는 생각이 들
고, 학생들도 "선생님! 그 부분 다른 수업시간에도 배웠어요!"라는 말이 나올 때면
'좀 더 효율적으로 수업을 할 수는 없을까?'라는 고민을 많이 했다. 2015 개정 교육
과정 이후 STEAM 교육이 대두되면서 통합교육과정의 필요성은 늘 있어 왔지만 실
제로 학교 현장에서는 이와 관련된 논의가 부족한 것이 사실이다. 교육의 효율성과
연계성, 그리고 학생들의 융합적인 사고를 길러 주기 위해서라도 교육과정통합은
필요하다고 생각한다. 머릿속 고민으로만 남아 있던 부분을 통합단원을 개발하면
서 가시화시키다 보니 교육과정통합의 필요성을 더욱 실감하게 되었다. 또한 프로
젝트 수업의 궁극적인 시작점은 교육과정통합이라는 생각이 들었다.

　교육과정의 통합적 운영이 '수능'에 도움이 되지 않는다라는 시선도 있음을 알고
있지만, 이 부분에 대해서는 최근 우리 교육의 방향성을 고려하여 접근해 보아도
좋을 것 같다. 교과목의 절대적인 분량 자체를 줄이고, 본질에 대한 접근과 학생들
의 역량 향상을 강조하는 최근의 교육과정 기조는 구성주의 교육철학에 기반하고
있는 듯하다. 이는 학생들이 스스로 문제의 답을 찾아 나가는 과정 자체에 의미를
부여한다. 교육과정 통합으로 만들어지는 단원-내용 요소들은 그 전달 방식에 있
어 전통적인 강의식 수업보다, 학생들이 주도하는 프로젝트 학습의 형태를 띠고 있
는 경우가 많다. 따라서 학생들이 답을 찾아 나가는 과정에서 스스로 지식을 구성
하고 조합할 수 있는 능력을 키워 줄 수 있는 방법적 측면에서도 교육과정의 통합

적 운영이 도움을 줄 수 있을 것 같다.

교육과정통합 개발을 한 후 달라진 점, 아쉬운 점, 앞으로 더 해 보고 싶은 것

통합단원 개발을 하기 위해 국가교육과정 전체를 횡적·종적으로 스캔하는 활동을 반복하다 보니 교육과정에 대한 이해의 폭이 넓어진 것 같다. 또한 통합단원 개발을 위해 개별 교과의 영역, 핵심 개념, 내용 요소를 분석하다 보니 개별 교과에 대해서도 좀 더 전문성을 갖추게 된 것 같다. 가끔은 국가교육과정을 수동적으로 가르치는 공무원 같다는 생각도 했는데, 교육과정통합 개발을 한 후부터는 국가교육과정을 토대로 학생들에게 의미 있는 배움을 구성할 수 있는 전문성을 갖춘 교사라는 자부심과 보람이 많이 생긴 것 같다.

제시되어 있는 교육과정을 다각도로 바라보는 안목이 조금은 생긴 것 같다. 매 학기가 시작할 때마다 주어진 교육과정을 그대로 따라가며 '학생들에게 무엇을 가르칠까?'를 고민했지만, 이제는 심층적으로 교육과정을 분석하고 학생들에게 의미 있는 배움이 일어나게 하려면 '어떤 방법이 있을까?'를 고민할 수 있을 것이다. 같은 내용을 반복해서 가르치다 보면 이미 구성해 놓은 계획에 안주하게 되고 매너리즘에 빠지기도 하는데 교육과정통합 개발을 통해 새로운 시각으로 교과를 바라보게 되었다.

실질적으로 학교에서 통합교과를 운영할 수 있는 기간과 환경이 주어져서 원활하게 운영을 하고 기존의 교과 수업과는 다른 통합교과만을 위한 수업 방법, 도구 등을 개발해 보고 싶다. 통합단원을 개발하면서 대부분의 수업을 프로젝트 수업으로 구성하였는데 실제 적용을 했을 때 정말로 프로젝트 수업이 학생들에게 효과가 있을지, 프로젝트 수업의 효과가 없다면 어떤 수업 방법이 통합단원 수업에 적합할지에 대한 논의도 더 해 보고 싶다.

동학년 선생님들께 통합단원을 함께 개발하자고 권하고 싶지만 각자 교실에서 업무에 바쁜 선생님들 모습들을 보면 쉽게 권할 수가 없었다. 선생님들이 업무에서 벗어나 교육과정에 집중할 수 있다면, 교과의 통합적 운영은 동 학년 또는 전문적 학습공동체를 중심으로 이루어졌으면 좋겠다는 생각을 하였다. 앞으로 그런 기회가 주어진다면 여러 선생님이 함께 집단지성을 발휘하며 교육과정 통합단원을 개발하면서 교육과정 전문성도 신장시키며 함께 성장할 수 있지 않을까?

제3장

초등학교 통합단원

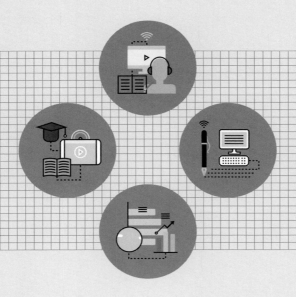

1. 우리들의 겨울나기

❙ 통합단원명

우리들의 겨울나기(2학년 통합교과 〈겨울〉)

❙ 통합의 유형: 통합교과의 통합

통합의 유형	통합의 요소	통합의 중심	통합의 방식	통합의 단위
■ 다학문적 □ 간학문적 □ 탈학문적	■ 지식 ■ 기능 ■ 가치/태도 ■ 성취기준	■ 제재 □ 주제 □ 문제 □ 학습 기능 □ 사고 양식 □ 표현활동 □ 흥미	■ 병렬 □ 광역 □ 공유 □ 혼합 □ 융합	□ 통합교과(과목) ■ 통합단원 □ 차시통합

❙ 단원의 내러티브

  초등학교 1, 2학년에서는 바른생활, 슬기로운생활, 즐거운생활 교과를 제재 중심으로 통합하여 지도할 수 있도록 통합교과서를 제작하여 보급하고 있다. 통합교과서는 저학년 학생들이 분절된 여러 교과를 학습하는 것에 대한 부담을 덜어 주고, 흥미롭게 학습에 접근할 수 있도록 하는 등 여러 장점을 갖고 있다.

  그러나 1, 2학년 통합교과서는 하나의 제재하에 바생, 슬생, 즐생의 학습 요소를 고루 반영하여 제작해야 한다는 점, 전국의 초등학교에서 보편적으로 쓸 수 있는 교과서를 제작해야 한다는 점 등 여러 한계가 있어 교과서를 살펴볼 때마다 아쉬움이 크다.

  이와 같은 아쉬움에 공감하는 2학년 교사 4인이 모여, 통합교과서를 다시 만들어 보기로 하였다. 기존 통합단원을 재통합하여, 통합단원의 본질에 부합하는 〈겨울〉 교과서를 제작하는 것을 목적으로 삼았다.

  통합단원을 개발하며 하나의 제재를 중심으로 바생, 슬생, 즐생의 여러 학습 요소를 추출하고 이를 병렬적으로 엮는 다학문적 통합 과정을 거쳤다. 이 과정에서 학습의 흐름과 내용이 매끄럽게 연결되었는지, 학생들의 관심 및 흥미와 잘 연결이 될 수 있는지, 본교 학생들의 학습 수준에 적합한지를 지속적으로 고려하며 개발하고자 하였다.

❙ 통합 절차

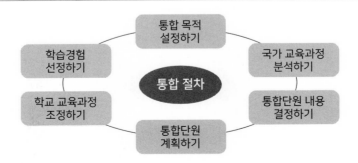

통합 목적 설정하기

➡ '교육과정통합이 필요한 이유는 무엇인가?'라는 질문을 중심으로 통합의 목적을 설정한다.

  기존에 개발·보급되고 있는 1, 2학년의 통합교과서는 '봄, 학교, 여름, 마을, 가을, 이웃, 겨울, 나라'라는 제재를 중심으로, 바생, 슬생, 즐생 교과의 학습 요소를 다학문적으로 통합하여 제시하고 있다.

  그러나 전국의 초등학교에서 보편적으로 사용할 수 있어야 한다는 점, 하나의 제재하에 세 교과의 학습 요소를 고루 반영해야 한다는 점을 고려하다 보니 통합단원 개발의 본디 취지와는 달리 '통합을 위한 통합'처럼 느껴지는 단원이 많다. 무리한 통합으로 인해 각 교과의 중요한 요소들을 제대로 담지 못한 경우도 있고, 각 교과의 중요한 요소를 담기 위해 제재에서 벗어난 내용도 억지로 담다 보니 단원 학습의 흐름이 어색한 경우도 있다.

  이에 통합교과 개발에 관심이 많은 동 학년 교사 4인이 모여, 통합교과의 취지에 맞도록 새로운 통합교과서를 제작하기로 하였다. 2학년 통합교과의 8개 단원을 검토한 끝에, 1년간 【가족】【마을】【겨울(겨울나기)】을 새롭게 개발하여 수업 시간에 적용하기로 하였다. 다음의 내용은 그중 【겨울(겨울나기)】을 중심으로 서술하였다.

📋 절차에 따른 결과

통합단원 【겨울나기】 개발의 목적

◎ 기존의 2학년 2학기 통합교과서 【겨울】의 아쉬운 점을 보완하고, 통합교과의 본래 취지에 적합한 통합단원을 개발한다.

  - 【겨울나기】라는 제재를 중심으로 하여, 바생, 슬생, 즐생의 중요한 지식, 기능, 태도를 고루 학습할 수 있도록 한다.
  - 제재와 직접적인 관련이 있는 내용만으로 짜임새 있게 학습을 구성하여, 학습의 집중도를 높인다.
  - 본교 학생들의 관심과 수준에 맞는 내용으로 학습을 구성하여, 의미 있는 학습이 이루어지도록 한다.

국가 교육과정 분석하기

→ 교과별로 내용 체계와 성취기준을 수평·수직적 스캔하여 공통된 연관성을 찾는다.

통합단원【겨울나기】개발을 위해, 교육과정 성취기준 및 교과서를 살펴보았다. 우선 제재와 관련 있는 성취기준 및 내용 요소를 모아 표로 작성하였다. 주로 겨울을 나는 동식물과 관련된 내용, 겨울방학 및 겨울철 신체활동과 관련된 내용으로 구성되어 있었다(〈표 3-1〉 참고).

◈ 표 3-1　성취기준 및 내용 요소 분석

	바른생활	슬기로운생활	즐거운생활
겨울나기 (겨울)와 관련 있는 성취기준	• [2바08-02] 생명을 존중하며 동식물을 보호한다. • [2바08-03] 겨울방학 생활계획을 세워서 실천한다.	• [2슬08-03] 동식물의 겨울나기 모습을 살펴보고, 좋아하는 동물의 특성을 탐구한다. • [2슬08-04] 겨울에 하고 싶은 일, 해야 할 일 등을 조사한다.	• [2즐08-03] 동물 흉내 내기 놀이를 한다. • [2즐08-04] 건강한 겨울나기를 위해 규칙적으로 운동한다.
겨울나기 (겨울)와 관련 있는 내용 요소	• 동식물 보호 • 겨울 생활 및 학습계획	• 겨울을 나는 동식물과 특성 탐구하기 • 겨울에 하는 일 알아보기	• 겨울 나는 동물 흉내 내기 • 겨울철 신체 활동

다음으로는, 위의 성취기준 및 내용 요소가 기존의 '2-2 겨울' 교과서에 어떻게 구현되어 있는지 살펴보았다. 동물의 겨울나기, 철새의 겨울나기, 겨울눈과 식물의 겨울나기, 겨울방학 준비하기와 관련된 내용 중심으로 다양한 활동이 구성되어 있었다. 제재와는 크게 관련이 없는 내용(소리개 떴다, 종이새 만들기, 3학년 준비하기 등)이 포함되어 있기도 하고, 학습 내용의 흐름이 전체적으로 매끄럽지 않은 부분도 있었다(〈표 3-2〉 참고).

◈ 표 3-2　교과서 내용 분석

	바른생활	슬기로운생활	즐거운생활
단원 내용 체계 (차시)	• 동물의 겨울나기 돕는 법 알아보기(1) • 동물의 겨울나기 돕기(2) • 겨울철 식물 보호하는 법 알아보기(1) • 3학년 준비하기(1)	• (소)단원 도입, 마무리(6) • 겨울눈 알아보기(2) • 겨울눈 꾸미기(1) • 식물 겨울나기 말판놀이하기(1) • 철새 알아보기(1) • 방학 계획 세우기(1) • 3학년 준비하기(1)	• (소)단원 도입, 마무리(4) • 동물 인형극 하기(3) • 동물의 겨울나기 돕기(1) • 겨울눈 꾸미기(1) • 봄을 기다리며 노래 부르기(1) • 소리개 떴다 노래 부르기(1) • 종이새 만들기(2) • 줄넘기(2), 방학 계획 세우기(1)

→ 통합의 목적을 고려하여 통합단원의 전반적인 내용 흐름을 얼개 수준으로 간략하게 작성한다.

본 통합교과 개발의 목적은 【겨울나기】를 제재로 하여 바생, 슬생, 즐생 교과의 지식, 기능, 태도를 흥미롭게 연결 지어 학습하도록 하는 것이다. 따라서 제재와의 관련성이 떨어지는 내용은 과감하게 배제하기로 하였다.

또한 '겨울방학 준비하기'와 관련된 소단원을 '사람들의 겨울나기 방법 탐구하기'로 바꾸어서, 자연환경에 적응하는 여러 생물들의 모습을 식물, 동물, 사람의 영역으로 범주화하여 학습할 수 있도록 구성하였다.

계절의 변화(가을→겨울)와 주변 현상 간의 상호관계를 관심 있게 탐구하는 것을 주된 학습 내용으로 하여, 바생, 슬생, 즐생 교과의 다양한 기능을 익히고, 환경에 적응하는 다양한 생명을 존중하며 지혜롭게 겨울을 나는 태도를 기를 수 있도록 통합단원의 전반적인 내용을 설계하였다.

절차에 따른 결과

통합단원 【겨울나기】의 간략한 내용 작성하기

• 계절의 변화(가을→겨울)와 주변 현상 간의 상호관계를 관심 있게 탐구하는 과정에서 바생, 슬생, 즐생 교과의 다양한 기능을 익힌다.
• 계절의 변화에 적응하는 생명들을 존중하고, 계절의 변화를 지혜롭게 이겨 내는 태도를 기른다.

	바른생활	슬기로운생활	즐거운생활
관련 성취기준	• [2바08-02] 생명을 존중하며 동식물을 보호한다. • [2바08-03] 겨울방학 생활계획을 세워서 실천한다.	• [2슬08-03] 동식물의 겨울나기 모습을 살펴보고, 좋아하는 동물의 특성을 탐구한다. • [2슬08-04] 겨울에 하고 싶은 일, 해야 할 일 등을 조사한다.	• [2즐08-03] 동물 흉내 내기 놀이를 한다. • [2즐08-04] 건강한 겨울나기를 위해 규칙적으로 운동한다.
내용 요소	• 겨울을 나는 동·식물 보호하기 • 겨울을 나는 사람들의 덕목 내면화하기	• 겨울을 나는 동·식물 탐구하기 • 겨울을 나는 사람들의 지혜 탐구하기	• 겨울을 나는 동·식물과 관련된 다양한 표현활동 하기 • 겨울을 나는 사람들의 활동과 관련된 표현활동 하기

통합단원 내용 결정하기

→ **통합의 중심(주제·제재·소재 등)과 관련된 아이디어를 브레인스토밍하여 찾고 구조화한다.**

교사들은 붙임종이를 활용하여, 커다란 전지에 【겨울나기】와 관련된 아이디어들을 자유롭게 브레인스토밍하였다. 비슷한 범주의 낱말은 비슷한 위치에 부착하였으며, 기존의 교과서에 있는 내용은 따로 표시(색칠)하였다([그림 3-1] 참고).

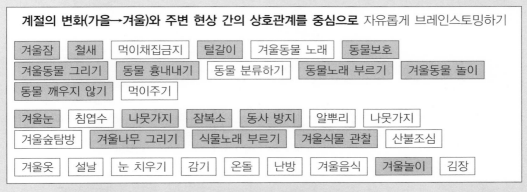

[그림 3-1] 아이디어 브레인스토밍

다음으로는, 브레인스토밍한 단어들을 비슷한 항목끼리 구조화하였다. '동물의 겨울나기' '식물의 겨울나기' '사람의 겨울나기'라는 세 개의 하위 항목으로 구조화하였으며, 이 세 가지를 통합단원 소주제로 삼기로 하였다([그림 3-2] 참고).

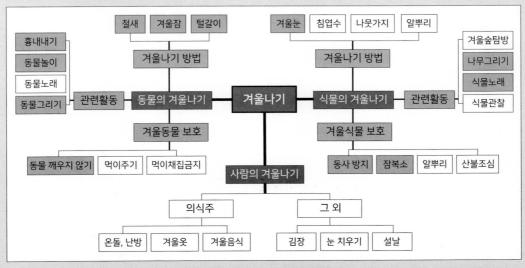

[그림 3-2] 아이디어 구조화

➔ 통합의 스코프(내용 요소)를 작성한다.

통합단원의 스코프를 작성하기 위해, 구조화한 아이디어와 국가 수준 교육과정을 나란히 놓고 비교하면서 정리해 보았다. 우선 구조화한 키워드를 성취기준과 관련지어 묶어 보았다. 다음으로는, 학년 수준 및 학습 수준에 적합하지 않은 내용을 삭제 혹은 수정하였다. 예를 들어, '겨울옷'은 1학년 슬생에서 이미 다룬 내용이므로 학습하기 적합하지 않아 삭제하였으며, '온돌, 난방, 겨울음식, 알뿌리'는 2학년에게 다소 어려운 내용이라 삭제하였다([그림 3-3] 참고).

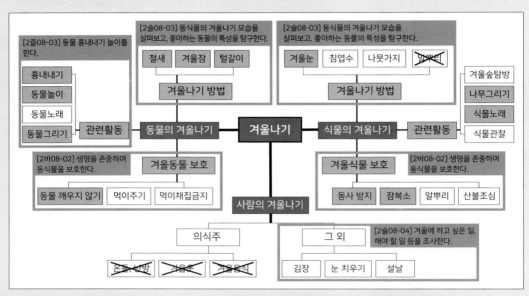

[그림 3-3] 구조화한 아이디어를 국가 수준 교육과정과 연결하여 생각하기

구조화한 아이디어와 국가 수준 교육과정을 연결 지어 수정하는 과정에서 '사람의 겨울나기'와 관련된 학습 내용이 지나치게 빈약해졌다. '김장, 눈 치우기, 설날'은 학습 범위가 구체적이지 않고, 내용이 너무 피상적이었다. 이를 보완하고자 [국가 교육과정 분석하기] 단계로 돌아가 반영할 만한 다른 성취기준 혹은 내용 요소가 있는지 살펴보았다. 의논 끝에, 소단원 '사람의 겨울나기'의 학습 요소를 '협동하며 겨울을 나는 사람들의 모습'으로 재구조화하였다. 또한 이와 유사한 성취기준을 가져와 재구성하기로 하였다(〈표 3-3〉 참고).

또한 '겨울숲탐방, 나무그리기, 식물관찰'은 단원에서 유의미하게 다룰 만한 내용이지만 이와 관련된 성취기준을 찾을 수 없었다. 따라서 유사한 성취기준을 가져와 재구성하기로 하였다(〈표 3-3〉 참고).

◈표 3-3 성취기준 재구성

	바른생활	즐거운생활
기존의 성취기준	–	• [2즐06-04] 가을 낙엽, 열매 등을 소재로 다양하게 표현한다.
재구성한 성취기준	→ (재구성) 주변 사람들과 서로 도우며 협동하는 생활의 필요성을 알고, 이를 실천한다.	→ (재구성) 식물의 겨울나기를 소재로 다양하게 표현한다.

→ 통합의 시퀀스(배우는 순서)를 작성한다.

우선 통합단원의 소단원 학습 순서를 고민하였다. 개발팀 교사들은 소단원의 학습 순서를 상의하였다. 학생들이 친근하게 받아들이는 소재인 '동물-사람-식물' 순으로 학습을 해야 한다는 의견도 있었고, 학생들이 직접 관찰할 수 있는 소재인 '식물'부터 학습한 후, 알아보기·조사하기 등으로 학습할 수 있는 소재인 '동물' '사람' 순으로 확장해 나가야 한다는 의견도 있었다. 장단점을 논의한 끝에, 두 번째 안을 채택하였다.

다음으로 통합단원의 학습 시기를 고민하였다. '겨울나기'라는 학습 제재에 맞추어, 계절상 겨울인 시기에 학습하기로 하였다. 단, 기존의 교과서에 있던 '겨울방학' 관련 내용을 새로운 통합단원으로 편성하여 12월 말에 학습하기로 하였으므로, 11월 말~12월 초가 학습 시기로 가장 적합하다고 판단하였다.

☰ 절차에 따른 결과

교사들이 최종적으로 작성한 통합의 스코프는 다음과 같다. 이 스코프는 확정적인 것이 아니며, 이어지는 개발 과정에서 추가할 점, 보완할 점, 삭제할 점이 발견될 시 언제든 수정하기로 하였다.

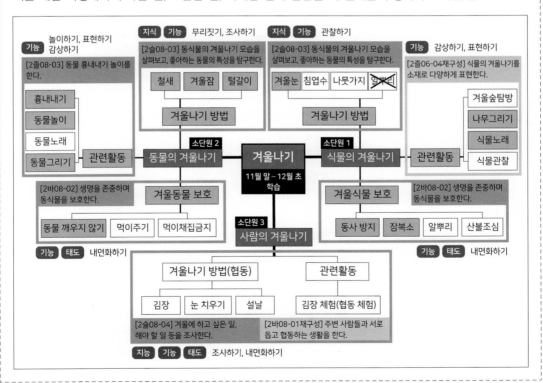

통합단원 계획하기

→ 통합단원(프로그램)명을 결정한다.

학습 내용 전체를 포괄하면서도, 제재가 직관적으로 드러날 수 있는 통합단원명과 소주제명을 짓고자 고민하였다. 소주제명은 각각 【1. 식물 친구들의 겨울나기】【2. 동물 친구들의 겨울나기】【3. 이웃과 함께 겨울나기】로 정하였다. 통합단원명은 이를 모두 포괄할 수 있도록 【우리들의 겨울나기】로 결정하였다(〈표 3-4〉 참고).

⊗ 표 3-4 통합단원명 및 소단원명 결정

통합단원명	탐구 주제 및 순서	소단원명
우리들의 겨울나기	통합단원 도입	통합단원 도입
	[주제 1] 식물의 겨울나기	[주제 1] 식물 친구들의 겨울나기
	[주제 2] 동물의 겨울나기	[주제 2] 동물 친구들의 겨울나기
	[주제 3] 사람의 겨울나기	[주제 3] 이웃과 함께 겨울나기
	통합단원 마무리	통합단원 마무리

→ 통합단원의 개관, 목표, 성취기준을 작성한다.

[통합 목적 설정하기] [국가 교육과정 분석하기] [통합단원 내용 결정하기] 단계를 거치며 구상한 내용을 바탕으로 통합단원의 개관, 목표, 성취기준을 작성하였다.

→ 통합단원의 단원학습계획을 작성한다.

[통합단원 내용 결정하기] 단계에서 개발한 스코프에 따라 단원학습계획을 작성하였다. 가장 어려웠던 부분은 바생, 슬생, 즐생의 학습 요소를 적절히 가르칠 수 있도록 학습 내용 및 차시를 배분하는 일이었다.

각 학교별로 20% 선에서 시수 조정이 가능하기는 하지만, 1·2학년군의 과목별 수업 시수를 묶어 운영하다 보니 2학년에서 임의로 과목별 수업 시수를 조절하는 것은 현실적으로 불가능하다. 본교 기준으로 연간 바생 67시간, 슬생 102시간, 즐생 204시간의 시수가 배정되어 있고, 이를 8개 통합단원에서 적절히 나누어 지도할 필요가 있다. 통합단원 개발 시 고려해야 할 부분이다.

처음 스코프에만 의존하여 통합단원 학습계획을 작성하였더니, 바생 3차시, 슬생 13차시, 즐생 9차시로 슬생의 비중이 높게 편성되었다. 관찰하기, 조사하기와 같이 슬생의 기능 학습과 관련된 활동이 지나치게 많이 계획되었기 때문이었다. 놀이하기, 표현하기, 감상하기와 같이 즐생의 기능 학습과 관련된 활동이 많이 부족한 것이 아닌지 돌아보게 되었다.

연간 수업 시수를 고려하고, 다양한 교과의 기능을 두루 다룰 수 있도록 학습계획을 다시 수정하는 과정을 거쳐 바생 3차시, 슬생 8차시, 즐생 12차시의 단원학습계획을 수립하였다.

→ 통합단원의 평가계획을 작성한다.

평가계획을 작성할 때에는 교육과정-수업내용-평가가 같은 맥락으로 이루어지고 있는지 점검하며 작성하였다. 연관성이 떨어진다고 판단되었을 때는 단원학습계획 서술 단계로 돌아가 수정하는 순환적인 과정을 거쳤다. 그중 한 가지 예는 다음과 같다.

단원 계획안 초안	7~8 (바, 즐)	겨울을 나는 식물 존중하고 보호하기	1) '봄을 기다리며' 노래 부르기 2) 겨울 식물을 보호하는 방법 알아보기

▼

평가 계획 수립 중 문제점 발견	7~8 (바, 즐)	〈성취기준〉 [2바08-02] 생명을 존중하며 동식물을 보호한다. 〈평가내용〉 겨울을 나는 식물 존중하고 보호하는 태도 내면화하기	
		▶ 문제점: 노래를 부르거나 보호하는 방법을 알아보는 활동만으로는 식물을 존중하고 보호하는 태도가 내면화되었는지 평가하기 어려움. **수정 필요함.**	

▼

단원 계획안 수정안	6~7 (바, 즐)	겨울을 나는 식물 존중하고 보호하기	1) '봄을 기다리며' 노래 부르기 2) 겨울 식물을 보호하는 방법 알아보고, **실천 쪽지 쓰기**

📋 절차에 따른 결과

→ 통합단원 개관

　나뭇가지가 앙상해지고 매서운 바람이 불기 시작하면, 학생들은 겨울이 왔음을 온몸으로 느낀다. 계절의 변화는 학생들이 삶 속에서 몸소 느낄 수 있는 자연의 변화로, 학습의 제재로 삼기에 손색이 없다. 본 단원은 식물, 동물, 사람의 겨울나기 모습을 제재로 하여, 바른생활·슬기로운생활·즐거운생활 교과를 다학문적으로 통합하여 지도하고자 한다.

　이 단원은 겨울 환경에 적응하며 살아가는 식물, 동물, 사람들의 모습을 관찰·탐구하고, 이를 다양한 방법으로 표현하며, 식물과 동물을 보호하고 이웃과 협력하며 겨울을 이겨 내는 태도를 기르기 위한 다양한 활동을 총 23차시로 구성하였다.

　이를 통해 계절의 변화와 주변 현상 간의 상호관계를 관심 있게 탐구하고, 다양한 표현 능력을 기르며, 생명을 존중하고 이웃과 서로 도우며 살아가는 마음가짐을 갖도록 하는 데 목적을 둔다.

→ 통합단원 목표

- 식물들이 겨울 나는 방법을 관찰하고 설명할 수 있다.
- 식물들이 겨울 나는 모습을 다양한 방법으로 표현할 수 있다.
- 동물들이 겨울 나는 방법을 조사하고, 겨울 나는 방법이 같은 동물들끼리 무리 지을 수 있다.
- 동물들이 겨울 나는 모습을 흉내 내기 등 다양한 방법으로 표현할 수 있다.
- 사람들이 협동하고 배려하며 겨울을 나는 모습을 설명할 수 있다.
- 겨울을 나는 동식물을 돕는 활동에 참여하며 동식물을 보호하는 마음을 기른다.
- 친구들과 함께 김장하고 이웃과 나누며 협동과 나눔의 태도를 지닌다.

교과 역량	의사소통 역량, 창의적 사고 역량, 공동체 역량, 지식정보처리 역량

→ 단원의 성취기준

01	02	03	04	05
[2바08-02]	[2바-(재구성)]	[2슬08-03]	[2즐08-03]	[2슬06-04]
생명을 존중하며 동식물을 보호한다.	주변 사람들과 서로 도우며 협동하는 생활의 필요성을 알고, 이를 실천한다.	(재구성) 동식물의 겨울나기 모습을 살펴보고, 동식물의 특성을 탐구한다.	동물 흉내 내기 놀이를 한다.	(재구성) 식물의 겨울나기(겨울눈, 잎)를 주제로 다양하게 표현한다.

→ 통합단원 계획

통합단원	소단원	차시/교과	탐구 주제	학습 활동
우리들의 겨울나기	단원 도입	1 (슬1)	단원 학습에 관심 갖기	1) 단원 주제 살펴보기 2) 단원 학습 내용 살펴보고 주제망 정리하기
	1. 식물 친구들의 겨울나기	2~4 (슬3)	식물의 겨울나기 모습 관찰하기 〈겨울숲 탐방하기〉	1) 겨울눈 관찰하기 2) 겨울 나뭇잎 관찰하기
		5~6 (즐2)	식물의 겨울나기를 주제로 다양하게 표현하기	1) 겨울숲 풍경 작품 만들기 2) 겨울숲 풍경 작품 발표하고 서로 감상하기
		7~8 (바1,즐1)	겨울을 나는 식물을 존중하고 보호하기	1) '봄을 기다리며' 노래 부르기 2) 겨울 식물을 보호하는 방법 알아보고 실천 쪽지 쓰기
	2. 동물 친구들의 겨울나기	9~11 (슬3)	동물의 겨울나기 모습 조사하기	1) 동물의 겨울나기 조사하기 2) 겨울나기 모습이 같은 동물들끼리 무리짓기

	12~15 (즐4)	동물의 겨울나기 흉내 내기 놀이하기	1) 겨울을 나는 동물 가면 만들기 2) 동물 흉내 내며 [겨울나기 자랑 대회] 열기
	16~17 (바1,즐1)	겨울을 나는 동물을 존중하고 보호하기	1) 겨울나기 동물을 보호하는 방법 알아보기 2) 홍보 캠페인 하기
3. 이웃과 함께 겨울나기	18 (슬1)	겨울철 사람들이 협동하며 생활하는 모습 알아보기	1) 협동하며 겨울을 이겨 내는 모습 알아보기 2) 협동하여 김장하는 방법 알아보기
	19~21 (바1,즐2)	친구들과 함께 김장하며 나눔과 협동의 태도 실천하기	1) 협동이 필요한 이유 생각하며 김장하기 2) 협동하며 김장한 소감 나누고, 김치 나누기
단원 마무리	22~23 (즐2)	단원 학습 내용 정리하기	1) 모둠별로 '겨울나기 배움 보고서' 쓰기 2) 배움 보고서 발표하기

계	바	슬	즐	
	3	8	12	

→ **통합단원 평가계획**

학습 주제	평가 내용	교과 역량	평가 주안점(또는 유의점)
1	식물의 겨울나기 모습 관찰하기	• 지식정보처리 역량	• 여러 가지 겨울눈을 자세히 관찰하여 글과 그림으로 나타낼 수 있는가? • 상록수의 잎을 자세히 관찰하여 글과 그림으로 나타낼 수 있는가? • 의사소통 역량: 겨울눈의 생김새와 하는 일을 자세히 나타내고 설명할 수 있는가?
2	식물의 겨울나기를 주제로 다양하게 표현하고 감상하기	• 창의적 사고 역량 • 의사소통 역량	• 식물의 겨울나기 모습이 작품 속에 잘 드러나 있는가? • 창의적 사고 역량: 식물의 겨울나기 모습을 창의적인 재료나 참신한 내용으로 표현하였는가? • 의사소통 역량: 친구의 작품을 감상한 후, 작품의 잘된 점을 찾아 칭찬할 수 있는가?

3	겨울을 나는 식물을 존중하고 보호하기	• 의사소통 역량	• 의사소통 역량: 식물의 겨울나기를 돕기 위한 방법을 찾아 설명할 수 있는가? • 겨울을 나는 식물을 존중하고 보호하려는 마음가짐이 약속 쪽지 또는 발표 내용에 잘 드러나는가?
4	동물의 겨울나기 모습 조사하기	• 지식정보처리 역량	• 그림책을 활용하여 동물의 겨울나기 모습을 조사하고, 바르게 쓸 수 있는가? • 지식정보처리 역량: 겨울을 나는 방법이 같은 동물들끼리 무리 지을 수 있는가?
5	동물의 겨울나기 흉내 내기 놀이하기	• 창의적 사고 역량 • 의사소통 역량	• 동물의 겨울나기 모습과 특징이 잘 드러나도록 흉내를 낼 수 있는가? • 창의적 사고 역량: 동물의 겨울나기 모습과 특징이 잘 드러나도록 창의적인 재료 및 방법으로 흉내 내기 가면을 제작하는가? • 의사소통 역량: 자신감 있는 태도로 전달력 있게 발표할 수 있는가?
6	겨울을 나는 동물을 존중하고 보호하기	• 공동체 역량	• 동물의 겨울나기를 돕기 위한 방법을 캠페인 팻말에 바르게 쓸 수 있는가? • 공동체 역량: 동물의 겨울나기를 도우려는 마음가짐을 담아 캠페인에 적극적으로 참여하는가?
7	겨울철 사람들이 협동하며 생활하는 모습 알아보기	• 의사소통 역량	• 사람들이 협동하며 겨울을 이겨 내는 모습을 두 가지 이상 찾아 짝에게 소개할 수 있는가?
8	친구들과 함께 김장하며 나눔과 협동의 태도 실천하기	• 공동체 역량	• 맡은 역할에 적극적으로 참여하고, 친구들을 돕는 등 협동을 실천하며 김장 활동에 참여하는가? • 공동체 역량: 직접 만든 김치를 나누고픈 이웃을 찾아 편지를 쓰고 나눌 수 있는가?

학교 교육과정 조정하기

→ **기존의 통합교과 진도 계획표를 살펴본다.**

2학년 2학기 통합교과 대주제는 '마을' '가을' '세계' '겨울'이며, 연간 진도는 다음과 같이 계획되어 있다.

〈학년 2학기 통합교과 진도계획표〉

월	주	대주제	시수			
			전체	바생	슬생	즐생
9	1	마을 (우리 동네)	40	8	12	20
	2					
	3					
	4					
	5					
10	1	가을 (가을 모습)	40	7	11	22
	2					
	3					
	4					
11	1	나라 (다른 나라)	40	5	15	20
	2					
	3					
	4					
12	1					
	2					
	3					
1	4	겨울 (겨울나기)	40	8	4	18
2	1					
	2					
	3					

　새로 개발한 통합단원【우리들의 겨울나기】는 겨울 모습을 충분히 관찰할 수 있으면서도, 다양한 체험활동을 하기에 춥지 않은 초겨울(11월 중순 이후)에 학습하는 것이 적합하다고 판단하였다. 단, 기존의 교과서에 있던 '겨울방학' 관련 내용을 새로운 통합단원으로 편성하여 12월 말에 학습하기로 하였으므로, 【우리들의 겨울나기】는 그 이전에 학습하는 것이 적합할 것이다. 대주제【나라】는 계절과 무관한 주제이며, 주로 실내에서 학습이 이루어지므로 시기를 자유롭게 조절하여도 큰 문제가 없을 것이라 판단하였다. 따라서 11월 중순~12월 중순 사이에 【우리들의 겨울나기】를 학습하도록 결정하였다.

절차에 따른 결과

→ 새롭게 조정한 2학년 2학기 통합교과 진도계획표

월	주	대주제	시수			
			전체	바생	슬생	즐생
9	1	마을 (우리 동네)	40	8	12	20
	2					
	3					
	4					
	5					
10	1	가을 (가을 모습)	40	7	11	22
	2					
	3					
	4					
11	1					
	2					
	3	겨울 (우리들의 겨울나기)	20	5	8	7
	4					
12	1					
	2	겨울 (신나는 겨울방학)	16	3	4	9
	3			3	(-2)	(-2)
1	4					
2	1	나라 (다른 나라)	40	8	4	18
	2					
	3					

※ 감축된 시수(슬생-2, 즐생-2)는 본교 특색 독서 활동과 연관 지어 국어 교과 시수로 증배함.

학습경험 선정하기

➜ 차시별 교수 · 학습 지도안을 작성한다.

　협의한 단원 계획안 및 평가 계획안을 바탕으로 차시별 교수 · 학습 지도안을 작성하였다. 차시별 지도안은 생각열기(도입)-탐구활동(전개)-정리 순서의 1~2장 분량으로 간결하게 작성하되, 학생들의 탐구활동이 중심이 되도록 작성하기로 하였다.

➜ 학생용 학습 자료와 활동지를 제작한다.

　2학년 학생들은 학습 내용의 흐름을 정리하는 능력이 떨어지기 때문에, 낱장의 학습지를 차시별로 제공하는 것보다는 한 권의 책으로 제작하여 제공하는 것이 더욱 도움이 되리라 생각하였다. 통합단원 학습을 위한 교과서를 제작하고, B5 크기로 출력하여 제공하기로 하였다. 별도의 학습지 없이 한 권의 책 속에 모든 학습 자료를 담도록 하였으며, 가정에서도 연계하여 학습할 수 있도록 동영상, 음원 등이 탑재된 디지털 형태의 교과서를 제작하여 학급 홈페이지에 업로드하기로 하였다.

　수월한 교과서 제작 및 저작권 문제 해결을 위해 기존【겨울】교과서의 삽화와 활동 자료는 최대한 살려 쓰도록 하였다.

절차에 따른 결과

◆ 2~4차시 ◆   식물의 겨울나기 모습 관찰하기

수업이야기

　　겨울을 나기 위한 식물의 노력은 다양하다. 늦은 가을이나 이른 겨울 잎을 모두 떨어뜨리는 나무도 있는 반면, 사철 내내 푸르른 잎을 유지하는 나무도 있다. 또한 겨울눈을 만들어 그 속에 이듬해에 피어날 잎과 꽃을 준비하기도 한다. 이 수업은 겨울을 나는 식물들의 모습을 학생들이 직접 관찰할 수 있도록 학교 숲 체험 수업으로 계획하였다.

　　식물의 겨울눈 및 상록수의 나뭇잎을 자세히 관찰하고, 관찰 결과를 기록하고, 친구들과 서로 이야기 나누는 과정을 통해 식물의 겨울나기 모습을 탐구할 수 있도록 하였으며, 이 과정을 통해 슬생과의 의사소통 역량 및 관찰하기 기능이 신장되길 바라며 수업을 설계하였다.

교수 · 학습 지도안

통합단원	겨울나기		소단원	① 겨울을 나는 식물
성취기준	[2슬08-03] 동식물의 겨울나기 모습을 살펴보고, 동식물의 특성을 탐구한다.			
학습 주제	**식물의 겨울나기 모습 관찰하기**			
학습 목표	겨울숲 속 식물의 모습을 관찰하며 식물의 겨울나기 모습을 알아볼 수 있다.			
학습 요소	식물의 겨울나기 관찰하기(겨울눈, 늘푸른나무)			
교과 역량	■ 의사소통 역량	학습 방법	제재 중심 프로젝트 학습 (★학교 숲 탐방)	
차시	3차시(2~4차시)	학습 자료	돋보기, 교사용 태블릿, 연필, 색연필	

단계	교수 · 학습 활동	자료(◆) 및 지도상의 유의점
도입	**【생각열기】 겨울 학교 숲의 달라진 모습 관찰하기** **열린 질문 ❶** • 지난 가을과 비교하여, 학교 숲의 모습이 어떻게 달라졌나요? ↻ 학교 숲을 자유롭게 돌아다니며, 달라진 모습 찾기 – 지난 가을과 비교하여, 학교 숲의 모습이 어떻게 달라졌나요? **【본 차시 학습 목표 및 활동 안내】** ▶ 본 차시의 학습 목표 살펴보기 ▶ 수업 활동 안내 | 활동 1	활동 2
---	---
• 겨울눈아, 넌 누구니?	• 겨울 나뭇잎아, 어디 있니?		• 안전이 허락하는 범위 내에서, 학생들이 자유롭게 학교 숲을 돌아다니며 관찰할 수 있도록 한다. • 관찰 관점을 따로 제시하지 않고, 자유롭게 보이는 대로 이야기할 수 있도록 한다.

| 전개 | 【활동 1】 겨울눈아, 넌 누구니?
♧ 겨울눈에 대하여 알아보기
　- 나무에 붙어 있는 발톱같이 생긴 것은 무엇일까요?
　- 겨울눈 속에는 이듬해 잎이 될 것과 꽃이 될 것이 쌓여 있어요. 또 여러 겹으로 쌓여 있어서 추운 겨울도 잘 견딜 수 있어요.
♧ 겨울눈 관찰하고 스케치하기
　- 학교 숲을 자유롭게 돌아다니며 여러 가지 모양의 겨울눈을 관찰하고, 자세히 스케치하기
　- 다른 친구의 그림 살펴보고, 함께 이야기 나누기

【활동 2】 겨울 나뭇잎아, 어디 있니?
♧ 낙엽수와 상록수 알아보기
　- (낙엽수를 가리키며) 나뭇잎은 어디로 갔을까요?
　- (상록수를 가리키며) 왜 겨울에도 나뭇잎이 붙어 있을까요?
　- 늦은 가을이나 겨울에 잎이 떨어졌다가 봄에 새 잎이 나는 나무도 있고, 겨울에도 여전히 푸른 잎을 달고 있는 나무도 있습니다.
♧ 상록수의 잎 관찰하고 스케치하기
　- 학교 숲을 자유롭게 돌아다니며 여러 가지 상록수를 관찰하고, 잎의 모양 자세히 스케치하기
　- 다른 친구의 그림 살펴보고, 함께 이야기 나누기 | ◆ 돋보기, 교사용 태블릿
• 학교 숲에서 여러 가지 모양의 겨울눈을 발견하기 어려운 경우, 태블릿 검색을 이용하여 여러 가지 모양의 겨울눈을 추가로 관찰한다.
◆ 색연필
• 스케치한 겨울눈의 생김새와 특징을 친구에게 설명하고, 비교해 보도록 한다.

◆ 색연필
• 스케치한 잎의 생김새와 특징을 친구에게 설명하고, 비교해 보도록 한다. |
| 정리 | 【학습 내용 정리하기】
♧ 오늘 새롭게 알게 된 것이나 느낀 점을 발표하여 봅시다.

【다음 차시 수업 준비물 채집하기】
♧ '겨울 나무 꾸미기'를 위한 준비물(땅에 떨어진 나뭇가지, 낙엽, 솔방울 등) 채집하기 | • 교실로 돌아가기 전, 다음 차시 수업을 위한 준비물을 충분히 채집할 수 있는 시간을 준다. |

수행평가	평가 내용	등급	평가 척도
수 행 평 가	식물의 겨울나기 모습 관찰하기	평가 기준	• 여러 가지 겨울눈을 자세히 관찰하여 글과 그림으로 나타낼 수 있는가? • 상록수의 잎을 자세히 관찰하여 글과 그림으로 나타낼 수 있는가? • 의사소통 역량: 겨울눈의 생김새와 하는 일을 자세히 나타내고 설명할 수 있는가?
		A	위의 평가 요소 모두를 만족하는 경우
		B	위의 평가 요소 중 두 가지를 만족하는 경우
		C	위의 평가 요소 모두를 만족하지 못한 경우

◆ 5~6차시 ◆ 식물의 겨울나기를 주제로 다양하게 표현하기

수업이야기

전 차시에 학생들은 학교 숲 관찰을 통해 식물의 겨울나기 모습을 알아보았다. 이를 바탕으로, 이번 차시에서는 식물의 겨울나기를 주제로 미술 작품을 제작하고자 한다. 식물의 겨울나기 모습을 창의적으로 표현할 수 있도록 학교 숲에서 채집한 나뭇가지, 낙엽, 솔방울 등 다양한 자연물 뿐 아니라 교실에서 쉽게 볼 수 있는 면봉, 솜, 물감, 크레파스, 이쑤시개 등의 재료를 충분히 탐색하여 작품 제작 계획을 수립하도록 하였다. 또한 작품을 제작한 후에는 친구들에게 작품의 제목과 표현 방법을 발표하도록 하였다. 이 과정을 통해 즐생 교과의 창의적 사고 역량, 의사소통 역량 및 표현하기 기능이 신장되길 바라며 수업을 설계하였다.

교수 · 학습 지도안

통합단원	겨울나기	소단원	① 겨울을 나는 식물
성취기준	[2슬06-04](재구성) 식물의 겨울나기(겨울눈, 잎)를 주제로 다양하게 표현한다.		
학습 주제	**[2슬06-04](재구성) 식물의 겨울나기(겨울눈, 잎)를 주제로 다양하게 표현한다.**		
학습 목표	식물의 겨울나기 모습을 미술 작품으로 표현할 수 있다.		
학습 요소	식물의 겨울나기를 소재로 표현하기		
교과 역량	■ 창의적 사고 역량 ■ 의사소통 역량	학습 방법	제재 중심 프로젝트 학습
차시	2차시(4~5차시)	학습 자료	전 차시 수업 사진, 전 차시에 학교 숲에서 채집한 재료(나뭇가지, 잎), 목공풀, 가위, 면봉, 솜, 물감, 크레파스 등

단계	교수 · 학습 활동	자료 및 지도상의 유의점
도입	【생각열기】학교 숲에서 관찰한 식물의 겨울나기 모습 떠올리기 （열린 질문 ❶） • 학교 숲의 식물들은 어떻게 겨울을 나고 있었나요? ✿ 전 차시 수업 사진 살펴보며 식물의 겨울나기 모습 떠올리기 - 지난 시간에는 어떤 활동을 해 보았나요? - 학교 숲의 식물들은 어떻게 겨울을 나고 있었나요? 【본 차시 학습 목표 및 활동 안내】 ▶ 본 차시의 학습 목표 살펴보기 ▶ 수업 활동 안내 | 활동 1	활동 2
---	---
•'겨울숲 풍경' 작품 제작하기	•'겨울숲 풍경' 작품 발표하고 감상하기		◆ 전 차시 수업 사진 • 지난 수업 사진을 보여 주며, 겨울 숲을 관찰한 내용이 잘 떠오를 수 있도록 돕는다.

전개	**【활동 1】 '겨울숲 풍경' 작품 제작하기** ♻ 작품 제작 순서 및 방법 안내하기 　- 주워 온 나뭇가지를 목공풀로 붙여 나무 만들기 → 　　겨울눈이나 겨울 잎 꾸미기 → 주변 풍경 꾸미기 ♻ 창의적인 작품 제작 방법 탐색하기 　┌──────────────┐ 　│ **열린 질문 ❶** │ 　│ • 겨울 눈, 잎, 풍경은 어떻게 표현하면 좋을까요? │ 　└──────────────┘ 　- 겨울눈은 어떻게 표현하면 좋을까요? 　　→ 솜으로 나타내기, 면봉 꼭지로 나타내기 등 　- 겨울 잎은 어떻게 표현하면 좋을까요? 　　→ 주워 온 소나무 잎 붙이기, 이쑤시개에 물감 　　　묻혀 그리기 등 　- 주변 풍경은 어떤 장면으로 꾸미면 좋을까요? 　　→ 떨어진 낙엽을 바닥에 붙이고 솜으로 쌓인 눈 　　　을 만든다 등 ♻ 작품 만들기 　- 계획한 대로 작품을 만들어 봅시다. **【활동 2】 '겨울숲 풍경' 작품 소개하고 감상하기** ♻ '둘 가고 둘 남기' 형태로 작품 발표하고, 잘된 점 칭찬하기 • 제가 만든 작품 제목은 '나무야 춥지 않니?'입니다. 면봉 꼭지로 겨울눈을 만들었고 바닥에는 떨어진 낙엽을 붙였습니다. 나무가 추울까 봐 꼭 안아 주는 우리 반 친구들의 모습도 같이 그렸습니다. • 나무를 안아 주는 친구들을 그린 것이 멋집니다.			◆ 지난 차시에 학교 숲에서 채집한 재료(나뭇가지, 잎), 목공풀, 가위, 면봉, 솜, 물감, 크레파스 등 • 예상되는 재료를 미리 여러 가지 구비해 두어, 재료에 따른 제약을 겪지 않도록 돕는다. • 작품 제작 방법 및 재료를 자유롭고 창의적으로 선택할 수 있도록 다양한 의견을 수용해 주되, 겨울 눈, 잎, 풍경의 특징이 가장 잘 드러날 수 있는 방법을 고민해 보도록 한다. • 작품의 제목과 표현 방법을 소개하는 활동을 통해 의사소통 역량을 기르고, 친구의 작품을 감상하는 활동을 통해 감상 기능이 향상될 수 있도록 충분한 시간을 할애한다.
정리	**【학습 내용 정리하기】** ♻ 오늘 새롭게 알게 된 것이나 느낀 점을 발표하여 봅시다.			

	평가 내용	등급	평가 척도
수행평가	식물의 겨울나기를 소재로 다양하게 표현하기	평가 기준	• 식물의 겨울나기 모습이 작품 속에 잘 드러나도록 제작하였는가? • 창의적 사고 역량: 겨울 눈이나 잎, 주변 풍경을 창의적인 재료나 참신한 내용으로 표현하였는가? • 의사소통 역량: 자신이 만든 작품의 제목과 표현 방법을 친구들에게 바르게 설명할 수 있는가?
		A	위의 평가 요소 모두를 만족하는 경우
		B	위의 평가 요소 중 한두 가지를 만족하는 경우
		C	위의 평가 요소 모두를 만족하지 못한 경우

◆ 7~8차시 ◆ 겨울을 나는 식물 존중하고 보호하기

수업이야기

이 수업은 '소단원 ①-겨울을 나는 식물'의 마지막 수업으로, 식물의 겨울나기를 돕는 방법을 알아보고 실천을 다짐함으로써 식물을 존중하고 보호하는 태도를 내면화하는 데 목적이 있다. 「봄을 기다리며」 노래를 함께 부르면서 봄을 기다리는 식물의 마음을 상상해 보고, 봄을 기다리는 식물을 지켜 주기 위해 내가 할 수 있는 일을 찾아 실천을 다짐하는 쪽지를 쓰도록 하였다. 노래 부르기는 즐생 교과의 표현하기 활동에 속하나, 바생 교과의 '식물 존중하고 보호하는 마음 내면화하기'가 주된 학습 내용이므로 성취 기준 및 평가 기준은 바생 교과에서 추출하였다.

교수 · 학습 지도안

통합단원	겨울나기	소단원	① 겨울을 나는 식물
성취기준	[2바08-02] 생명을 존중하며 동식물을 보호한다.		
학습 주제	**[주제 3] 겨울을 나는 식물 존중하고 보호하기**		
학습 목표	겨울을 나는 식물을 존중하고 보호하는 마음을 가질 수 있다.		
학습 요소	식물의 겨울나기를 돕는 방법 알아보기, 식물을 존중하고 보호하는 마음 갖기		
교과 역량	■ 공동체 역량	학습 방법	제재 중심 프로젝트 학습
차시	2차시(7~8차시)	학습 자료	겨울철 식물 그림 자료, '봄을 기다리며' 음원, 붙임 쪽지, 다짐 나무 포스터

단계	교수 · 학습 활동	자료 및 지도상의 유의점
도입	【생각열기】 겨울철 식물 그림 보며 식물의 마음 상상하기 **열린 질문 ❶** • 겨울을 나는 식물은 어떤 말을 하고 싶을까요? ↻ 식물이 뭐라고 말하고 있을지 상상해 볼까요? • 비가 안 와서 너무 목이 말라, 물 좀 줘……. • 겨울 바람이 너무 추워서 힘들어……. • 빨리 봄이 와서 땅 밖으로 싹을 틔우고 싶어. 【본 차시 학습 목표 및 활동 안내】 ▶ 본 차시의 학습 목표 살펴보기 ▶ 수업 활동 안내 | 활동 1	활동 2 | |---|---|
• '봄을 기다리며' 노래 하기	• 봄을 기다리는 식물 지켜주기		◆ 겨울철 식물 그림(땅속 씨앗, 눈 맞은 겨울눈, 추위에 떨고 있는 화분, 비가 오지 않아 말라 버린 화분) • 봄을 기다리며 겨울을 나는 식물의 모습에 감정이입 해 보면서, 공감하는 마음을 길러 줄 수 있도록 한다.

| 전개 | 【활동 1】 '봄을 기다리며' 노래하기
♧ 노래 익히기
　- 봄을 기다리는 식물의 마음을 생각하며 노랫말 함께 읽기
　- 노래 듣고, 네 마디씩 따라 부르기
　- 노래 전체를 함께 부르기
♧ 몸으로 노랫말을 표현하며 노래 부르기
　- 겨울눈의 모습이나 씨앗의 모습을 몸으로 표현하며 노래 부르기

【활동 2】 봄을 기다리는 식물 지켜 주기

〔열린 질문 ❶〕
• 봄을 기다리는 식물을 지켜 주기 위해서 우리가 할 수 있는 일은 무엇이 있을까요?

♧ 식물의 겨울나기를 돕는 방법 알아보기
　- 그림을 보며, 식물의 겨울나기를 도울 방법을 떠올려 봅시다.
　　→ 화분을 따뜻한 곳으로 옮긴다, 물을 자주 준다, 나무가 춥지 않도록 짚 등으로 감싸 준다 등…
♧ [봄까지 지켜줄게] 약속 쪽지 쓰기
　- 봄까지 식물을 지켜 주기 위해 내가 할 수 있는 일을 한 가지 골라, 약속 쪽지에 써 봅시다.
　　→ 화분아, 봄이 올 때까지 춥지 않도록 꼭 따뜻한 내 방 창가에 옮겨 줄게! 약속해!
　- 꼭 지킬 것을 다짐하며 다짐 나무에 쪽지를 붙여 봅시다. | ◆ '봄을 기다리며' 음원
• 노랫말에 초점을 맞추어 노래를 익힐 수 있도록 지도한다.

• 노래 부르기와 몸으로 표현하기를 동시에 하기 어려운 경우, 학급을 반으로 나누어 한 팀은 노래를 부르고 한 팀은 몸으로 표현해 보도록 한다.

◆ 붙임쪽지, 다짐 나무 포스터
• 식물의 겨울나기를 돕는 방법을 쉽게 떠올리지 못하는 경우, 교사가 다양한 예시를 들어 주거나 범주를 들어 질문해 준다(예: 추위에 떠는 식물에겐 어떤 도움이 필요할까?). |
| 정리 | 【소단원 학습 내용 정리하기】
♧ 소단원 학습 마무리하기
• '식물의 겨울나기'에 대해 학습하며 어떤 활동이 재미있었나요?
• 새롭게 알게 된 점이나 느낀 점은 무엇인가요?
♧ 다음 소단원 학습 예고
• 다음 시간부터는 '동물의 겨울나기'에 대해 학습하겠습니다. | |

	평가 내용	등급	평가 척도
수행평가	겨울을 나는 식물 존중하고 보호하기	평가 기준	• 식물의 겨울나기 모습이 작품 속에 잘 드러나 있는가? • 창의적 사고 역량: 식물의 겨울나기 모습을 창의적인 재료나 참신한 내용으로 표현하였는가? • 의사소통 역량: 친구의 작품을 감상한 후, 작품의 잘된 점을 찾아 칭찬할 수 있는가?
		A	위의 평가 요소 모두를 만족하는 경우
		B	위의 평가 요소 중 두 가지를 만족하는 경우
		C	위의 평가 요소 중 한 가지를 만족하는 경우

◆ 9~10차시 ◆ 동물의 겨울나기 모습 조사하기

> **수업이야기**

겨울을 나는 동물들의 모습은 다양하다. 겨울잠을 자기도 하고, 털갈이를 하기도 한다. 철새들은 따뜻한 나라로 이동하기도 하고, 알이나 번데기로 겨울을 보내는 곤충들도 있다. 이 수업은 학생들이 조사 활동을 통해 여러 가지 동물들의 겨울나기에 대해 학습하는 것에 그 목적이 있다. 그림책을 활용하여 직접 동물들의 겨울나기를 조사하고 그 결과를 붙임종이에 정리하며(조사하기 기능), 붙임종이를 활용해 겨울을 나는 방법이 같은 동물들끼리 무리 짓고 짝에게 소개해 보도록(무리짓기 기능) 설계하였다.

> **교수 · 학습 지도안**

통합단원	겨울나기		소단원	② 겨울을 나는 식물
성취기준	[2슬08-03] 동식물의 겨울나기 모습을 살펴보고, 좋아하는 동물의 특성을 탐구한다.			
학습 주제	**[주제 4] 동물의 겨울나기 모습 조사하기**			
학습 목표	동물의 겨울나기 모습을 조사하고, 무리 지을 수 있다.			
학습 요소	동물의 겨울나기 모습 조사하기, 겨울나기 모습이 같은 동물들끼리 분류하기			
교과 역량	■ 지식정보처리 역량 ■ 의사소통 역량		학습 방법	
차시	2차시(9~10차시)		학습 자료	이야기 자료, 동물의 겨울나기 관련 그림책(2인 1권 이상), 붙임종이, 네임펜, 무리짓기 활동판
단계	교수 · 학습 활동			자료 및 지도상의 유의점
도입	【생각열기】 '동물 친구들이 어디로 사라졌을까?' 이야기 듣기 어느 추운 겨울날, 정원이는 강아지 동동이와 함께 숲으로 놀러 갔어요. "토끼랑, 사슴이랑, 다람쥐랑 놀아야지!" "곰이랑 개구리랑 호랑나비 친구도 잊지 말라구!" 두 친구는 뽀득뽀득 눈을 밟으며 설레는 마음으로 숲에 들어섰어요. 그런데 숲속은 너무 조용했어요. 아무 소리도 들리지 않았어요. "친구들이 다 어디로 갔을까?" 그때 저 멀리서 토끼와 사슴이 달려왔어요. "정원아, 동동아! 오랜만이야." "맞아, 지난 가을에 마지막으로 오고 그 뒤로 너무 바빴지 뭐야. 근데 다른 친구들은? 다람쥐랑 곰이랑 개구리는? 호랑나비는?" "그게… 나도 잘 모르겠어. 겨울이 되니 어디론가 사라졌지 뭐야." ♻ 동물 친구들은 왜 겨울이 된 후 보이지 않는 걸까요? **【본 차시 학습 목표 및 활동 안내】** ▶ 본 차시의 학습 목표 살펴보기 ▶ 수업 활동 안내 	활동 1	활동 2	 |---|---|
• 동물의 겨울나기 조사하기	• 조사한 내용으로 무리 짓기			◆ 이야기 자료 • 겨울나기 하는 동물에 대한 의문을 가지며 이야기를 들을 수 있도록 한다.

| 전개 | 【활동 1】 동물들의 겨울나기 조사하기(짝활동)

열린 질문 ❶
• 여러 가지 동물들은 어떻게 겨울을 날까요?

✿ 그림책을 활용하여 동물들의 겨울나기 조사하기
　- 여러 가지 동물들은 어떻게 겨울을 날까요? 짝과 함께 마음에 드는 그림책을 골라, 동물들이 겨울을 나는 모습을 조사하고 붙임종이에 써 봅시다.

【활동 2】 조사한 내용으로 무리짓기(짝활동, 모둠활동)
✿ 무리짓기 기준 제시하기
　- 동물들이 겨울을 나는 방법에는 무엇이 있었나요?
　→ 겨울잠을 잡니다. 춥지 않은 나라로 이동합니다. 털갈이를 하고 식량을 모아 둡니다. 알이나 번데기로 겨울을 보냅니다.
　- 겨울을 나는 방법이 같은 동물들끼리 무리 지어 봅시다.
✿ 무리짓기 활동하기(짝)
　- 활동 1에서 작성한 붙임종이를 떼어 내고, 겨울을 나는 방법이 같은 동물들끼리 같은 칸에 붙여 무리 짓는다.
✿ 무리짓기 활동하기(모둠)
　- 모둠 친구들의 붙임종이를 모두 모아, 겨울을 나는 방법이 같은 동물들끼리 같은 칸에 붙여 무리 짓는다.
✿ 활동 결과 소개하고, 서로 비교하기
　- 무리짓기 한 결과를 다른 팀에게 소개하고, 서로 비교해 본다. | ◆ 동물의 겨울나기 관련 그림책, 붙임종이
• 그림책을 활용하여 동물의 겨울나기 모습을 스스로 조사할 수 있도록 하며, 최소 2인 1권 이상 준비하여 자기주도적으로 학습할 수 있도록 한다.
• 붙임종이 한 장당 동물 한 종류의 겨울나기 모습을 쓰도록 하여, 나중에 무리짓기 활동에 활용할 수 있도록 한다.

• 교사는 활동 모습을 살펴보며, 무리 짓는 기준을 어려워하는 학생들을 돕는다. |
| 정리 | 【학습 내용 정리하기】
✿ 오늘 새롭게 알게 된 것이나 느낀 점을 발표하여 봅시다. | |

수행평가	평가 내용	등급	평가 척도
	동물의 겨울나기 모습 조사 하기	평가 기준	• 그림책을 활용하여 동물의 겨울나기 모습을 조사하고, 바르게 쓸 수 있는가? • 지식정보처리 역량: 겨울을 나는 방법이 같은 동물들끼리 무리 지을 수 있는가?
		A	• 위의 평가 요소 모두를 만족하는 경우
		B	• 위의 평가 요소 중 한 가지를 만족하는 경우
		C	• 위의 평가 요소 모두를 만족하지 못한 경우

◆ 10~13차시 ◆   동물의 겨울나기 흉내 놀이 하기

수업이야기

지난 시간에 학생들은 동물의 겨울나기 모습을 조사하고 탐구하였다. 이번 시간에는, 지난 시간에 탐구한 내용을 바탕으로 좋아하는 한 가지 동물을 정하여, 깊이 있게 탐색하고 표현해 보도록 한다. 먼저, 좋아하는 동물을 한 가지 정하고, 그 동물의 특징 및 겨울나기 모습을 집중적으로 탐색하여 동물 가면으로 표현한다. 다음으로는, 동물의 몸짓, 행동, 생활 등이 잘 드러날 수 있도록 동물 가면을 쓴 채 흉내내기 놀이를 해 본다. 이러한 활동을 통해 학생들은 다양한 표현 기능을 익히고 깊이 탐구하는 즐거움을 알게 될 것이다.

교수 · 학습 지도안

통합단원	겨울나기		소단원	② 겨울을 나는 식물
성취기준	[2즐08-03] 동물 흉내 내기 놀이를 한다. [2슬08-03] 동식물의 겨울나기 모습을 살펴보고, 동식물의 특성을 탐구한다.			
학습 주제	**[주제 5] 동물의 겨울나기 흉내 내기 놀이하기**			
학습 목표	겨울을 나는 동물 흉내 내기 놀이를 할 수 있다.			
학습 요소	겨울을 나는 동물 가면 만들기, 겨울을 나는 동물 흉내 내기			
교과 역량	■ 창의적 사고 역량 ■ 의사소통 역량		학습 방법	
차시	10~13차시		학습 자료	태블릿, 동물의 겨울나기 그림책, 종이봉투, 크레파스, 털실, 양면테이프 등

단계	교수 · 학습 활동	자료 및 지도상의 유의점
도입	**【생각열기】 곰, 뱀, 사슴, 나비 놀이하기** 〈놀이 방법〉 1. 의자를 동그랗게 놓고 앉고, 술래는 가운데 서요. 2. 앉은 순서대로 곰, 뱀, 사슴, 나비… 역할을 정해요. 3. 술래가 겨울나기 모습을 외치면, 해당하는 동물 역할의 친구들이 동물 흉내를 내며 자리를 옮겨요. 　예) 술래가 "겨울잠을 자요!"라고 외치면, 겨울잠을 자는 동물 역할의 친구들(곰, 뱀)이 자리를 옮겨요. 4. 자리에 앉지 못한 친구가 술래가 되어, 앞의 과정을 반복해요. ✿ 그 외에 다른 방법으로 겨울나기를 하는 동물은 무엇이 있나요? **【본 차시 학습 목표 및 활동 안내】** ▶ 본 차시의 학습 목표 살펴보기 ▶ 수업 활동 안내 | 활동 1	활동 2	활동 3 | |---|---|---|
•'겨울나기 자랑대회'에 참여할 동물 탐색하기	•겨울나기 자랑대회 가면 만들기	•겨울나기 자랑대회 열기		• 지난 시간에 배운 동물들의 겨울나기 모습을 떠올리며 놀이에 참여할 수 있도록 한다.

전개	**【활동 1】 '겨울나기 자랑대회'에 참여할 동물 탐색하기** 　**열린 질문 ❶** 　• 내가 선택한 동물의 생김새, 움직임, 울음소리, 먹이, 겨울을 나는 모습은 어떠한가요? ❸ '겨울나기 자랑대회'에 참여하고 싶은 동물 선택하기 　- 내가 좋아하는 동물 중, 겨울나기 자랑대회에 참여하고 싶은 동물 한 가지를 선택하여 봅시다. ❸ 동물의 특성 탐구하기 　- 내가 선택한 동물의 생김새, 움직임, 울음소리, 먹이, 겨울을 나는 모습은 어떠한가요? 　- 그림책, 태블릿(영상) 등을 활용하여 조사하기 **【활동 2】 겨울나기 자랑대회 가면 만들기** 　**열린 질문 ❷** 　• 가면을 만들기 위해 어떤 재료를 사용하는 것이 좋을까요? 또 어떤 모양으로 만들면 좋을까요? ❸ 가면 만들기 계획하기 　- 내가 선택한 동물의 겨울나기 모습이 잘 드러나도록 가면을 만들어 봅시다. 어떤 재료를 사용하면 좋을까요? 어떤 모양으로 만들면 좋을까요? ❸ 가면 만들기 　- 동물의 겨울나기 모습이 잘 드러나도록 가면을 만들어 봅시다. **【활동 3】 겨울나기 자랑대회 열기** ❸ '겨울나기 자랑대회' 준비하기 　- 자신이 선택한 동물이 겨울을 나는 모습 및 특징을 친구들에게 소개할 수 있도록 이야기 및 흉내 내기로 연습하기 　- 짝에게 먼저 보여 주고, 잘한 점과 더 노력할 점 찾아 연습하기 ❸ '겨울나기 자랑대회' 열기 　- 동물 가면을 쓰고, 겨울을 나는 모습과 특징을 이야기 및 흉내 내기로 소개하기 　- 다른 친구들은 동물의 겨울나기에 대해 궁금한 점을 질문하거나, 겨울나기를 응원하는 격려의 말 하기	◆ 태블릿, 동물의 겨울나기 그림책 • 태블릿을 활용한 동영상 검색의 경우 2학년 학생들에게 어려울 수 있으므로, 교사가 키워드를 알려 주거나 링크를 제공해 준다. ◆ 종이봉투, 크레파스, 털실, 양면테이프 등 • 작품 제작 방법 및 재료를 자유롭고 창의적으로 선택할 수 있도록 다양한 의견을 수용해 주되, 겨울을 나는 동물의 특징이 가장 잘 드러날 수 있는 방법을 고민해 보도록 한다. • 자신감 있게 발표할 수 있도록 교사는 적극적으로 격려해 주고, 수용적으로 반응하여 준다.	
정리	**【학습 내용 정리하기】** ❸ 오늘 새롭게 알게 된 것이나 느낀 점을 발표하여 봅시다.	

	평가 내용	등급	평가 척도
수행평가	겨울을 나는 동물 흉내 내기 놀이 하기	평가 기준	• 동물의 겨울나기 모습과 특징이 잘 드러나도록 흉내를 낼 수 있는가? • 창의적 사고 역량: 동물의 겨울나기 모습과 특징이 잘 드러나도록 창의적인 재료 및 방법으로 흉내 내기 가면을 제작하는가? • 의사소통 역량: 자신감 있는 태도로 전달력 있게 발표할 수 있는가?
		A	• 위의 평가 요소 모두를 만족하는 경우
		B	• 위의 평가 요소 중 두 가지를 만족하는 경우
		C	• 위의 평가 요소 중 한 가지를 만족하는 경우

교사들이 제작한 〈겨울나기〉 디지털 교과서(5~13차시)

식물 친구들의 겨울나기

겨울숲에서 식물 친구들을 만나 봐요.

겨울숲에서 식물 친구들을 꾸며 봐요.

겨울숲에서 식물 친구들을 도와줘요.

겨울숲에서 식물 친구들을 만나 봐요

지난 가을과 비교하여, 학교 숲의 모습이 어떻게 달라졌나요?

겨울눈아, 넌 누구니?

겨울눈을 관찰하고 자세히 표현해요.

겨울 나뭇잎아, 어디 있니?

내 잎은 뾰족뾰족 하단다!

난 사계절 내내 푸른 잎을 갖고 있어!

겨울숲의 나뭇잎을 관찰하고 자세히 표현해요.

겨울숲의 식물 친구들을 꾸며 봐요

겨울숲 풍경을 어떻게 꾸밀까요?

겨울에도 푸른 잎은
어떻게 표현할까요?

겨울눈은
어떻게 표현할까요?

주변 풍경은
어떤 장면으로
꾸미면 좋을까요?

겨울숲 풍경을 만들었어요!

작품이 완성되면
선생님이 사진으로 찍어서
붙여 줍니다.

친구들에게 내가 만든 작품을 소개해 볼까요?

겨울의 식물 친구들을 도와줘요

겨울을 나는 식물들은 어떤 말을 하고 싶을까요?

식물 친구들의 마음을 생각하며 노래를 불러 봅시다.

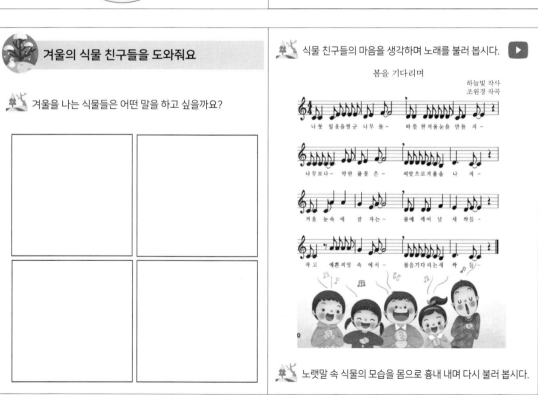

봄을 기다리며

하늘빛 작사
조원경 작곡

나뭇 잎옷을벗군 나무 들~   따뜻 한겨울눈을 만들 지~
나무보다~ 약한 풀꽃 은~   씨앗으로겨울을 나 지~
겨울 눈속 에 잠 자는~   봄에 깨어날 새 싹들
작고 예쁜씨앗 속 에서~   봄을기다리는새 싹 들

노랫말 속 식물의 모습을 몸으로 흉내 내며 다시 불러 봅시다.

겨울을 나는 식물의 모습을 흉내 내 봅시다.

 겨울철 식물을 보호할 수 있는 방법은 무엇일까요? ▶

 식물 친구들을 지켜 주기 위해 내가 할 수 있는 일을 생각하고 친구들과 이야기를 나눠 봅시다.

🌲 꼭 실천하고 싶은 일을 한 가지만 골라 약속 쪽지에 쓰고, 다짐 나무에 붙여 봅시다.

동물 친구들의 겨울나기

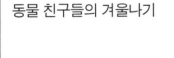

동물의 겨울나기 모습을 조사해요.

동물의 겨울나기 자랑대회를 열어요.

동물의 겨울나기를 도와줘요.

사라진 개구리를 찾습니다

여름엔 개구리가 많았는데 어디로 사라졌지?

동물의 겨울나기 모습을 조사해요

🌲 '동물 친구들이 어디로 사라졌을까?'를 들어 봅시다.

개구리가 어디로 갔는지 찾아볼까?

🌲 동물 친구들은 왜 겨울이 된 후 보이지 않는 걸까요?

짝과 함께 그림책을 읽고, 동물들의 겨울나기 모습을 조사하여 붙임종이에 써 봅시다.

개구리

땅속에서 겨울잠을 잔다.
심장이 많이 뛰지 않아서
계속 잠만 잘 수 있다.

제비

따뜻한 나라로 날아가서
겨울을 보내고
봄이 되면
다시 우리 나라에 온다.

?

* 붙임종이 한 장에
한 종류의 동물만 써요.

* 여섯 종류 이상의
동물을 조사해요.

겨울을 나는 모습이 같은 동물들끼리 무리 짓고 붙임종이를 붙여 봅시다.

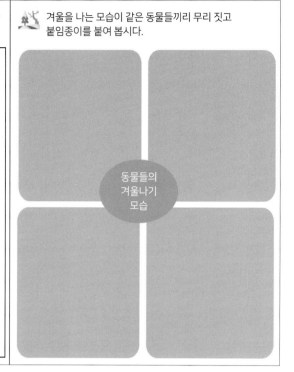

동물들의
겨울나기
모습

동물의 겨울나기 자랑대회를 열어요

대신숲 동물들의 겨울나기 자랑대회!

자랑대회에
나갈
동물 선택하고
탐구하기

자랑대회에
사용할
가면 만들고
연습하기

동물들의
겨울나기
자랑대회 열기

내가 좋아하는 동물 중, 겨울나기 자랑대회에 참여하고 싶은 동물 한 가지만 골라 봅시다.

내가 고른 동물은
무엇인가요?

내가 선택한 동물에 대해 궁금한 점을 자세히 탐구해 봅시다.

움직임

생김새

울음소리

먹이

겨울나기

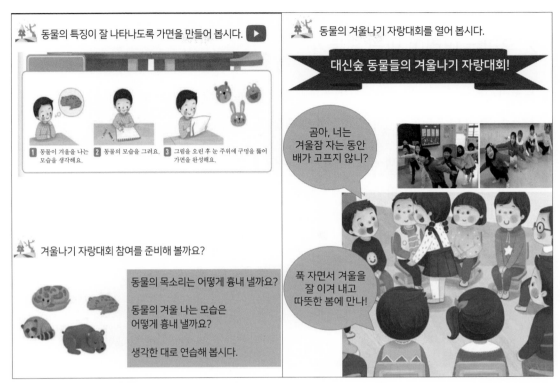

동물의 특징이 잘 나타나도록 가면을 만들어 봅시다. ▶

1 동물이 겨울을 나는 모습을 생각해요.
2 동물의 모습을 그려요.
3 그림을 오린 후 눈 주위에 구멍을 뚫어 가면을 완성해요.

겨울나기 자랑대회 참여를 준비해 볼까요?

동물의 목소리는 어떻게 흉내 낼까요?

동물의 겨울 나는 모습은 어떻게 흉내 낼까요?

생각한 대로 연습해 봅시다.

동물의 겨울나기 자랑대회를 열어 봅시다.

대신숲 동물들의 겨울나기 자랑대회!

곰아, 너는 겨울잠 자는 동안 배가 고프지 않니?

푹 자면서 겨울을 잘 이겨 내고 따뜻한 봄에 만나!

* 그림 및 악보 출처: 교육부(2021). 초등학교 2-2 겨울 교과서.
* 일부 아이콘 출처: flaction.com

2. 우리는 어린이 인권 운동가

▌통합단원명

우리는 어린이 인권 운동가(5학년 도덕, 사회 통합)

▌통합의 유형: 공통된 주제 중심 교과서 내용의 통합

통합의 유형	통합의 요소	통합의 중심	통합의 방식	통합의 단위
☐ 다학문적 ■ 간학문적 ☐ 탈학문적	■ 지식 ■ 기능 ■ 가치/태도 ■ 성취기준	☐ 제재 ■ 주제 ☐ 문제 ☐ 학습 기능 ☐ 사고 양식 ☐ 표현활동 ☐ 흥미	☐ 병렬 ☐ 광역 ■ 공유 ☐ 혼합 ☐ 융합	☐ 통합교과(과목) ■ 통합단원 ☐ 차시통합

▌단원의 내러티브

'인권'은 평소 많은 관심을 갖고 있는 주제이다. 학생들과도 창의적 체험활동 수업 등을 통해 매년 인권에 대한 이야기를 나누곤 한다. 마침, 5학년의 도덕 교과와 사회 교과에 '인권'을 중심으로 다루는 단원이 있음을 확인하였다. 두 교과가 동일한 주제를 다루다 보니, 교과서 내용에도 중복되는 부분이 많았다. 같은 내용을 비슷한 시기에 굳이 두 번씩 배울 필요가 있을까? 앞에서 배운 내용만 건너뛰고 가르쳐야 하나? 고민 끝에, '인권'을 주제로 한 통합단원을 개발하기로 하였다. 중복되는 내용도 최소화하고, 배움의 깊이도 더할 수 있을 것 같았다.

처음에는 단순히 두 교과의 중복된 내용을 합치고, 각각의 내용을 자연스럽게 배열하는 형태의 다학문적 통합을 하면 될 것이라 생각하였다. 하지만 통합의 절차를 거치면서, 두 교과가 '인권'이라는 같은 주제를 다루고 있지만, 접근 관점이 다르고 풀어내는 방법도 다르다는 사실을 알게 되었다. 단순히 두 교과서의 활동을 하나로 합치는 것은 오히려 학습자에게 혼란만 줄 것 같았다. 두 교과에서 가르치고자 하는 학습 요소를 충분히 반영하되 새로운 관점으로 '인권'이라는 주제를 풀어내는 간학문적 통합 작업이 필요하다는 생각이 들었다.

새로 개발한 통합단원【우리는 어린이 인권 운동가】는 인권의 의미와 필요성에 대한 이해를 토대로, 학생들의 삶과 맞닿은 인권 문제를 찾아 해결해 보는 프로젝트 활동을 중심으로 새롭게 구성하였다. 이를 통해 도덕과에서 강조하는 가치 및 태도적 요소와 사회과에서 강조하는 기능적 요소를 두루 학습할 수 있도록 하고자 하였다.

▌통합 절차

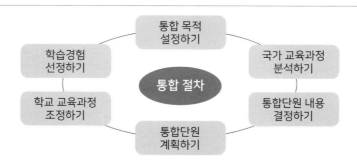

통합 목적 설정하기

→ '교육과정 통합이 필요한 이유는 무엇인가?'라는 질문을 중심으로 통합의 목적을 설정한다.

연간교육과정 계획을 위해 5학년 교과서를 살펴보았다. 사회 교과와 도덕 교과에 모두 인권을 주제로 한 단원이 있다. '인권'은 평소 많은 관심을 갖고 있던 주제이다. 인권교육 자체가 학생들이 당연히 누려야 한다는 권리라는 생각으로 매년 창의적 체험활동 시간을 이용해 인권교육을 해 오곤 했다. 올해는 마침 교과서에도 '인권'이 나와 있으니, 제대로 된 인권교육을 해 보아야겠다는 생각이 들었다.

사회과는 7차시, 도덕과는 4차시로 '인권'을 다루고 있다. 개별 교과에서 인권 문제를 따로 다루기에는 짧은 시간이며, 활동의 호흡이 짧을 수밖에 없다. 그러나 두 교과를 통합한다면 총 11차시가 된다. '인권'을 학생들의 삶과 엮어 깊이 있게 만나기에 충분한 시간이다.

이에 사회 교과서와 도덕 교과서의 '인권' 관련 내용을 주제 중심으로 통합하여 새로운 단원을 개발하기로 하였다. 두 교과에서 가르치고자 하는 학습 요소를 충분히 반영하되, 학생들 삶 속에서 살아 있는 문제로 인권을 만날 수 있도록 배움의 목표, 폭과 깊이, 방법 등을 새롭게 구성하고자 한다. 통합단원 학습을 통해, 학생들이 자신의 삶 속에서 살아 있는 문제로 인권을 만나고, 인권 감수성을 키우며, 인권 문제에 대처 및 극복하거나 해결할 수 있는 역량을 길러 주고자 한다.

절차에 따른 결과

통합단원 【인권】 개발의 목적

◎ 『사회 2. 인권 존중과 정의로운 사회』『도덕 6. 인권을 존중하며 함께 사는 우리』에서 공통적으로 다루고 있는 주제인 '인권'을 중심으로 새로운 통합단원을 개발하고자 한다. 교과 통합으로 학습 내용의 중복을 줄이고, 주제를 학생들의 삶과 엮어 더욱 깊이 있는 배움이 이루어지도록 새롭게 구성하는 것이 개발의 목적이다.

◎ 본 통합단원 학습을 통해 학생들이 자신의 삶 속에서 살아 있는 문제로 인권을 만나고, 인권 감수성을 키우며, 인권 문제에 대처 및 극복하거나 해결할 수 있는 역량을 길러 주고자 한다.

국가 교육과정 분석하기

→ 교과별로 내용 체계와 성취기준을 수평·수직적 스캔한다.

통합단원 개발을 위해 국가 교육과정을 스캔하였다. 두 교과 모두 공통적으로 인권의 의미와 중요성 및 우리 사회의 인권 문제를 다루고 있으며, 주변(교실 또는 사회)에서 인권 침해 사례를 찾아보고 이를 해결해 보는 등 학생들이 직접 활동을 통해 인권 문제 해결에 참여해 보는 유의미한 경험을 제공케 한다는 공통점이 있다.

하지만 두 교과가 인권교육에 접근하는 방향 및 강조하는 부분은 다소 차이가 있다. 사회과에서는 민주 시민으로서 갖추어야 할 자질 중 하나로 접근하여, 인권 문제에 대한 문제 해결력과 의사 결정력을 기르는 기능적 요소의 학습을 강조한다. 반면, 도덕과에서는 인성교육 측면에서 접근하여, 배려, 존중, 공정성 측면의 가치 및 태도 요소의 학습을 강조한다(〈표 3-5〉 참고).

표 3-5 성취기준 및 내용 요소 분석

	도덕	사회
단원명	6. 인권을 존중하며 함께 사는 우리	2. 인권 존중과 정의로운 사회 1) 인권을 존중하는 삶
성취 기준	[6도03-01] 인권의 의미와 인권을 존중하는 삶의 중요성을 이해하고, 인권 존중의 방법을 익힌다.	[6사02-01] 인권의 중요성을 인식하고 인권 신장을 위해 노력했던 옛 사람들의 활동을 탐구한다. [6사02-02] 생활 속에서 인권 보장이 필요한 사례를 탐구하여 인권의 중요성을 인식하고, 인권 보호를 실천하는 태도를 기른다.
교과서 단원 내용 체계	[1차시] 인권의 의미와 중요한 까닭 알아보기 [2차시] 학급 인권 규칙 만들기 [3차시] 학급의 인권 문제 해결하기 [4차시] 사회의 인권 문제 살펴보고 존중하기	[1차시] 단원도입 [2차시] 인권이란 무엇인지 알아보기 [3차시] 인권 신장을 위한 옛 사람들의 활동 살펴보기 [4차시] 인권 신장을 위한 옛날의 제도 알아보기 [5차시] 인권이 침해된 사례 찾아보기 [6차시] 인권 보장을 위한 노력 알아보기 [7차시] 인권 보호를 생활에서 실천하기
학습 요소 분석	**인권의 의미, 인권의 중요성** 교실·사회의 **인권 침해 사례**	**지식**	**인권의 의미, 인권의 중요성,** 인권 신장의 역사, 사회의 **인권 침해 사례,** 인권 보호를 위한 사회적 노력
	인권 문제에 대해 바르게 판단하기 교실 속 **인권 보장이 필요한 사례 탐구하기** 교실 속 **인권 문제 해결을 위한 토의하기**	**기능**	인권 신장의 역사 조사하기 사회에서 **인권 보장이 필요한 사례 탐구하기** **인권 문제 해결을 위한 토의/의사결정하기**
	타인의 입장을 이해하고 인정하는 태도 **나와 다른 사람의 인권을 소중히 하는 태도** **인권 보호를 위해 노력하고 실천하는 태도**	**태도**	**인권을 중요시하고, 인권 보호를 실천하는 태도** **우리 사회의 인권 문제를 개선하려는 태도**

➜ 통합의 목적을 고려하여 통합단원의 전반적인 내용 흐름을 얼개 수준으로 간략하게 작성한다.

'인권'이라는 주제를 바라보는 두 교과의 관점이 다르므로, 단순히 둘의 성취기준이나 학습 요소를 합친 후 교과서 내용을 재배열하는 것만으로는 짜임새 있는 통합단원을 제작하기 어려울 것 같았다. [통합 목적 설정하기] 단계에서 세운 통합의 목적에 맞도록, 통합단원의 내용을 완전히 새롭게 설계할 필요가 있었다.

두 교과의 공통적인 내용을 중심으로, 통합단원의 내용을 간략하게 떠올려 보았다. 인권의 의미 및 중요성에 대한 이해를 바탕으로, 주변의 인권 문제를 직접 찾아 해결해 보는 프로젝트형 수업으로 단원을 구성하는 것이 좋겠다. 이러한 활동을 통해 이해와 공감을 바탕으로 한 인권 감수성을 기르고, 자신과 타인의 인권을 보호하기 위해 실천하는 태도를 기를 수 있을 것이다.

🗏 절차에 따른 결과

통합단원 【인권】의 탐구 주제 선정(사회/도덕과의 공통 부분을 중심으로)

[통합 목적 설정하기]에서 설정한 통합의 목적

- 두 교과의 학습 내용 중복을 줄임
- 학생들의 삶과 연관 지어 의미 있는 인권교육이 이루어지도록 함
  - 삶 속에서 인권 문제 만나기
  - 인권 감수성 키우기
  - 인권 문제 해결 역량 키우기

[국가 교육과정 분석하기]에서 분석한 내용

- 교과 간 공통내용
  - 인권의 의미와 중요성
  - 인권 보장이 필요한 사례 탐구하기
  - 인권 문제 해결을 위한 노력 알아보기
- 사회과 강조 내용
  - 인권 문제 해결을 위한 문제 해결력, 의사 결정력
- 도덕과 강조 내용
  - 배려, 존중, 공정의 가치에 입각한 인권 보호의 중요성과 실천

통합교과 【인권】의 탐구 주제
〈인권 문제 해결 프로젝트〉

- 인권의 의미와 중요성 알기
  - 배려, 존중, 공정의 가치에 입각하여 느낄 수 있도록 하기

- 여러 인권 문제 찾아보기
  - 교실 또는 우리 사회에서 인권 보장이 필요한 사례 찾아보기

- 생활 속 인권 문제 해결하기
  - 학생 생활 속에서 인권 보장이 필요한 문제 선정하기
  - 인권 문제 해결 방법 탐구하고 직접 실행하기

통합단원 내용 결정하기

→ 통합단원의 내용과 깊이를 결정하기 위해 학생들의 이해 및 관심 수준을 파악한다.

통합단원의 내용과 깊이를 결정하기 위해서는, 우선 인권 문제에 대한 학생들의 이해 및 관심 수준을 파악할 필요가 있다고 생각하였다. 멘티미터(📊 Mentimeter)를 활용하여, 인권 문제에 대한 학생들의 응답을 수집해 보았다.

응답 결과를 살펴보니, 인권과 관련된 낱말을 떠올리지 못하는 학생들이 많았다. 예상했던 것에 비해 학생들은 인권에 대한 배경 지식이 많지 않았다(〈질문 1〉 참고). 쉬운 설명과 의미 있는 활동을 통해 인권의 의미와 중요성을 학습할 수 있도록 충분히 시간을 할애해야겠다.

인권 문제를 장애인 문제, 인종 문제와 같이 특정 계층의 문제로 받아들이는 학생들도 많았다(〈질문 2〉 참고). 학생들이 인권을 자신의 문제로 인식하게 하기 위해서는, 자신의 삶과 연결된 다양한 인권 문제를 접할 수 있도록 수업을 구성해야겠다.

인권의 뜻을 알고 싶다는 학생, 인권 문제를 직접 해결해 보고 싶다는 학생들의 바람도 통합단원 제작 시 반영하기로 하였다(〈질문 3〉 참고).

〈질문 1〉 '인권' '차별' '인권 침해' 하면 떠오르는 낱말은?

'인권' 하면 떠오르는 낱말은?

인종차별
인권침해 모름
장애인 사람의 권리
배려 인간의 권리 흑인

〈질문 2〉 인권침해를 경험했거나, 주변 또는 뉴스에서 본 적이 있나요?	〈질문 3〉 인권에 대해 배운다면, 알고 싶은 것이나 해 보고 싶은 것은 무엇인가요?

인권침해를 경험했거나 뉴스에서 본 경험?

인종차별	장애인차별	없다
장애인을 차별하는 것	해킹	장애인 인권침해
잘 모르겠다	게임에서 욕먹음	남녀차별
흑인차별	없음	잘 모르겠다

인권에 대해 알고 싶거나 해 보고 싶은 것?

인권의 뜻	인권의 역사	인권의 의미
인권이 없는 사람?	인권침해 사례	인권의 중요성
인권문제 해결하기	아무거나	조사하기 활동
흑인차별	없음	잘 모르겠다

→ 통합의 중심(주제 · 제재 · 소재 등)과 관련된 아이디어를 수집하여 찾는다.

학생들의 응답 결과를 바탕으로 다양한 아이디어를 수집하였다. 신문기사, 국가인권위원회 홈페이지 등을 살펴보며 수업시간에 다룰 만한 다양한 인권 문제를 수집하였으며, 교육청에서 발간한 인권 수업 교재나 관련 책을 살펴보며 인권 수업 활동에 대한 여러 아이디어를 얻었다. 다음 [그림 3-4]는 아이디어를 수집하며 메모한 내용의 일부이다.

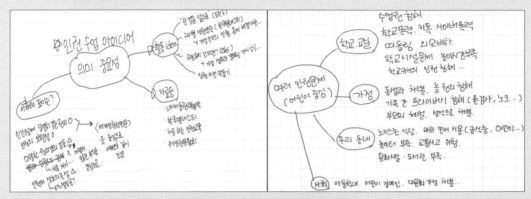

[그림 3-4] 메모하며 아이디어 수집하기

→ 통합의 스코프(내용 요소)를 작성한다.

[국가 교육과정 분석하기] 단계에서 선정한 탐구 주제를 중심으로 하되, [통합단원 내용 결정하기]에서 결정한 학습 내용의 폭과 깊이를 반영하여 최종적으로 통합의 스코프를 작성하였다.

먼저, 인권의 의미는 교과서에서 제시된 내용 안에서만 다루기로 한다. 국제인권선언문을 중심으로 인권의 의미에 대해 함께 이야기를 나누되, 아직 인권에 대한 이해가 깊지 않음을 감안하여 지나치게 복잡한 내용은 다루지 않는다. 인권의 필요성을 학습하기 위해서 흑인차별, 여성참정권 등 학생들의 이해를 도울 수 있는 역사적 사건을 예시로 들거나, 인권의 필요성을 체험할 수 있는 활동을 하는 것이 좋을 것이다.

다음으로, 여러 인권 문제 찾아보기는 학생들과 밀접한 관련이 있는 문제(어린이 인권 문제)로 한정지어서 다루기로 한다. 인권 문제의 범주가 지나치게 방대하다 보니, 자칫하면 학습의 범위가 넓어져 길을 잃을 염려가 있기 때문이다. 학교, 가정, 동네에서 자신이 직접 보거나 겪은 일을 중심으로 인권 문제를 다루고자 한다. UN아동권리협약을 함께 읽고, 협약 속 내용을 자신의 생활과 비교해 보고, 이를 친구들과 이야기 나누는 과정에서 자신의 삶과 인권 문제가 맞닿은 지점을 발견할 수 있으리라 생각한다.

마지막으로, 생활 속 인권 문제 해결하기에서는 학생들이 위의 활동에서 찾아본 어린이 인권 문제 중한 가지를 골라 해결해 보도록 한다. 학교, 가정, 동네에서 일어나고 있는 문제로 한정되어 있기 때문에, 학생들 수준에서 얼마든지 해결방안을 찾아내어 직접 해결하거나 해결을 촉구할 수 있을 것이다. 이 과정에서 인권 보호와 인권 문제 개선을 위해 이루어지고 있는 사회의 다양한 노력(인권위, 사회보장제도, 인식개선 활동, 인권교육, 법률제정 등)을 자연스럽게 학습하도록 안내한다. 또한 학생들 수준에서 할 수 있는 다양한 실천 활동(UCC 제작, 캠페인, 개선 촉구 활동, 민원 등)도 함께 학습할 수 있도록 한다.

→ 통합의 시퀀스(배우는 순서)를 작성한다.

인권에 대한 이해 수준이 낮은 상태이므로 우선 인권에 대한 의미와 개념 등 관련 지식을 충분히 학습한 후, 어린이 인권에 한정 지어 다양한 사례를 찾아보고, 그중 한 가지 문제를 골라 문제 해결방안을 찾아 실천해 보도록 학습의 순서를 정하는 것이 자연스러울 것이다. 순서는 다음과 같이 정할 수 있다.

① 인권의 의미와 중요성 알기 → ② 우리 주변에서 인권 문제(어린이 인권 문제) 탐색하기 →
③ 인권 문제 해결해 보기

▼
▼

📋 절차에 따른 결과

통합단원 【인권】의 스코프 및 시퀀스

단원	탐구 주제 및 순서	내용
통합 단원 【인권】	인권의 의미와 중요성 알기 (주제 1)	• **인권의 의미**: 인간으로서 당연히 가지는 권리, 태어나면서부터 자연적으로 주어지며, 모두에게 평등하게 보장됨. 다른 사람이 함부로 빼앗을 수 없음 ※ 세계인권선언문 함께 읽으며 인권의 의미 함께 토의하기 • **인권의 중요성**: ① 인권을 존중받지 못한 역사적 사건(인종차별, 여성참정권 등)을 간단한 예시로 제시하고, 이에 대한 공감을 형성, ② 인권 침해를 체감할 수 있는 간단한 놀이 활동을 통해 인권의 중요성에 공감할 수 있도록 함, ③ 우리 주변의 인권 침해 사례에 대한 토론를 통해 중요성을 인식함
		▼
	우리 주변에서 인권 문제 탐색하기 (주제 2)	• **학생들의 삶과 밀접한 문제(어린이 인권 문제) 탐색하기** → 학교, 가정, 동네에서 보거나 겪은 일을 중심으로 다양한 어린이 인권 침해 문제 탐색하기 ※ UN아동권리협약을 읽으며 자신의 생활과 비교해 보고, 친구들과 이야기하는 과정에서 인권 문제가 자신의 삶과 맞닿은 지점을 자연스럽게 발견할 수 있도록 함 → 교실: 수업권 침해, 학교 폭력, 따돌림, 사이버 폭력, 외모 비하, 학교시설 문제, 놀이 시간 부족 등 가정: 형제간 차별, 놀 권리 침해, 가족 간 프라이버시 침해, 부모의 체벌 등 동네: 노키즈존 식당, 어린이 비하(○린이, 급식충 등), 놀이터 부족, 안전시설 부족, 교통사고 위험, 문화시설 · 놀이터 부족 등
		▼
	인권 문제 해결하기 (주제 3)	• **문제 해결방안 찾기**(인권위, 사회보장제도, 인식개선을 위한 홍보 활동, 인권교육, 법률제정, 청원, 건의 등 다양한 문제 해결방안에 대한 사전 지식 제공) • **문제 해결 및 실천 활동**(UCC 제작, 캠페인, 개선 촉구 편지 쓰기 등 프로젝트 수업 중 직접 실천해 볼 수 있는 활동 중심으로)

통합단원 계획하기

→ 통합단원(프로그램)명을 결정한다.

　인권이라는 주제는 학생 입장에서 다소 무겁고 어렵게 느껴진다. 학생들이 주제를 좀 더 편안하게 받아들이고, 직접 활동하고자 하는 의욕을 불러일으킬 수 있는 재미있는 통합단원명이 없을까 고민한 끝에 단원명을 '우리는 어린이 인권 운동가'로 결정하였다.

　인권의 의미와 중요성을 「소단원 1-인권이 뭐예요?」로, 주변의 인권 문제를 파악하고 인권 운동가가되어 직접 해결해 보는 과정을 「소단원 2-어린이 인권 운동가, 현장 속으로」로 묶어서 두 개의 소단원으로 구성하였다.

　단원의 주된 활동은 프로젝트 학습 형태로 구성되므로, 프로젝트의 전반적인 내용을 안내하고 결과를공유할 수 있도록 도입 및 마무리 활동을 통합단원 학습의 시작과 끝에 배치하였다(〈표 3-6〉 참고).

❀ 표 3-6　통합단원명 및 소단원명 결정

통합단원명	탐구 주제 및 순서	소단원명
우리는 어린이 인권 운동가	통합단원 도입	주제 만나기
	[주제 1] 인권의 의미와 중요성 이해하기	1. 인권이 뭐예요?
	[주제 2] 우리 주변의 인권 문제 탐색하기	2. 어린이 인권 운동가, 현장 속으로!
	[주제 3] 우리 주변의 인권 문제 해결하기	
	통합단원 마무리	주제 마무리하기

→ 통합단원의 개관, 목표, 성취기준을 작성한다.

　[통합 목적 설정하기] [국가 교육과정 분석하기] [통합단원 내용 결정하기] 단계를 거치며 구상한 내용을 바탕으로 통합단원의 개관, 목표, 성취기준을 작성하였다. 성취기준을 서술하며 고민한 점은, 국가교육과정의 성취기준과 본 통합단원의 성취기준이 일치하지 않는다는 점이었다.

　'인권'과 관련이 있는 사회과의 성취기준 중 한 가지는 '[6사02-01] 인권의 중요성을 인식하고 인권 신장을 위해 노력했던 옛 사람들의 활동을 탐구한다'이다. 물론 역사적인 인권 운동가들의 활동을 조사한다면 인권의 중요성을 인식하는 데 도움이 될 것이다. 하지만 이미 '주변의 인권 문제를 해결해 보는 프로젝트형 수업'으로 단원의 중심 흐름을 잡았기 때문에, 조사 활동까지 추가한다면 학습의 범위가 지나치게 방대해지고, 활동의 중심을 잃을 수도 있을 것이다.

　고민 끝에 성취기준을 통합단원에 무조건 끼워 맞추는 것보다는 학생들에게 의미 있는 배움을 제공하는 것이 더욱 중요할 것이라는 결론을 내렸다. 성취기준의 본래 의도에서 크게 벗어나지 않는 선에서통합단원의 목적과 목표에 맞게 성취기준을 재구성하기로 하였다(〈표 3-7〉 참고).

❀ 표 3-7   통합단원의 목적과 목표에 맞게 재구성한 성취기준

기존의 성취기준	재구성한 성취기준
[6도03-01] 인권의 의미와 인권을 존중하는 삶의 중요성을 이해하고, 인권 존중의 방법을 익힌다.	[6도03-01][6사02-01] (재구성) 인권의 의미와 중요성을 인식하고, 인권을 존중하는 방법을 익힌다.
[6사02-01] 인권의 중요성을 인식하고 인권 신장을 위해 노력했던 옛 사람들의 활동을 탐구한다.	
[6사02-02] 생활 속에서 인권 보장이 필요한 사례를 탐구하여 인권의 중요성을 인식하고, 인권 보호를 실천하는 태도를 기른다.	[6사02-02] (재구성) 생활 속에서 인권 보장이 필요한 사례를 탐구하고, 인권 보호를 위해 참여하고 실천하는 태도를 기른다.

➡ 통합단원의 학습계획을 작성한다.

[국가 교육과정 분석하기] 단계에서, 인권을 주제로 한 교과서 내용이 총 11차시(도덕 4, 사회 7)로 편성되어 있음을 확인하였고, 11차시에 맞추어 통합단원을 개발하려고 하였다. 그러나 구체적으로 학습계획을 세워 보니 11차시로는 프로젝트 활동이 충분히 이루어지기 힘들 것 같았다. 직접 인권 운동 단체를 만들어 보고, 토의하고, 활동계획을 세우고, 활동해 보기 위해서 최소 16차시가 필요했다.

부족한 시수를 확보하기 위해, [국가 교육과정 분석하기] 단계로 돌아가 국가 교육과정 및 교과서를 살펴보았다. 5학년 도덕 교과에 편성된 「우리가 만드는 도덕 수업」 단원이 눈에 띄었다. 교사와 학생이 학급 실정에 맞는 주제를 직접 선정하여 계획하기-실천하기 단계로 수업을 전개하면서, 다양한 가치·덕목을 통합적으로 실천해 보는 단원이다. 구상했던 통합단원의 학습 내용과 일치하였다. 「우리가 만드는 도덕 수업(5차시)」을 포함하여, 총 16차시로 단원을 편성하기로 하였다.

➡ 통합단원의 평가계획을 작성한다.

평가계획을 작성할 때에는 교육과정-수업내용-평가가 같은 맥락으로 이루어지고 있는지 점검해 보았다. 평가계획에서 발견한 문제점을 토대로 주제와 맞지 않는 학습내용을 수정하였으며, 이를 다시 통합단원의 목표와 개관에 반영하는 순환적 과정을 거쳤다.

📋 절차에 따른 결과

➡ 단원의 개관

> 이 단원은 사회 교과 『2. 인권 존중과 정의로운 사회-1) 인권을 존중하는 삶』과 도덕 교과 『6. 인권을 존중하며 함께 사는 우리』에서 공통적으로 다루고 있는 주제인 '인권'을 중심으로 개발한 단원이다. 두 교과의 공통된 지식, 기능, 태도를 중심으로 하여, 간학문적 통합으로 접근하고자 하였다.
>
> 이 단원은 '어린이 인권 운동 프로젝트'를 중심 활동으로 하여, 나를 둘러싼 주변의 다양한 인권 문제를 탐색해 보고, 인권 문제를 해결하는 일련의 과정을 직접 경험해 보도록 구성하였다. 이러한 활동을 통해 인권의 의미와 중요성을 이해하고, 주변의 인권 문제에 대해 능동적으로 대응하는 능력을 키우고, 이해와 공감을 바탕으로 자신과 타인의 인권을 보호하기 위해 실천하는 자세를 기르게 하고자 한다.

➡ 단원의 목표

- 인권의 의미와 중요성을 이해할 수 있다.
- 나를 둘러싼 주변의 다양한 인권 문제에 관심을 갖고 탐색할 수 있다.
- 주변의 인권 문제를 해결하기 위한 방안을 탐구하고 실행할 수 있다.
- 인권 문제에 대한 민감성을 기르고, 인권을 존중하는 방법을 익혀 실천한다.
- 자신과 타인의 인권을 보호하기 위해 지속적으로 실천하는 태도를 기른다.
- 교과 역량

교과 역량	• 문제 해결력 및 의사 결정력, 비판적 사고 역량, 정보활용 역량, 의사소통 역량 • 도덕적 정서 역량

➡ 단원의 성취기준

01 [6도03-01] [6사02-01] (재구성) 인권의 의미와 중요성을 인식하고, 인권을 존중하는 방법을 익힌다.	**02** [6사02-02] 생활 속에서 인권 보장이 필요한 사례를 탐구하고, 인권 보호를 위해 참여하고 실천하는 태도를 기른다.

➡ **단원학습계획**

통합단원	소단원	차시	탐구 주제	지도 내용	지도 주안점
우리는 어린이 인권 운동가	주제 만나기	1	통합단원 도입	1) 인권에 대해 관심 갖기 2) 단원 소개 및 프로젝트 과제 사전 안내	단원 도입 활동 중 프로젝트 과제를 미리 안내하여, 학생들이 학습의 흐름을 파악하고 과제에 초점을 맞추어 학습에 참여할 수 있도록 함
	인권이 뭐예요?	2~5	[주제 1] 인권의 의미와 중요성	1) '한 발 앞으로' 놀이를 하며 인권을 침해받은 사람들의 입장 이해하기 2) 주변의 인권 문제에 대해 토론하며 인권의 의미 이해하기 3) 인권의 의미와 중요성 담아 인권 사전 만들기	'한 발 앞으로 놀이'를 하는 과정에서 인권의 중요성을, 실제 사례를 중심으로 인권 문제에 대해 토론하는 과정에서 인권의 의미를 스스로 깨달을 수 있도록 함
	2. 어린이 인권 운동가, 현장 속으로!	6~8	[주제 2] 우리 주변의 인권 문제 탐색하기	1) 아동 권리에 대해 알아보기 2) 우리 주변의 권리 침해 사례 이야기 나누기	UN아동권리협약을 중심으로 교실, 가정, 학원, 마을에서 인권 침해를 겪은 경험을 떠올리고 함께 이야기 나누어 봄으로써 인권 문제에 대한 민감성을 기르도록 함
		9~10		1) 우리 주변의 권리 침해 사례 자세히 조사하고 발표하기 2) 인권 공감 쪽지 쓰기	교실, 가정, 학원, 마을 및 국내외의 여러 아동 인권 문제에 대해 조사하고 소개하며 인권 문제에 대한 관심의 범위를 넓히고, 쪽지를 쓰는 활동을 통해 인권 감수성을 기르도록 함
		11~15	[주제 3] 우리 주변의 인권 문제 해결하기	1) 공통 관심사별로 인권 운동 단체 만들기 2) 문제에 대해 자세히 알아보고, 해결 방법 토의하기 3) 해결 계획 수립하기 4) 해결 활동 참여하기	학생들이 직접 인권 운동 단체를 조직하고 활동해 봄으로써 사회 문제에 대한 문제 해결력을 기르고 인권 존중을 적극적으로 실천하려는 태도를 기르게 함
	주제 마무리하기	16	통합단원 마무리	1) 프로젝트 결과 소개 및 발표하기 2) 프로젝트 정리하기 및 소감 나누기	프로젝트 결과를 소개하고 나누며, 단원에서 함께 활동하고 배운 내용을 지속적으로 실천할 것을 다짐하도록 함

➜ 통합단원 평가계획

탐구 주제	평가 내용	교과 역량	평가 주안점(또는 유의점)
1	'한 발 앞으로' 놀이를 하며 인권의 중요성 깨닫고, 인권의 의미가 잘 드러나도록 인권 사전 만들기	• 비판적 사고 역량	• 인권 문제를 바탕으로 토론한 후, 인권의 의미가 잘 드러나도록 인권 사전을 제작하는가? • 도덕적 정서: '한 발 앞으로' 놀이 후, 인권의 중요성에 대한 이해가 드러나도록 소감을 발표하는가?
2	우리 주변의 인권 문제에 관심을 갖고 소개하고, 공감 쪽지를 쓰며 존중의 마음 표현하기	• 도덕적 정서 역량 • 정보활용 역량	• 자신 또는 주변의 인권 침해 사례를 찾고, 소개할 수 있는가? • 도덕적 정서: 인권 문제로 고통받는 사람들을 이해하고 공감하며 존중의 마음을 표현할 수 있는가? • 정보활용 역량: 다양한 매체를 활용하여 인권 문제의 원인과 실태를 조사할 수 있는가?
3	우리 주변의 인권 문제 해결을 위한 방법을 찾아 실천하기	• 문제 해결력 및 의사 결정력 • 의사소통 및 협업 역량	• 주변의 인권 문제를 해결하기 위한 방법을 토의하고, 이를 실천하는 활동에 적극적으로 참여하는가? • 문제 해결력 및 의사 결정력: 아동 인권 문제를 해결하기 위한 방법을 다양하게 고안하고, 합리적인 해결 방안을 찾을 수 있는가? • 의사소통 및 협업 역량: 팀원들과 함께 상호작용하며 맡은 역할에 최선을 다하는가?

학교 교육과정 조정하기

→ **각 교과별 연간 진도계획표를 살펴본다.**

사회 교과는 1학기(4월 3주~5월 1주)에, 도덕 교과는 2학기(11월 2주~2월 2주)에 진도계획이 되어 있어, 두 교과의 진도계획을 전체적으로 조정할 필요가 있다.

〈사회과 연간 진도계획표〉

월	주	단원	소단원	차시
3	1	1. 국토와 우리 생활	–	–
3	2			
3	3			
3	4			
3	5			
4	1			
4	2			
4	3			
4	4			
5	1	2. 인권 존중과 정의로운 사회	(1) 인권을 존중하는 삶	1
5				2
5	2			3
5				4
5	3			5
5				6
5	4			7
6	1		(2) 법의 의미와 역할	–
6	2			
6	3			
6	4			
6	5		(3) 헌법과 권리 보장	–
7	1			
7	2			

〈도덕과 연간 진도계획표〉

월	주	단원	월	주	단원	차시
3	1	1. 바르고 떳떳하게	9	1	4. 밝고 건전한 사이버 생활	–
3	2		9	2		
3	3		9	3		
3	4		9	4		
3	5		9	5		
4	1	2. 내 안의 소중한 친구	10	1	5. 갈등을 해결하는 지혜	–
4	2		10	2		
4	3		10	3		
4	4		10	4		
5	1	3. 긍정적인 생활	11	1	6. 인권을 존중하며 함께 사는 우리	
5	2		11	2		1
5	3		11	3		2
5	4		11	4		3
6	1		11	1		4
6	2	우리가 만드는 도덕 수업 1	12	2	우리가 만드는 도덕 수업 2	1
6	3		12	3		2
6	4		12	4		3
6	5		2	1		4
7	1		2	2		5
7	2					

→ **통합단원의 운영 시기를 협의하고, 단원의 차시 규모를 고려하여 교과별 진도계획표에 반영 및 수정한다.**

사회과는 5학년 2학기에 역사 영역을 학습하므로 학습의 연속성 면에서 시기 재조정이 어렵다. 따라서 도덕과의 학습 시기를 1학기로 조정하여 5월 1주부터 6월 2주 사이에 통합단원 수업을 편성하기로 하였다.

절차에 따른 결과

→ **교과별 연간 진도계획표**

〈사회과 연간 진도계획표〉

월	주	단원	소단원	차시
3	1	1. 국토와 우리 생활	–	–
	2			
	3			
	4			
	5			
4	1			
	2			
	3			
	4			
5	1	2. 인권 존중과 정의로운 사회	(1) 인권을 존중하는 삶 ★ 재구성: 통합단원 편성	1
				2
	2			3
				4
	3			5
				6
	4			7
6	1		(2) 법의 의미와 역할	–
	2			
	3			
	4			
	5		(3) 헌법과 권리 보장	–
7	1			
	2			

〈도덕과 연간 진도계획표〉

월	주	단원	차시	월	주	단원
3	1	4. 밝고 건전한 사이버 생활		9	1	1. 바르고 떳떳하게
	2				2	
	3				3	
	4				4	
	5				5	
4	1	5. 갈등을 해결하는 지혜		10	1	2.내 안의 소중한 친구
	2				2	
	3				3	
	4				4	
5	1	6. 인권을 존 중하며 함께 사는 우리 ★ 재구성: 통합단원 편성	1	11	1	3. 긍정적인 생활
			2			
			3		2	
	2		4		3	
	3	우리가 만드는 도덕 수업 2 ★ 재구성: 통합단원 편성	1		4	
	4		2			
			3	12	1	우리가 만드는 도덕 수업 1
	1		4		2	
			5		3	
6	2		–		4	
	3					
	3					
	4					
	5					
7	1			2	1	
	2				2	

→ **통합단원 진도계획표**

월	주	단원	소단원	차시	학습주제	시수교과
5	1	우리는 어린이 인권 운동가!	주제 만나기	1	단원 도입하기	도1
	2		1. 인권이 뭐예요?	2~5	[주제 1] 인권의 의미와 중요성	사4, 도1
	3		2. 인권 운동가, 현장 속으로!	6~8	[주제 2] 여러 가지 인권 문제 알아보고, 해결하고 싶은 문제 선정하기	사2, 도3
	4			9~10		
				11~12	[주제 3] 인권 문제 해결을 위해 노력하기	사2, 도3
	5			13~15		
6	11		주제 마무리하기	16	주제 마무리하기	도1

학습경험 선정하기

➜ 차시별 교수·학습 지도안을 작성한다.

교수·학습 지도안의 흐름은 생각열기(도입)-탐구활동(전개)-평가(정리) 순으로 구성하였다. 생각열기에서는 탐구 주제와 관련된 영상을 학생들이 살펴보면서 학습 동기를 유발하고 탐구활동으로 자연스럽게 연결될 수 있는 열린 질문들을 고민하여 제시하였다. 그리고 탐구활동에서는 학생들이 주도적으로 탐구할 수 있는 조사활동, 토의활동, 프로젝트 활동으로 학습 내용을 조직하였고, 마지막 정리 단계에서는 학습 목표와 관련된 탐구 주제를 마무리하였다.

소단원 [2. 인권 운동가, 현장 속으로] 수업의 경우, 학생들의 경험 및 조사 내용을 토대로 탐구 내용을 정하고 실행하도록 수업을 구성하였다. 따라서 학생들의 탐구 주제 및 깊이에 따라 수업 차시, 흐름, 방법 등을 유연하게 변경할 수 있도록 교수·학습 지도안에는 간략한 흐름만 제시하였다.

➜ 학생용 학습 자료와 활동지를 제작한다.

통합단원을 위한 교재를 따로 제작하지는 않았다. 학생들이 직접 조사한 내용을 발표하거나, 토의하며 탐구하는 활동 위주로 구성되어 있기 때문에 교재가 필요하지는 않으며, 필요에 따라 기존의 사회 교과서를 활용하고자 한다. 교과서를 활용하여 학습하는 차시는 관련 교과서 쪽수를 교수·학습 지도안에 명시하였다. 또한 필요한 학습 자료(세계인권선언문, UN아동권리협약문, 각종 동영상, 모둠 토의 자료, 학습지)는 미리 준비해 두었다가 필요한 차시에 제공하고자 한다.

절차에 따른 결과

◆ 6~8차시 ◆　우리 주변의 인권 문제를 알아보고, 해결하고 싶은 문제 선정하기(1)

수업이야기

　학생들은 장애인, 흑인 등 특정 계층만 인권 침해를 겪는다고 생각하여, 인권 문제가 자신과는 거리가 있는 문제라고 생각하는 경우가 많다. 하지만 학생들의 생각과는 다르게 누구나 인권 침해 당사자가 될 수 있다. 특히 어른보다 약한 어린이들은 스스로 인지하지 못한 채 인권 침해를 겪고 있을 가능성이 높다는 점에서 누구보다 인권 문제가 삶과 결부되어 있는 존재이다.

　이번 차시에는 UN아동권리협약을 중심으로 어린이 권리에 대해 살펴본다. 그 후 친구들과 함께 인권 침해 경험을 나누며 인권 문제가 자신의 삶 가까이에 있음을 깨닫게 한다. 이어서 권리를 침해받고 있는 어린이들의 사례를 찾아보는 활동을 통해 동질 집단을 중심으로 인권 문제에 대한 관심을 확장시켜 나가는 경험을 제공하고자 한다. 이를 통해 인권 문제를 민감하게 파악하고 공감하는 인권 감수성을 기르게 될 것이다.

교수 · 학습 지도안

통합단원	우리는 어린이 인권 운동가	소단원	② 어린이 인권 운동가, 현장 속으로!
성취기준	[6사02-02] 생활 속에서 인권 보장이 필요한 사례를 탐구하여 인권의 중요성을 인식하고, 인권 보호를 실천하는 태도를 기른다.		
학습 주제	**[주제 3] 나와 사회의 인권 문제 알아보기**		
학습 목표	우리 주변에서 어린이들의 인권 보장이 필요한 사례를 찾아볼 수 있다.		
학습 요소	인권 보장이 필요한 사례		
교과 역량	■ 도덕적 정서 역량	학습 방법	탐구 중심 프로젝트 학습
차시	6~8차시(총 3차시)	학습 자료	동영상, 전지(어린이 인권 침해 사례망), 유성매직, 학습지, 태블릿

단계	교수 · 학습 활동	자료 및 지도상의 유의점
도입	【생각열기】영상 '대한민국에서 아동으로 산다는 것' 살펴보기 **열린 질문 ❶** • 어린이로 사는 게 힘들다고 느껴 본 적이 있나요? ♻ 영상을 보며 아동 권리에 대해 생각해 보기 　- 영상 속 어린이들은 무엇 때문에 힘들어하고 있나요? 　- 영상 속 어린이들은 어떤 권리를 침해받았나요? 　- 영상 속 어린이들처럼 나도 어린이로 산다는 것이 힘들다고 느껴 본 적이 있나요?	• [유엔아동권리협약] 대한민국에서 아동으로 산다는 것/초록우산 어린이재단-YouTube(4분 14초)

【본 차시 학습 목표 및 활동 안내】

> ♣ 어린이들의 인권 보장이 필요한 사례를
> 찾아봅시다.

▶ 수업 활동 안내

활동 1	활동 2	활동 3
• UN아동권리협약과 어린이 인권	• 어린이 인권 침해 경험 나누기	• 어린이 인권 보장이 필요한 사례 찾아보기

전개

【활동 1】 UN아동권리협약과 어린이 인권

▶ 전체 토의

✿ UN아동권리협약을 함께 읽으며 어린이 인권 알아보기
 - 이 권리가 뜻하는 바는 무엇인가요?
 - 이 조항은 우리나라에서 잘 지켜지고 있다고 생각하나요?
 - 내가 존중받지 못한 경험이 있는 권리에 △ 표시를 하며 읽어 봅시다.

【활동 2】 어린이 인권 침해 경험 나누기

✿ 전체 토의

> 탐구 질문 ❷
>
> 어린이로서 인권을 존중받지 못한 경험이 있나요? 그때 기분은 어떠하였나요?

✿ 어린이로서 인권을 존중받지 못한 경험 나누기
 - 【활동 1】에서 △ 표시한 내용을 중심으로, 어린이로서 권리를 존중받지 못한 경험을 이야기 나누어 봅시다.
   • 내 의견을 존중해 주지 않고, 맘대로 내 물건을 버려서 속상해요.
   • 여가와 놀이 권리를 존중해 주지 않고, 학원에 너무 많이 보내서 몸과 마음이 힘들어요.
   • 사생활 보호의 자유가 있는데, 친구가 마음대로 내 핸드폰을 빼앗아 카톡을 읽어서 기분이 나빠요.
 - 교사는 다음 예시와 같이, 칠판에 전지를 붙이고 학생들의 발표 내용을 키워드 중심으로 메모하여 어린이 인권 침해 사례망을 만든다.

• 학생들이 돌아가며 UN아동권리협약을 읽도록 하고, 이해하기 어려운 조항은 교사가 보충 설명을 해 준다.

• 모든 조항에 대해 대화를 나누면 시간이 많이 걸리므로, 인권 침해 경험이 예상되는 조항 위주로 대화를 나눈다.

• 솔직하고 편안하게 자신의 경험을 말할 수 있도록 허용적인 분위기를 조성한다(둥글게 둘러앉기, 적극적으로 경청하고 공감해 주기 등).

• 교실에서의 경험, 가정에서의 경험, 학원에서의 경험, 동네에서의 경험 등을 골고루 떠올릴 수 있도록 한다.

• 학생들이 자신의 경험을 쉽게 떠올릴 수 있도록 교사가 중간중간 자신의 경험을 예로 들어 준다.

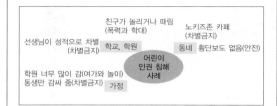

【활동 3】어린이들의 인권 보장이 필요한 사례 찾아보기

▶ 소집단 토의

┌─────────────────────┐
│ 탐구 질문 ❷ │
│ 우리 사회의 어린이 인권 침해 사례에는 무엇이 있 │
│ 을까요? │
└─────────────────────┘

⚙ 우리 사회의 어린이 인권 침해 사례 찾아보기
 – 우리 반 친구들의 경험 외에, 주변 또는 뉴스로 보
  았던 내용 중에서 어린이의 인권을 침해한 사례에
  는 무엇이 있을지 모둠 친구들과 이야기 나누어
  봅시다.
  • 인터넷 악성 댓글로 상처받는 어린이들이 있어요.
  • 부모님으로부터 학대 당하는 어린이들이 있어요.
 – 학생들은 모둠 토의 내용 중 인상 깊은 내용을 모
  두에게 발표하고, 교사는 어린이 인권 침해 사례망
  에 보충한다.

• 학생들이 쉽게 떠올리지 못할 경
 우, 교사가 최근 이슈가 된 국내외
 사례를 중심으로 키워드를 제시해
 주어 이를 바탕으로 이야기를 나
 누거나 뉴스 검색을 할 수 있도록
 한다(노키즈존, 학교 안전시설, 과
 도한 사교육, 체벌 문제, 사이버폭
 력 등).

정리

【학습 내용 정리하기】
⚙ 오늘 학습활동을 하며 가장 기억에 남는 내용 또는
 느낀 점을 이야기 나누어 봅시다.

【차시 활동 예고 및 사전 과제 제시】
⚙ 다음 시간에는 어린이 인권 문제를 보다 깊이 탐구
 해 볼 것입니다. 오늘 이야기 나누었던 어린이 인권
 문제 중 한 가지를 골라 미리 조사해 옵니다.
⚙ 과제: 오늘 다루었던 어린이 인권 침해 사례 중 한
 가지를 골라, 그들이 처한 어려움을 사회 공책에 조
 사해 오기

	평가 내용	등급	평가 척도
수행평가	우리 주변의 인권 문제에 관심을 갖고 인권 침해 사례 찾기	평가 기준	• 어린이 인권에 대한 이해를 바탕으로, 자신의 경험 또는 보고 들은 일 중에서 어린이 인권 침해 사례를 찾을 수 있는가?
		A	인권 침해 사례를 다양하게 찾아 발표할 수 있는 경우
		B	인권 침해 사례를 1개 이상 찾아 발표하거나, 친구의 사례 발표에 공감할 수 있는 경우
		C	위의 평가 요소 모두를 만족하지 못한 경우

학습지

UN아동권리협약과 함께 어린이 인권 돌아보기

_____학년 _____반   이름: _____

활동 1 UN아동권리협약을 읽고, 내가 존중받지 못한 경험이 있는 권리에 △ 표시를 해 봅시다.

활동 2 그 밖에 어린이의 인권을 침해하는 사례에는 무엇이 있을지 찾아봅시다.

◆ **9~10차시** ◆   우리 주변의 인권 문제 알아보고, 해결하고 싶은 문제 선정하기(2)

수업이야기

　　지난 차시에는 아동 권리를 침해당한 자신의 경험 또는 주변의 사례에 대해 이야기를 나누었다. 학생들은 그중 한 가지 사례를 골라 자세히 조사해 오기로 하였다. 이번 차시에는 학생들이 조사해 온 내용을 토대로, 어린이 인권 실태를 자세히 파악하고 공감해 보는 활동을 해 본다.

　　우선 비슷한 주제를 조사한 학생들끼리 모둠을 이루어, 조사한 내용을 함께 정리한 후 모둠 갤러리에 전시한다. 다음으로는, 학생들이 자유롭게 다른 모둠의 갤러리에 방문하여 다른 모둠의 조사 내용을 자세히 읽고, 인권 침해를 겪은 어린이들에게 해 주고 싶은 공감, 격려, 응원, 위로의 메시지를 써 본다. 이를 통해 인권 문제로 고통받는 사람들을 이해하고 공감하는 태도를 갖게 하고자 한다.

교수 · 학습 지도안

통합단원	우리는 어린이 인권 운동가	소단원	② 어린이 인권 운동가, 현장 속으로!
성취기준	[6사02-02] 생활 속에서 인권 보장이 필요한 사례를 탐구하여 인권의 중요성을 인식하고, 인권 보호를 실천하는 태도를 기른다.		
학습 주제	**[주제 3] 나와 사회의 인권 문제 알아보기**		
학습 목표	우리 주변이나 국내 · 외의 어린이 인권 침해 사례에 대해 조사 · 발표하며 어린이 인권 실태를 파악하기		
학습 요소	인권 보장이 필요한 사례		
교과 역량	■ 도덕적 정서 역량 ■ 정보활용 역량	학습 방법	탐구 중심 프로젝트 학습
차시	9~10차시(2차시)	학습 자료	동영상, 학습지, 붙임쪽지, 모둠판

단계	교수 · 학습 활동	자료 및 지도상의 유의점
도입	**【생각열기】** 영상 '한국에서 아동학대가 절대 안 사라지는 이유' 살펴보기 **열린 질문 ❶** • 아동학대를 받는 어린이들의 인권을 보호하기 위해 우리가 할 수 있는 일은 무엇이 있을까요? - 영상 속의 아이들이 침해받고 있는 권리는 무엇인가요? - 이 권리가 계속 침해받고 있는 까닭은 무엇인가요? - 아동 학대를 받는 어린이들의 인권을 보호하기 위해 우리가 할 수 있는 일은 또 무엇이 있을까요? **【본 차시 학습 목표 및 활동 안내】** ♣ 어린이 인권 문제에 대해 조사 · 발표하며 실태를 파악하여 봅시다.	• 한국에서 아동학대가 절대 안 사라지는 이유/스브스뉴스-YouTube (3분 30초) 

▶ 수업 활동 안내

활동 1	활동 2
• 어린이 인권 침해 사례 조사한 내용 정리하고 발표하기	• 어린이 인권 공감 쪽지 쓰기

전개

【활동 1】어린이 인권 침해 사례 조사한 내용 정리하고, 발표하기
▶ 소집단 토의

> 탐구 질문 ❶
>
> 인권 침해를 겪는 어린이들이 겪는 어려움은 무엇인가요?

✿ 어린이 인권 침해 사례에 대해 조사해 온 내용을 정리하고 발표하기
 - 조사해 온 내용을 친구들과 함께 정리하고, 발표해 봅시다.

〈활동 방법〉
1. 같은(비슷한) 주제를 조사해 온 친구들끼리 모입니다.
2. 조사한 내용을 이야기 나누며, 학습지에 정리합니다.
 - 어떤 어려움을 겪고 있나요? 어떤 권리를 침해당했나요?
 - 인권 침해가 계속된다면 어떤 일이 일어날까요?
3. 모둠활동이 끝나면, 모둠별로 정리한 내용을 간략히 발표합니다.

【활동 2】어린이 인권 공감 쪽지 쓰기
▶ 갤러리 워크

> 탐구 질문 ❷
>
> 인권 침해를 겪은 친구들의 마음은 어떨까요?

✿ 인권 공감 쪽지 쓰기
 - 【활동 1】에서 인권 침해를 겪은 친구들의 마음은 어떨까요?
 - 자유롭게 돌아다니며 다른 모둠의 갤러리에 방문합니다. 모둠에서 조사한 내용을 자세히 살펴본 후, 인권 침해를 겪은 친구들에게 해 주고 싶은 말을 붙임쪽지에 써서 모둠판 옆에 붙여 봅시다.
 - 활동이 끝나면 원래 모둠으로 돌아옵니다. 모둠원들은 친구들이 쓴 쪽지 중 가장 마음에 와 닿는 것을 골라, 모두에게 발표해 봅시다.

• 3~4명 가량이 한 모둠을 이루어 모둠 내에서 충분히 대화할 수 있는 환경을 조성한다. (같은 주제가 많을 경우 팀을 나누고, 같은 주제가 없을 경우 비슷한 주제끼리 팀을 이루어 준다.)

• 인권 침해를 겪은 친구들의 마음을 헤아리고 공감, 격려, 위로, 응원의 마음또는 도움 의지가 담긴 쪽지를 쓸 수 있도록 한다.

| 정리 | 【학습 내용 정리하기】
✿ 오늘 학습활동을 하며 가장 기억에 남는 내용 또는 느낀 점을 이야기 나누어 봅시다.

【차시 활동 예고 및 사전 과제 제시】
✿ 다음 시간에는 직접 어린이 인권운동 단체를 만들고, 인권 문제 중 하나를 골라 해결해 보도록 하겠습니다. | |

	평가 내용	등급	평가 척도
수행평가	우리 주변의 인권 문제에 관심을 갖고 소개하고, 공감 쪽지를 쓰며 존중의 마음 표현하기	평가 기준	• 도덕적 정서: 인권 공감 쪽지 속에 인권 문제로 고통받는 어린이들을 이해하고 공감하는 마음이 드러나 있는가? • 정보활용 역량: 다양한 매체를 활용하여 아동 인권 문제의 원인과 실태를 조사할 수 있는가?
		A	위의 평가 요소 모두를 만족하는 경우
		B	위의 평가 요소 중 한 가지를 만족하는 경우
		C	위의 평가 요소 모두를 만족하지 못한 경우

학습지

어린이 인권 침해 사례 조사한 내용 정리하기

(   ) 모둠

활동 1   어린이 인권 침해 사례에 대해 조사해 온 내용을 모둠 친구들과 나누고 정리하여 봅시다.

우리 모둠이 조사한 주제	
어린이들은 어떤 어려움을 겪고 있나요?	
어린이들은 어떤 권리를 침해받았나요?	
인권 침해가 계속된다면 어떤 일이 일어날까요?	

◆ 11~15차시 ◆   인권 문제 해결을 위해 노력하기

수업이야기

11~15차시 수업은 학생들이 직접 어린이 인권운동 단체를 만들고, 문제를 해결하기 위한 활동을 할 수 있도록 구성하였다. 먼저, 7~10차시에 탐구했던 어린이 인권 문제 중 한 가지를 골라, 같은 관심사를 가진 친구들끼리 단체를 조직한다. 단체를 이룬 친구들끼리 문제를 확인하고 정보를 수집하며, 이를 바탕으로 문제 해결 방법을 찾고, 문제 해결을 위해 직접 인권운동 활동을 한다. 학생들의 탐구 주제 및 깊이에 따라 수업 차시, 활동 내용 등을 유연하게 변경할 수 있도록 교수 · 학습 지도안에는 간략한 흐름만 제시하였으며, 학생들의 의견을 최대한 수렴하여 활동하도록 한다.

교수 · 학습 지도안

통합단원	우리는 어린이 인권 운동가	소단원	② 어린이 인권 운동가, 현장 속으로!
성취기준	[6사02-02] 생활 속에서 인권 보장이 필요한 사례를 탐구하여 인권의 중요성을 인식하고, 인권 보호를 실천하는 태도를 기른다.		
학습 주제	**[주제 4] 아동 인권 보호를 위한 방법을 찾아 실천하기**		
학습 목표	인권 운동가가 되어 아동 인권 문제를 해결하기		
학습 요소	인권 보호를 위해 노력할 일		
교과 역량	■ 문제 해결력 및 의사 결정력 ■ 의사소통 및 협업 역량	학습 방법	탐구 중심 프로젝트 학습
차시	11~15차시(5차시)	학습 자료	동영상, 전지(어린이 인권 침해 사례 망), 학습지, 태블릿, 학생들이 선정한 활동에 필요한 준비물

단계	교수 · 학습 활동	자료 및 지도상의 유의점
도입	【생각열기】 영상 〈얼룩말 무늬를 돌려주세요〉를 보며 어린이가 할 수 있는 인권 문제 해결 참여 살펴보기 열린 질문 ❶ • 안전할 권리를 찾기 위해 어린이들이 할 수 있는 활동에는 무엇이 있을까요? - 영상 속 어린이들이 침해받은 권리는 무엇인가요? - 권리를 찾기 위해 어린이들은 어떤 활동을 하고 있나요? - 권리를 찾기 위해 어린이들이 할 수 있는 활동에는 또 무엇이 있을까요? 【본 차시 학습 목표 및 활동 안내】 ♣ 인권 운동가가 되어 아동 인권 문제를 해결해 봅시다.	 • 얼룩말 무늬를 돌려주세요!···독일서 '횡단보도 요구' 시위/KBS뉴스 (1분 08초)

▶ 수업 활동 안내

활동 1(11차시)	활동 2(11차시)
• 어린이 인권운동 단체 만들기	• 문제 확인하기, 정보 수집하기

활동 3(12~13차시)	활동 4(14~15차시)
• 문제 해결을 위해 우리가 할 수 있는 일 찾기	• 문제 해결 활동하기

• 사회과의 '문제해결모형'을 기초로 하여 활동 순서를 구성하였다(사태파악-문제확인-정보수집-대안 제시-적용 및 정리). 학생들의 활동 내용이나 깊이에 따라 활동 시간은 유연하게 운영하도록 한다.

전개

【활동 1】 어린이 인권운동 단체 만들기

▶ 소집단 토의

> **열린 질문 ❶**
>
> • 내가 해결해 보고 싶은 인권 문제는 무엇인가요?

✿ 관심 주제별로 단체 조직하기

> 〈활동 방법〉
> 1. 브레인스토밍한 전지를 칠판에 붙이고, 자신의 관심 분야 위에 이름표를 부착한다.
> 2. 같은 주제를 고른 친구들 혹은 유사한 주제를 고른 친구들 3~6명이 한 팀을 이룬다.
> 3. 둥글게 모여 앉아 이 주제에 관심을 갖게 된 까닭을 서로 이야기 나눈 후, 문제가 잘 드러날 수 있는 단체 이름을 짓는다.

– 토의 결과를 학급 친구들에게 발표하여 봅시다.

• 같은 관심 주제를 고른 친구들이 없을 경우, 교사가 비슷한 관심 주제를 고른 친구들끼리 팀을 이루도록 돕는다.
예) 우리 반 언어폭력 문제 해결 팀
　　교내 안전 문제 해결 팀
　　우리 동네 노키즈존 문제 해결 팀
　　아동 학대 문제 해결 팀

【활동 2】 문제 확인 및 정보 수집하기

▶ 소집단 토의

> **탐구 질문 ❷**
>
> 인권 침해 문제가 일어나는 까닭은 무엇일까요? 또 이 문제를 해결하기 위해 어떤 노력이 이루어지고 있나요?

✿ 문제의 원인을 분석하고 다양한 정보 수집하기
– 단체별로 선택한 아동 인권 문제에 대해 원인을 분석해 봅시다. 또 이 문제를 해결하기 위해 국가, 지방자치단체, 시민단체, 학교, 일반 시민들은 기존에 어떤 노력을 하고 있는지 조사해 봅시다.

• 주제에 따라 수집해야 하는 정보의 내용과 범위가 크게 다를 수 있다. 교사는 조사 내용, 범위, 키워드를 일괄적으로 안내하기보다는, 모둠별 주제에 맞추어 안내해 준다.

【활동 3】문제 해결을 위해 우리가 할 수 있는 일 찾기

▶ 소집단 토의

탐구 질문 ❸

아동 인권 보호를 위해 초등학생들이 할 수 있는 일에는 무엇이 있을까요?

✿ 브레인스토밍으로 해결 방법 찾고, 순위 정하기
 - 문제 해결을 위해 단체에서 직접 할 수 있는 활동을 자유롭게 떠올리고 생각 그물로 정리해 봅시다.
 - 평가 척도표를 이용하여, 그중 가장 실천 가능성이 높고 의미 있는 활동을 한두 가지 선정하여 봅시다.

【활동 4】문제 해결 활동하기

✿ 구체적인 인권운동 활동 계획 세우기
 - 【활동 3】에서 선정한 활동을 하기 위해 구체적으로 역할 분담 및 실행 계획을 세워 봅시다.
✿ 인권운동 활동하기
 - 실행 계획에 따라 인권운동 활동을 해 봅시다.

• 【활동 2】에서 조사한 내용을 참고한다면, 학생들이 단체에서 직접 해 보고 싶은 활동을 쉽게 떠올릴 수 있을 것이다. 사회 교과서 108~109쪽에도 다양한 예시가 제시되어 있으므로 참고하도록 지도한다.

• 교사는 학생들이 인권운동 활동을 위한 시간이나 장소를 자율적으로 확보할 수 있도록 돕는다(예: 점심시간을 활용하여 급식실 앞에서 캠페인을 하고자 한다면, 영양사 선생님의 허락을 구하고 활동할 수 있도록 조언하여 준다).

정리

【차시 활동 예고】

✿ 다음 시간에는 인권운동 활동 결과를 발표하고, 프로젝트 활동을 마무리해 볼 것입니다.

	평가 내용	등급	평가 척도
수행평가	우리 주변의 인권 문제 해결을 위한 방법을 찾아 실천하기	평가 기준	• 주변의 인권 문제를 해결하기 위한 방법을 토의하고, 이를 실천하는 활동에 적극적으로 참여하는가? • 문제 해결력 및 의사 결정력: 아동 인권 문제를 해결하기 위한 방법을 다양하게 고민하고, 합리적으로 결정하는가? • 의사소통 및 협업 역량: 팀원들과 함께 상호작용하며 맡은 역할에 최선을 다하는가?
		A	위의 평가 요소 모두를 만족하는 경우
		B	위의 평가 요소 중 한두 가지를 만족하는 경우
		C	위의 평가 요소 모두를 만족하지 못한 경우

학습지

우리는 어린이 인권 운동가!
<문제 확인 및 정보 수집하기>

(　　　　　　　　) 모둠

활동 1　각 단체별로 선택한 인권 문제에 대한 다양한 정보를 수집해 봅시다.

우리 단체가 해결할 문제

어린이들이 이러한 인권 침해 문제를 겪는 원인은 무엇일까요?

이 문제를 해결하기 위해 어떤 노력이 이루어지고 있나요?		
정부, 지방자치단체	시민단체 또는 시민들	그 외 (　　　　　)

우리는 어린이 인권 운동가!
<문제 확인 및 정보 수집하기>

(　　　　　　) 모둠

활동 2-1　문제 해결을 위해 우리 단체에서 해 보고 싶은 활동은 무엇인가요?
브레인스토밍으로 자유롭게 의견을 내 봅시다.

활동 2-2 브레인스토밍한 내용 중, 많은 팀원의 동의를 얻은 활동 네 개를 써 봅시다.

	활동 내용
활동 1	
활동 2	
활동 3	
활동 4	

활동 2-3 평가 척도표를 이용하여, 가장 실천 가능성이 높고 의미 있는 활동이 무엇인지 생각해 봅시다. 척도에 따라 가장 점수가 높은 활동 한두 가지를 최종 선정하여 봅시다(1~5점 사이 점수 부여).

평가 척도	활동 1	활동 2	활동 3	활동 4
어린이 인권 신장과 관련이 있는 활동인가?	점	점	점	점
우리 힘으로 직접 실행할 수 있는 활동인가?	점	점	점	점
사회 구성원들의 관심과 노력을 촉구할 수 있는가?	점	점	점	점
인권 문제를 해결하는 데 도움이 되는가?	점	점	점	점
합계	점	점	점	점

최종 선정된 활동:

우리는 어린이 인권 운동가!
<문제 해결 활동하기>

(　　　　　　　) 모둠

활동 3　활동 2에서 선정한 대로 활동을 하기 위해 계획을 세우고 실천해 봅시다.

♣ 활동 계획 세우기(시간, 장소, 준비물 등)

♣ 역할 분담 계획 세우기

이름	맡은 역할

3. 세계 여러 나라의 자연과 문화

▌통합단원명

세계 여러 나라의 자연과 문화(6학년 국어, 사회 통합)

▌통합의 유형: 성취기준 중심 교과서 내용의 통합

통합의 유형	통합의 요소	통합의 중심	통합의 방식	통합의 단위
■ 다학문적	■ 지식	□ 제재	■ 병렬	□ 통합교과(과목)
□ 간학문적	■ 기능	□ 주제	□ 광역	■ 통합단원
□ 탈학문적	■ 가치/태도	□ 문제	□ 공유	□ 차시통합
	■ 성취기준	■ 학습 기능	□ 혼합	
		□ 사고 양식	□ 융합	
		□ 표현활동		
		□ 흥미		

▌단원의 내러티브

국어 교과는 학생들의 국어사용능력을 함양시키기 위해 다양한 상황에서 말하고, 듣고, 읽고, 글을 쓸 수 있는 언어기능 중심의 성취기준을 제시하고 있다. 예를 들면, 글의 구조를 고려하여 글 전체의 내용을 요약하기[6국02-02], 드러나지 않거나 생략된 내용을 추론하며 듣기[6국01-06], 적절한 근거와 알맞은 표현을 사용하여 주장하는 글쓰기[6국03-04], 목적이나 주제에 따라 알맞은 내용과 매체를 선정하여 글쓰기[6국03-02], 매체 자료를 활용하여 내용을 효과적으로 발표하기[6국01-05] 등과 같은 언어기능 중심의 성취기준들을 다른 교과의 주제 중심 성취기준과 통합하여 그 주제를 요약하기, 발표하기, 주장하는 글쓰기 등과 연관 지어 재구성할 수 있을 것이다. 따라서 이 통합단원은 국어 교과의 언어기능과 관련된 성취기준을 사회 교과의 주제 중심 성취기준들과 통합함으로써 사회 교과의 주제 '세계 여러 나라의 자연과 문화'를 조사하여 효과적으로 발표하는 수업으로 재구성을 시도하고자 하였다.

▌통합 절차

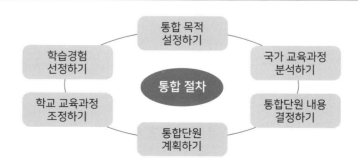

통합 목적 설정하기

➔ '교육과정 통합이 필요한 이유는 무엇인가?'라는 질문을 중심으로 통합의 목적을 설정한다.

　국어 교과는 학생들의 국어사용능력을 함양시키기 위해 다양한 상황에서 말하고, 듣고, 읽고, 글을 쓸 수 있는 언어기능 중심의 성취기준을 제시하고 있다. 그리고 국어 교과의 언어기능은 여러 교과에서 다양한 학습 주제와 관련지어 성취기준으로 제시되고 있다. 그렇다면 국어 교과의 언어기능 중심의 성취기준이 다른 교과의 성취기준에 적용된다면 국어 교과의 '언어기능과 관련된 성취기준을 중심으로 다른 교과 학습 요소들을 통합할 수 있지 않을까?'라는 생각을 하였다.

　예를 들어, 국어 교과의 말하기 영역 성취기준 [6국01-05]는 '매체 자료를 활용하여 내용을 효과적으로 발표한다.'라는 성취기준을 6학년 사회 교과에서 특정 주제를 조사하고 발표하는 수업과 통합이 가능할 것이다. 따라서 나는 6학년 2학기 국어 교과 4단원 '효과적으로 발표해요'와 사회 교과 1단원 '세계 여러 나라의 자연과 문화'를 조사하여 발표하는 성취기준을 중심으로 각 교과의 교과서 내용 통합을 시도하고자 하였다.

　학생들은 국어 교과에서 매체 자료를 활용하여 내용을 효과적으로 발표하는 방법을 먼저 익히고, 사회 교과에서 다루는 세계 여러 나라의 자연과 문화를 조사하여 발표하는 수업에 적용함으로써 정보처리 역량과 의사소통 역량을 길러 주고자 한다.

절차에 따른 결과

통합단원 【세계 여러 나라의 자연과 문화】 개발의 목적

◎ 『국어 4. 효과적으로 발표해요』 『사회 1. 세계 여러 나라의 자연과 문화』에서 공통적으로 다루고 있는 '조사/발표하기'라는 성취기준을 중심으로 통합단원을 개발하고자 한다. 국어 교과에서 매체 자료를 활용하여 조사/발표하는 방법을 먼저 익히고, 사회 교과 주제에 적용하는 병렬 통합 방식으로 통합단원을 개발할 것이다.

◎ 이에 본 통합단원 학습을 통해 학생들은 세계 여러 나라의 자연과 문화를 조사하고 이해한 내용을 효과적으로 전달할 수 있도록 매체 자료를 활용하여 발표할 수 있는 자료 · 정보 활용 역량과 의사소통 역량을 길러 주고자 한다.

국가 교육과정 분석하기

→ **교과별 성취기준을 중심으로 교육과정을 수평·수직적 스캔하여 공통된 연관성을 찾는다.**

　두 교과는 '조사/발표하기' 성취기준을 모두 공통적으로 다루고 있지만, 각 교과별 내용 체계에서 공통되는 주제나 소재는 없었다(〈표 3-8〉 참조). 따라서 성취기준 [6국01-05] 매체 자료를 활용하여 내용을 효과적으로 발표하는 성취기준을 학습한 뒤, 이를 사회 교과에 적용하여 성취기준 [6사07-03] 기후 환경과 인간 생활 간의 관계와 성취기준 [6사07-04] 인간 생활에 영향을 미치는 자연적·인문적 요인을 탐구하여 효과적으로 발표하는 방식으로 통합단원을 구성하고자 하였다.

◈ 표 3-8 교과서 및 성취기준 분석

	국어	사회
단원명	6학년 2학기 4단원 '효과적으로 발표해요'는 총 9차시로 구성됨	6학년 2학기 1단원 '세계 여러 나라의 자연과 문화'의 두 번째 주제 '세계의 다양한 삶의 모습'으로 총 7차시로 구성됨
단원 내용 체계	1. 여러 가지 매체 자료 살펴보기(1~2차시) 2. 주제에 맞는 매체 자료 찾기(3~4차시) 3. 발표 상황에 맞는 영상 자료 만드는 방법 알기(5차시) 4. 효과적인 발표 자료 만들기(6~7차시) 5. 영상 발표회(8~9차시)	1. 세계의 다양한 기후 알아보기(1차시) 2. 기후에 따른 사람들의 생활 모습 살펴보기(2~3차시) 3. 세계 여러 나라 사람들의 다양한 생활 모습 살펴보기(4차시) 4. 환경에 따라 달라지는 세계 여러 나라 사람들의 생활 모습 조사하기(5~6차시) 5. 세계 여러 나라 사람들의 생활 모습 이해하고 존중하는 태도 알아보기(7차시)
성취 기준	[6국01-05] 매체 자료를 활용하여 내용을 효과적으로 발표한다.	[6사07-03] 세계 주요 기후의 분포와 특성을 파악하고, 이를 바탕으로 하여 기후 환경과 인간 생활 간의 관계를 탐색한다. [6사07-04] 의식주 생활에 특색이 있는 나라나 지역의 사례를 조사하고, 이를 바탕으로 하여 인간 생활에 영향을 미치는 여러 자연적·인문적 요인을 탐구한다.

　그리고 성취기준 [6국01-05] 매체 자료를 활용하여 내용을 효과적으로 발표하기 위해서는 여러 가지 매체 자료의 종류와 특성을 이해하고, 주제에 효과적인 여러 가지 매체 자료를 탐색하는 과정이 필요하여 국어 교과 성취기준을 재구성하여 [재구성-01]과 [재구성-02]를 추가하였다.

> **[재구성-01]**
> 여러 가지 매체 자료의 종류와 특성을 이해한다.
> **[재구성-02]**
> 주제에 맞는 효과적인 매체 자료를 찾는다.

각 교과의 성취기준을 중심으로 교과별 학습 주제를 다음 그림과 같이 정리하였다.

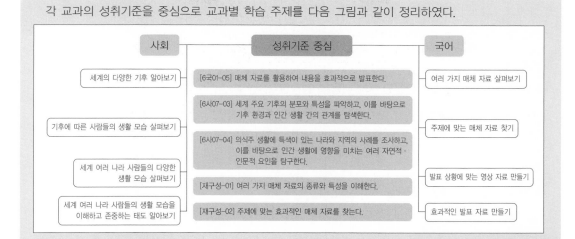

→ 통합의 목적을 고려하여 통합단원의 전반적인 내용 흐름을 얼개 수준으로 간략하게 작성한다.

　두 교과의 공통적인 성취기준을 중심으로 통합단원의 중심 내용을 다음과 같은 흐름으로 간략하게 정리해 보았다. 가장 먼저 학생들은 일상생활에서 접할 수 있는 여러 가지 매체 자료(사진, 영상, 지도, 도표, 실물 등)가 활용되는 상황을 알아보고, 주제 및 효과적인 표현 방법을 찾아봄으로써 효과적인 자료와 정보를 찾을 수 있어야 할 것이다. 그리고 환경에 따라 달라지는 세계 여러 나라 사람들의 다양한 생활 모습을 효과적으로 매체 자료를 활용하여 내용을 조사·발표하고, 이를 바탕으로 자연적·인문적 요인을 탐구할 수 있도록 단원의 흐름을 구성하였다. 이를 통해 학생들은 보다 창의적이고 능동적으로 주제에 알맞은 매체 자료를 활용하여 조사·발표하는 역량을 기르고, 세계 여러 나라의 사람들의 다양한 생활 모습을 탐구할 수 있을 것이다.

절차에 따른 결과

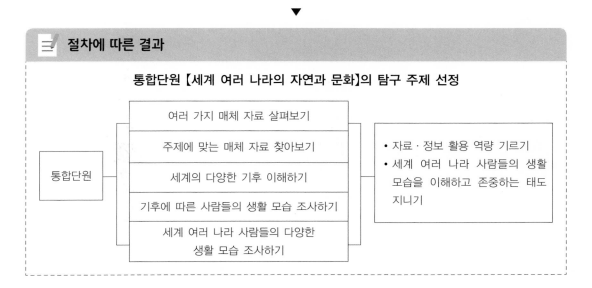

통합단원 내용 결정하기

→ 성취기준을 중심으로 통합단원의 내용을 결정한다.

　통합단원 내용은 성취기준을 중심으로 크게 두 축으로 구성하였다. 하나는 매체 자료를 활용하여 내용을 조사하여 효과적으로 발표하는 내용, 또 하나는 세계 여러 나라 사람들의 생활 모습에 관한 내용으로 결정하였다.

→ 통합의 스코프(내용 요소)를 작성한다.

　이러한 두 축을 중심으로 탐구 주제와 관련된 학습 내용 요소의 스코프를 다음과 같이 설정하였다.

성취기준	탐구 주제	통합단원의 스코프
매체 자료 관련 성취기준 [재구성-01] [재구성-02] [6국01-05]	여러 가지 매체 자료 살펴보기	• 여러 가지 매체 자료의 종류와 특성 　- 사진, 영상, 지도, 도표, 실물 자료 등
	주제에 맞는 매체 자료 찾아보기	• 발표하고 싶은 주제/활용할 매체 자료/매체 자료를 정한 까닭 • 영상 자료 제작 · 발표하는 과정
세계 여라 나라 사람들의 생활 모습 관련 성취기준 [6사07-03] [6사07-04]	세계의 다양한 기후 이해하기	• 세계 주요 기후의 특징 　- 온대 기후, 열대 기후, 건조 기후, 냉대 기후, 한대 기후, 고산 기후 　- 기후로 구분하는 세계 지도
	기후에 따른 사람들의 생활 모습 조사 · 발표하기	• 기후에 따른 사람들의 생활 모습 • 기후 환경이 인간 생활에 미치는 영향 • 기후에 따른 생산 활동과 생활 방식 등
	세계 여러 나라 사람들의 다양한 생활 모습 조사 · 발표하기	• 세계 여러 나라 사람들의 특색 있는 생활 모습 • 세계 여러 나라 사람들의 다양한 생활 모습과 환경과의 관계

→ 통합의 시퀀스(배우는 순서)를 작성한다.

　학생들이 매체 자료 관련 성취기준을 먼저 학습한 다음 세계 여러 나라 사람들의 생활 모습을 조사하고 발표하는 수업에 적용할 수 있도록 학습 순서를 다음과 같이 배치하였다.

여러 가지 매체 자료 살펴보기	여러 가지 매체 자료가 활용되는 모습 살펴보기 → 여러 가지 매체 자료의 특성 토의하기

↓

| 주제에 맞는 매체 자료 찾기 | 주제에 맞는 매체 자료 찾기 → 발표 상황에 맞는 영상 자료 만드는 방법 알기 |

| 세계의 다양한 기후 이해하기 | 기후의 의미와 세계 주요 기후의 특징 이해하기 |

| 기후에 따른 사람들의 생활 모습 조사 · 발표하기 | 기후에 따른 사람들의 생활 모습 조사 · 발표하기 → 기후 환경에 따라 인간 생활 모습이 다르게 나타나는 까닭 토의하기 |

| 세계 여러 나라 사람들의 다양한 생활 모습 조사 · 발표하기 | 세계 여러 나라 사람들의 특색 있는 생활 모습 조사 · 발표하기 → 세계 여러 나라 사람들의 다양한 생활 모습과 환경과의 관계 토의하기 |

절차에 따른 결과

통합단원 【세계 여러 나라의 자연과 문화】의 스코프 및 시퀀스

단원	탐구 주제 및 순서	내용
통합 단원	여러 가지 매체 자료 살펴보기(주제 1)	1) 여러 가지 매체 자료가 활용되는 모습 살펴보기 2) 여러 가지 매체 자료의 특성 토의하기
	주제에 맞는 매체 자료 찾기(주제 2)	1) 주제에 맞는 매체 자료 찾기 2) 발표 상황에 맞는 영상 자료 만드는 방법 알기
	세계의 다양한 기후 이해하기(주제 3)	1) 기후의 의미와 세계 주요 기후의 특징 이해하기
	기후에 따른 사람들의 생활 모습 조사 · 발표하기(주제 4)	1) 세계 여러 나라 사람들의 다양한 생활 모습을 조사 · 발표하기 2) 기후 환경에 따라 인간 생활 모습이 다르게 나타나는 까닭 토의하기
	세계 여러 나라 사람들의 다양한 생활 모습 조사 · 발표하기(주제 5)	1) 환경이 세계 여러 나라 사람들의 생활 모습에 미치는 영향을 조사하고 발표하기 2) 세계 여러 나라 사람들의 다양한 생활 모습과 환경과의 관계 토의하기

통합단원 계획하기

→ 통합단원(프로그램)명을 결정한다.

성취기준을 중심으로 교과서 내용을 병렬 방식으로 통합하여 소단원명은 각 교과별 소단원명 그대로 살렸으며, 세계 여러 나라 통합단원명을 '세계 여러 나라의 자연과 문화'로 결정하였다.

여러 가지 매체 자료 살펴보기(주제 1)와 주제에 맞는 매체 자료 찾기(주제 2)를 「소단원 1-효과적으로 발표해요」로 묶었으며, 세계의 다양한 기후 이해하기(주제 3), 기후에 따른 사람들의 생활 모습 조사 · 발표하기(주제 4), 그리고 세계 여러 나라 사람들의 다양한 생활 모습 조사 · 발표하기(주제 5)를 「소단원 2-세계의 다양한 삶의 모습」으로 묶었다. 왜냐하면 통합 요소를 새롭게 재구성한 것이 아니라, 기존 각 교과의 성취기준을 병렬 방식으로 가져왔기에 가능한 각 교과의 단원명 의미를 살리는 것이 좋을 것이라고 판단하였다.

단원의 주된 활동은 프로젝트 학습 형태로 구성되므로, 프로젝트의 전반적인 내용을 안내하고 결과를 공유할 수 있도록 '단원 도입' 및 '단원 마무리' 활동을 통합단원 학습의 시작과 끝에 배치하였다.

▧ 표 3-9 통합단원명 및 소단원명 결정

통합단원명	탐구 주제 및 순서	소단원명
세계 여러 나라의 자연과 문화	통합단원 도입	주제 만나기
	[주제 1] 여러 가지 매체 자료 살펴보기	1. 효과적으로 발표해요
	[주제 2] 주제에 맞는 매체 자료 찾기	
	[주제 3] 세계의 다양한 기후 이해하기	2. 세계의 다양한 삶의 모습
	[주제 4] 기후에 따른 사람들의 생활 모습 조사 · 발표하기	
	[주제 5] 세계 여러 나라 사람들의 다양한 생활 모습 조사 · 발표하기	
	통합단원 마무리	주제 마무리하기

→ 통합단원의 목표, 개관, 학습계획을 작성한다.

[통합 목적 설정하기] [국가 교육과정 분석하기] [통합단원 내용 결정하기] 단계를 거치며 구상한 내용을 바탕으로 통합단원의 목표와 개관을 작성하였다. 그 후, 통합단원의 목표에 부합하도록 학습계획을 구상하였다.

[국가 교육과정 분석하기] 단계에서는 각 교과서 내용이 총 16차시(국어 9, 사회 7)로 편성되어 있음을 확인했다. 그래서 통합단원 도입과 마무리는 각각 1차시로 하고, 각 주제를 2차시 또는 3차시 분량으로 계획하여 총 14차시로 통합단원을 편성함으로써 2차시 분량의 별도 시간을 확보하였다. 그리고 통합단원 개발 절차에 따른 각 과정을 다시 돌아보면서 전체적인 통합단원 구성을 맞추어 나갔다.

➜ 통합단원의 평가계획을 작성한다.

평가계획을 작성할 때에는 통합단원 탐구 주제를 중심으로 교육과정-수업내용-평가가 일치되는지 점검해 보았다. 학습계획과 평가계획에서 발견한 문제점을 토대로 주제와 맞지 않는 학습내용을 수정하였으며, 이를 다시 통합단원의 목표와 개관에 반영하는 순환적 과정을 거쳤다.

절차에 따른 결과

➜ 단원의 개관

이 단원은 6학년 국어 교과 2학기 4단원 『효과적으로 발표해요』와 사회 교과 2학기 1단원 『세계 여러 나라의 자연과 문화』에서 성취기준을 중심으로 통합단원을 개발하고자 한다. 세계 여러 나라의 자연과 문화를 이해하고 존중하기 위해 조사한 매체 자료를 활용하여 내용을 효과적으로 발표하는 각 교과의 성취기준을 중심으로 다학문적 통합으로 접근하고자 하였다. 주제에 맞는 여러 가지 매체 자료를 활용하여 세계 주요 기후의 특성과 그에 따른 인간 생활의 다양성을 탐구하고, 이를 바탕으로 사람들의 생활 모습과 환경과의 관계를 이해하며 생활양식의 다양성을 존중하는 자세를 기르고자 한다.

➜ 단원의 목표

- 주제에 알맞은 매체 자료의 활용 방법을 이해할 수 있다.
- 세계 주요 기후의 특성과 그에 따른 인간 생활의 다양성을 이해할 수 있다.
- 주제에 알맞은 매체 자료를 찾을 수 있다.
- 발표 상황에 맞는 영상 자료를 만들 수 있다.
- 기후에 따른 세계 여러 나라 사람들의 다양한 삶의 모습들을 조사할 수 있다.
- 의사소통의 방법으로 다양한 매체를 활용하는 능력과 태도를 기른다.
- 사람들의 생활 모습과 환경과의 관계를 이해하며 생활양식의 다양성을 존중하는 자세를 지닌다.

교과 역량	• 비판적 사고 역량, 의사소통 역량, 문제 해결 역량, 공감 역량, 정보처리 역량

➜ 단원의 성취기준

01	02	03	04	05
[6국01-05]	[6사07-03]	[6사07-04]	[재구성-01]	[재구성-02]
매체 자료를 활용하여 내용을 효과적으로 발표한다.	세계 주요 기후의 분포와 특성을 파악하고, 이를 바탕으로 하여 기후 환경과 인간 생활 간의 관계를 탐색한다.	의식주 생활에 특색이 있는 나라나 지역의 사례를 조사하고, 이를 바탕으로 하여 인간 생활에 영향을 미치는 여러 자연적·인문적 요인을 탐구한다.	여러 가지 매체 자료의 종류와 특성을 탐구한다.	주제와 효과적인 여러 가지 매체 자료를 탐구한다.

➡ 단원학습계획

통합단원	소단원	차시	탐구 주제	지도 내용	지도 주안점
세계 여러 나라의 자연과 문화	주제 만나기	1	통합단원 도입	1) 지구촌 문제에 대해 관심 갖기 2) 단원 소개 및 프로젝트 과제 사전 안내	단원 도입 활동 중 프로젝트 핵심 과제를 미리 안내하여, 학생들이 학습의 흐름을 파악하고 과제에 초점을 맞추어 학습에 참여할 수 있도록 함
	1. 효과적으로 발표해요	2~3	[주제 1] 여러 가지 매체 자료 살펴보기	1) 여러 가지 매체 자료가 활용되는 모습 살펴보기 2) 여러 가지 매체 자료의 특성 토의하기	학생들이 실제 경험한 다양한 매체 활용 모습이나 구체적인 사례를 조사할 수 있도록 함
		4~5	[주제 2] 주제에 맞는 매체 자료 찾기	1) 주제에 맞는 매체 자료 찾기 2) 발표 상황에 맞는 영상 자료 만드는 방법 알기	학생들의 생활과 관련 깊은 주제를 선택하여 주제에 맞는 여러 가지 매체 자료를 탐색하도록 함
	2. 세계의 다양한 삶의 모습	6~7	[주제 3] 세계의 다양한 기후 이해하기	1) 기후의 의미와 세계 주요 기후의 특징 살펴보기	디지털 영상 지도를 비롯한 각종 통계 자료와 그래프 등 매체 자료를 효과적으로 활용하여 세계 주요 기후의 특징을 조사하도록 함
		8~10	[주제 4] 기후에 따른 사람들의 생활 모습 조사·발표하기	1) 기후에 따른 사람들의 다양한 생활 모습 조사·발표하기 2) 기후에 따라 사람들의 생활 모습이 다르게 나타나는 까닭을 토의하기	기후의 특성에 따라 인간 생활의 생산 활동과 여러 가지 생활 방식이 어떻게 나타나는지를 탐구하도록 함 기후에 따라 세계 여러 나라 사람들의 특색 있는 생활 모습 사례를 조사하여 인간 생활 모습이 다르게 나타나는 까닭을 탐구하도록 함
		11~13	[주제 5] 환경에 따라 달라지는 세계 여러 나라 사람들의 생활 모습 조사·발표하기	1) 환경이 세계 여러 나라 사람들의 생활 모습에 미치는 영향을 조사하고 발표하기	학생들이 세계 여러 나라나 지역 사람들의 다양한 생활 모습과 자연 환경 및 인문 환경 간의 관계를 조사하고, 다른 친구들의 발표를 경청하는 과정을 거치며 사람들의 생활 모습과 환경 간의 관련성을 탐구하도록 함
	주제 마무리	14	통합단원 마무리	1) 프로젝트 결과 소개 및 발표하기 2) 프로젝트 정리하기 및 소감 나누기	프로젝트 결과를 소개하고 나누며, 단원에서 함께 활동하고 배운 내용을 지속적으로 실천할 것을 다짐하도록 함

→ **통합단원 평가계획**

탐구 주제	평가 내용	교과 역량	평가 주안점(또는 유의점)
1	여러 가지 매체의 종류와 특성을 구체적인 사례를 들어 설명하기	• 비판적 사고 역량	• 여러 가지 매체의 종류와 특성을 구체적인 사례를 들어 설명할 수 있는가? • 비판적 사고 역량: 다양한 매체의 특성을 기존의 시각에서 벗어나 새로운 관점에서 이해하는가?
2	주제에 알맞은 매체 자료를 선택하여 효과적으로 발표하기	• 의사소통 역량 • 정보처리 역량	• 주제에 알맞은 매체 자료를 선택하여 효과적으로 발표할 수 있는가? • 의사소통 역량: 주제에 대한 자신의 생각을 잘 표현하고 타인의 의견을 경청·존중하는가? • 정보처리 역량: 주제에 알맞은 매체 자료를 효과적으로 정리하여 PPT를 제작할 수 있는가?
3	기후의 의미와 세계 주요 기후의 특징 탐구하기	• 의사소통 역량 • 정보처리 역량	• 세계 주요 기후별 특성을 효과적인 매체 자료를 활용하여 발표할 수 있는가? • 의사소통 역량: 세계 주요 기후의 특징을 듣는 사람과 상호 교섭적 의사소통을 하며, 타인의 의견을 경청·존중하는가? • 정보처리 역량: 조사한 자료를 효과적 매체를 활용하여 PPT를 제작할 수 있는가?
4	기후에 따른 사람들의 다양한 생활 모습 조사하고 발표하기	• 의사소통 역량 • 정보처리 역량	• 기후에 따른 사람들의 다양한 생활 모습을 효과적인 매체 자료를 활용하여 발표할 수 있는가? • 의사소통 역량: 기후에 따른 사람들의 생활 모습에 대해 자신의 생각을 잘 표현하고 타인의 의견을 경청·존중하는가? • 정보처리 역량: 조사한 자료를 효과적 매체를 활용하여 PPT를 제작할 수 있는가?
5	환경이 세계 여러 나라 사람들의 생활 모습에 미치는 영향을 조사하고 발표하기	• 의사소통 역량 • 정보처리 역량	• 환경이 세계 여러 나라 사람들의 생활 모습에 미치는 영향을 구체적인 사례들을 조사하여 발표할 수 있는가? • 의사소통 역량: 자신의 생각을 잘 표현하고 타인의 의견을 경청·존중하는가? • 정보처리 역량: 조사한 자료를 효과적으로 정리하여 PPT를 제작할 수 있는가?

학교 교육과정 조정하기

→ 각 교과별 연간 진도계획표를 살펴본다.

국어 교과는 2학기 8주 10월 22일부터 10주 11월 2일까지 총 9차시 수업으로, 사회 교과는 2학기 5주 10월 1일부터 7주 10월 15일까지 총 7차시 수업으로 진도계획이 구성되어 있다.

❀ 국어 교과 진도계획표

주	기간	요일	단원명	차시	학습주제
8	10. 18~10. 22	금	4. 효과적으로 발표해요	1/9	여러 가지 매체 자료를 살펴볼 수 있다(1/2)
9	10. 25~10. 29	월	4. 효과적으로 발표해요	2/9	여러 가지 매체 자료를 살펴볼 수 있다(2/2)
		화	4. 효과적으로 발표해요	3/9	주제에 맞는 매체 자료를 찾을 수 있다(1/2)
		화	4. 효과적으로 발표해요	4/9	주제에 맞는 매체 자료를 찾을 수 있다(2/2)
		수	4. 효과적으로 발표해요	5/9	발표 상황에 맞는 영상 자료를 만드는 방법을 안다
		금	4. 효과적으로 발표해요	6/9	효과적인 발표 자료를 만들 수 있다(1/2)
		금	4. 효과적으로 발표해요	7/9	효과적인 발표 자료를 만들 수 있다(2/2)
10	11. 1~11. 5	화	4. 효과적으로 발표해요	8/9	영상 발표회를 할 수 있다(1/2)
		화	4. 효과적으로 발표해요	9/9	영상 발표회를 할 수 있다(2/2)

❀ 사회 교과 진도계획표

주	기간	요일	단원명	차시	학습주제
5	9. 27~10. 1	목	2. 세계의 다양한 삶의 모습	1/7	세계의 다양한 기후 알아보기
6	10. 4~10. 8	수	2. 세계의 다양한 삶의 모습	2/7	기후에 따른 사람들의 생활 모습 살펴보기(1/2)
		목	2. 세계의 다양한 삶의 모습	3/7	기후에 따른 사람들의 생활 모습 살펴보기(2/2)
		목	2. 세계의 다양한 삶의 모습	4/7	세계 여러 나라 사람들의 다양한 생활 모습 살펴보기
7	10. 11~10. 15	목	2. 세계의 다양한 삶의 모습	5/7	환경에 따라 달라지는 세계 여러 나라 사람들의 생활 모습 조사해 보기(1/2)
		목	2. 세계의 다양한 삶의 모습	6/7	환경에 따라 달라지는 세계 여러 나라 사람들의 생활 모습 조사해 보기(2/2)
		금	2. 세계의 다양한 삶의 모습	7/7	세계 여러 나라 사람들의 생활 모습을 이해하고 존중하는 태도 알아보기

➡ **통합단원의 운영 시기를 협의하고, 단원의 차시 규모를 고려하여 교과별 진도계획표에 반영 및 수정한다.**

　수업 시기가 비슷하기 때문에 통합단원 진도는 5주부터 시작하여 10주까지 총 12차시 수업으로 구성하고, 나머지 6차시는 시수를 감축하여 창의적 체험활동(진로) 시수를 4차시 증배하여 편성하였다.

절차에 따른 결과

➡ **통합단원 진도계획표**

주	기간	요일	단원명	차시	학습주제
5	9. 27~10. 1	목	통합단원 도입	1/14	지구촌 문제에 대해 관심 갖기 단원 소개 및 프로젝트 과제 사전 안내
6	10. 4~10. 8	수	1. 효과적으로 발표해요	2/14	[주제 1] 여러 가지 매체 자료 살펴보기
		목	1. 효과적으로 발표해요	3/14	[주제 1] 여러 가지 매체 자료 살펴보기
		목	1. 효과적으로 발표해요	4/14	[주제 2] 주제에 맞는 매체 자료 찾기
7	10. 11~10. 15	목	1. 효과적으로 발표해요	5/14	[주제 2] 주제에 맞는 매체 자료 찾기
		목	2. 세계의 다양한 삶의 모습	6/14	[주제 3] 세계의 다양한 기후 알아보기
		금	2. 세계의 다양한 삶의 모습	7/14	[주제 3] 세계의 다양한 기후 알아보기
8	10. 18~10. 22	금	2. 세계의 다양한 삶의 모습	8/14	[주제 4] 기후에 따른 사람들의 생활 모습 조사하기
9	10. 25~10. 29	월	2. 세계의 다양한 삶의 모습	9/14	[주제 4] 기후에 따른 사람들의 생활 모습 발표하기
		화	2. 세계의 다양한 삶의 모습	10/14	[주제 4] 기후에 따른 사람들의 생활 모습 토의하기
		화	2. 세계의 다양한 삶의 모습	11/14	[주제 5] 환경에 따라 달라지는 세계 여러 나라 사람들의 생활 모습 발표하기
		수	2. 세계의 다양한 삶의 모습	12/14	[주제 5] 환경에 따라 달라지는 세계 여러 나라 사람들의 생활 모습 조사하기
		금	2. 세계의 다양한 삶의 모습	13/14	[주제 5] 환경에 따라 달라지는 세계 여러 나라 사람들의 생활 모습 토의하기
		금	통합단원 마무리	14/14	프로젝트 결과 소개 및 발표하기 프로젝트 정리하기 및 소감 나누기
10	1. 25~1. 28	목	◆ 진로설계	1/2	◆ 진로설계
		목	◆ 진로설계	2/2	◆ 진로설계

학습경험 선정하기

➜ 차시별 교수 · 학습 지도안을 작성한다.

교수 · 학습 지도안의 흐름은 생각열기(도입)-탐구활동(전개)-평가(정리) 순으로 구성하였다. 생각열기에서는 탐구 주제와 관련된 영상을 학생들이 살펴보면서 학습 동기를 유발하고 탐구활동으로 자연스럽게 연결될 수 있는 열린 질문들을 고민하여 제시하였다. 그리고 탐구활동에서는 학생들이 주도적으로 탐구할 수 있는 조사활동, 토의활동, 프로젝트 활동으로 학습 내용을 조직하였고, 마지막 정리 단계에서는 학습 목표와 관련된 탐구 주제를 마무리하였다.

'수업 이야기'에서는 수업의 방향과 재구성의 의도를 간략히 제시하였으며, 각 교과별 교과서에 제시된 학습활동을 최대한 살리거나 재구성하는 방향으로 차시별 교수 · 학습 지도안을 작성하였다.

➜ 학생용 학습 자료와 활동지를 제작한다.

교수-학습 자료는 교수 · 학습 지도안의 흐름에 따라 생각열기와 탐구활동 단계에서 학생들이 주도적으로 참여할 수 있도록 학생용 학습지를 구성하여 제시하였다. 그리고 각 교과별 교과서에 제시된 학습 내용을 최대한 반영하고자 하였으며 중복되거나 불필요한 부분은 과감하게 삭제하였다. 교과서를 활용하여 학습하는 차시는 관련 교과서 쪽수를 교수 · 학습 지도안에 명시하였다.

절차에 따른 결과

◆ 2~3차시 ◆ 여러 가지 매체 자료 살펴보기

수업이야기

매체 언어를 이해하고 표현하는 활동들은 매체 문식성을 기르는 것이며 디지털 미디어 시대에서 요구되는 새로운 소통 능력을 기르는 차원으로 확대될 수 있으나, 매체 자료의 제작 기술이나 완성도보다는 전하고자 하는 내용이나 의도, 가치에 초점을 맞추어 학생들이 내용을 보다 효과적으로 전하는 능력을 기르는 것이 중요하다.

이 수업에서는 학생들이 매체 자료를 양적으로 많이 활용하는 것보다 발표 내용과 발표를 듣는 대상의 특성, 발표 상황을 고려해 적절한 매체 자료를 알맞게 활용해 내용을 효과적으로 전할 수 있도록 매체 자료를 비판적으로 선별·수용하는 과정에서 여러 가지 매체 자료를 이해하도록 설계하였다.

교수·학습 지도안

통합단원	세계 여러 나라의 자연과 문화	소단원	① 효과적으로 발표해요
성취기준	[재구성-01] 여러 가지 매체 자료의 종류와 특성을 탐구한다. [6국01-05] 매체 자료를 활용하여 내용을 효과적으로 발표한다.		
학습 주제	**[주제 1] 여러 가지 매체 자료 살펴보기**		
학습 목표	여러 가지 매체 자료가 활용되는 상황과 매체 자료의 특징을 이해할 수 있다.		
학습 요소	다양한 매체 자료의 활용, 매체 자료의 특성		
교과 역량	■ 공감 역량 ■ 비판적 사고 역량	학습 방법	탐구 중심 프로젝트 학습
차시	2~3차시(총 2차시)	학습 자료	동영상 자료(사전학습으로 미리 시청하도록 함)

단계	교수·학습 활동	자료 및 지도상의 유의점
도입	**【생각열기】 매체 자료 맞추기 놀이하기** – 매체 재료의 종류 살펴보는 빙고게임 ┌─ **열린 질문 ❶** ─┐ • 여러 가지 매체 자료에는 무엇이 있나요? └──────────┘ ✪ 교사가 매체 자료에 대해 간단하게 힌트를 주면, 학생들은 그것이 어떤 매체 자료인지 알아맞히는 빙고놀이 활동을 함 　– 학생들은 우리 생활이나 학습에서 경험한 여러 가지 매체 자료의 종류를 떠올려 스피드 퀴즈 맞추기 빙고판에 매체의 이름을 쓰도록 함	• 매체 자료 빙고판 • 매체 자료 빙고 문제 PPT 　– 영상, 사진, 음악, 표, SNS 등의 매체 자료 이외에 이를 전달하는 텔레비전, 라디오, 신문, 스마트폰 등의 매체를 적는 것도 허용함.

	♻ 매체 자료를 다양하게 분류하기 - 빙고게임에서 나온 여러 가지 매체의 이름을 각자 기준을 정해 분류하기	
전개	【본 차시 학습 목표 및 활동 안내】 ▶ 본 차시의 학습 목표 살펴보기 ▶ 수업 활동 안내 <table><tr><td>활동 1</td><td>활동 2</td></tr><tr><td>• 다양한 매체 자료 활용 모습(사례) 조사하기</td><td>• 여러 가지 매체 자료의 특성 토의하기</td></tr></table> 【활동 1】 다양한 매체 자료 활용 모습 조사하기 ▶ 소집단 토의 ［탐구 질문 ❶］ 우리 생활에서 매체 자료는 어떤 모습으로 활용되고 있나요? ♻ 다양한 매체 자료 활용 모습 조사하기 - 그림지도, 동영상, 사진, SNS 등 다양한 매체 자료가 활용되는 모습을 스스로 조사하는 과정을 거치고 이를 학습 친구들과 공유할 수 있도록 함 - 조사 내용을 패들릿에 정리하여 발표하기 【활동 2】 여러 가지 매체 자료의 특성 토의하기 ▶ 소집단 토의 ［탐구 질문 ❷］ 매체 자료는 어떤 특성을 가지고 있나요? ♻ 매체의 종류와 특성 토의하기 - 그림지도, 동영상, 사진, SNS 등 다양한 매체 자료의 특성 토의하기 - 토의 내용을 정리하여 발표하기	• Teaching Tips - 학생들이 실제 경험한 다양한 매체 활용 모습이나 구체적인 사례들을 조사할 수 있도록 함 • 매체의 종류와 특성 https://www.youtube.com/embed/rf6_q5xtVCc(2분44초) 
정리	【여러 가지 매체 자료의 종류와 특성 정리하기】 ♻ 〈매체의 종류와 특성〉 영상을 보고, 여러 가지 매체 자료의 종류와 특성을 예를 들어 설명할 수 있다.	

수행평가	평가 내용	등급	평가 척도
수행평가	여러 가지 매체의 종류와 특성을 구체적인 사례를 들어 설명하기	평가 기준	• 여러 가지 매체의 종류와 특성을 구체적인 사례를 들어 설명할 수 있는가? • 비판적 사고 역량: 다양한 매체의 특성을 기존의 시각에서 벗어나 새로운 관점에서 이해하는가?
		A	위의 평가 요소 모두를 만족하는 경우
		B	위의 평가 요소 중 한두 가지를 만족하는 경우
		C	위의 평가 요소 모두를 만족하지 못한 경우

학습지

[주제 1] 다양한 매체 자료 활용 모습

다양한 매체 자료의 활용 모습 조사하기

_____학년 _____반　이름: _____

생각 열기

활동 1

탐구 질문 ❶

✿ 매체 자료를 다양하게 분류하기
 - 빙고게임에서 나온 여러 가지 매체의 이름을 각자 기준을 정해 분류하여 봅시다.

✿ 여러 가지 자료의 다양한 활용 모습(사례) 조사하기
 - 여러분이 실제 경험한 다양한 매체 활용 모습이나 구체적인 사례들을 조사해 봅시다.

학습지

[주제 2] 매체 자료 종류의 특성

매체 자료의 종류와 특성 알아보기

_____학년 _____반   이름: _____

활동 2

(탐구 질문 ❷)

✿ 여러 가지 자료의 종류와 특성을 토의하여 봅시다.

매체 종류	매체 특성

◆ 3~4차시 ◆   주제에 맞는 매체 자료 찾기

수업이야기

　　주제에 맞는 매체 자료를 활용한 발표가 일방적인 전달이나 그대로 읽기가 아니라, 듣는 사람과의 상호 교섭적 의사소통과 공감적 대화가 되도록 해야 한다. 매체 자료를 활용하는 과정이 학생 주도적이고 실제적 수행이 되도록 교사 중심 설명이 아니라 학생이 스스로 계획하고, 수행하며, 점검할 수 있도록 한다.

　　이 수업에서는 학생들이 매체 자료를 양적으로 많이 활용하는 것보다 발표 내용과 발표를 듣는 대상의 특성, 발표 상황을 고려해 주제에 맞는 적절한 매체 자료를 알맞게 활용해 발표 효과를 높이도록 설계하였다. 특히 매체 자료를 활용해 발표하기는 개별 학습보다 협력 학습으로 운영해 동료와 상호작용을 하면서 매체 자료를 비판적으로 선별·수용하고, 건전하고 유의미한 매체 자료를 능동적으로 장착해 보는 기회가 되도록 한다.

교수·학습 지도안

통합단원	세계 여러 나라의 자연과 문화	소단원	① 효과적으로 발표해요
성취기준	[재구성-02] 주제와 효과적인 여러 가지 매체 자료를 탐구한다. [6국01-05] 매체 자료를 활용하여 내용을 효과적으로 발표한다.		
학습 주제	**[주제 2] 주제에 맞는 매체 자료 찾기**		
학습 목표	여러 가지 매체 자료가 활용되는 상황과 매체 자료의 특징을 이해할 수 있다.		
학습 요소	주제에 맞는 매체 자료를 찾을 수 있다.		
교과 역량	■ 정보처리 역량 ■ 의사소통 역량	학습 방법	탐구 중심 프로젝트 학습
차시	3~4차시(2차시)	학습 자료	동영상 자료(사전학습으로 미리 시청하도록 함)
단계	교수·학습 활동		자료 및 지도상의 유의점
도입	**【생각열기】〈당신도 스몸비입니까?〉 동영상 살펴보기** - 공익광고 동영상 살펴보기 　열린 질문 ❶ • 〈당신도 스몸비입니까?〉 공익광고 동영상에서 무엇을 전달하고 있나요? ↻ '스몸비족'이라는 말을 들어 보았나요? 스몸비족이 무엇일지 짝과 이야기해 봅시다. ↻ 공익광고 동영상은 우리에게 무엇을 전달하고자 하나요? ↻ 동영상에서 가장 인상 깊은 장면은 무엇인가요?		• 당신도 스몸비입니까?(2분 33초) https://www.youtube.com/embed/xUE4lk2fdfo

전개	**【본 차시 학습 목표 및 활동 안내】** ▶ 본 차시의 학습 목표 살펴보기 ▶ 수업 활동 안내 | 활동 1	활동 2 | |---|---| | • 주제에 맞는 매체 자료 탐색하기 | • 주제에 맞는 매체 자료 선택하여 발표하기 | **【활동 1】 주제에 맞는 매체 자료 탐색하기** ▶ 소집단 토의 **탐구 질문 ❶** '휴대전화 사용 습관'이라는 주제를 잘 전하는 매체 자료에는 무엇이 있나요? ♻ '휴대전화 사용 습관'이라는 주제를 전달하는 공익광고, 사진, 도표, 동영상 등 다양한 매체 자료 찾아보기 – 학생들이 찾은 다양한 매체 자료를 살펴보고, 각 매체가 주제를 잘 드러내는지 그리고 그렇게 생각한 까닭은 무엇인지 토의하기 **【활동 2】 주제에 맞는 매체 자료를 활용하여 발표하기** ▶ 소집단 토의 **탐구 질문 ❷** '휴대전화 사용 습관'이라는 주제에 맞는 매체 자료 선택하여 모둠발표하기 ♻ 휴대전화 사용 습관'이라는 주제에 맞는 매체 자료를 선택하여 모둠발표를 하여 봅시다. – 주제를 효과적으로 전달하기 위해 알맞은 매체 자료 선택하기 – 선택한 매체 자료를 효과적으로 전달하기 위한 발표 방법 토의하기 – 매체 자료를 활용하여 주제를 효과적으로 발표하기	• 학생들의 생활과 관련 깊은 주제를 선택하여 주제에 맞는 여러 가지 매체 자료를 탐색하도록 함 • 교과서에 제시된 '휴대전화 사용 습관' 또는 '언어 폭력' 주제 중에서 하나를 선택하여 관련 주제를 효과적으로 전달하는 여러 가지 매체들을 탐색하도록 함 • 주제를 효과적으로 드러내기 위해 여러 가지 매체 자료를 활용하여 어떻게 발표할 것인지 토의하도록 함 • 선택한 매체 자료를 PPT로 정리하여 모둠별 발표 순서 및 방법을 정하도록 함
정리	**【주제에 맞는 매체 자료 정리하기】** ♻ 주제에 맞는 매체 자료를 선택하여, 효과적으로 발표하는 방법을 설명할 수 있다.	

	평가 내용	등급	평가 척도
수 행 평 가	주제에 알맞은 매체 자료를 선택하여, 효과적으로 발표할 수 있다.	평가 기준	• 주제에 알맞은 매체 자료를 선택하여 효과적으로 발표할 수 있는가? • 의사소통 역량: 주제에 대한 자신의 생각을 잘 표현하고 타인의 의견을 경청 · 존중하는가? • 정보처리 역량: 주제에 알맞은 매체 자료를 효과적으로 정리하여 PPT를 제작할 수 있는가?
		A	위의 평가 요소 모두를 만족하는 경우
		B	위의 평가 요소 중 한두 가지를 만족하는 경우
		C	위의 평가 요소 모두를 만족하지 못한 경우

학습지

[주제 1] 주제에 알맞은 매체 자료 찾아보기

주제에 알맞은 매체 자료 찾아보기

_____학년 _____반   이름: _____

생각 열기

다음 영상을 살펴봅시다.

• 당신도 스몸비입니까?

활동 1

탐구 질문 ❶

✿ 주제를 효과적으로 전달하는 공익광고 사진, 도표, 동영상 등 다양한 매체 자료를 찾아봅시다.

매체 자료	어떤 점에서 주제를 잘 전하는가?	그렇게 생각한 까닭
사진		
도표		
동영상		

학습지

[주제 2] 매체 자료를 활용하여 발표하기

매체 자료 활용하여 발표하기

_____학년 _____반   이름: _____

활동 2

탐구 질문 ❶

♻ 주제에 알맞은 매체 자료를 선택하여 모둠발표를 하여 봅시다.

주제	어떤 점에서 주제를 잘 전하는가?

◆ 8~10차시 ◆   세계의 다양한 기후 알아보기

수업이야기

디지털 영상 지도를 비롯한 각종 통계 자료와 그래프, 사진 등과 같은 시각 자료와 세계의 자연과 문화, 인간과 자연 간의 관계를 다루는 다큐멘터리 영상 기획물 등 다양한 매체 자료를 활용하여 세계의 자연 환경 및 인문 환경과 인간 생활과의 관계를 탐구하고, 삶의 다양한 방식을 존중하는 태도를 기르고자 한다.

이 수업에서는 세계 주요 기후의 분포 살펴보기, 각 기후의 특성 파악하기, 기후 환경과 인간 생활 간의 관계를 탐색함으로써 사람들의 생활 모습과 환경 사이의 관계를 이해하도록 설계하였다. 기후에 따른 사람들의 생활 모습과 환경 간의 관계를 탐구함으로써 이를 바탕으로 서로 다른 가치와 문화를 존중하는 태도를 기르도록 한다.

교수 · 학습 지도안

통합단원	세계 여러 나라의 자연과 문화	소단원	② 세계의 다양한 삶의 모습
성취기준	[6사07-03] 세계 주요 기후의 분포와 특성을 파악하고, 이를 바탕으로 하여 기후 환경과 인간 생활 간의 관계를 탐색한다. [6국01-05] 매체 자료를 활용하여 내용을 효과적으로 발표한다.		
학습 주제	**[주제 3, 4] 세계 주요 기후의 특징과 기후에 따른 여러 나라 사람들의 생활 모습**		
학습 목표	세계 주요 기후의 특징과 기후에 따른 여러 나라 사람들의 생활 모습을 조사하여 효과적으로 발표할 수 있다.		
학습 요소	세계 주요 기후의 특징, 세계 주요 기후에 따른 여러 나라 사람들의 생활 모습		
교과 역량	■ 의사소통 역량 ■ 정보처리 역량	학습 방법	탐구 중심 프로젝트 학습
차시	6~7차시(2차시)	학습 자료	동영상 자료(사전학습으로 미리 시청하도록 함)

단계	교수 · 학습 활동	자료 및 지도상의 유의점
도입	**【생각열기】기후의 의미와 세계 기후 분포 살펴보기** – 기후의 의미와 세계 기후 분포도 살펴보기 **열린 질문 ❶** • 기후의 의미는 무엇인가요? • 적도 부근과 극지방 부근에는 주로 어떤 기후가 나타나는가? ✿ 기후란 무엇인가요? ✿ 적도 부근에는 주로 어떤 기후가 나타나나요? ✿ 극지방 부근으로 갈수록 주로 어떤 기후가 나타나나요? ✿ 세계 주요 기후는 어떻게 분포해 있을까요?	• 세계 기후 분포도(교과서 36~37쪽) Monthly Mean Air Temperature (Jan, 2014)

전개	**【본 차시 학습 목표 및 활동 안내】** ▶ 본 차시의 학습 목표 살펴보기 ▶ 수업 활동 안내 | 활동 1	활동 2
---	---
• 세계 주요 기후의 특징 탐구하기	• 세계 주요 기후에 따른 사람들의 생활 모습 탐구하기 | **【활동 1】 세계 주요 기후의 특징 탐구하기** ▶ 소집단 조사 및 발표 　　탐구 질문 ❶ 　세계 주요 기후는 어떤 특징을 보이나요? ✿ 모둠별로 열대 기후, 건조 기후, 온대 기후, 냉대 기후, 한대 기후, 고산 기후의 특징과 각 기후에 해당되는 나라 조사하기 　-6모둠으로 구성하여 모둠별로 하나씩 주요 기후의 특징을 살펴보고, 각 기후에 해당되는 나라를 사회과부도에서 찾아보도록 함 　-모둠별로 조사한 내용을 효과적인 매체 자료를 활용하여 PPT로 만들어 세계 주요 기후의 특징 발표하기 **【활동 2】 세계 주요 기후에 따른 사람들의 생활 모습 탐구하기** ▶ 소집단 조사 및 발표 　　탐구 질문 ❷ 　세계 주요 기후에 따른 사람들의 생활 모습은 어떠한가요? ✿ 기후에 따른 사람들의 생활 모습 조사하기 　-각 기후별 특성을 파악하고, 이를 바탕으로 기후 환경이 인간 생활에 미치는 영향을 이해하며 기후에 따른 생활 방식 등을 조사하기 　-조사한 내용을 효과적인 매체 자료를 활용하여 PPT 발표하기	• Teaching Tips 　-열대 기후, 건조 기후, 냉대 기후, 한대 기후를 나타낸 지구본과 각 기후의 특징을 탐구하도록 함 • Teaching Tips 　-각 기후에 따른 사람들의 생활 모습을 살펴보는 활동으로, 한 가지 기후의 특성과 이 기후가 인간 생활에 미치는 영향을 살펴보도록 함 　-기후의 특성에 따라 인간 생활의 생산 활동과 여러 가지 생활 방식이 어떻게 나타나는지 탐구하도록 함 　-기후에 따른 자연 환경과 생활 방식에 대한 이해를 돕는 매체 자료가 효과적임
정리	**【기후에 따른 사람들의 생활 모습 정리하기】** ✿ 세계 주요 기후별 특성과 이를 바탕으로 기후에 따른 사람들의 생활 모습을 구체적인 사례를 들어 설명하기	

	평가 내용	등급	평가 척도
수행평가	세계 주요 기후별 특성과 이를 바탕으로 기후에 따른 사람들의 생활 모습을 구체적인 사례들을 조사하여 발표할 수 있음	평가기준	• 세계 주요 기후별 특성과 이를 바탕으로 기후에 따른 사람들의 생활 모습을 구체적인 사례들을 조사하여 발표할 수 있는가? • 의사소통 역량: 기후에 따른 사람들의 생활 모습에 대해 자신의 생각을 잘 표현하고 타인의 의견을 경청 · 존중하는가? • 정보처리 역량: 조사한 자료를 효과적으로 정리하여 PPT를 제작할 수 있는가?
		A	위의 평가 요소 모두를 만족하는 경우
		B	위의 평가 요소 중 한두 가지를 만족하는 경우
		C	위의 평가 요소 모두를 만족하지 못한 경우

학습지

[주제 3] 세계 주요 기후의 특징과 사람들의 생활 모습

기후의 의미와 세계 기후의 특징

_____학년 _____반   이름: _____

생각 열기

다음 세계 기후 분포도를 살펴봅시다.

Monthly Mean Air Temperature (Jan, 2014)

• 세계 기후는 어떻게 분포되어 있나요?

열린 질문 ❶

✿ 기후란 무엇인가요?

✿ 적도 부근에는 주로 어떤 기후가 나타나나요?

✿ 극지방 부근으로 갈수록 주로 어떤 기후가 나타나나요?

✿ 세계 주요 기후 분포도에서 살펴볼 수 있는 각각의 열대 기후, 건조 기후, 온대 기후, 냉대 기후, 한대 기후의 특징은 무엇인가요?

학습지

[주제 3] 세계 주요 기후의 특징과 사람들의 생활 모습

기후에 따른 사람들의 생활 모습 탐구하기

_____학년 _____반　　이름: _____

활동 1

탐구 질문 ❶

✿ 기후에 따른 사람들의 생활 모습을 조사하여 봅시다.

활동 2

탐구 질문 ❷

✿ 기후에 따른 자연 환경이 사람들의 생활 모습에 어떤 영향을 미치는지 발표하여 봅시다.

내용을 효과적으로 전달하기 위한 매체 자료는 무엇이 좋을까요?

그렇다면 매체 자료를 활용하여 PPT를 만들어 발표하여 봅시다.

4. 함께 살아가는 지구촌의 평화와 발전

▌통합단원명

함께 살아가는 지구촌의 평화와 발전(6학년 도덕, 사회 통합)

▌통합의 유형: 공통된 주제 중심 교과서 내용의 통합

통합의 유형	통합의 요소	통합의 중심	통합의 방식	통합의 단위
■ 다학문적 ■ 간학문적 ☐ 탈학문적	■ 지식 ■ 기능 ■ 가치/태도 ■ 성취기준	☐ 제재 ■ 주제 ☐ 문제 ☐ 학습 기능 ☐ 사고 양식 ☐ 표현활동 ☐ 흥미	☐ 병렬 ☐ 광역 ■ 공유 ☐ 혼합 ☐ 융합	☐ 통합교과(과목) ■ 통합단원 ☐ 차시통합

▌단원의 내러티브

　도덕 교과와 사회 교과에서는 민주시민, 지구촌, 통일 등과 같은 동일한 주제를 다루고 있는 교과서 내용을 확인할 수 있다. 이처럼 각 교과에서 동일한 주제를 다루다 보니 유사하거나 중복되는 교과 내용을 공통된 주제를 중심으로 통합하여 단원을 재구성하였으면 좋겠다는 생각을 하였다. 이처럼 각 교과에서 동일한 주제를 다룰 경우, 주제를 중심으로 교과서 내용을 통합하여 재구성함으로써 중복되는 부분은 최소화하고 각 교과에서 다루는 성취기준을 깊이 있게 다룰 수 있다.

　따라서 통합단원【함께 살아가는 지구촌 평화와 발전】은 지구촌 갈등과 문제를 공통적인 핵심 내용으로 다루면서 사회 교과에서 강조하는 지구촌 갈등 사례를 조사해 그 복합적 원인을 이해하고 해결방안을 탐색하는 데 역점을 두고 있는 반면, 도덕 교과에서 강조하는 존중과 인류애 의미와 중요성을 살펴보고자 하였다.

▌통합 절차

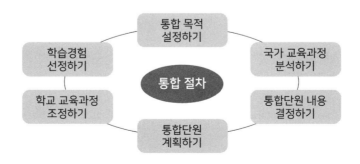

통합 목적 설정하기

➔ '교육과정 통합이 필요한 이유는 무엇인가?'라는 질문을 중심으로 통합의 목적을 설정한다.

　6학년 사회 교과와 도덕 교과 대단원에서 '지구촌'이라는 주제를 공통분모로 다루고 있지만, 나는 매일같이 바쁘다는 핑계로 각 교과에서 중복되거나 비슷한 내용들을 무시하고 그냥 쉽게 교과서 내용을 중심으로 수업을 하였다. 때로는 비슷한 내용이 반복되는 지루한 수업 상황이 연출될 때면 학생들에게 준비 없이 가르치는 것 같은 미안하고 불편한 마음이 들곤 했다. 그리고 학생들은 지구촌 갈등(문제)의 원인을 찾고, 이를 해결하여 지구촌 평화와 발전에 이바지하는 세계 시민으로서의 자세를 학습하는 과정을 매우 막연하고 추상적으로 받아들였다.

　이러한 문제 상황에서 나는 그동안 생각했던 각 교과에서 중복된 내용을 통합하고, 학생들 삶에 보다 직접적이고 구체적인 탐구 활동으로 통합단원을 개발하고자 결심하였다. 즉, 공통된 주제를 중심으로 교과서 내용을 통합함으로써 반복되는 학습 내용으로 인한 지루함은 줄이고, 학생들의 구체적인 삶에 좀 더 가까운 학습 내용을 채우고자 시도하였다.

　학생들은 자신의 삶 속에서 살아 있는 문제로 지구촌 갈등과 문제 상황을 만나고, 지구촌 평화와 발전을 위한 도덕적 민감성을 기르며, 이러한 지구촌 갈등과 문제를 해결할 수 있는 역량을 길러 주고자 한다.

☰ 절차에 따른 결과

통합단원 【함께 살아가는 지구촌의 평화와 발전】 개발의 목적

◎ 『사회 2. 지구촌의 평화와 발전』, 『도덕 6. 함께 살아가는 지구촌』에서 공통적으로 다루고 있는 '지구촌'이라는 주제를 중심으로 통합단원을 개발하고자 한다. 사회 및 도덕 교과에서 공통적으로 다루고 있는 교과서 내용 중심으로 간학문적 통합단원을 개발하고자 한다. 학습 내용의 중복을 줄이고, 학생들의 삶에서 시작하는 프로젝트 수업을 구성하여 깊이 있는 배움이 이루어질 수 있도록 한다.

◎ 이에 본 통합단원 학습을 통해, 학생들이 자신의 삶 속에서 살아 있는 지구촌 갈등과 문제 상황을 이해하고, 도덕적 민감성을 키우며, 지구촌 갈등과 문제 상황을 해결할 수 있는 역량을 길러 주고자 한다.

국가 교육과정 분석하기

→ 교과별 성취기준을 중심으로 교육과정을 수평ㆍ수직적 스캔하여 공통된 연관성을 찾는다.

　통합단원【함께 살아가는 지구촌의 평화와 발전】개발을 위해 국가 교육과정을 스캔하였다. 두 교과 모두 공통적으로 지구촌 갈등과 문제를 다루고 있으며, 주변(가정 또는 학교)에서 지구촌 문제와 관련 깊은 사례들을 찾아보고, 이를 해결해 보는 등 학생들이 직접 탐구 활동을 통해 지구촌 문제 해결에 참여해 보는 유의미한 경험을 제공케 한다는 공통점이 있었다(〈표 3-10〉 참조).

　하지만 두 교과가 주제에 접근하는 방향 및 강조하는 부분은 다소 차이가 있었다. 사회과에서는 대부분 시리아 내전이나 전쟁 등으로 인한 심각한 지구촌의 갈등 문제를 다루고 있으며, 이러한 지구촌 갈등 사례를 조사해 그 복합적 원인을 이해하고 해결방안을 탐색하는 데 역점을 두고 있다. 반면, 도덕 교과에서는 전쟁뿐만 아니라 기아, 질병, 환경 파괴, 차별(인종, 성 등)과 같은 지구촌 문제를 다루고 있으며, 존중과 인류애 의미와 중요성을 강조한다(〈표 3-11〉 참조).

◈ 표 3-10 교과서 및 성취기준 분석

	도덕	사회
단원명	6단원 '함께 살아가는 지구촌'으로 총 4차시로 구성됨	2학기 2단원 '통일 한국의 미래와 지구촌'의 두 번째 주제 '지구촌의 평화와 발전'으로 총 7차시로 구성됨
단원 내용 체계	1. 지구촌 문제를 해결하기 위한 노력 알아보기(1차시) 2. 지구촌 문제를 해결할 수 있는 방법 실천해 보기(2차시) 3. 지구촌 문제의 원인과 해결방안에 대해 토의하기(3차시) 4. 생활 속에서 지구촌 문제 찾고, 지구촌 문제 체험하기(4차시)	1. 지구촌 갈등의 원인과 문제점 알아보기(1~2차시) 2. 지구촌 갈등을 평화롭게 해결하는 방법 토의해 보기(3차시) 3. 지구촌 갈등 해결을 위한 국제기구와 국가들의 노력 조사하기(4차시) 4. 지구촌 갈등 해결을 위한 개인과 비정부 기구의 노력 조사하기(5차시) 5. 지구촌 평화와 발전을 위한 비정부 기구를 만들어 실천하기(6~7차시)
성취 기준	[6도03-04] 세계화 시대에 인류가 겪고 있는 문제와 그 원인을 토론을 통해 알아보고, 이를 해결하고자 하는 의지를 가지고 실천한다.	[6사08-03] 지구촌의 평화와 발전을 위협하는 다양한 갈등 사례를 조사하고 그 해결방안을 탐색한다. [6사08-04] 지구촌의 평화와 발전을 위해 노력하는 다양한 행위 주체(개인, 국가, 국제기구, 비정부 기구 등)의 활동 사례를 조사한다.

❖ 표 3-11　지식/기능/태도 분석

교과	지식	기능	태도
도덕	• 존중과 인류애의 의미와 중요성을 이해하기	• 지구촌 친구들이 존중받지 못하는 상황을 활동으로 체험하기	• 생활 속에서 인류애를 꾸준히 실천하는 의지 기르기
사회	• 지구촌 평화와 발전을 위협하는 갈등 사례와 문제점 이해하기	• 지구촌 갈등 사례 해결을 위한 다양한 행위 주체들의 노력들을 조사하기	• 지구촌 갈등 해결을 위해 스스로 할 수 있는 일을 찾아 실천하는 태도 지니기
교과 간 공통된 부분	• 지구촌 갈등과 문제를 해결하기 위한 다양한 노력들을 이해하기	• 지구촌 갈등과 문제를 평화롭게 해결하는 방법 토의해 보기	• 생활 속에서 지구촌 갈등과 문제 해결을 위해 작은 실천하기

➜ 통합의 목적을 고려하여 통합단원의 전반적인 내용 흐름을 얼개 수준으로 간략하게 작성한다.

　두 교과의 공통적인 교과서 내용을 중심으로, 통합단원의 중심 내용을 다음과 같은 흐름으로 간략하게 정리해 보았다. 가장 먼저 학생들이 지구촌의 다양한 문제 상황을 살펴보고, 이러한 지구촌 문제 해결을 위한 다양한 노력 사례를 조사할 것이다. 그리고 생활 속에서 학생들이 직접 경험할 수 있는 지구촌 문제 해결을 위한 구체적인 작은 실천 방안을 토의하여 '어린이 비정부 기구'를 만들어 실천하는 프로젝트 형태로 단원의 흐름을 구성하였다. 이를 통해 학생들은 지구촌 문제에 대한 도덕적 민감성을 기르고, 세계 시민으로서의 태도를 기를 수 있을 것이다. 여기서 학생들의 이해 수준을 고려하여 도덕적 민감성과 세계 시민이라는 용어를 직접 언급하기보다는 학생들이 다양한 지구촌 문제를 자신의 삶 속에서 구체화하여 이해할 수 있도록 접근하였다.

📋 절차에 따른 결과

통합단원【함께 살아가는 지구촌의 평화와 발전】의 탐구 주제 선정
(사회/도덕과의 공통 부분을 중심으로)

통합단원【지구촌】

- 지구촌의 다양한 갈등과 문제 상황 이해하기
- 지구촌 문제 해결을 위한 다양한 노력 사례 조사하기
- 지구촌 문제 해결을 위한 생활 속 작은 실천 방안 탐구하기
- 지구촌 문제 해결하기
  - 어린이 비정부 기구를 만들어 생활 속에서 지구촌 문제를 해결할 수 있는 실천 방안을 체험하기

• 삶으로 이어지는 작은 실천으로 도덕적 민감성 기르기
• 지구촌 평화와 발전을 위한 세계 시민으로서 태도 지니기

통합단원 내용 결정하기

→ 탐구 주제를 중심으로 통합단원의 내용을 결정한다.

초등학교에서는 동 학년 선생님과 협력하여 집단지성을 발휘하면서 함께 통합단원을 개발하는 것이 가장 이상적인 상황일 것이다. 하지만 현실은 그렇게 녹록지 않다. 교육청에서도 전문적 학습 공동체를 통한 공동 학습, 연수 등을 권하고 있지만 여전히 교사들은 방과 후에 함께 모일 수 있는 상황이 아니다. 그래서 나는 지난 수업 경험과 그때의 학생들 반응을 상기하며 통합단원 내용을 결정하였다.

통합단원 내용을 결정하기에 앞서 지구촌 갈등과 문제를 어느 정도의 범위와 수준으로 학생들에게 제시할 것인지에 대한 고민을 하였다. 왜냐하면 학생들의 입장에서 지구촌 갈등과 문제 상황은 그들의 관심 밖이며 너무 추상적이고 먼 이야기이기 때문이다. 그리고 교과서에 소개된 지구촌 문제와 갈등 사례들을 살펴보면 도덕 교과에서는 전쟁, 환경 파괴, 질병, 기아, 차별과 관련된 다양한 범주의 지구촌 문제를 다루고 있지만 사회 교과에서는 주로 시리아 내전, 이스라엘과 팔레스타인의 갈등, 나이지리아 내전, 메콩강 유역 갈등과 같이 자원, 인종, 민족, 종교, 언어, 역사, 정치 등의 여러 가지 복잡한 원인에 의한 지구촌 갈등으로 한정되어 제시되었다.

그래서 학생들과 협의하여 교과서에 제시된 사례 외에도 학생들이 관심을 갖고 있는 학습 내용 요소까지 지구촌 갈등과 문제의 스코프를 확장하였다. 그리고 다양한 사례 중에서도 학생들이 가정이나 학교에서 작은 실천이나 캠페인 활동으로 이어질 수 있는 학습 내용 요소를 고민하고 선택할 수 있도록 방향을 제시였다.

→ 통합의 스코프(내용 요소)를 작성한다.

모둠 프로젝트 활동에서 학생들이 다양한 학습 내용 요소를 선택할 수 있도록 탐구 주제를 중심으로 관련된 학습 내용 요소의 스코프를 다음과 같이 설정하였다.

탐구 주제	통합단원의 스코프
지구촌의 다양한 문제 상황 이해하기	• 지구촌의 다양한 갈등과 문제 상황 　- 전쟁(시리아 내전, 나이지리아 내전, 우크라이나-러시아 전쟁 등), 환경 파괴, 질병, 기아, 인권(아동 인권), 각종 차별 문제 등
지구촌 문제 해결을 위한 다양한 노력 사례 조사하기	• 지구촌 문제 해결을 위한 다양한 주체들의 노력 　- 국가: 한국국제협력단(KOICA)의 봉사 활동, 외교 활동 등 　- 국제 기구: 국제연합(UN) 산하 및 관련 기구 등 　- 개인: 간디, 이태석 신부, 조디 윌리엄스, 그레타 툰베리 등 　- 비정부 기구: 국경 없는 의사회, 그린피스, 세이브 더 칠드런 등
지구촌 문제 해결을 위한 생활 속 작은 실천 방안 탐구하기	• 작은 실천 방안 토의 　- 캠페인 활동, 신문/광고 포스터 만들기, 1인 프로젝트 활동 등
지구촌 문제 해결하기	• 작은 실천 방안을 바탕으로 어린이 비정부 기구 만들어 실천하기 　- 어린이 비정부 기구(구성하기, 활동 계획하기, 실천하기) • 지구촌 평화와 발전을 위한 세계 시민으로 필요한 자세 토의하기 　- 통합단원 수업을 통해 알게 된 점과 내가 갖추어야 할 자세

→ **통합의 시퀀스(배우는 순서)를 작성한다.**

최종적으로 학생들이 비정부 기구를 만들어 지구촌 문제들을 생활 속에서 작은 실천으로 경험할 수 있도록 학습 순서를 다음과 같이 배치하였다.

지구촌의 다양한 문제 상황 이해하기	지구촌 갈등(문제) 상황 조사하기 → 지구촌 갈등(문제)의 문제점과 원인 토의하기

↓

지구촌 문제 해결을 위한 다양한 노력 사례 조사하기	지구촌 문제 해결을 위한 다양한 주체들의 노력을 조사하여 발표하기 (국가, 국제 기구, 개인, 비정부 기구 차원으로 접근)

↓

세계의 다양한 기후 이해하기	기후의 의미와 세계 주요 기후의 특징 이해하기

↓

지구촌 문제 해결을 위한 생활 속 작은 실천 방안 탐구하기	학생들의 삶 속에서 지구촌 문제 해결을 위한 작은 실천 방안 토의하기 → 작은 실천 방안 구체화하기

↓

지구촌 문제 해결하기	작은 실천 방안을 바탕으로 어린이 비정부 기구 만들어 실천하기 → 지구촌 평화와 발전을 위한 세계 시민으로 필요한 자세 토의하기

▼
▼

 절차에 따른 결과

통합단원 【함께 살아가는 지구촌의 평화와 발전】의 스코프 및 시퀀스

단원	탐구 주제 및 순서	내용
통합 단원 【지구촌】	지구촌의 다양한 문제 상황 이해하기(주제 1)	• 지구촌 갈등(문제) 상황 조사하기 • 지구촌 갈등(문제)의 문제점과 원인 토의하기
	지구촌 문제 해결을 위한 다양한 노력 사례 조사하기(주제 2)	• 지구촌 문제 해결을 위한 다양한 주체들의 노력을 조사하여 발표하기(국가, 국제 기구, 개인, 비정부 기구 차원으로 접근)
	지구촌 문제 해결을 위한 생활 속 작은 실천 방안 탐구하기(주제 3)	• 학생들의 삶 속에서 지구촌 문제 해결을 위한 작은 실천 방안 토의하기 • 작은 실천 방안 구체화하기
	지구촌 문제 해결하기(주제 4)	• 작은 실천 방안을 바탕으로 어린이 비정부 기구 만들어 실천하기 • 지구촌 평화와 발전을 위한 세계 시민으로 필요한 자세 토의하기

통합단원 계획하기

→ 통합단원(프로그램)명을 결정한다.

공통된 주제를 중심으로 교과서 내용을 통합하고자 하였기에 공통된 주제를 살려 통합단원명을 '함께 살아가는 지구촌의 평화와 발전'으로 결정하였다.

지구촌 문제 상황 이해하기(주제 1)와 지구촌 문제 해결을 위한 다양한 노력 조사하기(주제 2)를 「소단원 1-지구촌 문제 해결을 위해 함께 노력해요」로 묶었으며, 지구촌 문제 해결방안 탐구하기(주제 3)와 지구촌 문제 해결하기 활동(주제 4)을 「소단원 2-지구촌 문제, 우리가 해결해요」로 묶었다.

단원의 주된 활동은 프로젝트 학습 형태로 구성되므로, 프로젝트의 전반적인 내용을 안내하고 결과를 공유할 수 있도록 '단원 도입' 및 '단원 마무리' 활동을 통합단원 학습의 시작과 끝에 배치하였다.

◈ 표 3-12　통합단원명 및 소단원명 결정

통합단원명	탐구 주제 및 순서	소단원명
함께 살아가는 지구촌의 평화와 발전	통합단원 도입	주제 만나기
	[주제 1] 지구촌의 다양한 문제 이해하기	1. 지구촌 문제 해결을 위해 함께 노력해요
	[주제 2] 지구촌 문제 해결을 위한 다양한 노력 조사하기	
	[주제 3] 지구촌 문제 해결방안 탐구하기	2. 지구촌 문제, 우리가 해결해요
	[주제 4] 지구촌 문제 해결하기	
	통합단원 마무리	주제 마무리하기

→ 통합단원의 목표, 개관, 학습계획을 작성한다.

[통합 목적 설정하기] [국가 교육과정 분석하기] [통합단원 내용 결정하기] 단계를 거치며 구상한 내용을 바탕으로 통합단원의 목표와 개관을 작성하였다. 그 후 통합단원의 목표에 부합하도록 학습계획을 구상하였다.

[국가 교육과정 분석하기] 단계에서, 지구촌을 주제로 한 교과서 내용이 총 11차시(도덕 4, 사회 7)로 편성되어 있음을 확인했다. 그래서 통합단원 도입과 마무리는 각각 1차시로 하고, 각 주제를 2차시 분량으로 계획하여 총 10차시로 통합단원을 편성하여 1차시 분량의 별도 시간을 확보하였다. 그리고 통합단원 개발 절차에 따른 각 과정을 다시 돌아보면서 전체적인 통합단원 구성을 맞추어 나갔다.

→ 통합단원의 평가계획을 작성한다.

평가계획을 작성할 때에는 통합단원 탐구 주제를 중심으로 교육과정-수업내용-평가가 일치되는지 점검해 보았다. 학습계획과 평가계획에서 발견한 문제점을 토대로 주제와 맞지 않는 학습 내용을 수정하였으며, 이를 다시 통합단원의 목표와 개관에 반영하는 순환적 과정을 거쳤다.

☰ 절차에 따른 결과

➡ 단원의 개관

이 단원은 도덕 교과 6단원 『함께 살아가는 지구촌』과 사회 교과 2단원의 『지구촌의 평화와 발전』에서 공통적으로 다루고 있는 '지구촌 갈등과 문제 해결을 위한 다양한 노력'이라는 주제를 중심으로 통합단원을 개발하고자 한다. 이에 공통 통합 요소인 '지구촌 문제 해결을 위한 노력'이라는 주제를 중심으로 간학문적 통합으로 접근하고자 한다. 즉, 지구촌 문제(갈등)의 원인과 지구촌 문제 해결을 위한 다양한 노력을 살펴보고, 지구촌 문제 해결방안을 토의하고 실천함으로써 지구촌 평화와 인류애를 꾸준히 실천하는 의지와 태도를 기르고자 한다.

따라서 학생들이 통합단원을 주체적으로 탐구하고 실천하는 학습 과정에서 지구촌 평화와 발전을 위한 도덕적 민감성을 기르고 세계 시민으로서의 자세를 함양하는 데 목적을 둔다.

➡ 단원의 목표

- 지구촌의 다양한 문제들을 조사하고 그 원인을 이해할 수 있다.
- 지구촌 문제를 해결하기 위한 다양한 노력들을 조사할 수 있다.
- 지구촌의 다양한 문제를 해결하기 위한 실천 방안을 제시할 수 있다.
- 지구촌 평화와 지속 가능한 발전을 위한 비정부 기구를 만들어 실천할 수 있다.
- 지구촌 문제에 지속적인 관심을 갖고 도덕적 민감성을 기른다.
- 행복한 지구촌을 만들기 위한 세계 시민으로서 자세를 지닌다.

교과 역량	• 비판적 사고 역량, 의사소통 역량, 문제 해결 역량, 공감 역량, 정보처리 역량

➡ 단원의 성취기준

01 [6도03-04]	02 [6사08-03]	03 [6사08-04]	04 [재구성-01]	05 [재구성-02]
세계화 시대에 인류가 겪고 있는 문제와 그 원인을 토론을 통해 알아보고, 이를 해결하고자 하는 의지를 가지고 실천한다.	지구촌의 평화와 발전을 위협하는 다양한 갈등 사례를 조사하고, 그 원인을 파악한다.	지구촌의 평화와 발전을 위해 노력하는 다양한 행위 주체(개인, 국가, 국제기구, 비정부기구 등)의 활동 사례를 조사한다.	지구촌 평화와 발전을 위해 협력하는 세계 시민의 자세를 기른다.	지구촌 문제에 대한 도덕적 민감성을 기를 수 있다.

➡ 단원학습계획

통합단원	소단원	차시	탐구 주제	지도 내용	지도 주안점
함께 살아가는 지구촌의 평화와 발전	주제 만나기	1	통합단원 도입	1) 지구촌 문제에 대해 관심 갖기 2) 단원 소개 및 프로젝트 과제 사전 안내	단원 도입 활동 중 프로젝트 핵심 과제를 미리 안내하여, 학생들이 학습의 흐름을 파악하고 과제에 초점을 맞추어 학습에 참여할 수 있도록 함
	1. 지구촌 문제 해결을 위해 함께 노력해요	2~3	[주제 1] 지구촌의 다양한 문제 이해하기	1) 지구촌 갈등 문제의 심각성 인식하기 2) 지구촌 갈등 사례를 통해 다양한 원인 알아보기	학생들이 지구촌의 다양한 문제를 조사한 후 나의 삶에 어떤 영향을 미치는지 그리고 더 나아가 지구촌 전체에 어떤 영향을 미치는지 탐구하는 과정에서 지구촌의 다양한 문제와 원인을 이해하도록 함
		4~5	[주제 2] 지구촌 문제 해결을 위한 다양한 노력 조사하기	1) 지구촌 평화를 위한 행위 주체의 다양한 노력 조사하기 2) 지구촌 평화를 위한 다양한 노력들이 나의 삶에 어떤 영향을 미칠지 토의하기	학생들이 지구촌의 평화와 발전을 위해 노력하는 다양한 행위 주체(국가, 국제 기구, 개인, 비정부기구)의 활동을 조사하여 발표한 후, 이러한 다양한 노력이 나의 삶에 어떤 영향을 미치는지 그리고 더 나아가 지구촌 전체에 어떤 영향을 미치는지 탐구하는 과정에서 지구촌 평화와 발전을 위한 다양한 노력을 이해할 수 있도록 함
	2. 지구촌 문제, 우리가 해결해요	6~7	[주제 3] 지구촌 문제 해결을 위한 실천 방안 탐구하기	1) 지구촌 문제를 해결하기 위해 우리가 실천할 수 있는 방안 탐구하기 2) 지구촌 문제 해결 방안 실천할 수 있도록 구체화시키기	학생들이 지구촌 갈등이 세계 여러 곳에서 나타나고 있는 심각한 문제임을 인식할 수 있도록 스스로 조사한 후 나의 삶에 어떤 영향을 미치는지 그리고 더 나아가 지구촌 전체에 어떤 영향을 미치는지 탐구하는 과정에서 지구촌의 다양한 문제와 원인을 탐구하도록 함
		8~9	[주제 4] 지구촌 문제 해결하기	1) 생활 속 지구촌 문제 찾기 2) 어린이 비정부 기구 프로젝트 활동하기	학생들이 지구촌 평화와 발전을 위한 비정부 기구를 만들어 실천하도록 함
	주제 마무리하기	10	통합단원 마무리	1) 프로젝트 결과 소개 및 발표하기 2) 프로젝트 정리하기 및 소감 나누기	프로젝트 결과를 소개하고 나누며, 단원에서 함께 활동하고 배운 내용을 지속적으로 실천할 것을 다짐하도록 함

➜ 통합단원 평가계획

탐구 주제	평가 내용	교과 역량	평가 주안점(또는 유의점)
1	지구촌 갈등의 문제점과 원인을 구체적인 사례를 들어 설명하기	• 의사소통 역량 • 공감 역량	• 지구촌 갈등의 문제점과 원인을 구체적인 사례를 들어 설명할 수 있는가? • 비판적 사고 역량: 지구촌 갈등에 영향을 미치는 요소들을 기존의 시각에서 벗어나 새로운 관점에서 이해하는가? • 공감 역량: 지구촌 갈등으로 인해 고통받는 사람들을 이해하고 공감할 수 있는가?
2	지구촌 평화를 위한 다양한 노력들을 구체적인 사례들을 조사하여 발표할 수 있음	• 의사소통 역량 • 정보처리 역량	• 지구촌 평화를 위한 다양한 노력을 구체적인 사례들을 조사하여 발표할 수 있는가? • 의사소통 역량: 지구촌 평화를 위한 다양한 노력에 대해 자신의 생각을 잘 표현하고 타인의 의견을 경청·존중하는가? • 정보처리 역량: 조사한 자료를 효과적으로 정리하여 PPT를 제작할 수 있는가?
3	지구촌 문제 해결을 위한 구체적인 실천 방안 설명하기	• 공감 역량 • 비판적 사고 역량	• 지구촌 갈등의 문제점과 원인을 구체적인 사례를 들어 설명할 수 있는가? • 비판적 사고 역량: 학습에 영향을 미치는 요소들을 기존의 시각에서 벗어나 새로운 관점에서 이해하는가? • 공감 역량: 지구촌 갈등으로 인해 고통받는 사람들을 이해하고 공감할 수 있는가?
4	어린이 비정부 기구 프로젝트 활동하기	• 의사소통 역량 • 문제해결 역량	• 생활 속 지구촌 문제를 해결하기 위한 어린이 비정부 기구 프로젝트 활동을 계획하고 실천할 수 있는가? • 의사소통 역량: 자신의 생각을 잘 표현하고 타인의 의견을 경청·존중하는가? • 문제 해결 역량: 생활 속 지구촌 문제 상황을 해결할 수 있는가?

학교 교육과정 조정하기

→ 각 교과별 연간 진도계획표를 살펴본다.

도덕 교과는 주당 1시간씩 17주 12월 20일부터 21주 2월 11일까지 총 4차시 수업으로, 사회 교과는 주당 3시간씩 12주 11월 15일부터 15주 12월 10일까지 총 7차시 수업으로 진도계획이 구성되어 있다.

≋ 도덕 교과 진도계획표

주	기간	요일	단원명	차시	학습주제
17	12. 20~12. 24	금	6. 함께 살아가는 지구촌	1/4	1. 지구촌의 어려움을 해결하려고 애쓰는 분들이 있어요
			6. 함께 살아가는 지구촌	2/4	2. 행복한 지구촌을 만들기 위해 우리도 노력해요
19	1. 25~1. 28	목	6. 함께 살아가는 지구촌	3/4	3. 지구촌 문제, 어떻게 해결할 수 있을까요
21	2. 7~2. 11	목	6. 함께 살아가는 지구촌	4/4	4. 함께 만들어요, 사랑이 가득한 지구촌

≋ 사회 교과 진도계획표

주	기간	요일	단원명	차시	학습주제
12	11. 15~11. 19	월	1. 한반도의 미래와 통일	6/6	지구촌 평화에 기여하는 통일 한국의 모습 그려 보기(통일교육)
		수	2. 지구촌의 평화와 발전	1/7	지구촌 갈등의 원인과 문제점 알아보기(1/2)(독도교육)
13	11. 22~11. 26	월	2. 지구촌의 평화와 발전	2/7	지구촌 갈등의 원인과 문제점 알아보기(2/2)(독도교육)
		금	2. 지구촌의 평화와 발전	3/7	지구촌 갈등을 평화롭게 해결하는 방법 토의해 보기
		금	2. 지구촌의 평화와 발전	4/7	지구촌 갈등 해결을 위한 국제기구와 국가들의 노력 조사하기
14	11. 29~12. 3	목	2. 지구촌의 평화와 발전	5/7	지구촌 갈등 해결을 위한 개인과 비정부 기구의 노력 조사하기
		목	2. 지구촌의 평화와 발전	6/7	지구촌 평화와 발전을 위한 비정부 기구를 만들어 실천하기(1/2)
15	12. 6~12. 10	목	2. 지구촌의 평화와 발전	7/7	지구촌 평화와 발전을 위한 비정부 기구를 만들어 실천하기(2/2)

→ **통합단원의 운영 시기를 협의하고, 단원의 차시 규모를 고려하여 교과별 진도계획표에 반영 및 수정한다.**

수업 시기가 비슷하기 때문에 통합단원 진도는 12주부터 시작하여 16주까지 총 10차시 수업으로 구성하고, 나머지 1차시는 시수 감축하여 창의적 체험활동(진로) 시수를 1차시 증배하여 편성하였다.

📋 절차에 따른 결과

→ **통합단원 진도계획표**

주	기간	요일	단원명	차시	학습주제
12	11. 15~11. 19	수	통합단원 도입	1/10	통합단원 도입
13	11. 22~11. 26	월	1. 지구촌 문제 해결을 위해 함께 노력해요	2/10	[주제 1] 지구촌의 다양한 문제 이해하기
		금	1. 지구촌 문제 해결을 위해 함께 노력해요	3/10	[주제 1] 지구촌의 다양한 문제 이해하기
		금	1. 지구촌 문제 해결을 위해 함께 노력해요	4/10	[주제 2] 지구촌 문제 해결을 위한 다양한 노력 조사하기
14	11. 29~12. 3	목	2. 지구촌 문제 우리가 해결해요	5/10	[주제 2] 지구촌 문제 해결을 위한 다양한 노력 조사하기
		목	2. 지구촌 문제 우리가 해결해요	6/10	[주제 3] 지구촌 문제 해결을 위한 실천 방안 탐구하기
15	12. 6~12. 10	목	2. 지구촌 문제 우리가 해결해요	7/10	[주제 3] 지구촌 문제 해결을 위한 실천 방안 탐구하기
16	12. 13~12. 17	목	3. 행복한 지구촌을 위한 세계 시민으로서 우리들의 자세	8/10	[주제 4] 지구촌 문제 해결하기
17	12. 20~12. 24	금	3. 행복한 지구촌을 위한 세계 시민으로서 우리들의 자세	9/10	[주제 4] 지구촌 문제 해결하기
19	1. 25~1. 28	목	통합단원 마무리	10/10	통합단원 마무리
21	2. 7~2. 11	목	◆진로설계	1/1	◆진로설계

학습경험 선정하기

→ 차시별 교수 · 학습 지도안을 작성한다.

교수 · 학습 지도안의 흐름은 생각열기(도입)-탐구활동(전개)-평가(정리) 순으로 구성하였다. 생각열기에서는 탐구 주제와 관련된 영상을 학생들이 살펴보면서 학습 동기를 유발하고 탐구활동으로 자연스럽게 연결될 수 있는 열린 질문들을 고민하여 제시하였다. 그리고 탐구활동에서는 학생들이 주도적으로 탐구할 수 있는 조사활동, 토의활동, 프로젝트 활동으로 학습 내용을 조직하였고, 마지막 정리 단계에서는 학습 목표와 관련된 탐구 주제를 마무리하였다.

'수업이야기'에서는 수업의 방향과 재구성의 의도를 간략히 제시하였으며, 각 교과별 교과서에 제시된 학습활동을 최대한 살리거나 재구성하는 방향으로 차시별 교수 · 학습 지도안을 작성하였다.

→ 학생용 학습 자료와 활동지를 제작한다.

교수 · 학습 자료는 교수 · 학습 지도안의 흐름에 따라 생각열기와 탐구활동 단계에서 학생들이 주도적으로 참여할 수 있도록 학생용 학습지를 구성하여 제시하였다. 그리고 각 교과별 교과서에 제시된 학습 내용을 최대한 반영하고자 하였으며 중복되거나 불필요한 부분은 과감하게 삭제하였다. 교과서를 활용하여 학습하는 차시는 관련 교과서 쪽수를 교수 · 학습 지도안에 명시하였다.

절차에 따른 결과

◆ 2~3차시 ◆ 지구촌의 다양한 문제 이해하기

수업이야기

　세계 여러 지역에서는 다양한 이유로 갈등이 일어나고 있다. 이러한 지구촌 갈등은 영토, 자원, 종교, 언어, 인종, 민족, 역사, 정치 등의 다양한 원인이 복합적으로 얽혀 있으며, 갈등을 겪는 지역뿐만 아니라 다른 국가와 연결되어 있어 지구촌 문제를 해결하려면 여러 사람이 함께 노력해야 한다.

　이 수업에서는 학생들이 지구촌 갈등이 세계 여러 곳에서 나타나고 있는 심각한 문제임을 인식할 수 있도록 지구촌의 다양한 문제를 조사한 후 나의 삶에 어떤 영향을 미치는지 그리고 더 나아가 지구촌 전체에 어떤 영향을 미치는지 탐구하는 과정에서 지구촌의 다양한 문제와 원인을 이해하도록 설계하였다.

교수 · 학습 지도안

통합단원	함께 살아가는 우리 지구촌	소단원	① 지구촌 문제 해결을 위해 함께 노력해요
성취기준	[6도 03-04] 세계화 시대에 인류가 겪고 있는 문제와 그 원인을 토론을 통해 알아보고, 이를 해결하고자 하는 의지를 가지고 실천한다. [6사 08-03] 지구촌의 평화와 발전을 위협하는 다양한 갈등 사례를 조사하고, 그 원인을 파악한다.		
학습 주제	**[주제 1] 지구촌의 다양한 문제 이해하기**		
학습 목표	지구촌 갈등으로 인한 다양한 문제점과 원인을 알아볼 수 있다.		
학습 요소	지구촌 갈등과 문제점, 지구촌 갈등의 원인		
교과 역량	■ 공감 역량 ■ 비판적 사고 역량	학습 방법	탐구 중심 프로젝트 학습
차시	2~3차시(총 2차시)	학습 자료	동영상 자료(사전학습으로 미리 시청하도록 함)
단계	교수 · 학습 활동		자료 및 지도상의 유의점
도입	**【생각열기】** '바나 알라베드 이야기' 살펴보기 - 시리아 7살 소녀 "제발 폭격을 멈춰주세요" 동영상 살펴보기 　열린 질문 ❶ • 시리아 내전이 계속된다면 앞으로 그곳에 사는 사람들에게는 어떤 일이 일어날까요?		• 시리아 7살 소녀 "제발 폭격을 멈춰주세요"/YTN(Yes! Top News)-YouTube(1분 26초)

	✿ 시리아 내전으로 가장 큰 피해를 입는 사람은 누구일까요? ✿ 바나 알라베드가 알리고자 하는 것은 무엇인가요? ✿ 시리아 내전이 계속된다면 앞으로 그곳에 사는 사람들에게는 어떤 일이 일어날까요? ✿ 시리아 내전이 나에게는 어떤 영향을 미칠까요?	
전개	**【본 차시 학습 목표 및 활동 안내】** ▶ 본 차시의 학습 목표 살펴보기 ▶ 수업 활동 안내 | 활동 1	활동 2
---	---

• 지구촌 갈등의 다른 사례 조사하기	• 지구촌 갈등의 문제점과 원인 토의하기 |
	
	【활동 1】지구촌 갈등의 다른 사례 탐구하기
	▶ 소집단 조사 및 발표
	
	┌─ 탐구 질문 ❶ ─┐
	또 다른 지구촌 갈등에는 무엇이 있나요?
	
	✿ 다양한 지구촌 갈등의 다른 사례 조사하기
	  - 지구촌 갈등이 세계 여러 곳에서 나타나고 있는 심각한 문제임을 인식할 수 있도록 스스로 조사하는 과정을 거치고 이를 학습 친구들과 공유할 수 있도록 함
	  - 조사 내용을 패들릿에 정리하여 발표하기
	
	【활동 2】지구촌 갈등의 문제점과 원인 토의하기
	▶ 소집단 조사 및 발표
	
	┌─ 탐구 질문 ❷ ─┐
	지구촌 갈등의 문제와 원인은 무엇인가요?
	
	✿ 지구촌 갈등의 문제점과 원인 토의하기
	  - 일부 지역의 갈등이 지구촌 전체에 영향을 미치는 까닭은 무엇인가요?
	  - 우리나라도 다른 나라의 갈등에 영향을 미칠 수 있나요? 또는 영향을 받나요?
	  - 토의 내용을 정리하여 발표하기
		• 지구촌 갈등에는 영토, 자원, 종교, 언어, 인종, 민족, 역사, 정치, 환경 등의 다양한 문제와 그 원인을 탐구하도록 함
		
		• Teaching Tips
		  - 교실에서 사례를 찾아보는 활동이 단위 차시에 이루어지기 힘들 수 있으므로 과제로 제시하거나 컴퓨터 수업 등의 창의적 체험 활동 시간과 연계할 수 있음
		  - 패들릿을 활용하여 학생들이 조사한 또 다른 지구촌 갈등의 모습을 정리하여 업로드하여 조사 내용을 공유하도록 함
		  - 한쪽으로 치우지지 않도록 다양한 지구촌 갈등과 문제 상황을 조사할 수 있도록 함
		  - 지구촌 갈등은 한 국가 안에서도 다양한 까닭으로 나타날 수 있으며 전 세계가 유기적으로 연결되어 다른 곳에서의 갈등이 우리 생활과도 밀접하게 연결됨을 이해할 수 있도록 함

정리	**【지구촌 갈등의 문제점과 원인 정리하기】** ✿ 지구촌 갈등의 문제점과 원인을 구체적인 사례를 들어 설명할 수 있다.	

	평가 내용	등급	평가 척도
수행평가	지구촌 갈등의 문제점과 원인을 구체적인 사례를 들어 설명하기	평가 기준	• 지구촌 갈등의 문제점과 원인을 구체적인 사례를 들어 설명할 수 있는가? • 비판적 사고 역량: 지구촌 갈등에 영향을 미치는 요소들을 기존의 시각에서 벗어나 새로운 관점에서 이해하는가? • 공감 역량: 지구촌 갈등으로 인해 고통받는 사람들을 이해하고 공감할 수 있는가?
		A	위의 평가 요소 모두를 만족하는 경우
		B	위의 평가 요소 중 한두 가지를 만족하는 경우
		C	위의 평가 요소 모두를 만족하지 못한 경우

학습지

[주제 1] 지구촌의 다양한 문제

바나 알라베드 이야기

_____학년 _____반   이름: _____

생각 열기

다음 영상을 살펴봅시다.

• 시리아 7살 소녀 "제발 폭격을 멈춰주세요"

열린 질문 ❶

⚙ 시리아 내전으로 가장 큰 피해를 입는 사람은 누구일까요?

⚙ 바나 알라베드가 알리고자 하는 것은 무엇인가요?

⚙ 시리아 내전이 계속된다면 앞으로 그곳에 사는 사람들에게는 어떤 일이 일어날까요?

⚙ 시리아 내전이 나에게는 어떤 영향은 미칠까요?

학습지

[주제 1] 지구촌의 다양한 문제

지구촌 갈등의 문제와 원인 탐구

_____학년 _____반   이름: _____

활동 1

탐구 질문 ❶

♻ 또 다른 지구촌 갈등 사례를 조사하여 봅시다.

활동 2

탐구 질문 ❷

♻ 지구촌 갈등의 문제점과 원인을 토의하여 봅시다.

일부 지역의 갈등이 지구촌 전체에 영향을 미치는 까닭은 무엇인가요?

우리나라도 다른 나라의 갈등에 영향을 미칠 수 있나요? 또는 영향을 받나요?

◆ 3~4차시 ◆ 지구촌 문제 해결을 위한 다양한 노력

수업이야기

지구촌 갈등과 여러 문제는 전 세계에 영향을 미치는데 한 나라나 개인의 힘만으로는 문제를 해결하기 어렵다. 이러한 지구촌 갈등과 문제를 해결하고자 개인과 국가 차원을 넘어 다양한 국제 기구와 비정부 기구가 서로 협력하여 어떤 노력을 하고 있는지 살펴보고자 한다.

이 수업에서는 학생들이 지구촌의 평화와 발전을 위해 노력하는 다양한 행위 주체(국가, 국제 기구, 개인, 비정부 기구)의 활동을 조사하여 발표한 후, 이러한 다양한 노력이 나의 삶에 어떤 영향을 미치는지 그리고 더 나아가 지구촌 전체에 어떤 영향을 미치는지 탐구하는 과정에서 지구촌 평화와 발전을 위한 다양한 노력을 이해하도록 설계하였다.

교수 · 학습 지도안

통합단원	함께 살아가는 우리 지구촌	소단원	① 지구촌 문제 해결을 위해 함께 노력해요
성취기준	[6도 03-04] 세계화 시대에 인류가 겪고 있는 문제와 그 원인을 토론을 통해 알아보고, 이를 해결하고자 하는 의지를 가지고 실천한다. [6사 08-04] 지구촌의 평화와 발전을 위해 노력하는 다양한 행위 주체의 활동 사례를 조사한다.		
학습 주제	[주제 2] 지구촌 문제 해결을 위한 다양한 노력 조사하기		
학습 목표	지구촌 갈등을 해결하려는 다양한 노력들을 이해하고 조사할 수 있다.		
학습 요소	국제연합(UN) 산하 전문 기구, 한국국제협력단(KOICA), 비정부 기구		
교과 역량	■ 정보처리 역량 ■ 의사소통 역량	학습 방법	탐구 중심 프로젝트 학습
차시	3~4차시(2차시)	학습 자료	동영상 자료(사전학습으로 미리 시청하도록 함)

단계	교수 · 학습 활동	자료 및 지도상의 유의점
도입	【생각열기】'한국을 도운 UN 연합국과 에티오피아' 살펴보기 – 한국을 도운 UN 연합국과 에티오피아 동영상 살펴보기 열린 질문 ❶ • UN 연합국이 6 · 25전쟁에서 한국을 도운 이유는 무엇일까요? ↻ 6 · 25전쟁에 참전했던 60개국은 어떤 나라인가요?	• 한국을 도운 UN과 에티오피아 YouTube(3분20초)

	✿ 에티오피아에서 6 · 25전쟁에 참전한 이유는 무엇인가요? ✿ 에티오피아 군인들은 6 · 25전쟁 가운데 어떤 일들을 했나요? ✿ 생전 처음 들어 본 대한민국이라는 작은 나라를 위해 머나먼 땅에서 목숨을 걸고 싸워 준 타국의 젊은 이들을 위해 나는 무엇을 할 수 있을까요?	
전개	**【본 차시 학습 목표 및 활동 안내】** ▶ 본 차시의 학습 목표 살펴보기 ▶ 수업 활동 안내 | 활동 1	활동 2
---	---
• 지구촌 평화를 위한 행위 주체의 다양한 노력 조사하기	• 지구촌 평화를 위한 다양한 노력들이 나의 삶에 어떤 영향을 미칠지 토의하기 | **【활동 1】 지구촌 평화를 위한 다양한 노력들 탐구하기** ▶ 소집단 조사 및 발표 탐구 질문 ❶ 지구촌 평화를 위해 국가, 국제 기구, 개인, 비정부 기구는 어떤 노력을 하고 있나요? ✿ 지구촌 평화를 위한 국가와 국제 기구의 노력 조사하기 – 모둠별로 지구촌 평화를 위한 국가, 국제 기구, 개인, 비정부 기구들의 노력을 조사하여 패들릿에 관련 영상 자료와 PPT를 탑재하도록 함 – 조사 내용을 패들릿에 정리하여 발표하기 **【활동 2】 나의 삶에 어떤 영향을 미칠지 토의하기** 탐구 질문 ❷ 지구촌 평화를 위한 다양한 노력들이 나의 삶에 어떤 영향을 미칠까요? ✿ 이러한 노력들이 나의 삶에는 어떠한 영향을 미칠지 토의하기 – 지구촌의 다양한 갈등과 문제들을 해결하기 위한 행위 주체들의 다양한 노력이 나의 삶, 나아가 지구촌 전체에 어떤 영향을 미치는지 토의하는 과정에서 모두가 행복한 지구촌 평화와 발전의 의미를 이해하도록 함 – 토의한 내용을 정리하여 발표하기	• Teaching Tips – 다양한 지구촌 문제를 해결하기 위한 국가와 국제 기구, 개인과 비정부 기구의 노력을 조사할 수 있도록 모둠별로 조사 대상이 중복되지 않도록 함 – 지구촌 문제를 제시하고, 그 해결을 위한 노력들로 PPT를 구성하도록 함 • Teaching Tips – 지구촌 갈등과 문제 해결을 위한 다양한 노력이 나의 삶에 어떤 영향을 미치는지 그리고 더 나아가 지구촌 전체에 어떤 영향을 미치는지 탐구하는 과정에서 지구촌 평화와 발전을 위한 다양한 노력을 이해하도록 함

	【지구촌 평화를 위한 다양한 노력들 정리하기】	
정리	✿ 지구촌 평화를 위한 다양한 노력들을 구체적인 사례를 들어 설명할 수 있다.	

	평가 내용	등급	평가 척도
수행평가	지구촌 평화를 위한 다양한 노력들을 구체적인 사례들을 조사하여 발표할 수 있음	평가 기준	• 지구촌 평화를 위한 다양한 노력을 구체적인 사례들을 조사하여 발표할 수 있는가? • 의사소통 역량: 지구촌 평화를 위한 다양한 노력에 대해 자신의 생각을 잘 표현하고 타인의 의견을 경청·존중하는가? • 정보처리 역량: 조사한 자료를 효과적으로 정리하여 PPT를 제작할 수 있는가?
		A	위의 평가 요소 모두를 만족하는 경우
		B	위의 평가 요소 중 한두 가지를 만족하는 경우
		C	위의 평가 요소 모두를 만족하지 못한 경우

학습지

[주제 2] 지구촌 문제 해결을 위한 다양한 노력

에티오피아를 아시나요?

_____학년 _____반　　이름: _____

생각 열기

다음 영상을 살펴봅시다.

• 한국을 도운 UN과 에티오피아

열린 질문 ❶

✿ 6 · 25전쟁에 참전했던 60개국은 어떤 나라들인가요?

✿ 에티오피아에서 6 · 25전쟁에 참전한 이유는 무엇인가요?

✿ 에티오피아 군인들은 6 · 25전쟁 가운데 어떤 일들을 했나요?

✿ 생전 처음 들어 본 대한민국이라는 작은 나라를 위해 머나먼 땅에서 목숨을 걸고 싸워 준 타국의 젊은
이들을 위해 나는 무엇을 할 수 있을까요?

학습지

[주제 2] 지구촌 문제 해결을 위한 다양한 노력

지구촌 평화를 위한 다양한 노력 탐구

_____학년 _____반   이름: _____

활동 1

탐구 질문 ❶

♻ 지구촌 평화를 위한 국가, 국제 기구, 개인, 비정부 기구들의 노력을 조사하여 봅시다.

활동 2

탐구 질문 ❷

♻ 지구촌 평화를 위한 다양한 노력이 나의 삶에 어떤 영향을 미치는지 토의하여 봅시다.

나의 삶에 어떤 영향을 미치는지 그리고 더 나아가 지구촌 전체에 어떤 영향을 미칠까요?

그렇다면 모두가 행복한 지구촌 평화와 발전의 진정한 의미는 무엇일까요?

◆ 6~7차시 ◆　지구촌 문제 해결을 위한 실천 방안

수업이야기

　　세계 여러 지역에서는 다양한 이유로 갈등이 일어나고 있다. 이러한 지구촌 갈등은 영토, 자원, 종교, 언어, 인종, 민족, 역사, 정치 등의 다양한 원인이 복합적으로 얽혀 있으며, 갈등을 겪는 지역뿐만 아니라 다른 국가와 연결되어 있어 지구촌 문제를 해결하려면 여러 사람이 함께 노력해야 한다.
　　이 수업에서는 학생들이 지구촌 갈등이 세계 여러 곳에서 나타나고 있는 심각한 문제임을 인식할 수 있도록 스스로 조사한 후 나의 삶에 어떤 영향을 미치는지 그리고 더 나아가 지구촌 전체에 어떤 영향을 미치는지 탐구하는 과정에서 지구촌의 다양한 문제와 원인을 탐구하도록 설계하였다.

교수·학습 지도안

통합단원	함께 살아가는 우리 지구촌	소단원	① 지구촌 문제 해결을 위해 함께 노력해요
성취기준	[6도 03-04] 세계화 시대에 인류가 겪고 있는 문제와 그 원인을 토론을 통해 알아보고, 이를 해결하고자 하는 의지를 가지고 실천한다. [6사 08-04] 지구촌의 주요 문제를 조사하여 해결방안을 탐색하고, 문제 해결에 협력하는 세계 시민의 자세를 기른다.		
학습 주제	[주제 3] 지구촌 문제 해결을 위한 실천 방안		
학습 목표	지구촌 문제를 해결하기 위해 무엇을 어떻게 해야 하는지 깊이 생각하고 바르게 판단할 수 있다.		
학습 요소	용기 있는 실천		
교과 역량	■ 공감 역량 ■ 비판적 사고 역량	학습 방법	탐구 중심 프로젝트 학습
차시	6~7차시(2차시)	학습 자료	동영상 자료(사전학습으로 미리 시청하도록 함)
단계	교수·학습 활동		자료 및 지도상의 유의점
도입	【생각열기】'환경소녀' 툰베리 UN기후행동 정상회의 연설 살펴보기 －툰베리의 UN기후행동 정상회의 연설 동영상 살펴보기 　◯열린 질문 ❶ 　• 툰베리가 세계 정상들을 질타하며 던지는 메시지는 무엇인가요? ✿ 툰베리는 세계 정상들을 질타하며 UN기후행동 정상회의에서 무엇을 말하고 싶었나요? ✿ 툰베리는 무엇 때문에 학교가 아닌, 다른 곳에서 환경보호를 위해 자신의 목소리를 내고 있나요?		• 툰베리 UN기후행동 정상회의 연설 YouTube(2분 45초)

	✪ 지구촌 문제 해결을 위해 툰베리가 선택한 방법은 무엇인가요? ✪ 지구를 지키기 위한 툰베리의 모습을 통해 우리는 무엇을 느끼며, 무엇을 배울 수 있나요?	
전개	**【본 차시 학습 목표 및 활동 안내】** ▶ 본 차시의 학습 목표 살펴보기 ▶ 수업 활동 안내 | 활동 1	활동 2
---	---
• 지구촌 문제를 해결하기 위해 우리가 실천할 수 있는 방안에는 무엇을 있을까요?	• 지구촌 문제 해결방안 실천할 수 있도록 어떻게 구체화시킬 수 있나요? | **【활동 1】 지구촌 문제 해결 실천 방안 탐구하기** ▶ 소집단 토의 ┌─────────────┐ │ 탐구 질문 ❶ │ └─────────────┘ 지구촌 문제를 해결하기 위해 우리가 실천할 수 있는 방안에는 무엇을 있을까요? ✪ 지구촌 문제를 해결하기 위해 우리가 실천할 수 있는 방안 토의하기 　- 지구촌 문제 해결을 위한 가장 중요한 것은 무엇일까요? 　- 지구촌 문제를 해결하기 위한 여러 가지 방안들을 살펴보기 　- 학생으로서 실천할 수 있는 방안과 그렇지 못한 방안을 분류하기 　- 토의하여 정리한 내용을 패들릿에 올려서 발표하기 **【활동 2】 실천 방안 구체화시키기** ▶ 소집단 토의 ┌─────────────┐ │ 탐구 질문 ❶ │ └─────────────┘ 지구촌 문제 해결방안을 내가 실천할 수 있도록 어떻게 구체화시킬 수 있을까요? ✪ 지구촌 문제 해결방안을 지금 당장 내가 실천할 수 있도록 구체화시키는 방법 토의하기 　- 추상적이고 실천하기 어려운 해결방안의 문제점을 살펴보고, 삶 속에서 구체적인 실천 방안을 찾을 수 있도록 함 　- 토의 내용을 정리하여 발표하기	• 지구촌 문제 해결을 위해서 본질적으로 가장 중요한 것이 무엇인지를 탐구하는 수업으로 진행함 　- 툰베리가 학교 밖에서 많은 사람을 만나서 무엇을 호소하고 있는지, 그러한 호소는 결국 그 사람의 무엇을 변화시키기 위한 것인지 살펴보도록 함 　- 지구촌 문제의 심각성에 대한 인식의 변화가 없이는 근본적인 해결을 위한 실천이 따라오지 못함 • Teaching Tips 　- 다양한 지구촌 문제(전쟁과 난민, 환경 파괴, 기아, 인종차별 등) 중에서 학생들이 구체적인 사례를 가지고 실천 방안을 탐구할 수 있도록 지도함 　- 다양한 해결방안 중에서 지금 당장 내가 실천할 수 있는 해결방안과 그렇지 못한 해결방안을 구분하며, 지금 당장 실천할 수 없는 해결방안은 어떻게 하면 실천 가능한지 깊이 있는 토의를 진행하도록 함

정리	【지구촌 문제 해결을 위한 실천 방안 정리하기】 🔁 지구촌 문제 해결을 위한 구체적인 실천 방안을 설명할 수 있다.	

	평가 내용	등급	평가 척도
수행평가	지구촌 문제 해결을 위한 구체적인 실천 방안 설명하기	평가 기준	• 지구촌 갈등의 문제점과 원인을 구체적인 사례를 들어 설명할 수 있는가? • 비판적 사고 역량: 학습에 영향을 미치는 요소들을 기존의 시각에서 벗어나 새로운 관점에서 이해하는가? • 공감 역량: 지구촌 갈등으로 인해 고통받는 사람들을 이해하고 공감할 수 있는가?
		A	위의 평가 요소 모두를 만족하는 경우
		B	위의 평가 요소 중 한두 가지를 만족하는 경우
		C	위의 평가 요소 모두를 만족하지 못한 경우

학습지

[주제 3] 지구촌 문제 해결을 위한 실천 방안

'환경 소녀' 툰베리 이야기

_____학년 _____반   이름: _____

생각 열기

다음 영상을 살펴봅시다.

• 툰베리 UN기후행동 정상회의 연설

열린 질문 ❶

✿ 툰베리는 세계 정상들을 질타하며 UN기후행동 정상회의에서 무엇을 말하고 싶었나요?

✿ 툰베리는 무엇 때문에 학교가 아닌 다른 곳에서 환경 보호를 위해 자신의 목소리를 내고 있나요?

✿ 지구촌 문제 해결을 위해 툰베리가 선택한 방법은 무엇인가요?

✿ 지구를 지키기 위한 툰베리의 모습을 통해 우리는 무엇을 느끼며, 무엇을 배울 수 있나요?

학습지

[주제 3] 지구촌 문제 해결을 위한 실천 방안

지구촌 문제 해결방안 탐구

_____학년 _____반   이름: _____

활동 1

탐구 질문 ❶

💠 여러 가지 지구촌 문제를 해결하기 위해 가장 중요한 것은 무엇일까요?

💠 여러 가지 지구촌 문제를 해결하기 위해 우리가 실천할 수 있는 방안에는 무엇이 있을까요?

활동 2

탐구 질문 ❷

💠 지구촌 문제 해결방안을 내가 실천할 수 있도록 구체화시키는 방법을 토의하여 봅시다.

제4장

중학교 통합단원

1. 하나뿐인 지구
2. 정보통신 기술과 미래

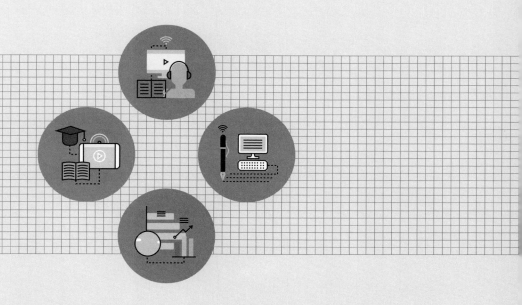

1. 하나뿐인 지구

▌ 통합단원명

하나뿐인 지구(중학교 3학년, 사회, 기술 · 가정교과 통합)

▌ 통합의 유형: 범교과 통합

통합의 유형	통합의 요소	통합의 중심	통합의 방식	통합의 단위
☐ 다학문적	■ 지식	☐ 제재	☐ 병렬	☐ 통합교과(과목)
☐ 간학문적	■ 기능	■ 주제	☐ 광역	■ 통합단원
■ 탈학문적	■ 가치/ 태도	☐ 문제	■ 공유	☐ 차시통합
	■ 성취기준	☐ 학습 기능	☐ 혼합	
	■ 역량	☐ 사고 양식	■ 융합	
		☐ 표현활동		
		■ 흥미		

▌ 단원의 내러티브

　환경 문제는 산업이 발달한 이후부터 끊임없이 대두되는 이슈 중 하나이다. 환경 문제는 흔히 생각하는 생태계 파괴의 문제뿐만 아니라 그 원인이 되는 쓰레기, 에너지, 먹거리 문제 등을 모두 포함한다. 과거에는 에너지의 고갈과 대기오염 등의 문제에 대해 추상적으로 다루었지만, 현재는 그러한 현상들이 생활 속 가까이 나타나고 일상적인 부분에도 영향을 미치는 만큼 환경 문제에 대한 경각심은 학생들이 꼭 가지고 있어야 한다고 판단하였다.

　'환경'과 관련된 주제는 많은 교과에서 조금씩 다루어지고 있다. 하지만 교과별로 간단하게 내용을 다룰 뿐 아니라 환경 문제가 나타나는 원인과 결과, 해결방안이 효율적으로 나타나 있지 않기 때문에 학생들은 연계성을 찾지 못하여 해당 내용에 대한 이해도가 다소 떨어지는 것이 당연한 결과이다. 이렇게 환경과 관련된 내용들을 교과별로 구분 지어 가르치는 것은 학생들에게도, 수업을 하는 교사에게도 비효율적이라는 생각이 들었고, 학생의 입장에서도 주제 중심으로 관련된 내용들을 연관 지어 학습하는 것이 환경 문제에 대한 경각심과 이해도를 높여 줄 뿐만 아니라 융합적 사고에 도움이 될 것이라 판단하여 통합단원을 개발하고자 한다.

▌ 통합 절차

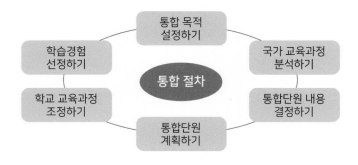

통합 목적 설정하기

→ '교육과정 통합이 필요한 이유는 무엇인가?'라는 질문을 중심으로, 통합의 목적을 설정한다.

　중학교 교과 중 '환경'이라는 주제를 다루고 있는 교과는 사회, 기술·가정, 도덕, 과학 등 다양하다. 교과의 정체성에 따라 세부 내용에는 모두 차이가 있지만, 내용을 살펴보면 궁극적으로는 '환경'이라는 공통된 주제를 다루는 것임에 분명함을 알 수 있다. 따라서 '환경'이라는 공통 주제를 중심으로 소주제를 나누어 학습하는 것이 학생의 학습과 교사의 수업에 더욱 효과적이라 판단하여 통합 단원을 개발하고자 한다.특히나 최근 대두되고 있는 환경 문제를 중심으로 환경 문제나 기후 변화, 일상 속 환경 이슈 등을 다루고 있는 사회 교과와 더 나아가 지속가능한 삶, 적정기술, 신재생 에너지 등 지속적인 환경 문제 개선에 대해 다루고 있는 기술 교과를 바탕으로 통합하고자 한다. 통합단원을 개발함으로써 학생들의 융합적 사고와 실생활 속에서 문제를 찾아 해결하는 문제해결력 향상을 통합의 목적으로 설정하였다.

절차에 따른 결과

통합단원【하나뿐인 지구】개발의 목적

◎ 이 단원은 '환경'이라는 주제를 중심으로 하여 기술·가정 교과 중 『수송 기술과 신·재생 에너지』 단원, 『생명 기술과 적정 기술』 단원과 사회 교과 단원 중 『환경 문제와 지속가능한 환경』 단원을 중심으로 개발한 통합단원이다. 이에 공통 통합 요소인 '환경'이라는 주제를 중심으로 하여 기술 교과에서 '신재생 에너지' '지속가능한 발전' '적정기술'과 사회 교과에서 '기후 변화와 지역 변화' '환경 문제' '일상생활 속 환경 이슈' 등 각 교과의 개별 주제를 바탕으로 탈학문적 통합으로 접근하고자 한다.

◎ 따라서 학생들이 통합단원을 주체적으로 조사하고 탐구하는 과정에서 현재 우리가 직면해 있는 환경 문제를 정확하게 인식하여 이를 해결할 수 있는 방안을 적극적으로 탐색하고 지속 가능한 발전을 위한 삶의 방식을 찾는 데 목적을 둔다.

국가 교육과정 분석하기

→ 교과별로 내용 체계와 성취기준을 수평 · 수직적 스캔하여 공통된 연관성을 찾는다.

통합단원【하나뿐인 지구】개발을 위해 국가 교육과정을 스캔하였다. 통합의 목적을 기준으로 하여 '환경'이라는 내용을 다루는 교과를 모두 탐색하였다. '환경'이라는 주제 혹은 이와 관련된 주제를 다루는 교과는 크게 기술 · 가정, 사회, 과학, 도덕 교과 등으로 추려낼 수 있고 이 중에서도 '환경'과 관련된 이슈를 중점적으로 다루는 교과는 기술 · 가정 교과와 사회 교과였다.

우선 사회 교과에서는 환경 문제의 원인과 분석, 환경 이슈에 대한 의견 제시 등 원인적인 측면에 대한 내용 요소들이 제시되어 있었고, 기술 · 가정 교과에서는 이를 해결할 수 있는 해결 측면의 내용이 제시되어 있었다. 따라서 이 두 교과에서 제시하고 있는 '환경'에 대한 내용을 통합한다면 환경 문제의 원인과 분석을 아우를 수 있는 통합단원이 만들어질 수 있을 것이라 판단하였다.

성취기준은 사회 교과와 기술 · 가정 교과에서 '환경' 주제와 관련된 단원의 성취기준을 사용하였으며 그대로 사용한 성취기준도 있으며, 통합단원의 목적에 비추어 재구성한 성취기준도 제시하였다.

◈ 표 4-1 교과서 및 성취기준 분석

	기술 · 가정		사회
단원명	IV. 수송 기술과 신재생 에너지	V. 생명 기술과 적정기술	X. 환경 문제와 지속 가능한 환경
단원 내용 체계	2-1. 신 · 재생 에너지의 이해 2-2. 신 · 재생 에너지 문제 해결 활동	2-1. 적정기술과 지속가능한 발전의 이해 2-2. 적정기술 문제 해결 활동	10-1. 기후 변화와 지역 변화 10-2. 환경 문제 유발 산업의 국가 간 이전 10-3. 일상생활 속 환경 이슈
성취 기준	[9기가04-13] 신 · 재생 에너지의 활용을 이해하고 신 · 재생 에너지 개발의 중요성을 인식하여, 효율적인 에너지 이용 방안을 제안한다. [9기가04-14] 에너지와 관련된 문제를 이해하고 해결책을 창의적으로 탐색하고 실현하며 평가한다.	[9기가05-09] 적정기술과 지속가능 발전의 의미를 이해하고 적정기술 체험 활동을 통하여 문제를 창의적으로 탐색하고 실현하고 평가한다.	[9사(지리)10-01] 전 지구적인 차원에서 발생하는 기후 변화의 원인과 그에 따른 지역 변화를 조사하고, 이를 해결하기 위한 지역적 · 국제적 노력을 평가한다. [9사(지리)10-02] 환경 문제를 유발하는 산업이 다른 국가로 이전한 사례를 조사하고, 해당 지역 환경에 미친 영향을 분석한다. [9사(지리)10-03] 생활 속의 환경 이슈를 둘러싼 다양한 의견을 비교하고, 환경 이슈에 대한 자신의 의견을 제시한다.

→ **통합의 목적을 고려하여 통합단원의 전반적인 내용 흐름을 얼개 수준으로 간략하게 작성한다.**

단원 간의 공통적인 부분을 중심으로 통합단원의 전반적인 내용의 흐름을 결정하였다. 인간 생활과 환경의 관계와 환경 문제 탐색하기/에너지의 올바른 사용과 친환경 에너지/지속가능한 발전을 위한 생활 방식 토의하기/생활 속 적정기술 개발하기와 같은 탐구 주제를 결정하였다.

 절차에 따른 결과

통합단원 【하나뿐인 지구】의 탐구 주제 선정

국가 수준 교육과정 분석하기		
사회	**환경 통합단원**	**기술 · 가정**
• 전 지구적 차원의 기후 변화 원인을 조사하고 이를 해결할 수 있는 방안 탐색하기 • 생활 속 환경을 둘러싼 이슈를 찾아 자신의 의견 제시하기	• 인간 생활과 환경의 관계와 환경문제 탐색하기 • 에너지의 올바른 사용과 친환경 에너지 • 지속가능한 발전을 위한 생활 방식 토의하기 • 생활 속 적정기술 개발하기	• 신재생 에너지 개발의 중요성을 알고 종류와 특징 알아보기 • 생활 속에서 실천할 수 있는 효율적인 에너지 이용방안 제안하기 • 적정기술 체험활동 • 지속가능한 발전을 위한 노력과 실천

통합단원 내용 결정하기

→ **통합의 중심(주제·제재·소재 등)과 관련된 아이디어를 브레인스토밍하여 찾는다.**

우선은 환경이라는 단순한 개념에 관련된 것부터 환경과 관련된 문제, 이슈, 환경오염 등 아이디어를 확장시켜 나가며 더 나아가 환경 문제 극복을 위한 지속가능한 발전이나 적정기술과 같은 개념과 관련된 아이디어들도 모두 나열하였다. 나열한 아이디어들을 영역별로 묶고(환경과 인간의 관계, 친환경을 위한 노력, 지속가능한 발전과 적정기술) 이를 좀 더 체계화시켜 개념지도를 완성하였다.

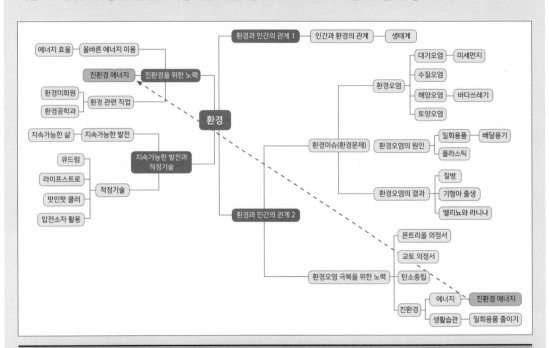

① 통합의 주제와 관련된 아이디어(브레인스토밍)

대기오염, 미세먼지, 수질오염, 해양오염, 환경이슈, 환경문제, 환경오염의 원인과 결과, 적정기술, 페트병 재활용, 일회용품 줄이기, 에너지, 태양열 에너지, 태양광 에너지, 수력에너지, 에너지, 큐드럼, 라이프스트로, 생활방식, 환경미화원, 환경공학, 엘니뇨, 라니냐, 에너지 효율, 탄소중립, 환경과 인간의 관계, 생태계, 친환경, 배달용기, 생분해, 광분해, 분리수거, 지속가능, 지속가능한 발전, 지속가능한 삶, 재활용, 플라스틱, 질병, 기형아 출생, 공존, 교토 의정서, 몬트리올 의정서, 대체에너지, 팟인팟 쿨러, 압전소자 활용, 올바른 에너지 이용

② 영역별 아이디어 분류 및 제목 정하기

〈환경과 인간의 관계〉
환경과 인간의 관계, 생태계, 대기오염, 미세먼지, 수질오염, 해양오염, 환경이슈, 환경문제, 환경오염의 원인과 결과, 일회용품 줄이기, 페트병 재활용, 엘니뇨, 라니냐, 탄소중립, 배달용기, 플라스틱, 질병, 기형아 출생, 몬트리올 의정서, 교토 의정서

〈친환경을 위한 노력〉
에너지, 태양열 에너지, 태양광 에너지, 수력에너지, 생활방식, 환경미화원, 환경공학, 친환경, 생분해, 광분해, 분리수거, 재활용, 대체에너지, 올바른 에너지 이용
〈지속가능한 발전과 적정기술〉
지속가능, 지속가능한 발전, 지속가능한 삶, 적정기술, 큐드럼, 라이프스트로, 팟인팟 쿨러, 압전소자 활용

➡ 통합의 스코프(내용 요소)를 작성한다.

통합 주제에 대한 개념지도를 바탕으로 해당 통합단원에서 꼭 학습해야 할 요소들을 나열하였다. 통합 주제인 '환경'과 관련하여 꼭 학습해야 할 요소를 찾거나 융합하여 나열하였다.

➡ 통합의 시퀀스(학습 순서)를 작성한다.

나열한 요소를 기준으로 하여 학습의 순서인 시퀀스를 작성하였다. 인간의 생활과 환경의 관계를 알아보는 것에서부터 환경에 문제가 생겼을 때 인간에게 미치는 영향과 이를 해결하기 위한 친환경 에너지, 더 나아가 지속가능한 발전과 적정기술까지 내용의 연계성을 고려하여 순차적으로 통합의 시퀀스를 결정하였다. 최종 작성한 통합의 스코프 및 시퀀스는 다음과 같다.

▤ 절차에 따른 결과

통합단원 【하나뿐인 지구】의 스코프 및 시퀀스

통합의 스코프(scope)		
인간의 삶과 환경의 관계 파악	일상 속의 환경오염 조사하기	환경오염의 원인과 결과 파악하기
지속가능한 발전을 위한 생활 방식	환경	환경오염의 해결방안 탐색하기
생활 속 적정기술 개발하기	친환경 에너지의 종류와 특징	친환경 에너지 사용의 필요성

통합의 시퀀스(sequence)
❶ 인간 생활과 환경과의 관계 파악하기 → ❷ 생활 속 환경 이슈의 원인과 해결방안 탐색 → ❸ 올바른 에너지 사용과 친환경 에너지의 필요성 → ❹ 지속가능한 발전을 위한 생활 방식 논의하기 → ❺ 생활 속 적정기술 개발 프로젝트

통합단원 계획하기

→ 통합단원(프로그램)명을 결정한다.

　'환경'이라는 주제와 이 단원을 통해 말하고자 하는 내용을 종합하여 통합단원명을 결정하였으며 앞서 작성한 교육과정 분석, 개념지도 등을 바탕으로 하여 통합단원의 목표와 개관을 작성하였다. 재구성 계획은 통합의 스코프와 시퀀스를 바탕으로 가르치고자 하는 지도 내용과 학습주제를 더 세분화하였고 영역별로 소단원을 구분하고 학습주제를 결정하였다.

◈ 표 4-2　통합단원명 및 소단원명 결정

통합단원명	탐구 주제 및 순서	소단원명
하나뿐인 지구	[주제 1] 인간 생활과 환경의 관계	1) 인간 생활과 환경
	[주제 2] 생활 속 환경이슈	
	[주제 3] 환경 문제 해결을 위한 우리의 노력	
	[주제 4] 에너지의 올바른 사용	2) 친환경 에너지
	[주제 5] 친환경 에너지란?	
	[주제 6] 지속가능한 발전을 위한 우리의 삶	3) 지속가능한 발전과 우리의 삶
	[주제 7] 지속가능한 발전 실천하기	
	[주제 8] 적정기술 알아보기	4) 생활 속의 적정기술
	[주제 9] 생활 속의 적정기술	

→ 통합단원의 목표, 개관, 학습계획을 작성한다.

　[통합 목적 설정하기]-[국가 교육과정 분석하기]-[통합단원 내용 결정하기] 단계를 거치며 구상한 내용을 바탕으로 통합단원의 목표와 개관을 작성하였다. 그 후, 통합단원의 목표에 부합하도록 학습계획을 구상하였다.

→ 통합단원의 평가계획을 작성한다.

　평가계획을 작성할 때에는 교육과정-수업내용-평가가 일치되는지 점검해 보았다. 평가계획에서 발견한 문제점을 토대로 주제와 맞지 않는 학습 내용을 수정하였으며, 이를 다시 통합단원의 목표와 개관에 반영하는 순환적 과정을 거쳤다.

절차에 따른 결과

→ **단원의 개관**

이 단원은 '환경'이라는 주제를 중심으로 하여 기술·가정 교과 중『수송 기술과 신·재생 에너지』
단원,『생명 기술과 적정 기술』단원과 사회 교과 단원 중『환경 문제와 지속가능한 환경』단원을 중
심으로 개발한 통합단원이다. 이에 공통 통합 요소인 '환경'이라는 주제를 중심으로 하여 기술 교
과에서 '신재생 에너지' '지속가능한 발전' '적정기술'과 사회 교과에서 '기후 변화와 지역 변화' '환경
문제' '일상생활 속 환경 이슈' 등 각 교과의 개별 주제를 바탕으로 탈학문적 통합으로 접근하고자
한다.

따라서 학생들이 통합단원을 주체적으로 조사하고 탐구하는 과정에서 현재 우리가 직면해 있는
환경 문제를 정확하게 인식하여 이를 해결할 수 있는 방안을 적극적으로 탐색하고 지속가능한 발전
을 위한 삶의 방식을 찾는 데 목적을 둔다.

→ **단원의 목표**

1) 인간과 환경의 관계를 파악, 환경 변화가 인간에게 미치는 영향을 조사한다.
2) 일상 속의 환경이슈에 관심을 갖고 문제의 원인을 탐색한다.
3) 환경오염을 해결할 수 있는 방안을 탐색 및 제안한다.
4) 친환경 에너지 사용의 필요성과 종류 및 특징을 조사한다.
5) 지속가능한 삶을 위한 생활 방식에 관해 논의하고 실천한다.
6) 생활 속에서 사용할 수 있는 적정기술을 고안하여 제시한다.

교과 역량	기술적 문제해결 역량, 의사소통 역량, 창의적 사고 역량, 지식정보처리 역량

→ **단원의 성취기준**

01	02	03	04	05
[재구성]	[9사(지리)10-3]	[재구성]	[9기가04-14]	[9기가05-09]
환경 문제의 원인과 이로 인한 기후 변화의 원인을 분석하고, 이를 해결하기 위한 지역적·국제적 노력을 평가한다.	생활 속의 환경 이슈를 둘러싼 다양한 의견을 비교하고, 환경 이슈에 대한 자신의 의견을 제시한다.	친환경 에너지의 활용을 이해하고 친환경 에너지 개발의 중요성을 인식하여, 효율적인 에너지 이용방안을 제안한다.	에너지와 관련된 문제를 이해하고 해결책을 창의적으로 탐색하고 실현하며 평가한다.	적정기술과 지속가능 발전의 의미를 이해하고 적정기술 체험활동을 통하여 문제를 창의적으로 탐색하고 실현하고 평가한다.

→ 단원학습계획

통합단원	소단원	차시	탐구 주제	지도 내용	지도 주안점
하나뿐인 지구	1. 인간 생활과 환경	1	[주제 1] 인간 생활과 환경의 관계	1) 인간 생활과 환경의 관계 파악하기 2) 환경 변화에 따른 인간 생활의 변화 조사하기	• '환경'이라는 주제에 들어가기에 앞서 환경과 인간의 관계를 먼저 파악해야 한다고 판단해 재구성함
		2	[주제 2] 생활 속 환경이슈	1) 주변에서 찾아볼 수 있는 다양한 환경 이슈를 찾고 원인 분석하기	• 생활 속 환경 이슈에 대해 스스로 찾고 이를 분석하도록 함
		3-4	[주제 3] 환경 문제 해결을 위한 우리의 노력	1) 환경 문제 해결을 위한 지역적·국제적 노력 평가하기 2) 환경 오염 해결을 위한 방안 제안하기	• 기존에 제시되었던 다양한 노력을 분석 및 평가하고 이를 보완할 수 있는 방안을 제시하며 비판적 사고 역량을 기르고자 함
	2. 친환경 에너지	5	[주제 4] 에너지의 올바른 사용	1) 에너지의 개념과 활용 2) 환경 문제 해결방안으로서의 친환경 에너지	• 환경 문제에서 대두되는 '에너지'에 대한 개념을 통해 친환경 에너지로 이어지는 사고 과정에서 효과적인 학습이 이루어지도록 제시함
		6-7	[주제 5] 친환경 에너지란?	1) 친환경 에너지의 필요성 2) 친환경 에너지의 종류 및 특징 파악하기	
	3. 지속가능한 발전과 우리의 삶	8	[주제 6] 지속가능한 발전을 위한 우리의 삶	1) 지속가능한 발전의 의미와 필요성 2) 지속가능한 발전을 위한 삶의 태도	• 사회 과목과 기술 과목에서 함께 다루어지는 '지속가능한 발전'이라는 내용을 다양한 시각에서 접근하도록 함으로써 하나의 주제에 대한 고차원적 사고를 이끌어 내기 위함
		9-10	[주제 7] 지속가능한 발전 실천하기	1) 지속가능한 발전을 위한 기술 2) 지속가능한 발전을 위한 우리의 실천사항 홍보물 만들기	
	4. 생활 속의 적정기술	11	[주제 8] 적정기술 알아보기	1) 적정기술의 의미와 조건 2) 개발된 적정기술 조사하기	• 기존 교과서에서 다소 간단하게 다루어지는 적정기술에 대해 심도 있게 접근하여 환경과 관련한 기술 발전의 방향성에 대해 생각할 수 있게 함
		12-14	[주제 9] 생활 속의 적정기술	1) 생활 속의 적정기술 개발하기 2) 개발한 적정기술 홍보하기	

→ 통합단원 평가계획

학습 주제	평가 내용	교과 역량	평가 주안점(또는 유의점)
1	인간 생활과 환경의 관계 조사 및 보고서 작성하기	• 정보처리 역량 • 비판적 사고 역량	• 환경의 변화에 따른 인간의 변화를 구체적으로 조사하여 보고서를 세밀하게 작성하는가? • 정보처리 역량: 주어진 주제에 대해 필요한 정보를 구분하여 파악하는가? • 비판적 사고 역량: 인간의 생활과 환경의 상호관계에 대해 비판적으로 받아들이고 관계 파악을 하는가?
2	생활 속 환경 이슈에 대한 탐색 및 분석 후 보고서 작성	• 정보처리 역량	• 생활 속 환경 이슈에 대해 다양한 매체를 활용해 탐색하는가? • 탐색한 환경 이슈에 대해 자신의 의견을 적절하게 표현하며 분석하는가? • 정보처리 역량: 매체를 활용해 필요한 정보를 탐색하고 탐색한 정보 중 필요한 정보를 분별하는가?
3	환경 문제 해결을 위한 노력을 탐색하고 해결방안 제안하기	• 비판적 사고 역량 • 정보처리 역량	• 환경 문제가 발생하는 원인과 그에 대한 해결책을 창의적으로 제시하는가? • 비판적 사고 역량: 학습에 영향을 미치는 요소들을 기존의 시각에서 벗어나 새로운 관점에서 이해하는가? • 정보처리 역량: 환경 문제를 해결하기 위한 지역적·국제적 노력을 정확하게 찾아 분석하는가?
4	에너지의 활용 방법 탐색 및 에너지 효율 측정	• 문제 해결 역량 • 창의적 사고 역량	• 에너지의 활용 방법에 대해 탐구하고 생활 속에서 사용되는 에너지 효율을 정확하게 측정하는가? • 문제 해결 역량: 생활에서 사용하는 에너지에 대해 찾아 효율을 정확하게 계산하는가? • 창의적 사고 역량: 에너지의 다양한 활용 방법에 대해 창의적으로 제시하는가?
5	친환경 에너지의 필요성 논의와 개념, 종류 및 특징 조사하기	• 의사소통 역량 • 정보처리 역량	• 친환경 에너지의 필요성과 개념, 종류 및 특징에 대해 정확하게 조사하는가? • 의사소통 역량: 모둠원들과의 원활한 소통을 통해 활동을 주체적으로 이어 나가는가? • 정보처리 역량: 주어진 주제에 대한 내용을 다양한 매체를 활용해 비판적으로 찾아내는가?
6	지속가능한 발전에 대한 조사 활동 및 토의·토론	• 의사소통 역량 • 비판적 사고 역량	• 지속가능한 발전의 의의와 이를 위한 노력에 대해 이해하고 활동에 적극적으로 참여하는가? • 의사소통 역량: 모둠원들과의 원활한 소통을 통해 활동을 주체적으로 이끌어 나가는가? • 비판적 사고 역량: 지속가능한 발전을 위한 삶의 태도에 대해 비판적으로 판단하는가?
7 8	적정기술 의미 조사 및 생활 속 적정기술 개발	• 창의적 사고 역량 • 문제 해결 역량	• 적정기술의 의미에 대해 주도적으로 조사하며 생활 속 적정기술 개발에 적극적으로 참여하는가? • 창의적 사고 역량: 생활 속 적정기술을 개발하기 위해 창의적인 아이디어를 제시하는가? • 문제해결 역량: 생활 속에서 적정기술이 필요한 부분을 찾아 이를 해결하기 위해 노력하는가?

학교 교육과정 조정하기

➜ 각 교과별 연간 진도계획표를 살펴본다.

　공통된 주제 중심의 범교과 통합단원 수업의 경우, 교과 시간 외 창의적 체험활동(이하 창체) 시간을 활용할 수 있다. 따라서 별도로 교과별 통합단원 운영 시기를 결정하여 진도계획표를 구성하기보다는 주어진 창체 시간에 해당 통합단원을 수업하는 방법을 사용할 수 있다. 이에 학교 학사일정을 살펴본 결과 다음 〈표 4-3〉과 같다.

❀ 표 4-3　○○중학교 학사일정

월	주	월		화		수		목		금	
3	1			1	삼일절	2	수1 시업식, 입학식	3	목1	4	금1
	2	7	월1	8	화1 창체(7교시)	**9**	**대통령선거일**	10	목2	11	금2
	3	14	월2	15	화2	16	수2	17	목3	18	금3
	4	21	월3	22	화3 창체(7교시)	23	수3	24	목4	25	금4
	5	28	월4	29	화4	30	수4	31	목5	1	금5
4	6	4	월5	5	화5 **1년 영어듣기** 창체(7교시)	6	수5 **2년 영어듣기**	7	목6 **3년 영어듣기**	8	금6
	7	11	월6	12	화6-1 동아리(4~6교시)	13	수6	14	목7	15	금7
	8	18	월7	19	화7 창체(7)	20	수7	21	목8 중간고사	22	금8 중간고사
	9	25	월8	26	화8	27	수8	28	목9	29	금9
5	10	2	월9	3	화9 창체(7교시)	4		**5**	**어린이날**	**6**	**재량휴업일**
	11	9	월10	10	화6-1 동아리(4~6교시)	11	수9	12	목10	13	금10 **과학의 날 행사** (5~6교시)
	12	16	월11	17	화10 창체(7교시)	18	수10	19	목11	20	금11
	13	23	월12	24	화11	25	수11	26	목12	27	금12
6	14	30	월13	31	화12 창체(7교시)	**1**	**지방선거일**	2	목13	3	금13
	15	**6**	**현충일**	7	화13-1 동아리(4~6교시)	8	수12	9	목14	10	금14
	16	13	월14	14	화14 창체(7교시)	15	수13	16	목15	17	금15
	17	20	월15	21	화15	22	수14	23	목16	24	금16
7	18	27	월16	28	화16 창체(7교시)	29	수15 기말고사	30	목17 기말고사	1	금17 (진로체험의 날)
	19	4	월17	5	화13-2 동아리(4~6교시)	6	수16	7	목18	8	금18
	20	11	월18	12	화17 창체(7교시)	13	수17	14	목19	15	여름방학식

학사일정에 계획된 창의적 체험활동 시간은 총 10시간이며, 통합단원 수업을 위해 필요한 시수는 총 14시간 정도로 계획되어 있다. 따라서 해당 통합단원은 창체 시간을 활용해 마무리하기에는 어려움이 있을 것으로 판단하며 창체 시간과 기술·가정 수업 시간, 사회 수업 시간을 적절하게 활용하여 구성하고자 하였다.

➡ **통합단원의 운영 시기를 협의하고, 단원의 차시 규모를 고려하여 교과별 진도계획표에 반영 및 수정한다.**

중학교 3학년의 경우 기술·가정 수업과 사회 수업 모두 2시수로 편성되어 있었다. 기술·가정 교과의 〈Ⅵ. 생명 기술과 적정기술〉 단원과 사회 교과의 〈Ⅹ. 환경 문제와 지속가능한 환경〉 모두 교과의 마지막 단원이므로 학기의 마지막 수업 일정에 맞게 끝날 수 있도록 계획하였다.

☰ 절차에 따른 결과

➡ **통합단원 진도계획표**

월	주	기간	비고	단원명 (교과학습내용)	(핵심)성취기준 및 핵심역량		학습내용 (소단원)	시수
					성취기준	핵심 역량		
6	17	20~24			[재구성] 환경 문제의 원인과 이로 인한 기후 변화의 원인을 분석하고, 이를 해결하기 위한 지역적·국제적 노력을 평가한다. [9사(지리)] 생활 속의 환경 이슈를 둘러싼 다양한 의견을 비교하고, 환경 이슈에 대한 자신의 의견을 제시한다.	기술적 문제 해결 역량 의사 소통 역량 창의적 사고 역량 지식 정보 처리 역량	[주제 1] 인간 생활과 환경의 관계 [주제 2] 생활 속 환경 이슈 [주제 3] 환경 문제 해결을 위한 우리의 노력	5
	18	6/27~1	기말고사 (29, 30)	1) 인간 생활과 환경				
7	19	4~8	동아리 5(4~6교시)	2) 친환경 에너지 3) 지속가능한 발전과 우리의 삶	[재구성] 친환경 에너지의 활용을 이해하고 친환경 에너지 개발의 중요성을 인식하여, 효율적인 에너지 이용 방안을 제안한다. [9기가04-14] 에너지와 관련된 문제를 이해하고 해결책을 창의적으로 탐색하고 실현하며 평가한다.		[주제 4] 에너지의 올바른 사용 [주제 5] 친환경 에너지란? [주제 6] 지속가능한 발전을 위한 우리의 삶	9
	20	11~15	방학식(15)	3) 지속가능한 발전과 우리의 삶	[9기가05-09] 적정기술과 지속가능 발전의 의미를 이해하고 적정기술 체험활동을 통하여 문제를 창의적으로 탐색하고 실현하고 평가한다.		[주제 7] 지속가능한 발전 실천하기 [주제 8] 적정기술 알아보기 [주제 9] 생활 속의 적정기술	14

학습경험 선정하기

→ 차시별 교수 · 학습 지도안을 작성한다.

　재구성 계획과 평가계획을 바탕으로 통합단원의 교수 · 학습 지도안을 작성하였다. 도입 부분에서 열린 질문 1개와 전개 부분에서 탐구 질문 1~2개를 제시하였고 질문에 대한 답을 찾아가는 과정을 통해 학습이 일어나도록 구성하였다. 각각의 질문에 해당하는 활동지를 제작하여 수업에 활용할 수 있도록 하였으며 열린 질문과 탐구 질문은 모두 학생들의 확산적 사고를 일으킬 수 있는 방향으로 제시하였다.

　수행평가의 평가 기준은 앞서 작성했던 평가계획을 바탕으로 해당 수업에 해당하는 기준을 적용하였으며 수업을 마치고 난 후 학생이 달성해야 할 목표와 교과역량을 기준으로 작성하였다.

→ 학생용 학습 자료와 활동지를 제작한다.

　교수 · 학습 자료는 교수 · 학습 지도안의 흐름에 따라 생각열기와 탐구활동 단계에서 학생들이 주도적으로 참여할 수 있도록 학생용 활동지를 구성하여 제시하였다. 다양한 매체를 이용해 자료를 수집하며 이를 바탕으로 주도적인 정보 수집과 분류를 할 수 있도록 활동지를 제시하였고, 학생들의 흥미를 불러일으킬 수 있는 활동을 위주로 구성하였다.

📄　절차에 따른 결과

1. 인간과 환경의 상호관계

수업이야기

　인간의 삶은 환경과 밀접한 관계를 가지고 있다. 환경의 변화에 따라 인간의 생활은 다양하게 변화할 수 있는데 최근 환경오염 문제가 대두되면서 생활 방식에도 많은 변화가 나타나고 있다. 우리가 일상적으로 하는 활동에서도 환경오염이 발생할 수 있다는 것을 인지하고 간단한 생활습관부터 바꾸어 나간다면 우리는 환경 문제를 해결할 수 있을 것이다.

　이 수업을 통해 학생들이 생활 속에서 일어나는 환경오염에는 어떤 것들이 있는지 파악하고 이것을 해결하려는 지역적 · 국제적 노력을 분석하여 우리가 생활 속에서 실천할 수 있는 구체적인 환경 문제 해결방안을 제시할 수 있도록 설계하였다.

교수 · 학습 지도안

통합단원	하나뿐인 지구	소단원	① 인간 생활과 환경
성취기준	[재구성] 환경 문제의 원인과 이로 인한 기후 변화의 원인을 분석하고, 이를 해결하기 위한 지역적 · 국제적 노력을 평가한다. [9사(지리)] 생활 속의 환경 이슈를 둘러싼 다양한 의견을 비교하고, 환경 이슈에 대한 자신의 의견을 제시한다.		
학습 주제	[주제 3] 환경 문제 해결을 위한 우리의 노력		
학습 목표	환경오염 문제의 해결방안을 다양하게 제시할 수 있다.		
학습 요소	환경 문제의 해결방안, 환경 문제 해결을 위한 노력		
교과 역량	■ 비판적 사고 역량 ■ 정보처리 역량	학습 방법	탐구 중심 프로젝트 학습
차시	3~4차시	학습 자료	동영상 자료, 스마트 기기, 온라인 수업 도구 등

단계	교수 · 학습 활동	자료 및 지도상의 유의점
도입	**【생각열기】생활 속 환경오염** – 〈당신이 넷플릭스, 유튜브 같은 영상을 볼 때마다 환경이 오염되는 이유〉 영상 시청 후 다음 질문에 답해 보기 열린 질문 ❶ • 생활 속에서 환경오염이 되는 사례로는 어떤 것들이 있을까요? ❖ 생활 속에서 환경오염이 되는 사례로는 어떤 것들이 있을까요? ❖ 이러한 환경오염이 우리 생활에 미치는 영향에는 무엇이 있을까요? ❖ 환경오염을 해결할 수 있는 방안에는 어떤 것들이 있을까요? – 질문에 대한 답은 패들릿 등 온라인 보드를 이용해 학급 전체에서 공유할 수 있도록 하기	• 당신이 넷플릭스, 유튜브 같은 영상을 볼 때마다 환경이 오염되는 이유/스브스뉴스(3분 31초) • 온라인 수업 도구 활용: 패들릿 (Padlet)

	【본 차시 학습 목표 및 활동 안내】 ▶ 본 차시의 학습 목표 살펴보기 ▶ 수업 활동 안내	
	<table><tr><td>활동 1</td><td>활동 2</td></tr><tr><td>• 환경 문제 해결을 위한 지역적, 국제적 노력 조사하기</td><td>• 생활 속 실천할 수 있는 환경 문제 해결방안 제안하기</td></tr></table>	
전개	**【활동 1】 환경 문제 해결을 위한 지역적 · 국제적 노력 조사하기** ▶ 모둠 조사 활동 　**탐구 질문 ❶** 　환경 문제를 해결하기 위해 지역적 · 국제적으로 어떤 노력을 하였나요? 🔄 환경 문제를 해결하기 위한 지역적 · 국제적 노력 조사하기 　- 모둠별로 역할을 나누어 환경 문제를 해결하기 위해 지역적으로 한 노력과 국제적으로 한 노력을 조사하도록 지도 　- 조사 내용을 구글 프레젠테이션에 정리하여 발표하기 **【활동 2】 생활 속에서 실천하는 환경 문제 해결방안 제안하기** ▶ 소집단 토의 　**탐구 질문 ❷** 　생활 속에서 실천하는 환경 문제 해결방안으로는 어떤 것이 있을까요? 🔄 생활 속에서 실천할 수 있는 환경 문제 해결방안 제안하기 　- 학교 및 가정에서 실천할 수 있는 환경 문제 해결방안을 자유롭게 작성하여 점착 메모지에 작성한 후 도화지에 붙이기 　- 학교에서 실천할 수 있는 것과 가정에서 실천할 수 있는 것으로 나누어 정리한 후 발표하기	• 일상생활 속에서 쉽게 접할 수 있는 환경 이슈를 통해, 환경 문제에 지속적인 관심을 두고 해결에 적극적으로 참여하려는 태도를 강조함 • Teaching Tips 　- 학생들에게 태블릿 PC나 스마트폰 등 스마트 기기를 제공하여 교실 내에서 조사 활동이 원활하게 이루어지도록 함 　- 사전에 구글 프레젠테이션의 사용 방법을 충분히 익힐 수 있도록 안내하고 원활한 협업 활동이 되도록 지도함 　- 모둠 내에서 적절하게 역할 분배가 이루어졌는지 순회 지도를 통해 확인함 　- 생활 속에서 실천하는 환경 문제 해결방안으로는 간단한 것부터 시작될 수 있음을 안내하여 다양한 의견이 많이 나올 수 있도록 창의적인 발문을 제시함
정리	**【환경 문제 해결을 위한 우리의 노력】** 🔄 환경 문제 해결을 위해 할 수 있는 노력을 구체적으로 제시하여 실천 10계명을 만들어 실생활 속에서 실천하기	

	평가 내용	등급	평가 척도
수행평가	환경 문제 해결을 위한 노력을 탐색하고 해결방안 제안하기	평가 기준	• 환경 문제가 발생하는 원인과 그에 대한 해결책을 창의적으로 제시하는가? • 비판적 사고 역량: 학습에 영향을 미치는 요소들을 기존의 시각에서 벗어나 새로운 관점에서 이해하는가? • 정보처리 역량: 환경 문제를 해결하기 위한 지역적·국제적 노력을 정확하게 찾아 분석하는가?
		A	위의 평가 요소 모두를 만족하는 경우
		B	위의 평가 요소 중 한두 가지를 만족하는 경우
		C	위의 평가 요소 모두를 만족하지 못한 경우

학습지

[주제 3] 환경 문제 해결을 위한 우리의 노력

넷플릭스, 유튜브를 보는 것도 환경오염이라고?!

_____학년 _____반   이름: _____

생각 열기

다음 영상을 시청한 후 이야기해 봅시다.

• 넷플릭스, 유튜브를 보는 것도 환경오염의 원인?!

열린 질문 ❶

✿ 여러분이 하루 동안 한 일 중 환경오염의 원인이 되는 것은 무엇이 있을까요?

✿ 환경오염이 우리 생활에 미치는 영향에는 어떤 것이 있을까요?

✿ 환경오염을 해결하기 위해 우리는 무엇을 할 수 있을까요?

학습지

[주제 3] 환경 문제 해결을 위한 우리의 노력

환경 문제 해결을 위한 우리의 노력

_____학년 _____반   이름: _____

활동 1

탐구 질문 ❶

✿ 환경 문제 해결을 위해 지역적 · 국제적으로 한 노력에는 어떤 것이 있나요? [모둠 활동]

[지역적 노력]	[국제적 노력]

활동 2

탐구 질문 ❷

✿ 가정과 학교에서 실천할 수 있는 환경 문제 해결방안에는 어떤 것들이 있을까요?

[가정 내 실천방안]	[학교 내 실천방안]
점착 메모지 점착 메모지	점착 메모지 점착 메모지

2. 친환경 에너지

우리가 생활 속에서 사용하는 화석 에너지는 현재 많은 문제점들을 안고 있다. 환경오염 문제부터 에너지 고갈의 문제까지…. 특히 화석 연료의 사용으로 인한 환경오염은 이제 우리 삶 가까이 도래하고 있다. 환경오염을 막기 위해 생활 속에서 또한 국가별로 다양한 노력을 하고 있지만 근본적으로 사용하는 에너지를 친환경 에너지로 바꾸는 것이 가장 중요한 과제이다.

이 단원에서는 기존에 사용하던 화석 및 원자력 에너지의 문제점을 알고 친환경 에너지의 필요성을 학생들이 스스로 탐구할 수 있도록 하며, 친환경 에너지의 종류와 특징에 대해 학생들이 전문가가 되어 조사하고 조사한 내용을 가르치며 주체적으로 학습하도록 설계하였다.

교수 · 학습 지도안

통합단원	하나뿐인 지구		소단원	① 인간 생활과 환경
성취기준	[재구성] 친환경 에너지의 활용을 이해하고 친환경 에너지 개발의 중요성을 인식하여, 효율적인 에너지 이용방안을 제안한다.			
학습 주제	**[주제 5] 친환경 에너지란?**			
학습 목표	친환경 에너지의 개념과 필요성, 종류 및 특징에 대해 설명할 수 있다.			
학습 요소	친환경 에너지의 필요성, 친환경 에너지 종류 및 특징			
교과 역량	■ 의사소통 역량 ■ 정보처리 역량		학습 방법	탐구 중심 프로젝트 학습
차시	6~7차시		학습 자료	동영상 자료, 스마트 기기, 온라인 수업 도구 등

단계	교수 · 학습 활동	자료 및 지도상의 유의점
도입	**【생각열기】 우리가 사용하는 에너지** – 학생들에게 우리가 사용하는 에너지에 대해 얼마나 알고 있는지에 대한 발문 던지기 열린 질문 ❶ • 우리가 사용하는 에너지에 대해 얼마나 알고 있나요? ⟳ 에너지란 무엇일까요? ⟳ 우리 생활에서 에너지가 필요한 순간은? ⟳ 이러한 에너지들이 가진 문제점은 무엇일까요? – 질문에 대한 답은 멘티미터(Mentimeter)라는 온라인 수업 도구를 활용해 학급 전체가 볼 수 있도록 하여 질문에 대한 답을 생각해 보도록 지도하기	• 온라인 수업 도구 활용: 멘티미터 에너지란 무엇이라고 생각하나요? • 학생들에게 스마트 기기를 준비하게 하고 올바른 사용법에 대해 안내하기

전개	【**본 차시 학습 목표 및 활동 안내**】 ▶ 본 차시의 학습 목표 살펴보기 ▶ 수업 활동 안내 | 활동 1	활동 2
---	---
• 친환경 에너지의 필요 성에 대해 논의하기	• 친환경 에너지에 대해 조사하기 | 【**활동 1**】**친환경 에너지의 필요성과 개념에 대해 조사하기** ▶ 소집단 토의 ┌─ 탐구 질문 ❶ ─┐ 친환경 에너지는 왜 필요할까요? └──────────┘ ✿ 친환경 에너지의 필요성에 대해 논의하기 - 열린 질문을 통해 에너지의 사용 현황에 대해 정리하고 친환경 에너지의 필요성에 대해 조사 및 논의하기 - 논의한 내용을 정리하여 모둠별로 학급 패들릿에 작성하기 【**활동 2**】**친환경 에너지에 대해 조사하기** ▶ 모둠 학습 및 조사 활동(직소 모형) ┌─ 탐구 질문 ❷ ─┐ 친환경 에너지에 대해 얼마나 알고 있나요? └──────────┘ ✿ 친환경 에너지의 개념과 종류 및 특징에 대해 조사하기 1) 모둠 활동: 친환경 에너지의 개념과 종류에 대해 조사하기 2) 전문가 활동: 친환경 에너지의 종류를 적절하게 나누어 모둠원들이 전문가가 되어 해당 친환경 에너지에 대한 조사 활동 실시 3) 모둠 집단 활동: 다시 모둠으로 돌아와 전문가 활동한 내용을 모둠원들에게 설명하면서 전체 내용을 정리 4) 정리한 내용을 보고서로 작성하여 발표하기	• 현재 주로 사용하고 있는 화석 에너지의 한계점에 대해 조사하며 친환경 에너지가 왜 필요한가에 대해 주체적으로 생각할 수 있도록 지도함 • Teaching Tips - 학생들에게 태블릿 PC나 스마트폰 등 스마트 기기를 제공하여 교실 내에서 조사 활동이 원활하게 이루어지도록 함 - 모둠 내에서 적절하게 역할 분배가 이루어졌는지 순회 지도를 통해 확인함 - 직소(Jigsaw) 모형을 활용해 전문가 활동가 집단 활동이 원활하게 이루어질 수 있도록 순회 지도를 통해 확인함
정리	【**친환경 에너지의 활용방안에 대한 논의**】 ✿ 다음 차시 예고: 친환경 에너지를 유용하게 활용할 수 있는 방안에 대한 논의가 있을 것임을 예고	

	평가 내용	등급	평가 척도
수행평가	친환경 에너지의 필요성 논의와 개념, 종류 및 특징 조사하기	평가 기준	• 친환경 에너지의 필요성과 개념, 종류 및 특징에 대해 정확하게 조사하는가? • 의사소통 역량: 모둠원들과의 원활한 소통을 통해 활동을 주체적으로 이어 나가는가? • 정보처리 역량: 주어진 주제에 대한 내용을 다양한 매체를 활용해 비판적으로 찾아내는가?
		A	위의 평가 요소 모두를 만족하는 경우
		B	위의 평가 요소 중 한두 가지를 만족하는 경우
		C	위의 평가 요소 모두를 만족하지 못한 경우

학습지

[주제 5] 친환경 에너지란?

친환경 에너지는 왜 필요할까?

_____학년 _____반 번호: _____   이름: _____

활동 1

다음 영상을 시청한 후 모둠별로 토의해 봅시다.

• 만약 화석 연료가 없어진다면?

탐구 질문 ❶

✿ 우리가 사용하고 있는 에너지인 화석에너지가 모두 고갈된다면 어떤 일이 벌어질까요?

✿ 위와 같은 문제를 해결하려면 우리는 어떻게 해야 할까요?

학습지

[주제 5] 친환경 에너지란?

친환경 에너지 조사 보고서

_____학년 _____반 번호: _____   이름: _____

활동 2-1. 전문가 활동

탐구 질문 ❷

✿ 친환경 에너지에 대해 얼마나 알고 있나요?

• [전문가 활동] 모둠별로 조사한 친환경 에너지 중 내가 조사해야 할 에너지에 대해 조사 후 작성해 봅시다.

에너지	설명	활용 사례

활동 2-2. 모둠 활동

• [모둠활동] 전문가 활동을 통해 조사한 내용을 모둠 친구들에게 알려 주고, 모둠 친구들이 조사한 내용을 다음 표에 정리해 봅시다.

에너지	설명	활용 사례

3. 지속가능한 발전과 우리의 삶

수업이야기

> 지속가능한 발전이란 필요한 것을 충족하면서 다음 세대에 필요한 것을 침해하지 않는 발전을 의미한다. 현대 사회에서는 이제 단순한 기술의 발전이 아닌 다음 세대를 생각하는 지속가능한 발전을 위한 노력이 이루어지고 있다. 환경과 미래를 생각하는 지속가능한 발전은 생활 속에서 간단하게 실천할 수 있는 것부터 시작할 수 있다.
>
> 이 단원에서는 지속가능한 발전에 대해 학생들이 스스로 생각해 볼 수 있게 하며 지속가능한 발전의 의미를 새기고, 토의·토론 활동을 통해 지속가능한 발전을 위해 우리가 노력할 수 있는 일에 대해 고찰할 수 있도록 설계하였다.

교수 · 학습 지도안

통합단원	하나뿐인 지구	소단원	③ 지속가능한 발전과 우리의 삶
성취기준	[9사(지리)] 생활 속의 환경 이슈를 둘러싼 다양한 의견을 비교하고, 환경 이슈에 대한 자신의 의견을 제시한다. [9기가05-09] 적정기술과 지속가능 발전의 의미를 이해하고 적정기술 체험활동을 통하여 문제를 창의적으로 탐색하고 실현하고 평가한다.		
학습 주제	**[주제 6] 지속가능한 발전을 위한 우리의 삶**		
학습 목표	지속가능한 발전의 의미를 알고, 지속가능한 발전을 위한 삶의 태도를 제시할 수 있다.		
학습 요소	지속가능한 발전, 지속가능 발전을 노력		
교과 역량	■ 의사소통 역량 ■ 비판적 사고 역량	학습 방법	탐구 중심 프로젝트 학습
차시	8차시	학습 자료	동영상 자료, 스마트 기기, 온라인 수업 도구 등

단계	교수 · 학습 활동	자료 및 지도상의 유의점
도입	**【생각열기】 지속가능한 발전이란?** - 〈국가지속가능발전목표〉 영상을 보고 떠오르는 생각 나누기 **열린 질문 ❶** • 여러분이 생각하는 지속가능한 발전이란 무엇인가요? ♻ 지속가능한 발전에 대해 들어 본 적 있나요? ♻ 지속가능한 발전이란 무엇이라고 생각하나요? ♻ 여러분이 생각하는 지속가능한 발전을 위해서 우리는 무엇을 해야 할까요? - 질문에 대한 답은 패들릿을 이용해 학급 전체가 공유	• "펭수가 알려주는 대대손손 잘 사는 법! 얼~쑤 좋다	국가지속가능발전목표(K-SDGs)"(1분 42초) • 온라인 학습 도구 활용: 패들릿

전개	**【본 차시 학습 목표 및 활동 안내】** ▶ 본 차시의 학습 목표 살펴보기 ▶ 수업 활동 안내 | 활동 1	활동 2
---	---
지속가능한 발전에 대한 마인드맵 작성하기	지속가능한 발전을 위한 노력에 대해 토의하기 | **【활동 1】 지속가능한 발전에 대한 마인드맵 작성하기** ▶ 개별 마인드맵 작성 ┌─────────────┐ │ **탐구 질문 ❶** │ └─────────────┘ 지속가능한 발전이란 무엇일까요? ♻ 지속가능한 발전에 대한 마인드맵 작성하기 – 지속가능한 발전에 대해 본인이 생각하는 내용을 바탕으로 자유롭게 첫 번째 마인드맵 작성하기 – 첫 번째 마인드맵을 완성한 후, 지속가능한 발전에 대해 다양한 매체를 이용해 조사하기 – 조사한 내용을 바탕으로 지속가능한 발전에 대한 두 번째 마인드맵 작성하기 – 첫 번째와 두 번째 마인드맵을 비교·분석하고 자신의 생각 정리하기 – 비교·분석한 내용과 지속가능한 발전에 대한 자신의 생각을 발표하기 **【활동 2】 지속가능한 발전을 위한 노력에 대해 토의하기** ▶ 소집단 토의 ┌─────────────┐ │ **탐구 질문 ❷** │ └─────────────┘ 지속가능한 발전을 위해 우리는 무엇을 할 수 있을까요? ♻ 지속가능한 발전을 위한 삶의 태도에 대해 토의하기 – 로컬 푸드와 글로벌 푸드 소비 선택하기 – 토의한 내용을 정리하여 발표하기	• 지속가능한 발전 마인드맵 작성 시, 지속가능한 발전의 의의와 경제적·사회적·환경적 측면에서의 발전 방향을 골고루 탐색할 수 있도록 유도 • Teaching Tips – 학생들에게 태블릿 PC나 스마트폰 등 스마트 기기를 제공하여 교실 내에서 조사 활동이 원활하게 이루어지도록 함 – 마인드맵 작성 원리에 대해 간단하게 한 번 더 안내한 뒤 활동 실시 • 토론 시 로컬 푸드와 글로벌 푸드를 생산자, 소비자, 환경 측면으로 나누어 특징을 살펴보게 함으로써 로컬 푸드 소비의 중요성을 생각할 수 있도록 유도
정리	**【지속가능한 발전 목표 영상 시청】** ♻ 지속가능한 발전 목표에 관한 영상을 시청하면서 지속가능한 발전을 위해 우리가 할 수 있는 일을 한 번 더 정리하기	

	평가 내용	등급	평가 척도
수 행 평 가	지속가능한 발전에 대한 조사 활동 및 토의 · 토론	평가 기준	• 지속가능한 발전의 의의와 이를 위한 노력에 대해 이해하고 활동에 적극적으로 참여하는가? • 의사소통 역량: 모둠원들과의 원활한 소통을 통해 활동을 주체적으로 이끌어 나가는가? • 비판적 사고 역량: 지속가능한 발전을 위한 삶의 태도에 대해 비판적으로 판단하는가?
		A	위의 평가 요소 모두를 만족하는 경우
		B	위의 평가 요소 중 한두 가지를 만족하는 경우
		C	위의 평가 요소 모두를 만족하지 못한 경우

학습지

[주제 6] 지속가능한 발전을 위한 우리의 삶

지속가능한 발전이란?

________학년 ______반 번호: ______ 이름: ____________________

활동 1

탐구 질문 ❶

✿ 지속가능한 발전이란 무엇일까요? 여러분이 알고 있는 내용을 바탕으로 마인드맵을 그려 봅시다.

지속가능한
발전이란?

✿ 지속가능한 발전에 대해 조사를 해 볼까요? (스마트기기, 교과서, 관련 서적 등 이용)

✿ 조사한 내용을 바탕으로 지속가능한 발전에 대해 다시 마인드맵을 작성해 봅시다.

지속가능한
발전이란?

[주제 6] 지속가능한 발전을 위한 우리의 삶

로컬 푸드?! 글로벌 푸드?!

_____학년 _____반 번호: _____   이름: _____

활동 2

탐구 질문 ❷

🔅 지속가능한 발전을 위해 우리가 할 수 있는 일은 무엇일까요?

🔅 로컬 푸드와 글로벌 푸드, 당신의 선택은?
• 로컬 푸드와 글로벌 푸드에 대해 조사해 봅시다.

종류	설명	특징
로컬 푸드		
글로벌 푸드		

• 나의 주장을 정리한 후 모둠별로 토의해 봅시다.
  - 나는 _____ 푸드를 소비해야 한다고 생각한다.
  - 그 이유는:

• 모둠 내 반대 측 주장 정리하기:

• 학급의 여론 조사하기

푸드	표수	주장
로컬 푸드		
글로벌 푸드		

4. 생활 속의 적정기술

수업이야기

　　적정기술이란 좁은 의미로는 낙후된 어려운 나라의 사람들의 삶의 질을 향상시키기 위한 기술이지만, 넓은 의미로는 환경을 보존하고 인류의 삶을 지속적으로 개선해 주는 모두를 위한 미래의 기술을 말한다. 기술의 발전이 비약적으로 빠르게 이루어지면서 우리가 편리한 삶을 얻은 대신 잃은 것들을 생각해 볼 때 지속가능한 발전을 위해서는 적정기술이 필요하다.

　　이 단원에서는 적정기술의 필요성을 학생들이 깨닫고 적정기술의 의미를 탐색하고, 적정기술의 조건에 따라 생활 속에서 쉽게 활용할 수 있는 적정기술을 개발하는 것을 목표로 활동이 설계되었다.

교수 · 학습 지도안

통합단원	하나뿐인 지구	소단원	④ 생활 속의 적정기술
성취기준	[9기가05-09] 적정기술과 지속가능 발전의 의미를 이해하고 적정기술 체험활동을 통하여 문제를 창의적으로 탐색하고 실현하고 평가한다.		
학습 주제	**[주제 7] 적정기술 알아보기 / [주제 8] 생활 속의 적정기술**		
학습 목표	적정기술의 의미를 이해하고, 생활 속에서 활용할 수 있는 적정기술을 개발할 수 있다.		
학습 요소	적정기술, 생활 속의 적정기술		
교과 역량	■ 창의적 사고 역량 ■ 기술적 문제해결	학습 방법	탐구 중심 프로젝트 학습
차시	11~14차시	학습 자료	동영상 자료, 스마트 기기, 온라인 수업 도구 등
단계	교수 · 학습 활동		자료 및 지도상의 유의점
도입	**【생각열기】 적정기술이란 무엇일까요?** 　–〈적정기술이란?〉 영상을 보고 떠오르는 생각 나누기 　　**열린 질문 ❶** 　• 생활 속에서 필요한 적정기술에는 무엇이 있을까요? ✿ 적정기술에 대해 알고 있나요? ✿ 영상 속에서 나온 내용 이외에 우리 생활에서 쉽게 사용할 수 있는 적정기술로는 어떤 것이 있을까요? 　– 질문에 대한 답은 패들릿을 이용해 학급 전체가 공유		• "꿀 정보 1) '적정기술의 정의' 이 영상으로 정리한다! 적정기술이란?"(2분 59초) • 온라인 학습 도구 활용: 패들릿 • 간단한 아이디어라도 자유롭게 이야기할 수 있도록 유도

전개	**【본 차시 학습 목표 및 활동 안내】** ▶ 본 차시의 학습 목표 살펴보기 ▶ 수업 활동 안내 **활동 1** • 적정기술에 대해 조사 하기 **활동 2** • 생활 속 적정기술 개발 하기 **【활동 1】적정기술에 대해 조사하기** ▶ 개별 조사 활동 **탐구 질문 ❶** 적정기술이란 무엇인가요? ♻ 적정기술에 대해 조사 및 보고서 작성하기 - 다양한 매체(스마트 기기, 교과서, 관련 서적 등)를 활용해 적정기술에 대해 탐색하여 보고서 작성하기 - 작성한 내용은 모둠별로 공유 후 발표하기 **【활동 2】생활 속 적정기술 개발하기** ▶ 개별 활동 **탐구 질문 ❷** 생활 속에서 활용할 수 있는 적정기술로는 어떤 것 이 있을까요? ♻ 생활 속에서 활용할 수 있는 적정기술 개발하기 - 생활 속에서 사용/활용하는 것 중 적정기술로 대 체할 수 있을 만한 것에 대해 찾아보기 - 적정기술의 조건에 따라 적정기술 개발 후 보고서 작성하기 - 보고서는 구글 문서 혹은 프레젠테이션으로 작성 하여 구글 공유 드라이브로 공유하기	• 생활 속 적정기술을 개발하기 위 해서는 확산적 사고기법을 활용할 수 있도록 하며 다양한 매체를 활 용할 수 있도록 유도 • Teaching Tips - 학생들에게 태블릿 PC나 스마트 폰 등 스마트 기기를 제공하여 교실 내에서 조사 활동이 원활 하게 이루어지도록 함 - 보고서는 구글 공유 드라이브를 활용해 학급 전체가 공유하며 다른 친구들의 아이디어를 보고 영감을 얻을 수 있도록 함 - 생활 속 적정기술 개발을 위해 다양한 창의적인 아이디어가 나 올 수 있도록 긍정적인 피드백 과 창의적 발문 사용하기
정리	**【차시 예고】** ♻ 앞서 개발한 생활 속 적정기술에 대한 홍보 자료를 제작할 것이므로 준비물 등을 미리 안내	

	평가 내용	등급	평가 척도
수행평가	적정기술 의미 조사 및 생활 속 적정 기술 개발	평가 기준	• 적정기술의 의미에 대해 주도적으로 조사하며 생활 속 적정기술 개발에 적 극적으로 참여하는가? • 창의적 사고 역량: 생활 속 적정기술을 개발하기 위해 창의적인 아이디어 를 제시하는가? • 문제 해결 역량: 생활 속에서 적정기술이 필요한 부분을 찾아 이를 해결하 기 위해 노력하는가?
		A	위의 평가 요소 모두를 만족하는 경우
		B	위의 평가 요소 중 한두 가지를 만족하는 경우
		C	위의 평가 요소 모두를 만족하지 못한 경우

학습지

[주제 7] 생활 속의 적정기술

적정기술이란?

_____학년 _____반　번호: _____　이름: _____

생각 열기

다음 영상을 시청한 후 이야기해 봅시다.

• 생활 속 필요한 적정기술에는 또 어떤 것들이 있을까?

탐구 질문 ❶

✪ 적정기술이란 무엇인가요?

✪ 현재 개발된 적정기술에는 어떤 것들이 있나요? (세 가지 이상)

1.

2.

3.

[주제 8] 생활 속의 적정기술

생활 속 적정기술 개발 보고서

_____학년 _____반 번호: _____   이름: _____

활동 1

탐구 질문 ❷

♻ [아이디어 탐색] 생활 속에서 활용할 수 있는 적정기술에는 어떤 것이 있을까요? 마인드맵을 활용해 아이디어를 떠올려 봅시다.

> 생활 속
> 적정기술

♻ [아이디어 선정] 위 아이디어 중 하나를 선택하고 그 이유를 적어 봅시다.

♻ [아이디어 구체화] 선정한 아이디어를 스케치와 설명으로 표현해 봅시다.

♻ [실행 및 평가] 구체화한 아이디어를 발표하고 학급 친구들의 피드백을 받아 적어 봅시다.

2. 정보통신 기술과 미래

▌통합단원명

정보통신 기술과 미래(중학교 3학년, 정보, 기술 · 가정교과 통합)

▌통합의 유형: 성취기준 중심 교과서 내용 통합

통합의 유형	통합의 요소	통합의 중심	통합의 방식	통합의 단위
☐ 다학문적 ■ 간학문적 ☐ 탈학문적	■ 지식 ■ 기능 ☐ 가치/ 태도 ■ 성취기준	☐ 제재 ■ 주제 ☐ 문제 ■ 학습 기능 ■ 사고 양식 ☐ 표현활동 ☐ 흥미	■ 병렬 ☐ 광역 ■ 공유 ☐ 혼합 ☐ 융합	☐ 통합교과(과목) ■ 통합단원 ☐ 차시통합

▌단원의 내러티브

　4차 산업혁명 시대를 살아가고 있는 학생들에게 가장 필요한 부분이 정보통신 기술이 아닐까 생각했다. 따라서 기술 · 가정 교과의 「정보통신 기술과 미디어의 이해」라는 단원을 시작으로 정보 교과와 성취기준상 유사한 내용을 다루는 단원을 통합하고자 하였다. 기술 · 가정 교과의 정보통신 기술과 미디어 단원보다 정보 교과에서는 세부적이고 전문적인 내용을 다루는 만큼 어느 정도까지 통합을 하여 단원을 개발해야 할지에 대한 고민이 있었다. 따라서 정보 교과의 「정보 문화」 「자료와 정보」 단원을 바탕으로 성취기준의 유사성을 고려하여 정보통신 기술의 전반적인 내용을 다루는 통합 단원을 개발하고자 하였다.

▌통합 절차

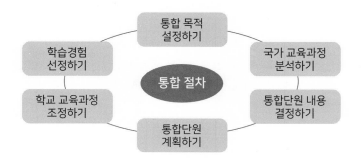

통합 목적 설정하기

→ '교육과정 통합이 필요한 이유는 무엇인가?'라는 질문을 중심으로 통합의 목적을 설정한다.

태어난 순간부터 스마트 기기를 접한 요즘 학생들에게 가장 필요한 부분이 정보통신 기술이라 판단하였다. 현재 중학교 교육과정에서는 기술 · 가정 교과와 정보 교과에서 해당 내용을 가르치고 있는데 기술 · 가정 교과에서의 정보통신 기술은 정보통신의 전반적인 역사와 내용을 다루고, 정보 교과에서는 좀 더 심도 있고 전문적인 내용을 다룬다. 이 두 교과에서 배우는 정보통신 기술은 결국 같은 내용임에도 불구하고 교과가 다르다는 이유로 따로 배우고 있는 것이다. 또한 학생들은 따로 배우는 내용이다 보니 정보통신 기술에 대한 연계성 없이 학습을 하게 된다. 따라서 기술 · 가정 교과의「정보통신 기술과 미디어의 이해」라는 단원을 시작으로 정보 교과와 성취기준상 유사한 내용을 다루는 단원을 통합하고자 하였다. 기술 · 가정 교과의 정보통신 기술과 미디어 단원보다 정보 교과에서는 세부적이고 전문적인 내용을 다루는 만큼 어느 정도까지 통합을 하여 단원을 개발해야 할지에 대한 고민이 있었다. 따라서 정보 교과의「정보 문화」「자료와 정보」단원을 바탕으로 성취기준의 유사성을 고려하여 정보통신 기술의 전반적인 내용을 다루는 통합단원을 개발하고자 하였다.

☰ 절차에 따른 결과

통합단원【정보통신 기술과 미래】개발의 목적

◎ 이 단원은 기술 · 가정 교과와 정보 교과의 성취기준의 유사성을 바탕으로 기술 · 가정 교과의『미디어와 정보통신 기술』단원, 정보 교과의『정보 문화』「자료와 정보」단원을 중심으로 개발한 통합단원이다. '정보'라는 제재를 중심으로 성취기준상에서 정보 기술의 발달, 정보와 관련된 미래 직업, 개인정보와 저작권의 보호, 사이버 윤리, 자료와 정보의 구분, 정보의 다양한 형태 등 유사성을 보이며 해당 단원의 내용에서도 중복되는 부분이 많기에 이를 바탕으로 간학문적 통합으로 접근하고자 한다.

◎ 따라서 학생들이 기술 · 가정 교과와 정보 교과에서 중복으로 배우게 되는 부분을 통합하여 학습의 효율성을 높이고, 4차 산업혁명 시대에 대두되는 정보의 중요성을 인식하며 창의적인 컴퓨팅 사고를 할 수 있도록 하는 데 목적을 둔다.

국가 교육과정 분석하기

→ 교과별로 내용 체계와 성취기준을 수평·수직적 스캔하여 공통된 연관성을 찾는다.

통합단원【정보통신 기술과 미래】 개발을 위해 국가 교육과정을 스캔하였다. 두 교과 모두 공통적으로 정보통신 기술의 전체적인 개요에 대해 다루고 있지만, 기술·가정 교과에서는 정보통신 기술이 이루어지는 과정, 정보통신 기술의 특성과 발달 과정, 통신매체의 종류 등을 다루고 있으며, 정보 교과에서는 소프트웨어와 그에 따른 진로 탐색, 개인정보 및 저작권의 보호, 디지털 정보의 보다 전문적인 표현 등을 다루고 있다(〈표 4-4〉 참조).

두 교과에서 다루고 있는 세부적인 내용의 차이는 있지만, 전체적인 개요와 강조하는 부분 등의 유사성이 보이고 중복되는 부분도 있다. 정보통신 기술이라는 내용 요소에 대한 흥미로운 접근을 위해 전체적인 개요는 기술·가정의 교과의 흐름에 따르되, 세부적인 내용 요소는 정보 교과의 내용을 추가하여 전체적인 통합단원의 내용을 구성해 보았다(〈표 4-5〉 참조).

◈ 표 4-4 교과서 및 성취기준 분석

	기술·가정	정보
단원명	V. 정보통신 기술의 세계	I. 정보 문화
단원 내용 체계	1-1. 정보통신 기술의 의미 특성, 시스템, 과정, 형태 1-2. 정보통신 기술의 발달 과정 1-3. 정보통신 매체의 이해와 종류, 활용	1-1. 정보사회의 특성, 소프트웨어의 중요성 1-2. 정보 사회의 미래와 직업 2-1. 개인정보와 보호 2-2. 저작권과 보호, 디지털 저작물 이용방법 2-3. 사이버 윤리
성취 기준	[9기가04-15] 정보 기술 시스템의 각 단계별 세부 요소를 이해하고 정보의 통신 과정을 구체적으로 설명한다. [9기가04-16] 정보통신 기술의 특성, 발달과정을 이해하고, 현대 정보통신 기술의 특징을 설명한다. [9기가04-17] 다양한 통신 매체의 종류와 특징을 이해하고 활용한다. [9기가04-18] 정보통신 기술과 관련된 문제를 이해하고, 해결책을 창의적으로 탐색하고 실천하며 평가한다.	[9정01-01] 정보 기술의 발달과 소프트웨어가 개인의 삶과 사회에 미친 영향과 가치를 분석하고 그에 따른 직업의 특성을 이해하여 자신의 적성에 맞는 진로를 탐색한다. [9정01-02] 정보사회 구성원으로서 개인정보와 저작권 보호의 중요성을 인식하고 개인정보 보호, 저작권 보호 방법을 실천한다. [9정01-03] 정보사회에서 개인이 지켜야 하는 사이버 윤리의 필요성을 이해하고 사이버 폭력 방지와 게임·인터넷·스마트폰 중독의 예방법을 실천한다. [9정02-01] 디지털 정보의 속성과 특징을 이해하고 현실 세계에서 여러 가지 다른 형태로 표현되고 있는 자료와 정보를 디지털 형태로 표현한다. [9정02-02] 인터넷, 응용 소프트웨어 등을 활용하여 문제 해결을 위한 자료를 수집하고 관리한다.

⊗ 표 4-5 지식/기능/태도 분석

교과	지식	기능	태도
기술 · 가정	• 미디어의 특성에 대해 이해하기 • 개인정보와 저작권 보호 이해하기	• 미디어의 특성에 대해 조사하기 • 정보윤리와 저작권 침해에 대해 탐색하기	• 빅데이터 활용 서비스 만들기 • NFC 태그 제작하기
정보	• 개인정보와 저작권 보호에 대해 이해하기	• 개인정보 침해사례 조사하기 • 생활 속 소프트웨어 활용 분야 탐색하기	• 소프트웨어 발달이 가져온 미래사회 예측하기
교과 간 공통된 부분	• 개인정보와 저작권 보호의 정의를 이해하기	• 생활 속 정보통신 활용 탐색하기 • 정보윤리 의식에 대해 탐색하기	• 다양한 방법으로 정보를 표현하기 • 미래사회를 위한 빅데이터 활용 앱 만들기

→ 통합의 목적을 고려하여 통합단원의 전반적인 내용 흐름을 얼개 수준으로 간략하게 작성한다.

두 교과의 공통적인 부분을 중심으로, 통합단원의 내용을 간략하게 떠올려 보았다. 생활 속 정보통신의 활용에 대해 탐색하기/미래사회를 위한 빅데이터 활용 앱 만들기/정보윤리 의식에 대해 탐색하기/다양한 방법으로 정보를 표현하기 등으로 탐구 과제를 선정하였다.

절차에 따른 결과

통합단원 【정보통신 기술과 미래】의 탐구 주제 선정(기술 · 가정/정보 교과의 공통 부분을 중심으로)

국가 수준 교육과정 분석하기		
정보	**정보통신 통합단원**	**기술 · 가정**
• 생활 속 소프트웨어 활용 분야 탐색하기 • 소프트웨어 발달이 가져온 미래사회 예측하기 • 개인정보 침해사례 조사하기 • 자료와 정보를 탐색하고 분류 • 다양한 유형으로 정보 표현하기	• 생활 속 정보통신의 활용 탐색하기 • 미래사회를 위한 빅데이터 활용 앱 만들기 • 정보 윤리 의식에 대해 탐색하기 • 다양한 방법으로 정보를 표현하기	• 미디어의 특성에 대해 조사하기 • 빅데이터 활용 서비스 만들기 • 정보윤리와 저작권 침해에 대해 탐색하고 해결방안 제시하기 • NFC 태그 제작하기 • 가상현실 안경 만들기

통합단원 내용 결정하기

→ **통합의 중심(주제·제재·소재 등)과 관련된 아이디어를 브레인스토밍하여 찾는다.**

　기술·가정과 교사 3명과 정보과 교사 1명과 함께 통합의 중심(정보)에 대해 관련 아이디어를 브레인스토밍하였다.

　우선은 분석한 국가 수준 교육과정과 성취기준을 바탕으로 하여 통합단원에서 학습해야 할 요소들을 결정하였다. 우선 기술과 정보 교과의 공통되는 내용 요소를 찾고, 이 외에 추가적으로 단원을 매끄럽게 이어 가기 위해 필요한 요소들을 나열하였다.

　나열한 요소를 기준으로 하여 학습 순서인 시퀀스를 작성하였다. 생활 속에서 정보통신 기술을 어떻게 사용하는지에 대해 알아보는 것부터 자료와 정보를 표현하고 전송하는 방법까지 순차적으로 통합의 시퀀스를 결정하였다.

---

① 통합하고자 하는 교과 간 공통되는 내용 요소

정보, 정보통신 기술, 빅데이터, 미래사회, 정보 관련 진로, 개인정보, 정보통신 윤리, 자료, 아날로그, 디지털, 미디어, 정보의 표현, 통신매체, 정보의 유형 등

② 이외에 추가적으로 단원을 매끄럽게 이어가기 위해 필요한 요소

저작권, 소프트웨어, 개인정보 보호, 저작권 보호, 정보통신 기술의 발달 과정, 정보통신 기술의 원리, 미디어 리터러시, 디지털 정보

③ 영역별 아이디어 분류 및 제목 정하기

〈생활 속 정보통신 기술〉
정보사회, 정보통신 기술, 소프트웨어, 빅데이터, 미래사회, 정보 관련 진로, 진로 설계
〈정보윤리〉
정보통신 윤리, 개인정보, 저작권, 개인정보 보호, 저작권 보호
〈자료와 정보〉
자료, 정보, 정보의 특성, 정보의 유형, 정보의 표현, 아날로그, 디지털, 디지털 정보, 정보통신 기술의 원리

→ **통합의 스코프(내용 요소)를 작성한다.**

　[국가 교육과정 분석하기] 단계에서 선정한 탐구 주제, 브레인스토밍 내용을 바탕으로 하여 꼭 학습해야 하는 요소들과 정보 교과, 기술·가정 교과에서 공통으로 나타나는 내용 요소들을 중심으로 통합의 스코프를 작성하였다.

→ **통합의 시퀀스(학습 순서)를 작성한다.**

　학생들이 정보에 대한 흥미를 바탕으로 접근하는 것을 목표로, 본격적인 정보통신 기술의 내용에 들어가기에 앞서 정보통신 기술의 의미와 개념 등 관련 지식을 충분히 학습할 수 있도록 학습 순서를 배치하였다. 최종 작성한 통합의 스코프 및 시퀀스는 다음과 같다.

절차에 따른 결과

통합단원 【정보통신 기술과 미래】의 스코프 및 시퀀스

통합의 스코프(scope)		
정보통신		
정보사회와 정보통신 기술	정보통신 윤리	자료와 정보
빅데이터 기반 미래사회 예측	개인정보와 저작권 보호	정보의 표현
미래 직업 탐색 및 계획		정보의 전송과 미디어의 이해

통합의 시퀀스(sequence)

❶ 생활 속 정보통신 기술: 1) 정보사회와 정보통신 기술 / 2) 빅데이터 기반 미래사회 예측
❷ 정보윤리: 1) 정보통신 윤리 / 2) 개인정보와 저작권의 보호
❸ 자료와 정보: 1) 자료와 정보의 구분 / 2) 정보의 표현(아날로그와 디지털) / 3) 미디어의 이해

통합단원 계획하기

➜ 통합단원(프로그램)명을 결정한다.

'정보'라는 주제는 최근 비교적 쉽게 학생들이 접근하기 쉬운 소재일 것이다. 하지만 중학교 교육과정에서 정보 교과의 시수는 많지 않고, 제대로 된 정보교육을 받기에는 시수가 적어 학생들이 쉽게 접할 수 있는 기회가 적다고 판단하였다. 따라서 '정보'의 내용 요소를 다루고 있는 기술·가정 교과와 정보 교과에서의 공통된 요소를 추출하여 정보통신 기술의 기본적인 내용과 소프트웨어, 그리고 정보통신 기술의 미래 등의 전체 내용을 포괄하는 단원명으로 결정하고자 하였다. 따라서 '정보통신 기술과 미래'라는 단원명으로 결정하였다.

탐구 주제는 통합단원의 스코프(내용 요소)를 바탕으로 하여 총 아홉 가지 주제로 구성하였고 주제의 시퀀스를 고려하여 크게 세 가지 소단원으로 묶어 구성하였다.

'정보통신 기술과 미래'라는 단원명 아래 총 세 가지의 소단원을 구성하였다. '우리 사회와 정보통신 기술' '정보와 윤리' '정보의 표현과 전송'이라는 소단원을 구성하여 정보통신 기술의 개관부터 정보통신 윤리, 그리고 정보의 표현으로 이어질 수 있도록 단원을 구성하였다.

❧ 표 4-6 통합단원명 및 소단원명 결정

통합단원명	탐구 주제 및 순서	소단원명
정보통신 기술과 미래	[주제 1] 정보사회와 정보통신 기술	1) 우리 사회와 정보통신 기술
	[주제 2] 빅데이터 기반 미래사회 예측	
	[주제 3] 빅데이터 기반 미래 직업 탐색	
	[주제 4] 정보통신 윤리	2) 정보와 윤리
	[주제 5] 개인정보와 저작권의 보호	
	[주제 6] 자료와 정보	3) 정보의 표현과 전송
	[주제 7] 정보의 표현	
	[주제 8] 정보의 전송 과정	
	[주제 9] 미디어의 이해	

➜ 통합단원의 목표, 개관, 학습계획을 작성한다.

[통합 목적 설정하기]-[국가 교육과정 분석하기]-[통합단원 내용 결정하기] 단계를 거치며 구상한 내용을 바탕으로 통합단원의 목표와 개관을 작성하였다. 그 후, 통합단원의 목표에 부합하도록 학습계획을 구상하였다.

➜ 통합단원의 평가계획을 작성한다.

평가계획을 작성할 때에는 교육과정-수업내용-평가가 일치되는지 점검해 보았다. 평가계획에서 발견한 문제점을 토대로 주제와 맞지 않는 학습내용을 수정하였으며, 이를 다시 통합단원의 목표와 개관에 반영하는 순환적 과정을 거쳤다.

절차에 따른 결과

→ 단원의 개관

이 단원은 기술·가정 교과와 정보 교과의 성취기준의 유사성을 바탕으로 기술·가정 교과의 『미디어와 정보통신 기술』 단원, 정보 교과의 『정보 문화』『자료와 정보』 단원을 중심으로 개발한 통합단원이다. '정보'라는 제재를 중심으로 성취기준상에서 정보 기술의 발달, 정보와 관련된 미래 직업, 개인정보와 저작권의 보호, 사이버 윤리, 자료와 정보의 구분, 정보의 다양한 형태 등 유사성을 보이며 해당 단원의 내용에서도 중복되는 부분이 많기에 이를 바탕으로 간학문적 통합으로 접근하고자 한다.

따라서 학생들이 기술·가정 교과와 정보 교과에서 중복으로 배우게 되는 부분을 통합하여 학습의 효율성을 높이고, 4차 산업혁명 시대에 대두되는 정보의 중요성을 인식하며 창의적인 컴퓨팅 사고를 할 수 있도록 하는 데 목적을 둔다.

→ 단원의 목표

1) 정보사회와 정보통신 기술에 대해 알고 활용사례를 조사할 수 있다.
2) 빅데이터를 기반으로 미래사회에 대해 예측하고 계획할 수 있다.
3) 정보통신 윤리에 대해 논의하고 실천할 수 있다.
4) 개인정보와 저작권의 중요성을 알고 보호할 수 있다.
5) 자료와 정보를 구분하여 다양한 형태로 정보를 표현할 수 있다.
6) 정보의 전송 과정과 미디어를 이해하고 이를 활용할 수 있다.

교과 역량	기술적 문제 해결 역량, 창의적 사고 역량, 지식정보처리 역량

→ 단원의 성취기준

01	02	03	04	05
[재구성]	[9기가04-15]	[재구성]	[9기가04-18]]	[재구성]
정보사회와 정보통신 기술의 발달이 개인과 사회에 미치는 영향과 가치를 분석하고 그에 따른 직업의 특성을 이해하여 진로를 탐색한다.	정보통신 기술의 특성, 발달 과정을 이해하고, 현대 정보통신 기술의 특징을 설명한다.	정보사회 구성원으로서 개인이 지켜야 하는 사이버 윤리, 개인정보와 저작권 보호의 중요성을 인식하고 개인정보 보호, 저작권 보호 방법을 실천한다.	정보통신 기술과 관련된 문제를 이해하고, 해결책을 창의적으로 탐색하고 실현하며 평가한다.	자료와 정보를 구분하고 다양한 형태로 정보를 표현하며, 다양한 통신 매체의 종류와 특징을 이해하고 활용한다.

➔ 단원학습계획

통합단원	소단원	차시	탐구 주제	지도 내용	지도 주안점
정보통신 기술과 미래	1) 우리 사회와 정보통신 기술	1	[주제 1] 정보사회와 정보통신 기술	1) 정보사회에서의 정보통신 기술 2) 생활 속 소프트웨어의 활용	'정보통신'이라는 공통된 주제를 다루기 위해 정보사회와 정보통신 기술에 대해 알고 생활 속에서 활용되는 소프트웨어를 탐색
		2-3	[주제 2] 빅데이터 기반 미래사회 예측	1) 빅데이터 알아보기 2) 빅데이터를 기반으로 미래사회 예측하기	4차 산업혁명의 중심이 되는 빅데이터를 분석하고 이를 활용할 수 있는 분야에 대해 고민하면서 미래 직업 탐색까지 연계적으로 이어질 수 있도록 교육과정 구성
		4	[주제 3] 빅데이터 기반 미래 직업 탐색	1) 예측한 미래사회에 필요한 직업 탐색하기 2) 미래에 나타날 직업 설계 및 계획하기	
	2) 정보와 윤리	5	[주제 4] 정보통신 윤리	1) 정보통신 윤리 알기 2) 정보통신 윤리 실천하기	정보통신 기술을 사용하는 데 기본적인 정보윤리와 개인정보, 저작권 보호에 대해 명확하게 알고 실천사항을 직접 생각하는 활동 실시
		6-7	[주제 5] 개인정보와 저작권의 보호	1) 개인정보 유형 알기 및 보호하기 2) 저작권 보호 알기 및 실천하기	
	3) 정보의 표현과 전송	8	[주제 6] 자료와 정보	1) 자료와 정보 찾기 2) 정보의 특성 탐색하기	정보를 표현하고 전송하는 과정을 연계성 있게 구성하여, 자료와 정보를 구분하는 것부터 정보를 전송하는 전송 매체에 대한 이해와 활용까지 이어지는 활동을 통해, 정보가 어떻게 생성되고 전송되는지 알 수 있도록 교육과정을 구성함
		9-10	[주제 7] 정보의 표현	1) 정보의 유형 분류하기 2) 정보의 다양한 표현	
		11-12	[주제 8] 정보의 전송 과정	1) 아날로그와 디지털 2) 디지털 정보 표현하기 3) 정보통신 기술의 원리	
		13-14	[주제 9] 미디어의 이해	1) 미디어의 이해 2) 미디어 리터러시	

➡ 통합단원 평가계획

학습 주제	평가 내용	교과 역량	평가 주안점(또는 유의점)
1	정보사회와 정보통신 기술의 이해	• 정보처리 역량 • 비판적 사고 역량	• 환경의 변화에 따른 인간의 변화를 구체적으로 조사하여 보고서를 세밀하게 작성하는가? • 정보처리 역량: 주어진 주제에 대해 필요한 정보를 구분하여 파악하는가? • 비판적 사고 역량: 인간의 생활과 환경의 상호관계에 대해 비판적으로 받아들이고 관계 파악을 하는가?
2	빅데이터 활용 서비스 애플리케이션 개발	• 창의적 사고 역량 • 정보처리 역량	• 빅데이터에 대해 분석하고 이를 활용할 수 있는 방안에 대해 고민해 보는가? • 창의적 사고 역량: 빅데이터의 활용을 분석하여 미래사회에 필요한 빅데이터 활용 서비스 앱을 창의적으로 구상하는가? • 정보처리 역량: 빅데이터를 활용할 수 있는 서비스를 논리적으로 조사하여 분석하는가?
3	빅데이터 기반 미래 직업 탐색하기	• 창의적 사고 역량 • 정보처리 역량	• 다양한 매체를 활용해 미래 직업을 탐색하여 구체적으로 계획을 세우는가? • 창의적 사고 역량: 빅데이터를 기반으로 한 창의적인 직업을 설계하는가? • 정보처리 역량: 주어진 매체를 이용해 다양한 정보를 탐색하는가?
4	정보통신 윤리 알고 실천하기	• 의사소통 역량 • 실천적 문제 해결 역량	• 정보통신 윤리에 대해 명확하게 이해하고 이를 실천하는가? • 의사소통 역량: 모둠원과의 원활한 소통을 통해 활동을 주체적으로 이끌어 나가는가? • 실천적 문제 해결 역량: 정보통신 윤리에 대해 알고 이를 실천하는 실천사항을 작성한 후 실천하는가?
5	개인정보와 저작권 보호 알고 실천하기	• 의사소통 역량 • 정보처리 역량	• 개인정보 보호와 저작권 보호에 대해 명확하게 인식하고 실천사항을 제시하는가? • 의사소통 역량: 모둠원들과의 원활한 소통을 통해 활동을 주체적으로 이어 나가는가? • 정보처리 역량: 주어진 주제에 대한 내용을 다양한 매체를 활용해 비판적으로 찾아내는가?
6	자료와 정보를 분류하고, 정보의 특성 파악하기	• 정보처리 역량	• 자료와 정보를 정확하게 분류하고 정보의 특성을 파악하는가? • 정보처리 역량: 주어진 정보를 자신의 의도대로 처리하는가?
7	정보의 전송 과정 파악하기	• 정보처리 역량	• 정보의 전송 과정을 순서에 따라 설명할 수 있는가? • 정보처리 역량: 아날로그와 디지털을 구분하고 디지털 정보의 처리 과정을 명확하게 이해하는가?
8	미디어 리터러시의 이해와 적용	• 비판적 사고 역량 • 정보처리 역량	• 미디어 리터러시의 의미를 정확하게 알고 함양하기 위해 적극적으로 노력하는가? • 의사소통 역량: 모둠원들과의 원활한 소통을 통해 활동을 주체적으로 이끌어 나가는가? • 비판적 사고 역량: 주어진 기사의 진위 여부를 정확하게 파악하여 비판적으로 수용하는가?

학교 교육과정 조정하기

→ 각 교과별 연간 진도계획표를 살펴본다.

　중학교 3학년 수업 중 정보 교과는 1시수, 기술·가정 교과는 2시수로 총 3시수를 활용할 수 있다. 정보 교과와 기술·가정 교과 모두 단원의 처음 부분이므로 학기 시작 후 바로 해당 부분의 수업이 구성되어 있었다.

→ 통합단원의 운영 시기를 협의하고, 단원의 차시 규모를 고려하여 교과별 진도계획표에 반영 및 수정한다.

　정보 교과와 기술·가정 교과 모두 단원의 처음 부분인 만큼 학기 시작 후 바로 수업에 들어갈 수 있으며, 계획한 대로 약 5주 동안 통합단원 진도를 계획하였다. 특히 기술·가정 교과의 경우 교과 단원 간의 연계성이 없고 필요에 따라 교육과정을 재구성하여 수업계획을 할 수 있기 때문에 정보 교과와의 통합단원을 위해 해당 단원을 우선 편성하는 것이 가능하였다.

절차에 따른 결과

→ 통합단원 진도계획표

월	주	기간	비고	단원명 (교과학습 내용)	(핵심)성취기준 및 핵심역량		학습내용 (소단원)	시수
					성취기준	핵심역량		
9	1	1~4	개학 (1)	「정보통신 기술과 미래」 1) 우리 사회와 정보통신 기술	[재구성] 정보사회와 정보통신 기술의 발달이 개인과 사회에 미치는 영향과 가치를 분석하고 그에 따른 직업의 특성을 이해하여 진로를 탐색한다. [9기가04-15] 정보통신 기술의 특성, 발달 과정을 이해하고, 현대 정보통신 기술의 특징을 설명한다.	기술 시스템 설계 능력 실천적 문제 해결 능력	[주제 1] 정보사회와 정보통신 기술	3
	2	7~11					[주제 2] 빅데이터 기반 미래 사회 예측 [주제 3] 빅데이터 기반 미래 직업 탐색	6
	3	14~18		2) 정보와 윤리	[재구성] 정보사회 구성원으로서 개인이 지켜야 하는 사이버 윤리, 개인정보와 저작권 보호의 중요성을 인식하고 개인정보 보호, 저작권 보호 방법을 실천한다.		[주제 4] 정보통신 윤리 [주제 5] 개인정보와 저작권의 보호	9
	4	21~25		3) 정보의 표현과 전송	[재구성] 자료와 정보를 구분하고 다양한 형태로 정보를 표현하며, 다양한 통신매체의 종류와 특징을 이해하고 활용한다. [9기가04-18] 정보통신 기술과 관련된 문제를 이해하고, 해결책을 창의적으로 탐색하고 실현하며 평가한다.		[주제 6] 자료와 정보 [주제 7] 정보의 표현	12
	5	28~ 10/2	추석 연휴				[주제 8] 정보의 전송 과정 [주제 9] 미디어의 이해	15

학습경험 선정하기

→ 차시별 교수·학습 지도안을 작성한다.

재구성 계획과 평가계획을 바탕으로 통합단원의 교수·학습 지도안을 작성하였다. 도입 부분에서 열린 질문 1개와 전개 부분에서 탐구 질문 1~2개를 제시하였고 질문에 대한 답을 찾아가는 과정을 통해 학습이 일어나도록 구성하였다. 각각의 질문에 해당하는 활동지를 제작하여 수업에 활용할 수 있도록 하였으며 열린 질문과 탐구 질문은 모두 학생들의 확산적 사고를 일으킬 수 있는 방향으로 제시하였다.

수행평가의 평가 기준은 앞서 작성했던 평가계획을 바탕으로 해당 수업에 해당하는 기준을 적용하였으며 수업을 마치고 난 후 학생이 달성해야 할 목표와 교과 역량을 기준으로 작성하였다.

→ 학생용 학습 자료와 활동지를 제작한다.

교수·학습 자료는 교수·학습 지도안의 흐름에 따라 생각열기와 탐구활동 단계에서 학생들이 주도적으로 참여할 수 있도록 학생참여형 활동지를 구성하여 제시하였다. 활동지 이외에 다양한 온라인 수업 플랫폼을 사용하여 학습의 흥미를 높일 수 있도록 구성하였으며, 사용되는 온라인 수업 플랫폼은 활동지에 명시하였다.

절차에 따른 결과

1. 빅데이터 기반 미래사회 예측

수업이야기

> 4차 산업혁명 시대가 도래함에 따라 우리는 정보의 바다를 헤엄치며 살고 있다. 수많은 정보 속에서 필요한 정보를 찾고, 때로는 스스로 정보를 제공하는 제공자가 되기도 한다. 이러한 정보들은 빅데이터라는 정보의 기반이 되고 이를 바탕으로 인공지능이 발달하고 있다. 이 단원에서는 4차 산업혁명 시대를 살아가는 데 꼭 필요한 빅데이터에 대해 분석하고, 생활 속에서 빅데이터를 활용할 수 있는 방안에 대해 고민하며 이를 바탕으로 한 애플리케이션을 개발하는 활동을 통해 미래사회에 필요한 창의적 사고 역량을 기를 수 있도록 설계하였다.

교수 · 학습 지도안

통합단원	정보통신 기술과 미래	소단원	① 우리 사회와 정보통신 기술
성취기준	[재구성] 정보사회와 정보통신 기술의 발달이 개인과 사회에 미치는 영향과 가치를 분석하고 그에 따른 직업의 특성을 이해하여 진로를 탐색한다.		
학습 주제	**[주제 2] 빅데이터 기반 미래사회 예측**		
학습 목표	빅데이터를 기반으로 미래에 필요한 빅데이터 활용 앱을 구상할 수 있다.		
학습 요소	빅데이터, 빅데이터 분석, 빅데이터 활용, 미래사회		
교과 역량	■ 창의적 사고 역량 ■ 정보처리 역량	학습 방법	탐구 중심 프로젝트 학습
차시	3~4차시	학습 자료	동영상 자료, 스마트 기기, 온라인 수업 도구 등

단계	교수 · 학습 활동	자료 및 지도상의 유의점
도입	**【생각열기】빅데이터란?** –〈미래의 석유?! 4차 산업혁명의 핵심기술, 빅데이터〉 영상 시청 후 다음 질문에 답해보기 **열린 질문 ❶** • 빅 데이터는 어떻게 활용할 수 있을까요? ♻ 빅데이터란 무엇일까요? ♻ 현재 우리 생활 속에서 빅데이터가 활용되는 분야에는 어떤 것이 있을까요? ♻ 미래사회를 살아가기 위해 필요한 앱에는 어떤 것이 있을까요? – 질문에 대한 답은 모둠별로 먼저 논의 후 논의 결과를 패들릿 등 온라인 보드를 이용해 학급 전체에서 공유할 수 있도록 하기	• 미래의 석유?! 4차 산업혁명의 핵심기술, 빅데이터/국가인적자원개발컨소시엄(5분 8초) • 온라인 수업 도구 활용: 패들릿

전개	**【본 차시 학습 목표 및 활동 안내】** ▶ 본 차시의 학습 목표 살펴보기 ▶ 수업 활동 안내 | 활동 1	활동 2
• 생활 속의 빅데이터 활용 서비스 조사하기	• 미래사회에 필요한 빅데이터 활용 서비스 앱 구상하기 | **【활동 1】빅데이터 활용 서비스 조사하기** ▶ 모둠 조사 활동 탐구 질문 ❶ 우리 생활에서 빅데이터는 어떻게 활용되고 있을까요? ✿ 우리 주변에서 볼 수 있는 빅데이터 활용 서비스 조사하기 - 모둠별로 스마트 기기를 활용해 생활 속에서 빅데이터를 활용한 서비스에는 어떤 것들이 있는지 조사 후 공유하여 내용을 정리하기 - 조사 내용을 구글 공유 드라이브에 정리하여 탑재하기 - 학급 내에서 모둠별 조사 내용을 공유한 후 피드백하기 **【활동 2】미래사회에 필요한 빅데이터 활용 서비스 앱 구상** ▶ 모둠 프로젝트 활동 탐구 질문 ❷ 미래사회를 살아가기 위해 빅데이터를 활용할 수 있는 분야에는 무엇이 있을까요? ✿ 새로운 분야에 빅 데이터를 활용하는 방안과 서비스 앱 구상하기 1) 미래사회에서 빅데이터가 필요한 분야 탐색하기 2) 해당 분야에서 필요한 서비스를 빅데이터를 바탕으로 설계하기 3) 디자인 툴을 이용해 앱 구동 화면을 디자인한 후 학급 내 공유하기	• Teaching Tips - 학생들에게 태블릿 PC나 스마트폰 등 스마트 기기를 제공하여 교실 내에서 조사 활동이 원활하게 이루어지도록 함 - 사전에 디자인 툴의 사용 방법을 충분히 익힐 수 있도록 안내하고 원활한 협업 활동이 되도록 지도함 - 모둠 내에서 적절하게 역할 분배가 이루어졌는지 순회 지도를 통해 확인함 - 생활 속 가까운 곳에서부터 빅데이터가 활용되고 있음을 멀티미디어 자료를 통해 확인하게 하고, 이 외에 활용할 수 있는 방안에 대해 심도 있게 고민할 수 있도록 창의적인 발문을 제시함
정리	**【빅데이터를 이용하는 미래 직업 안내하기】** ✿ 빅데이터를 관리하고 분석하는 빅데이터 전문가부터 빅데이터를 활용하는 다양한 직업 분야에 대해 안내하기	

	평가 내용	등급	평가 척도
수행평가	빅데이터 활용 서비스 조사 및 활용 서비스 앱 구상하기	평가 기준	• 빅데이터에 대해 분석하고 이를 활용할 수 있는 방안에 대해 고민해 보는가? • 창의적 사고 역량: 빅데이터의 활용을 분석하여 미래사회에 필요한 빅데이터 활용 서비스 앱을 창의적으로 구상하는가? • 정보처리 역량: 빅데이터를 활용할 수 있는 서비스를 논리적으로 조사하여 분석하는가?
		A	위의 평가 요소 모두를 만족하는 경우
		B	위의 평가 요소 중 한두 가지를 만족하는 경우
		C	위의 평가 요소 모두를 만족하지 못한 경우

학습지

[주제 2] 빅데이터 기반 미래사회 예측

미래의 석유, 4차 산업혁명의 중심, 빅데이터!

_____학년 _____반 번호: _____ 이름: _____

생각 열기

다음 영상을 시청한 후 이야기해 봅시다.

• 우리 생활에서 빅데이터는 어떻게 활용되고 있을까요?

열린 질문 ❶

✿ 빅데이터란 무엇일까요?

✿ 현재 우리 생활 속에서 빅데이터가 활용되는 분야에는 어떤 것이 있을까요?

✿ 미래사회를 살아가기 위해 필요한 앱에는 어떤 것이 있을까요?

[주제 2] 빅데이터 기반 미래사회 예측

빅데이터 활용 서비스 애플리케이션 개발하기

_____학년 _____반 번호: _____ 이름: _____

활동 1

탐구 질문 ❶

♻ 미래사회를 살아가기 위해 빅데이터는 어떻게 활용할 수 있을까요?

[활용 분야]	[구체적인 활용 방안]
	1) 2) 3)

활동 2

탐구 질문 ❷

♻ 구체적인 활용 방안을 바탕으로 빅데이터 활용 서비스 애플리케이션 화면을 구상해 봅시다.

[애플리케이션 디자인]

➡ 작성한 디자인을 바탕으로 Canva를 이용해 애플리케이션 구동 화면을 제작해 봅시다.

2. 개인정보와 저작권 보호

수업이야기

정보의 바다를 헤엄치며 살아가고 있는 현대사회에서 개인정보와 저작권은 흔하게 접할 수 있는 내용이지만 침해되기도 쉬운 부분이다. 어디서부터 어디까지가 개인정보이고 어떻게 이를 보호해야 하는지, 또한 쉽게 다른 사람의 창작물을 가져다 쓰는 것이 왜 잘못된 부분인지를 깨닫고 이를 보호할 수 있는 방법을 찾는 것이 이번 단원의 목표이다.

교수 · 학습 지도안

통합단원	정보통신 기술과 미래		소단원	② 정보와 윤리	
성취기준	[재구성] 정보사회 구성원으로서 개인이 지켜야 하는 사이버 윤리, 개인정보와 저작권 보호의 중요성을 인식하고 개인정보 보호, 저작권 보호 방법을 실천한다.				
학습 주제	**[주제 5] 개인정보와 저작권 보호**				
학습 목표	빅데이터를 기반으로 미래에 필요한 빅데이터 활용 앱을 구상할 수 있다.				
학습 요소	빅데이터, 빅데이터 분석, 빅데이터 활용, 미래사회				
교과 역량	■ 의사소통 역량 ■ 정보처리 역량		학습 방법	탐구 중심 프로젝트 학습	
차시	6~7차시		학습 자료	동영상 자료, 스마트 기기, 온라인 수업 도구 등	

단계	교수 · 학습 활동	자료 및 지도상의 유의점
도입	**【생각열기】 개인정보 보호와 저작권 보호** - 〈나를 유혹하는 디지털 악마들[개인정보]〉 영상 시청 후 다음 질문에 답해 보기 **열린 질문 ❶** • 개인정보와 저작권 보호에 대해 얼마나 알고 있나요? ❀ 개인정보 보호와 저작권 보호란 무엇일까요? ❀ 어떻게 해야 개인정보를 보호할 수 있을까요? ❀ 최근 저작권 침해로 문제가 된 사례를 알고 있나요? - 질문에 대한 답은 멘티미터(Mentimeter)라는 온라인 수업 도구를 활용해 학급 전체가 볼 수 있도록 하여 질문에 대한 답을 생각해 보도록 지도하기	• "나를 유혹하는 디지털 악마들[개인정보]"/금융감독원(2분 34초) • 학생들에게 스마트 기기를 준비하도록 하고 올바른 사용법에 대해 안내하기

전개	**【본 차시 학습 목표 및 활동 안내】** ▶ 본 차시의 학습 목표 살펴보기 ▶ 수업 활동 안내 | 활동 1	활동 2
---	---
• 개인정보 보호와 저작권 보호 알기 활동	• 개인정보와 저작권 보호 실천하기 | **【활동 1】개인정보와 저작권 보호에 대해 알기** ▶ 모둠 탐구 활동 ┌─ **탐구 질문 ❶** ─────────────┐ 개인정보와 저작권 보호란 무엇일까요? └──────────────────────────┘ ♻ 개인정보와 저작권 보호의 의미를 알고 침해사례 찾기 　- 모둠별로 개인정보 보호 탐구 팀, 저작권 보호 탐구 팀을 나누어 각각의 의미와 침해 사례를 찾기 　- 찾은 내용을 바탕으로 모둠 내 및 학급과 공유하기 **【활동 2】개인정보와 저작권 보호 실천 활동** ▶ 소집단 토의 및 캠페인 활동 ┌─ **탐구 질문 ❷** ─────────────┐ 개인정보와 저작권을 보호하기 위해 우리가 할 수 있는 일은 무엇일까요? └──────────────────────────┘ ♻ 개인정보와 저작권을 보호하기 위해 할 수 있는 일 토의하기 　- 모둠별로 개인정보 보호와 저작권 보호를 위해 할 수 있는 일 토의: 패들릿, 포스트잇 등 다양한 수업 도구를 활용한 토의 활동 　- 토의한 내용을 실천사항으로 정리하여 포스터 제작하기 　- 제작한 포스터를 방과 후, 등교 시간, 쉬는 시간 등을 이용해 캠페인 활동을 하고 결과를 공유하기	• 우리 주변에서 개인정보와 저작권 침해는 쉽게 볼 수 있는 사례임을 알리고 이를 보호해야 하는 이유를 설명함 • Teaching Tips 　- 학생들에게 태블릿 PC나 스마트폰 등 스마트 기기를 제공하여 교실 내에서 조사 활동이 원활하게 이루어지도록 함 　- 모둠 내에서 적절하게 역할 분배가 이루어졌는지 순회 지도를 통해 확인함 　- 개인정보와 저작권 보호 실천을 위한 캠페인 활용이 원활하게 이루어질 수 있도록 교내 행사로 편성하여 학생들이 적극적으로 참여할 수 있도록 함
정리	**【개인정보와 저작권 보호의 중요성을 재차 인식시키기】** ♻ 개인정보와 저작권은 중요하고 보호해야 하는 것임을 다시 한번 인식시키고 실천사항을 지킬 수 있도록 안내하기	

	평가 내용	등급	평가 척도
수행평가	개인정보 보호와 저작권 보호 알고 실천하기	평가 기준	• 개인정보 보호와 저작권 보호에 대해 명확하게 인식하고 실천사항을 제시하는가? • 의사소통 역량: 모둠원들과의 원활한 소통을 통해 활동을 주체적으로 이어 나가는가? • 정보처리 역량: 주어진 주제에 대한 내용을 다양한 매체를 활용해 비판적으로 찾아내는가?
		A	위의 평가 요소 모두를 만족하는 경우
		B	위의 평가 요소 중 한두 가지를 만족하는 경우
		C	위의 평가 요소 모두를 만족하지 못한 경우

학습지

[주제 5] 개인정보와 저작권 보호

개인정보와 저작권 보호 이해하기

_____학년 _____반 번호: _____   이름: _____

활동 1

다음 영상을 시청한 후 모둠별로 토의해 봅시다.

- 주변에서 일어난 개인정보 혹은 저작권 침해 사례 토의하기

탐구 질문 ❶

❖ 개인정보 보호와 저작권 보호란 무엇일까요?

❖ 개인정보와 저작권을 보호하기 위해서는 어떻게 해야 할까요?

개인정보와 저작권 보호 실천 캠페인

_____학년 _____반 번호: _____   이름: _____

활동 2: 실천사항 만들기

탐구 질문 ❷

✿ 개인정보와 저작권을 보호하기 위해 할 수 있는 일은 무엇이 있을까요?

✿ 개인정보와 저작권 보호를 위한 실천사항을 만들어 봅시다.

번호	실천사항

★작성한 실천사항을 포스터로 만들어 캠페인 활동을 해 봅시다!★

3. 정보통신 매체의 이해 및 활용

수업이야기

　예로부터 정보를 전달하기 위해 인간은 다양한 방법을 사용해 왔다. 그림과 소리를 이용해 정보를 전달하는 것부터 현대의 다양한 이동통신 매체에 이르기까지 무구한 발전을 이루었다. 따라서 이 단원에서는 우선 자료와 정보에 대한 구분으로부터 시작해 정보를 다양한 형태로 표현하는 방법에 대해 배우고, 표현한 정보를 전송하는 방법에는 어떤 것들이 있는지를 배울 수 있도록 한다.

교수 · 학습 지도안

통합단원	정보통신 기술과 미래	소단원	③ 정보의 표현과 전송
성취기준	[재구성] 자료와 정보를 구분하고 다양한 형태로 정보를 표현하며, 다양한 통신매체의 종류와 특징을 이해하고 활용한다.		
학습 주제	**[주제 8] 미디어의 이해**		
학습 목표	미디어에 대해 이해하고, 미디어 리터러시를 갖출 수 있다.		
학습 요소	미디어, 미디어 리터러시		
교과 역량	■ 비판적 사고 역량 ■ 정보처리 역량	학습 방법	탐구 중심 프로젝트 학습
차시	13차시	학습 자료	동영상 자료, 스마트 기기, 온라인 수업 도구 등

단계	교수 · 학습 활동	자료(◆) 및 지도상의 유의점
도입	**【생각열기】 미디어 리터러시란?** – 〈정보화 시대! 미디어 리터러시가 왜 필요할까?〉 영상을 보고 떠오르는 생각 나누기 　**열린 질문 ❶** 　• 미디어 리터러시는 왜 필요할까요? ↻ 미디어 리터러시에 대해 들어 본 적 있나요? ↻ 미디어 리터러시는 왜 필요할까요? ↻ 미디어를 올바르게 사용하기 위해 어떻게 해야 할까요? 　– 질문에 대한 답은 자석보드에 포스트잇을 붙여 모둠별로 나누고, 모둠 내에서 정리한 후 학급 전체가 공유	• "정보화 시대! 미디어 리터러시가 왜 필요할까?"/교육부 국민 서포터즈(5분 39초) • 학습 도구 활용: 자석보드, 포스트잇

	【본 차시 학습 목표 및 활동 안내】 ▶ 본 차시의 학습 목표 살펴보기 ▶ 수업 활동 안내	

【본 차시 학습 목표 및 활동 안내】
▶ 본 차시의 학습 목표 살펴보기
▶ 수업 활동 안내

활동 1	활동 2
• 정보에 담긴 의미와 의 도 파악하기	• 나에게 필요한 정보 찾 아보기

【활동 1】 정보에 담긴 의미와 의도 파악하기
▶ 모둠 탐구 학습

> 탐구 질문 ❶
>
> 정보에 담긴 의미와 의도는 무엇인가요?

✿ 신문기사에 담긴 의미와 의도 파악하기
 - 모둠별로 요즘 이슈가 되는 키워드를 하나 선정한 후 관련된 뉴스 기사 찾기
 - 찾은 기사에 담긴 의미와 의도를 파악하여 분석하기
 - 분석한 내용을 정리하여 학급 내 게시판에 게시하기
 - 게시한 결과물을 갤러리 워크를 통해 모둠별로 공유하고 생각 나누기

【활동 2】 나에게 필요한 정보 찾아보기
▶ 모둠 프로젝트 학습

> 탐구 질문 ❷
>
> 나에게 필요한 정보는 무엇인가요?

✿ 다양한 매체를 활용해 학급에 도움이 되는 기사 쓰기
 - 학급 내 필요한 정보가 무엇인지 파악하여 키워드 결정하기
 - 결정한 키워드를 바탕으로 학급에 도움되는 정보 탐색하기
 - 탐색한 정보 중 진위 여부를 가려내고, 꼭 필요한 정보 분류하기
 - 이를 바탕으로 학급에 도움되는 신문기사 작성하여 게시하기
 - 작성한 신문기사를 갤러리 워크를 통해 모둠별로 공유하고 생각 나누기

전개

• 이슈가 되는 키워드 선정 시, 교사가 적절한 가이드라인을 제시하여 학생들이 수업과 관계없는 주제로 빠지지 않도록 도움 제공

• Teaching Tips
 - 학생들에게 태블릿 PC나 스마트폰 등 스마트 기기를 제공하여 교실 내에서 조사 활동이 원활하게 이루어지도록 함
 - 신문기사 작성에 필요한 원칙을 제시하여 원활한 활동이 이루어지도록 함

• 도화지, 색연필 등 필요한 준비물을 학생들이 미리 준비할 수 있도록 하여 적절한 학습이 이루어지도록 안내

정리

【미디어 리터러시의 필요성】
✿ 다양한 미디어가 우리 삶에 미치는 영향을 생각하고 이를 우리 삶에 이롭게 활용할 수 있는 방안에 대해 탐색해 보기

평가 내용		등급	평가 척도
수행평가	미디어 리터러시의 이해와 적용	평가 기준	• 미디어 리터러시의 의미를 정확하게 알고 함양하기 위해 적극적으로 노력하는가? • 의사소통 역량: 모둠원들과의 원활한 소통을 통해 활동을 주체적으로 이끌어 나가는가? • 비판적 사고 역량: 주어진 기사의 진위 여부를 정확하게 파악하여 비판적으로 수용하는가?
		A	위의 평가 요소 모두를 만족하는 경우
		B	위의 평가 요소 중 한두 가지를 만족하는 경우
		C	위의 평가 요소 모두를 만족하지 못한 경우

학습지

[주제 8] 미디어의 이해

미디어 리터러시란?

_____학년 _____반 번호: _____   이름: _____

생각 열기

다음 영상을 시청한 후 모둠별로 토의해 봅시다.

| • 미디어 리터러시의 필요성 토론하기 |

탐구 질문 ❶

♻ 미디어 리터러시란 무엇인가요?

♻ 미디어 리터러시는 왜 필요할까요?

나는야 우리 반 기자!

_____학년 _____반 번호: _____ 이름: _____

활동 2

탐구 질문 ❷

❖ 나에게 필요한 정보는 무엇인가요?

❖ 우리 반에 도움이 되는 신문기사를 작성해 봅시다.

• 요즘 우리 반 친구들의 최대 관심사는 무엇인가요?

관심 키워드	이유

• 관심 키워드 중 하나를 골라 관련된 신문기사, 정보 등을 찾아봅시다.

• 찾은 정보 중 정보의 진위 여부를 파악하고 필요한 정보를 분류해 봅시다.

필요한 정보	필요한 정보의 진위 여부

★이를 바탕으로 우리 반에 도움이 되는 신문기사를
포스터로 작성한 후 게시판에 게시해 봅시다!★

제5장

고등학교 통합단원

1. 우리의 소원은, 통일
2. 법의학 알아보기

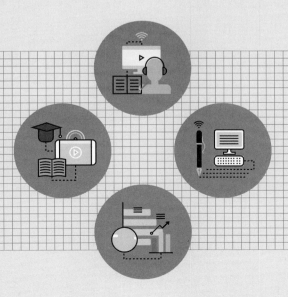

1. 우리의 소원은, 통일

통합단원명

우리의 소원은, 통일(고등학교 1학년 통합사회, 한국사)

통합의 유형: 공통된 주제 중심 교과서 내용의 통합

통합의 유형	통합의 요소	통합의 중심	통합의 방식	통합의 단위
■ 다학문적	■ 지식	■ 제재	□ 병렬	□ 통합교과(과목)
□ 간학문적	□ 기능	■ 주제	□ 광역	■ 통합단원
□ 탈학문적	■ 가치/ 태도	□ 문제	■ 공유	□ 차시통합
	■ 성취기준	□ 학습 기능	□ 혼합	
		□ 사고 양식	■ 융합	
		□ 표현활동		
		□ 흥미		

단원의 내러티브

이 단원은 통합사회와 한국사 교과 내용을 기반으로, 학생들이 남북의 분단과 통일의 필요성에 대한 인식을 개선하는 것을 목표로 한다. 통합사회는 1단원에서 통합적 관점을 배우고, 이어지는 다양한 주제에서 이를 적용해 볼 수 있는 과목이다. 하지만 '통일'의 경우 하나의 소주제에 불과하다 보니, 학생들이 충분히 고민할 기회가 부족한 편이다. 한국사 역시 그 과목의 특성상 시간의 흐름 속에서 분단과 갈등의 고조, 통일을 위한 노력을 다루고 있을 뿐, 그 당위성에 대해 학생들이 생각해 볼 기회가 주어지고 있다고 보기는 어렵다.

따라서 학생들이 통일이라는 문제를 거시적 관점에서 바라볼 수 있도록, 분단과 남북 갈등에 대한 한국사의 지식 바탕 위에서, 남북의 문화 등 각종 차이점과 이를 바라보는 올바른 태도, 통일의 필요성과 과제 등에 대한 종합적인 이해를 더한 단원을 기획하였다. 학생들이 통일이라는 문제에 대하여 통합적 관점에서 고민하는 것은 물론이고, 통일에 대하여 자신의 의견을 구체적 근거를 들어 명료하게 제시해 볼 수 있도록 【통합사회】와 【한국사】의 관련 내용을 엮어 통합단원을 구성하였다.

통합 절차

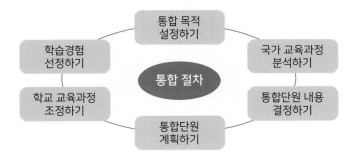

통합 목적 설정하기

→ '교육과정 통합이 필요한 이유는 무엇인가?'라는 질문을 중심으로 통합의 목적을 설정한다.

통합사회는 행복, 환경, 인권, 공동체, 문화, 평화 등 주제에 대하여, 시간-공간-사회-윤리적 관점을 아우르는 통합적 관점을 바탕으로 사회 현상을 바라보는 눈을 기르고자 하는 과목이다. 물론 현행 통합 사회 내용 구성에서 이 같은 목표를 달성하기 위한 고민의 흔적이 엿보이지만, 지금보다 더 강조할 필 요가 있는 주제도 있다는 생각이 들었다.

대표적인 단원이 바로 '통일'이다. 관련 내용을 수업하며, 해가 갈수록 통일에 대해 부정적으로 인식하 는 학생들이 많아짐을 피부로 느끼고 있다. '통일해야 한다.'라는 문장의 당위성을 학생들에게 강요하고 자 함은 아닐지라도, 학생들에게 부정적 인식의 근거를 물어보면 온라인에서 떠도는 이야기를 비판 없 이 수용한 경우가 많았기에, 이에 대해서 스스로 고민해 볼 수 있는 기회를 제공하면 좋겠다는 생각이 들었다.

【세계화와 평화】단원의 한 소주제에 불과한 '통일'을 다양한 관점에서 충분히 고민해 볼 수 있도록 돕고 싶다.'라는 생각에서 통합사회의 성취기준과 교과서를 다시 살펴보았다. 우선 단원을 재구성하여, '통일'을 전면에 내세워 다른 통합사회의 내용 요소를 묶어 조직해 볼 수 없을까 고민하였다. 또한 통일 과 관련한 다른 교과의 통일 관련 소재를 엮어 제시한다면 인식 제고에 효과적일 것으로 생각하였다. 통합사회가 고등학교 1학년 과정에 있는 만큼, '한국사' 과목에서 분단과 통일에 관련한 역사적 사실을 묶어 제시해 보기로 하였다. 이를 통해 학생들이 통일이라는 주제를 다양한 측면에서 바라볼 수 있기를 기대하며, 동 학년 한국사 수업 예정인 L 교사에게 통합단원 개발팀 구성안을 제안해 보았다.

절차에 따른 결과

통합단원 【우리의 소원은, 통일】 개발의 목적

◎ 통일에 대해 학생들이 충분히 고민할 수 있도록 돕고 싶다는 생각에서 평화의 한 소주제로서의 통일 이 아니라 반대로 '통일'을 전면에 내세운 형태로 교과 내용을 재구성해 보고자 한다.

또한 같은 학년에서 수업이 진행되는 한국사에서도 관련 주제를 다루고 있는 만큼, 이를 엮는 통합 단원 편성이 가능할 것으로 생각되어 담당 교원과 개발팀을 구성하였다.

국가 교육과정 분석하기

➡ **교과별로 내용 체계와 성취기준을 수평·수직적 스캔하여 공통된 연관성을 찾는다.**

통일의 하위 요소로 들어갈 수 있는 내용을 고민하기 전에, 우선 국가 수준 교육과정을 분석해 보기로 했다. 각자 본인 교과의 성취기준을 분석한 후, 해당 내용을 선정하는 이유를 작성·공유하며 통합단원의 내용을 구상하기 위한 기초작업을 시행하였다.

〈통합사회 성취기준 분석〉

[10통사08-03] 남북분단과 동아시아의 역사 갈등 상황을 분석하고, 우리나라가 국제 사회의 평화에 기여할 수 있는 방안을 탐구한다.

[10통사08-02] 국제 갈등과 협력의 사례를 통해 국제 사회의 행위 주체의 역할을 파악하고, 평화의 중요성을 인식한다.

[10통사07-01] 자연 환경과 인문 환경의 영향을 받아 형성된 다양한 문화권의 특징과 삶의 방식을 탐구한다.

[10통사07-03] 문화적 차이에 대한 상대주의적 태도의 필요성을 이해하고, 보편윤리의 차원에서 자문화와 타문화를 성찰한다.

[10통사07-04] 다문화 사회에서 나타날 수 있는 갈등을 해결하기 위한 방안을 모색하고, 문화적 다양성을 존중하는 태도를 갖는다.

➡ 남북분단, 국제 갈등, 평화와 관련된 내용을 다루는 성취기준 [08-02] [08-03]은 우선적으로 포함해야 할 것으로 생각되었다. 추가적으로 남북간 문화적 차이의 원인을 정치적 이유뿐만 아니라 환경적 요인에서도 찾아보고, 서로 다른 문화의 접변 시 발생하는 문제와 문화적 다양성에 대한 존중 태도가 서로에 대한 이해를 높이는 데 도움이 될 것으로 생각되어, 성취기준 [07-01] [07-03] [07-04]를 통합단원의 관련 내용 요소로 포함시키고자 하였다.

〈한국사 성취기준 분석〉

[10한사04-01] 8·15 광복 이후의 정치적 상황을 세계 냉전 체제 형성과 관련하여 살펴보고, 통일 정부 수립을 위한 노력을 이해한다.

[10한사04-03] 6·25전쟁의 배경과 전개 과정을 살펴보고, 전후 남북분단이 고착되는 과정을 파악한다.

[10한사04-08] 남북 화해의 과정을 살펴보고, 동아시아 평화를 위해 공헌할 수 있는 방안을 생각해 본다.

➡ 해방공간의 혼란과 대한민국 정부의 수립 과정에서 겪은 이념 갈등, 한국전쟁 이후 분단의 지속 과정을 다루는 성취기준 [04-01]이 포함될 필요가 있으며, 휴전 후 70여 년의 시간 동안 남북이 겪은 갈등과 화해 및 협력의 노력 과정을 탐구하는 성취기준 [04-03] [04-08] 역시 통일의 필요성, 당위성에 대한 이해를 높이는 데 도움이 될 것으로 생각되어, 관련 내용 요소로 포함시키고자 하였다.

➡ **통합의 목적을 고려하여 통합단원의 전반적인 내용 흐름을 얼개 수준으로 간략하게 작성한다.**

통합사회+한국사 통합단원

- 남북분단의 계기를 냉전 체제의 전개 과정에서 분석한다.
- 남북의 문화 차이를 정치 체제, 이념, 지역적 특징을 중심으로 파악한다.
- 남북 갈등의 고조 과정과 통일을 위한 노력을 실제 사례를 중심으로 파악한다.
- 통일의 필요성을 인도적 · 경제적 · 문화적 등 다양한 관점에서 이해하고, 자신의 의견을 제시한다.

➡ **작성한 얼개를 중심으로, 통합사회 및 한국사의 성취기준 중 그대로 사용할 내용과 재구성할 내용을 협의하였다.**

- 한국사의 성취기준 중 냉전 체제 형성과 통일 정부 수립 노력이 담긴 [10한사04-01], 통합사회에서 문화 상대주의에 대한 내용을 다루는 [10통사07-03]을 그대로 활용하기로 하였다.
- 환경의 영향을 받은 문화양식의 차이를 다룬 [10통사07-01]의 경우 남북한의 문화 비교가 주류가 될 것이므로, 지역을 한정하는 형태로 성취기준을 재진술하기로 하였다.
- 남북분단과 화해의 과정을 다루고 있는 4개의 성취기준인 [10통사08-02] [10통사08-03] [10한사04-03] [10한사04-08]을 1개의 성취기준으로 재구성하여 제시하기로 하였다.
- 통합단원의 목적을 담은 성취기준(통일의 필요성과 과제에 대한 인식)은 별도로 진술하기로 하였다.

📋 절차에 따른 결과

통합단원 탐구 주제 선정

통합단원 [통일]	[통합사회]	• 남북분단 • 국제 갈등과 평화	• 남북분단의 계기와 갈등의 고조, 통일을 위한 노력을 이해한다. • 남북의 문화적 차이와 특징을 이해한다. • 통일의 필요성과 과제를 탐구한다.
	[통합사회]	• 환경이 문화에 미치는 영향 • 문화 상대주의	
	[한국사]	• 광복과 통일 정부 수립 노력 • 냉전과 6 · 25	
	[한국사]	• 남북 화해의 과정 • 동아시아 평화	

→ 한국사와 통합사회의 주제(통일) 관련 교육과정을 분석하여, 단원의 흐름을 얼개 수준으로 작성하였다.

1. 남북분단의 계기	2. 남북의 문화 차이와 특징
3. 남북 갈등의 고조 과정과 통일을 위한 노력	4. 통일의 필요성과 과제

→ 한국사, 통합사회의 기존 성취기준 중 7개를 활용하여 총 5개의 성취기준을 다음과 같이 작성하였다.

01	02	03	04	05
[10한사04-01]	[재구성]	[10통사07-03]	[재구성]	[재구성]
8·15 광복 이후의 정치적 상황을 세계 냉전 체제 형성과 관련하여 살펴보고, 통일 정부 수립을 위한 노력을 이해한다.	남한과 북한의 문화 차이에 미친 환경적 영향을 이해하고, 이로 인해 촉발된 문화권의 특징과 삶의 방식을 이해한다.	문화적 차이에 대한 상대주의적 태도의 필요성을 이해하고, 보편윤리의 차원에서 자문화와 타문화를 성찰한다.	남북갈등의 고조 과정 및 화합을 위한 노력들을 살펴보고, 분단의 지속에 따른 민족의 아픔에 대해 이해한다.	통일의 필요성과 과제를 통합적 관점에서 분석하고, 예상되는 문제점을 극복하는 방안은 무엇인지를 탐구한다.

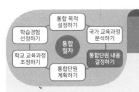

통합단원 내용 결정하기

→ **교육과정 및 성취기준 재구성 단계를 통해 작성한 흐름의 얼개를 기준으로, 관련 내용을 아이디어 중심으로 브레인스토밍하였다.**

우선은 환경이라는 단순한 개념에 관련된 것부터 환경과 관련된 문제, 이슈, 환경오염 등 아이디어를 확장시켜 나가며 더 나아가 환경 문제 극복을 위한 지속가능한 발전이나 적정기술과 같은 개념과 관련된 아이디어들도 모두 나열하였다. 나열한 아이디어들을 영역별로 묶고(환경과 인간의 관계, 친환경을 위한 노력, 지속가능한 발전과 적정기술) 이를 좀 더 체계화시켜 개념지도를 완성하였다.

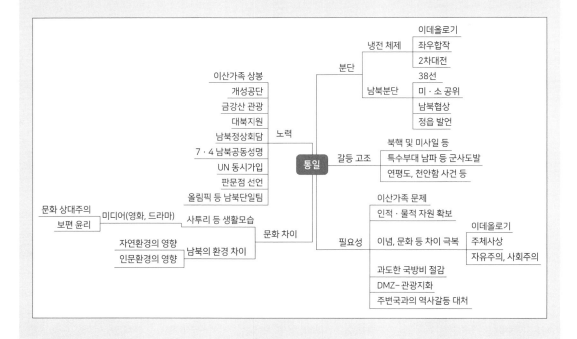

→ **통합의 스코프(내용 요소)를 작성한다.**

남북분단의 계기를 이념, 냉전과 연계하여 살펴보기 위해서는 제2차 세계대전 이후 본격화된 미국과 소련의 갈등에 대한 배경 지식이 필요할 것으로 생각되었으며, 해방 후 38선과 미소공위 등 미국과 소련의 입김, 통일 정부를 둘러싼 갈등 등 한국전쟁 이전까지의 역사적 사실을 폭넓게 다루고자 하였다. 이후 각종 간첩·도발 사건 등 갈등이 극단으로 치달아 가는 과정이나, 분단의 지속 과정에서 겪었던 사람들의 아픔, 통일을 위한 정부나 민간의 노력을 알고, 여기에 추가적으로 독일 등 통일에 성공한 분단 국가의 사례를 알아보면 도움이 될 것으로 판단하였다.

비록 분단의 첫 단추가 정치적 이유였을지라도, 남북이 서로를 이해하기 위해서는 문화적 차이에 대한 인식 역시 필요할 것이다. 자연 환경으로부터 촉발되는 생활양식의 차이, 사투리나 드라마·영화에서 묘사하는 북한 지역의 모습과 실제는 어떠한지 비교해 보고, 다른 문화를 바라보는 상대적인 태도를 보편윤리의 기반 위에서 바라볼 수 있는 태도 역시 서로를 이해하는 데 필요하다고 생각하였다.

→ 통합의 시퀀스(배우는 순서)를 작성한다.

정리한 주요 내용 요소를 고려하여, 통일이라는 하나의 주제를 잘 전달하기 위해 이야기를 만들어 보았다. 우선, 우리가 나뉘게 된 이유, 즉 분단의 계기를 먼저 알아야 한다고 생각했다. 그리고 정치 체제·이념과 같은 부분뿐만 아니라 남한과 북한의 차이를 환경과 문화 등 요소까지 포함하여 다차원적으로 바라볼 수 있다면 서로에 대한 이해도를 높일 수 있게 되리라 생각했다. 이렇게 서로에 대한 차이를 알고, 남북의 갈등이 고조된 이유와 통일을 위해 해 온 노력을 실제 사건을 통해 제시하고, 다른 나라의 통일 사례와 지금 우리의 상황적 특수성을 고려하여 통일에 대한 자신의 견해를 적확한 근거를 들어 제시할 수 있도록 이 단원을 설계하였다.

절차에 따른 결과

→ 재구성한 통합단원 흐름을 고려하여 교과별 내용 요소를 제시하고 협의하였다.

→ 설계한 소단원을 기준으로 교과서 및 교사용 지도서를 다시 살펴보고, 통합의 스코프(내용 요소)를 작성하였다.

탐구 주제	통합단원의 스코프
남북의 분단 과정	• 제2차 세계대전, 이데올로기, 냉전, 38선 • 미·소 공위, 남북협상, 정읍 발언
남북의 문화 차이	• 자연 환경, 인문 환경 • 드라마·영화 등 미디어에 나타나는 남북의 생활 모습 • 문화 상대주의, 보편윤리
갈등의 고조	• 무장공비 사건, 간첩 사건 • 이산가족 문제 • 연평도, 천안함 사건
통일을 위한 노력	• 개성공단, 금강산 관광 • 대북지원 • 남북 정상회담
통일의 필요성과 과제	• 인도적·경제적·문화적·환경적 차원의 필요성 • 문화접변 등 예상되는 문제점

→ 협의한 내용 요소를 하나의 큰 뼈대의 바탕 위에서 배우는 순서(통합의 시퀀스)를 설정하고, 각 순서의 분기를 소단원으로 구상하였다.

❶ 남북분단의 계기는 무엇인가?

↓

❷ 남북의 문화 차이가 발생하는 이유는 무엇이며, 이로 인해 발생할 수 있는 문제는 무엇인가?

↓

❸ 남북 갈등의 고조 원인은 무엇이며, 관계 개선 및 통일을 위해 남북은 어떤 노력을 하였는가?

↓

❹ 통일의 필요성과 과제에 대한 이해를 바탕으로 자신의 의견을 제시할 수 있는가?

통합단원 계획하기

→ 통합단원(프로그램)명을 결정한다.

> 목적: 학생들이 통일에 대한 올바른 인식과 필요성을 통합적 관점에서 파악할 수 있는 역량을 키워주고자 한다. 그 과정에서 통일에 대한 본인의 견해·입장을 객관적 근거를 바탕으로 제시할 수 있기를 바란다. 아직 통일은 시기상조라거나 혹은 부정적 인식을 가진 학생일지라도, 토론 활동 과정에서 움츠러들지 않고 자신의 의견을 주장할 수 있었으면 좋겠다.

　단원명 결정에 앞서 우선 통합의 목적을 다시 정리하였다. 처음에는 통일의 필요성 및 과제를 함축한, 통일에 대한 당위성을 직접적으로 부여하는 제목을 지으려 했으나, 남북관계에 대한 이해를 바탕으로 내린 자신의 견해를 명료하게 펼칠 수 있도록 하려면 단원명에서 통합의 목적과 방향을 '간접적으로' 제시하는 것이 낫겠다고 생각하였다.

　그 결과 친숙하면서도 단원의 메시지를 간접적으로 전달할 수 있는 문구로, 학생들이 누구나 어릴 적 배우는 동요인 '우리의 소원은 통일'을 제목으로 결정하였다.

→ 통합단원의 목표, 개관, 학습계획을 작성한다.

　통합의 스코프와 시퀀스를 고려하여 내용 요소를 정리하였으므로, 이에 맞추어 단원 목표를 구상하였다. 다음 내용은 단원의 전체 목표이면서, 동시에 각 소단원의 내용 목표로 기능할 수 있도록 공통적인 성격을 띠고 있는 요소들을 포괄할 수 있는 문장으로 서술하고자 하였다.

- 남북분단의 계기를 냉전 체제, 이데올로기라는 배경 및 우리나라의 지역적 특수성을 고려하여 이해한다.
- 남북의 문화적 차이를 자연·인문 환경적 요소를 중심으로 이해한다.
- 남북 갈등의 고조 과정과 통일을 위한 노력을 실제 사례를 중심으로 파악한다.
- 통일의 필요성과 극복해야 할 과제를 사회 현상을 바라보는 통합적 관점에서 이해한다.

　통합 및 재구성의 목적 및 의도를 포함하고, 앞서 작성한 단원의 목표를 고려하여 해당 통합단원을 조망할 수 있는 개관을 작성하였다. 개관 작성에는 다음 내용을 포함하기로 하였다.

단원 재구성(통합)의 목적	통합 대상 교과목
통합의 소재(주제, 제재)	통합단원의 구성(시퀀스를 중심으로)

→ 통합단원 내용 결정하기 단계에서 작성해 두었던 각 소단원의 학습 요소와 학생 활동을 고려하여 차시를 분배하고, 각 차시별로 지도 내용과 학습 주제를 작성하였다.

→ 통합단원 지도계획에서 구상한 소단원별 학생 활동과 평가에 대해 평가 내용과 필요한 교과 역량, 평가의 주안점과 유의점을 정리하였다.

▼
▼

절차에 따른 결과

→ **통합의 목적과 의도를 고려하여 통합단원명을 작성하였다.**

> **단원명: 우리의 소원은, 통일**

→ **통합의 목적과 의도, 통합의 목표를 고려하여 통합단원의 개관을 작성하였다.**

서울대학교 통일평화연구원의 '통일에 대한 인식' 조사에 따르면, 통일의 필요성에 대해 '필요하다'라는 응답은 2021년 44.6%로 2007년 첫 조사 이래 가장 낮은 수준으로 하락하였다. 또한 통일부 폐지와 관련한 내용이 정치권 이슈로 논의가 되고 있을 만큼 통일의 필요성에 대한 관심도가 하락하고 있으며, 부정적 인식은 갈수록 높아지고 있다.

물론 통일부, 교육부에서 일선 학교에 전달하는 배포물이 있고 이를 활용한 통일교육이 이루어지고 있기는 하지만, '학생들이 통일을 주제로 충분히 생각할 기회를 받고 있는가?'라는 질문에는 누구라도 선뜻 그렇다고 얘기하기 힘들 것이다.

고등학교 1학년 학생을 기준으로 학습하는 교과목을 살펴보면 통합사회에서는 통일을 동아시아 갈등의 한 제재로써 활용하고 있으며, 한국사에서는 분단의 원인과 통일 노력을 중심으로 객관적 사실의 전달에 주력하고 있다. 이 두 개의 교과를 융합하여, 학생들이 각 교과 내용 요소의 바탕 위에서 남북분단의 계기와 정치·문화적 차이, 통일을 위한 과제와 노력, 필요성에 대한 인식을 제고할 수 있도록 단원을 통합·재구성하였다. 나아가 객관적인 자료에 근거하여 자신의 견해를 논리적으로 제시해 볼 수 있는 역량을 기르고, 실제로 주장 및 토론할 수 있는 기회를 교과 수업 시간에 부여함으로써 학생들에게 교과와 연계한 통일교육이 이루어질 수 있도록 통합단원을 기획하였다.

→ **각 소단원별 차시, 지도 내용, 학습 주제, 재구성 의도를 포함한 단원지도계획표를 작성하고, 이 과정에서 구상한 평가계획에 대하여 구체적인 활동과 평가 주안점을 중심으로 평가계획표를 작성하였다.**

→ **통합단원 지도계획**

통합단원	소단원	차시	탐구 주제	지도 내용	지도 주안점
우리의 소원은, 통일	우리 민족의 아픔, 남북분단	1 (한국사)	[주제 1] 냉전 체제의 형성 각 이념의 특징	냉전 체제의 형성 과정과 정치·경제적 이념 이해하기	• 광복 이후 해방공간에서 우리나라가 처한 상황을, 2차 대전 및 냉전 체제의 형성 과정이라는 세계 역사의 흐름 속에서 조사하고 이해할 수 있도록 함 • 통일 정부 수립과 이에 대해 다른 생각을 하고 있던 사람들의 첨예한 의견 대립을 당시의 정치적 상황 속에서 파악할 수 있도록 함
		2 (한국사)	[주제 2] 해방공간의 혼란 (모스크바 3상 회의, 미·소공위 등)	해방 공간의 혼란에 대해 이해하기	
		3 (한국사)	[주제 3] 김구·김규식 등 남북회담 추진, 이승만의 정읍 발언	통일 정부 수립을 위한 노력과 갈등 파악하기	

남북의 문화적 다양성	4 (통사)	[주제 4] 남북의 문화적 다양성	남북의 문화적 다양성 이해하기	• 남한과 북한 지역의 문화 적 다양성을 차이를 중심 으로 조사하고, 이를 인문 환경 및 자연 환경의 영 향을 중심으로 분류할 수 있도록 함
	5 (통사)	[주제 5] 문화 상대주의와 보편윤리	문화 상대주의 및 보편 윤리 관점에서 자문화 · 타문화 성찰하기	• 문화적 차이를 문화 상대 주의 입장에서 이해할 수 있도록 하고, 보편윤리 관 점에서 북한인권결의안 내용을 분석할 수 있도록 함
갈등의 고조와 통일을 위한 노력	6 (한국사)	[주제 6] 남북 갈등 고착화 (간첩 사건 등), 이산가족 문제	남북분단의 고착화 과정 과 아픔을 이해하기	• 통일의 필요성에 대해 갈 등의 해소, 인도적 차원이 라는 측면에서 이해할 수 있도록 함
	7 (한국사)	[주제 7] 갈등 해결을 위한 노력, 독일 등 다른 나라의 통일 과정	갈등 해결을 위한 노력 과 다른 나라의 통일 과 정 조사하기	• 남북 갈등의 해소와 통일 을 위해 실제로 우리 정 부가 해 온 노력은 무엇 인지 조사하고, 다른 나라 의 사례를 조사하여 우리 나라의 상황과 비교 · 분 석할 수 있도록 함
우리의 소원은, 통일	8 (통사)	[주제 8] 통일의 필요성, 통일을 위한 과제	통일의 필요성과 극복해 야 할 과제 조사하기	• 지금까지 학습한 내용을 바탕으로 통일의 필요성 을 인도적 · 경제적 · 문 화적 차원 등으로 나누어 정리할 수 있도록 함 • 정치 체제, 경제력 차이로 인해 발생할 수 있는 예 상 문제점을 파악하고, 이 에 대한 대처 방안을 고 민할 수 있도록 함
	9~10 (통사)	[주제 9] 통일 방안 토의, 통일에 대한 찬반 토론 등	통일에 대한 토의 · 토론 활동 진행하기	• 통일에 대한 조별 토의 · 토론 활동을 통해 본 단 원을 종합적으로 정리할 수 있도록 함 • 현재 제시되는 통일 방안 중 가장 적절한 방법은? • 통일에 대한 찬반 토론

→ 통합단원 평가계획

학습 주제	평가 내용	교과 역량	평가 주안점(또는 유의점)
1	정치·경제적 이데올로기의 개념과 영향 조사하기	• 정보활용 능력 • 역사 자료 분석 과 해석	• 근현대사회를 관통하는 정치·경제적 이데올로기의 개념과 각 국가(진영)에 미친 영향을 적확하게 조사할 수 있는가? • 정보활용 능력, 역사 자료 분석과 해석: 인터넷, 도서에 있는 다양한 정보를 주어진 조건에 맞추어 정리하고, 이를 이해하기 쉬운 수준으로 조작하여 친구들과 공유할 수 있는가?
5	문화를 바라보는 태도와 보편윤리 관련 글쓰기	• 통합적 사고력 • 비판적 사고력	• 문화 상대주의 관점으로 북한의 문화를 이해하고, 보편윤리에 기반하여 북한인권결의안을 바라볼 수 있는가? • 통합적 사고력: 문화의 다양성과 상대성을 바탕으로 남한과 북한 지역의 문화 차이를 이해할 수 있는가? • 비판적 사고력: 보편윤리 관점에서 북한의 각종 인권 탄압 사례를 비판하고, 이를 북한인권결의안 제시의 필요성과 연결하여 설명할 수 있는가?
7	통일을 위한 노력과 통일 사례 조사하기	• 정보활용 능력 • 역사 정보 활용 및 의사소통	• 남북 갈등 해결과 통일을 위한 노력을 정부와 민간 차원으로 나누어 조사하고, 독일 등 다른 국가의 통일 사례를 조사하여 우리나라의 상황과 비교·분석할 수 있는가? • 정보활용 능력: 인터넷, 도서에 있는 다양한 정보를 주어진 조건에 맞추어 정리하고, 이를 이해하기 쉬운 수준으로 조작하여 친구들과 공유할 수 있는가? • 역사 정보 활용 및 의사소통: 독일의 통일 사례를 시대적·공간적·경제적 상황 등을 종합적으로 판단하여 현재 우리나라의 상황과 비교·분석할 수 있는가?
9	토의·토론하기	• 비판적 사고력 • 의사결정 능력 • 공동체적 역량	• 통일에 대한 토의·토론 활동 과정에서 상대의 의견을 경청하며, 자신의 의견을 근거를 바탕으로 명료하게 제시할 수 있는가? • 비판적 사고력, 의사결정 능력: 학습한 내용을 바탕으로 통일의 방안에 대한 토의/통일에 대한 찬반 토론에서 자신의 의견을 객관적 의견을 바탕으로 제시할 수 있는가? • 공동체적 역량: 토의·토론 과정에서 상대의 의견을 경청하며, 의견 충돌이 있는 경우 이를 잘 중재할 수 있는가?(동료 평가)

→ 우선 통합사회, 한국사의 연간 진도계획표를 작성하였다.

◈ 통합사회–2학기 진도계획표

월/주		단원 및 성취기준	
		대단원/중단원	성취기준
8	1	Ⅵ. 사회 정의와 불평등 01. 정의의 의미와 실질적 기준	[10통사06-01] 정의가 요청되는 이유를 파악하고, 정의의 의미와 실질적 기준을 탐구한다.
	2	Ⅵ. 사회 정의와 불평등 01. 정의의 의미와 실질적 기준	[10통사06-01] 정의가 요청되는 이유를 파악하고, 정의의 의미와 실질적 기준을 탐구한다.
9	3	Ⅵ. 사회 정의와 불평등 02. 자유주의와 공동체주의의 정의관	[10통사06-02] 다양한 정의관의 특징을 파악하고, 이를 구체적인 사례에 적용하여 평가한다.
	4	Ⅵ. 사회 정의와 불평등 02. 자유주의와 공동체주의의 정의관	[10통사06-02] 다양한 정의관의 특징을 파악하고, 이를 구체적인 사례에 적용하여 평가한다.
	5	Ⅵ. 사회 정의와 불평등 03. 사회 및 공간 불평등 현상과 개선방안	[10통사06-03] 사회 및 공간 불평등 현상의 사례를 조사하고, 정의로운 사회를 만들기 위한 다양한 제도와 실천 방안을 탐색한다.
	6	Ⅵ. 사회 정의와 불평등 03. 사회 및 공간 불평등 현상과 개선방안	[10통사06-03] 사회 및 공간 불평등 현상의 사례를 조사하고, 정의로운 사회를 만들기 위한 다양한 제도와 실천 방안을 탐색한다.
	7	Ⅵ. 사회 정의와 불평등 03. 사회 및 공간 불평등 현상과 개선방안	[10통사06-03] 사회 및 공간 불평등 현상의 사례를 조사하고, 정의로운 사회를 만들기 위한 다양한 제도와 실천 방안을 탐색한다.
10	8	Ⅶ. 문화와 다양성 01. 다양한 문화권의 특징	[10통사07-01] 자연 환경과 인문 환경의 영향을 받아 형성된 다양한 문화권의 특징과 삶의 방식을 탐구한다.
	9	Ⅶ. 문화와 다양성 02. 문화 변동과 전통문화	[10통사07-02] 문화 변동의 다양한 양상을 이해하고, 현대사회에서 전통문화가 갖는 의의를 파악한다.
	10	Ⅶ. 문화와 다양성 03. 문화 상대주의와 보편윤리	[10통사07-03] 문화적 차이에 대한 상대주의적 태도의 필요성을 이해하고, 보편윤리의 차원에서 자문화와 타문화를 성찰한다.
	11	Ⅶ. 문화와 다양성 03. 문화 상대주의와 보편윤리	[10통사07-03] 문화적 차이에 대한 상대주의적 태도의 필요성을 이해하고, 보편윤리의 차원에서 자문화와 타문화를 성찰한다.
11	12	Ⅶ. 문화와 다양성 04. 다문화 사회와 문화 다양성 존중	[10통사07-04] 다문화 사회에서 나타날 수 있는 갈등을 해결하기 위한 방안을 모색하고, 문화적 다양성을 존중하는 태도를 갖는다.
	13	Ⅷ. 세계화와 평화 01. 세계화에 따른 변화	[10통사08-01] 세계화 양상을 다양한 측면에서 파악하고, 세계화 시대에 나타나는 문제를 조사하여 이를 해결하기 위한 방안을 제안한다.
	14	Ⅷ. 세계화와 평화 02. 국제 사회의 행위 주체와 평화를 위한 노력	[10통사08-02] 국제 갈등과 협력의 사례를 통해 국제 사회의 행위 주체의 역할을 파악하고, 평화의 중요성을 인식한다.
	15	Ⅷ. 세계화와 평화 02. 국제 사회의 행위 주체와 평화를 위한 노력	[10통사08-02] 국제 갈등과 협력의 사례를 통해 국제 사회의 행위 주체의 역할을 파악하고, 평화의 중요성을 인식한다.
12	16	Ⅷ. 세계화와 평화 03. 남북분단과 동아시아의 역사 갈등	[10통사08-03] 남북분단과 동아시아의 역사 갈등 상황을 분석하고, 우리나라가 국제 사회의 평화에 기여할 수 있는 방안을 탐구한다.
	17	Ⅷ. 세계화와 평화 03. 남북분단과 동아시아의 역사 갈등	[10통사08-03] 남북분단과 동아시아의 역사 갈등 상황을 분석하고, 우리나라가 국제 사회의 평화에 기여할 수 있는 방안을 탐구한다.
	18	Ⅸ. 미래와 지속 가능한 삶 01. 인구 문제의 양상과 해결방안	[10통사09-01] 세계의 인구 분포와 구조 등에 대한 자료 분석을 통해 현재와 미래의 인구 문제 양상을 파악하고, 그 해결방안을 제안한다.
	19	Ⅸ. 미래와 지속 가능한 삶 01. 인구 문제의 양상과 해결방안	[10통사09-01] 세계의 인구 분포와 구조 등에 대한 자료 분석을 통해 현재와 미래의 인구 문제 양상을 파악하고, 그 해결방안을 제안한다.
2	20	Ⅸ. 미래와 지속 가능한 삶 02. 지속가능한 발전을 위한 노력	[10통사09-02] 지구적 차원에서 사용 가능한 자원의 분포와 소비 실태를 파악하고, 지속가능한 발전을 위한 개인적 노력과 제도적 방안을 탐구한다.
	21	Ⅸ. 미래와 지속 가능한 삶 03. 미래 지구촌의 모습과 우리의 삶	[10통사09-03] 미래 지구촌의 모습을 다양한 측면에서 예측하고, 이를 바탕으로 자신의 미래 삶의 방향을 설정한다.

◈ 한국사-2학기 진도계획표

월/주		단원 및 성취기준	
		대단원/중단원	성취기준
8	1	Ⅲ 일제 식민지 지배와 민족 운동의 전개 01. 일제의 식민지 지배 정책	[10한사03-01] 1차 세계대전 전후 세계 정세의 변화를 살펴보고, 일제의 식민지 지배 정책과 경제 구조 변화의 특징을 파악한다.
	2	Ⅲ 일제 식민지 지배와 민족 운동의 전개 01. 일제의 식민지 지배 정책	[10한사03-01] 1차 세계대전 전후 세계 정세의 변화를 살펴보고, 일제의 식민지 지배 정책과 경제 구조 변화의 특징을 파악한다.
9	3	Ⅲ 일제 식민지 지배와 민족 운동의 전개 02. 3·1운동과 대한민국 임시정부	[10한사03-02] 3·1 운동의 배경과 전개 과정을 이해하고, 대한민국 임시정부 수립의 의미를 파악한다.
	4	Ⅲ 일제 식민지 지배와 민족 운동의 전개 02. 3·1운동과 대한민국 임시정부	[10한사03-02] 3·1 운동의 배경과 전개 과정을 이해하고, 대한민국 임시정부 수립의 의미를 파악한다.
	5	Ⅲ 일제 식민지 지배와 민족 운동의 전개 03. 다양한 민족 운동의 전개	[10한사03-03] 3·1 운동 이후 나타난 국내외 민족 운동의 흐름을 파악한다.
	6	Ⅲ 일제 식민지 지배와 민족 운동의 전개 03. 다양한 민족 운동의 전개	[10한사03-03] 3·1 운동 이후 나타난 국내외 민족 운동의 흐름을 파악한다.
	7	Ⅲ 일제 식민지 지배와 민족 운동의 전개 04. 사회·문화의 변화와 사회 운동	[10한사03-04] 사회 모습의 변화를 살펴보고, 다양한 사회 운동을 근대 사상의 확산과 관련지어 이해한다.
10	8	Ⅲ 일제 식민지 지배와 민족 운동의 전개 05. 전시 동원 체제와 민중의 삶	[10한사03-05] 일제의 침략 전쟁 이후 식민지 지배 방식의 변화를 살펴보고, 전시 동원 체제로 달라진 민중의 삶을 사례 중심으로 파악한다.
	9	Ⅲ 일제 식민지 지배와 민족 운동의 전개 05. 전시 동원 체제와 민중의 삶	[10한사03-05] 일제의 침략 전쟁 이후 식민지 지배 방식의 변화를 살펴보고, 전시 동원 체제로 달라진 민중의 삶을 사례 중심으로 파악한다.
	10	Ⅲ 일제 식민지 지배와 민족 운동의 전개 06. 광복을 위한 노력	[10한사03-06] 일제의 침략 전쟁에 맞선 민족 운동의 내용을 파악하고, 신국가 건설에 대한 구상을 탐구한다.
	11	Ⅳ 대한민국의 발전 01. 8·15 광복과 대한민국 정부 수립	[10한사04-01] 8·15 광복 이후의 정치적 상황을 세계 냉전 체제 형성과 관련하여 살펴보고, 통일 정부 수립을 위한 노력을 이해한다. [10한사04-02] 대한민국 정부 수립의 과정과 의의를 살펴보고, 식민지 잔재를 청산하기 위한 노력을 설명한다.
11	12	Ⅳ 대한민국의 발전 01. 8·15 광복과 대한민국 정부 수립	[10한사04-01] 8·15 광복 이후의 정치적 상황을 세계 냉전 체제 형성과 관련하여 살펴보고, 통일 정부 수립을 위한 노력을 이해한다. [10한사04-02] 대한민국 정부 수립의 과정과 의의를 살펴보고, 식민지 잔재를 청산하기 위한 노력을 설명한다.
	13	Ⅳ 대한민국의 발전 02. 6·25전쟁과 남북분단의 고착화	[10한사04-03] 6·25전쟁의 배경과 전개 과정을 살펴보고, 전후 남북분단이 고착되는 과정을 파악한다.
	14	Ⅳ 대한민국의 발전 02. 6·25전쟁과 남북분단의 고착화	[10한사04-03] 6·25전쟁의 배경과 전개 과정을 살펴보고, 전후 남북분단이 고착되는 과정을 파악한다.
	15	Ⅳ 대한민국의 발전 03. 4·19혁명과 민주화를 위한 노력	[10한사04-04] 4·19혁명과 그 이후의 정치 변화를 살펴보고, 독재에 맞선 민주화 운동과 그 의미를 탐구한다.
12	16	Ⅳ 대한민국의 발전 04. 경제 성장과 사회·문화의 변화	[10한사04-05] 경제 성장의 성과와 문제점을 살펴보고, 이에 따른 사회·문화의 변화를 파악한다.
	17	Ⅳ 대한민국의 발전 04. 경제 성장과 사회·문화의 변화	[10한사04-05] 경제 성장의 성과와 문제점을 살펴보고, 이에 따른 사회·문화의 변화를 파악한다.
	18	Ⅳ 대한민국의 발전 05. 6월 민주항쟁과 민주주의의 발전	[10한사04-06] 6월 민주항쟁 이후 평화적 정권 교체가 이루어지고, 시민 사회가 성장하면서 민주주의가 발전하는 과정에 대해 파악한다.
	19	Ⅳ 대한민국의 발전 05. 6월 민주항쟁과 민주주의의 발전	[10한사04-06] 6월 민주항쟁 이후 평화적 정권 교체가 이루어지고, 시민 사회가 성장하면서 민주주의가 발전하는 과정에 대해 파악한다.
2	20	Ⅳ 대한민국의 발전 06. 외환위기와 사회·경제적 변화	[10한사04-07] 외환위기를 극복하기 위한 노력을 살펴보고, 이 시기에 당면한 사회적 과제를 탐구한다.
	21	Ⅳ 대한민국의 발전 07. 남북 화해와 동아시아 평화를 위한 노력	[10한사04-08] 남북 화해의 과정을 살펴보고, 동아시아 평화를 위해 공헌할 수 있는 방안을 생각해 본다.

→ '통일' 관련 내용 요소가 통합사회에서는 7, 8단원, 한국사에서는 4단원에서 주로 연관된다고 생각하여, 2학기에 통합단원 운영을 하기로 하였다. 다만 통합단원에서 다루지 못하는 통합사회 7~8단원의 성취기준 및 내용 요소, 9단원 내용, 한국사의 4단원 전반적인 내용 요소 역시 별도로 다루어야 좋겠다는 의견이 제시되어 이를 반영하였다.

→ 따라서 10~11월 중 3주에 걸쳐 통합단원을 배치하되, 통합사회는 통합단원에서 다루는 내용 요소 외 기타 핵심 내용 요소를 11월 이후 다루는 것으로 하고, 한국사에서는 동 시기에 통일 관련 내용 요소를 다룬 후 다시 연대기적 흐름 속에서 역사를 파악할 수 있도록 진도 계획표를 조정하기로 하였다.

→ 협의한 내용에 따라 교과별 진도계획표를 수정하였다.

❧ 통합단원

월/주		단원 및 성취기준	
		대단원/중단원	성취기준
10	11	통합-01. 우리 민족의 아픔, 남북분단	[10한사04-01] 8·15 광복 이후의 정치적 상황을 세계 냉전 체제 형성과 관련하여 살펴보고, 통일 정부 수립을 위한 노력을 이해한다.
11	12	통합-02. 남북의 문화적 다양성 통합-03. 갈등의 고조와 통일을 위한 노력	[재구성] 남한과 북한의 문화 차이에 미친 환경적 영향을 이해하고, 이로 인해 촉발된 문화권의 특징과 삶의 방식을 이해한다. [10통사07-03] 문화적 차이에 대한 상대주의적 태도의 필요성을 이해하고, 보편윤리의 차원에서 자문화와 타문화를 성찰한다. [재구성] 남북 갈등의 고조 과정 및 화합을 위한 노력들을 살펴보고, 분단의 지속에 따른 민족의 아픔에 대해 이해한다.
	13	통합-04. 우리의 소원은, 통일	[재구성] 통일의 필요성과 과제를 통합적 관점에서 분석하고, 예상되는 문제점을 극복하는 방안은 무엇인지를 탐구한다.

절차에 따른 결과

→ 통합단원의 내용과 차시를 고려하여 운영 시기를 결정하고 이를 각 과목별 진도계획표에 반영하였다.

❧ 통합단원을 고려한 통합사회 진도계획표

월/주		단원 및 성취기준	
		대단원/중단원	성취기준
8	1	Ⅵ. 사회 정의와 불평등 01. 정의의 의미와 실질적 기준	[10통사06-01] 정의가 요청되는 이유를 파악하고, 정의의 의미와 실질적 기준을 탐구한다.
	2	Ⅵ. 사회 정의와 불평등 01. 정의의 의미와 실질적 기준	[10통사06-01] 정의가 요청되는 이유를 파악하고, 정의의 의미와 실질적 기준을 탐구한다.

9	3	Ⅵ. 사회 정의와 불평등 02. 자유주의와 공동체주의의 정의관	[10통사06-02] 다양한 정의관의 특징을 파악하고, 이를 구체적인 사례에 적용하여 평가한다.
	4	Ⅵ. 사회 정의와 불평등 02. 자유주의와 공동체주의의 정의관	[10통사06-02] 다양한 정의관의 특징을 파악하고, 이를 구체적인 사례에 적용하여 평가한다.
	5	Ⅵ. 사회 정의와 불평등 03. 사회 및 공간 불평등 현상과 개선 방안	[10통사06-03] 사회 및 공간 불평등 현상의 사례를 조사하고, 정의로운 사회를 만들기 위한 다양한 제도와 실천 방안을 탐색한다.
	6	Ⅵ. 사회 정의와 불평등 03. 사회 및 공간 불평등 현상과 개선 방안	[10통사06-03] 사회 및 공간 불평등 현상의 사례를 조사하고, 정의로운 사회를 만들기 위한 다양한 제도와 실천 방안을 탐색한다.
	7	Ⅵ. 사회 정의와 불평등 03. 사회 및 공간 불평등 현상과 개선 방안	[10통사06-03] 사회 및 공간 불평등 현상의 사례를 조사하고, 정의로운 사회를 만들기 위한 다양한 제도와 실천 방안을 탐색한다.
10	8	Ⅷ. 세계화와 평화 01. 세계화에 따른 변화	[10통사08-01] 세계화 양상을 다양한 측면에서 파악하고, 세계화 시대에 나타나는 문제를 조사하여 이를 해결하기 위한 방안을 제안한다.
	9	Ⅷ. 세계화와 평화 02. 국제 사회의 행위 주체와 평화를 위한 노력	[10통사08-02] 국제 갈등과 협력의 사례를 통해 국제 사회의 행위 주체의 역할을 파악하고, 평화의 중요성을 인식한다.
	10	Ⅷ. 세계화와 평화 02. 국제 사회의 행위 주체와 평화를 위한 노력	[10통사08-02] 국제 갈등과 협력의 사례를 통해 국제 사회의 행위 주체의 역할을 파악하고, 평화의 중요성을 인식한다.
	11	통합-01. 우리 민족의 아픔, 남북분단	[10한사04-01] 8·15 광복 이후의 정치적 상황을 세계 냉전 체제 형성과 관련하여 살펴보고, 통일 정부 수립을 위한 노력을 이해한다.
11	12	통합-02. 남북의 문화적 다양성 통합-03. 갈등의 고조와 통일을 위한 노력	[재구성] 남한과 북한의 문화 차이에 미친 환경적 영향을 이해하고, 이로 인해 촉발된 문화권의 특징과 삶의 방식을 이해한다. [10통사07-03] 문화적 차이에 대한 상대주의적 태도의 필요성을 이해하고, 보편윤리의 차원에서 자문화와 타문화를 성찰한다. [재구성] 남북 갈등의 고조 과정 및 화합을 위한 노력들을 살펴보고, 분단의 지속에 따른 민족의 아픔에 대해 이해한다.
	13	통합-04.우리의 소원은, 통일	[재구성] 통일의 필요성과 과제를 통합적 관점에서 분석하고, 예상되는 문제점을 극복하는 방안은 무엇인지를 탐구한다.
	14	Ⅷ.세계화와 평화 03. 남북분단과 동아시아의 역사 갈등	[10통사08-03] 남북분단과 동아시아의 역사 갈등 상황을 분석하고, 우리나라가 국제사회의 평화에 기여할 수 있는 방안을 탐구한다.
	15	Ⅷ.세계화와 평화 03. 남북분단과 동아시아의 역사 갈등	[10통사08-03] 남북분단과 동아시아의 역사 갈등 상황을 분석하고, 우리나라가 국제사회의 평화에 기여할 수 있는 방안을 탐구한다.
12	16	Ⅶ.문화와 다양성 01. 다양한 문화권의 특징 02. 문화 변동과 전통문화	[10통사07-01] 자연 환경과 인문 환경의 영향을 받아 형성된 다양한 문화권의 특징과 삶의 방식을 탐구한다. [10통사07-02] 문화 변동의 다양한 양상을 이해하고, 현대사회에서 전통문화가 갖는 의의를 파악한다.
	17	Ⅶ.문화와 다양성 04. 다문화 사회와 문화 다양성 존중	[10통사07-04] 다문화 사회에서 나타날 수 있는 갈등을 해결하기 위한 방안을 모색하고, 문화적 다양성을 존중하는 태도를 갖는다.
	18	Ⅸ.미래와 지속 가능한 삶 01. 인구 문제의 양상과 해결방안	[10통사09-01] 세계의 인구 분포와 구조 등에 대한 자료 분석을 통해 현재와 미래의 인구 문제 양상을 파악하고, 그 해결방안을 제안한다.
	19	Ⅸ.미래와 지속 가능한 삶 01. 인구 문제의 양상과 해결방안	[10통사09-01] 세계의 인구 분포와 구조 등에 대한 자료 분석을 통해 현재와 미래의 인구 문제 양상을 파악하고, 그 해결방안을 제안한다.
2	20	Ⅸ.미래와 지속 가능한 삶 02. 지속가능한 발전을 위한 노력	[10통사09-02] 지구적 차원에서 사용 가능한 자원의 분포와 소비 실태를 파악하고, 지속가능한 발전을 위한 개인적 노력과 제도적 방안을 탐구한다.
	21	Ⅸ.미래와 지속 가능한 삶 03. 미래 지구촌의 모습과 우리의 삶	[10통사09-03] 미래 지구촌의 모습을 다양한 측면에서 예측하고, 이를 바탕으로 자신의 미래 삶의 방향을 설정한다.

◈ 통합단원을 고려한 한국사 진도계획표

월/주		단원 및 성취기준	
		대단원/중단원	성취기준
8	1	Ⅲ 일제 식민지 지배와 민족 운동의 전개 01. 일제의 식민지 지배 정책	[10한사03-01] 1차 세계대전 전후 세계 정세의 변화를 살펴보고, 일제의 식민지 지배 정책과 경제 구조 변화의 특징을 파악한다.
	2	Ⅲ 일제 식민지 지배와 민족 운동의 전개 01. 일제의 식민지 지배 정책	[10한사03-01] 1차 세계대전 전후 세계 정세의 변화를 살펴보고, 일제의 식민지 지배 정책과 경제 구조 변화의 특징을 파악한다.
9	3	Ⅲ 일제 식민지 지배와 민족 운동의 전개 02. 3·1운동과 대한민국 임시정부	[10한사03-02] 3·1 운동의 배경과 전개 과정을 이해하고, 대한민국 임시정부 수립의 의미를 파악한다.
	4	Ⅲ 일제 식민지 지배와 민족 운동의 전개 02. 3·1운동과 대한민국 임시정부	[10한사03-02] 3·1 운동의 배경과 전개 과정을 이해하고, 대한민국 임시정부 수립의 의미를 파악한다.
	5	Ⅲ 일제 식민지 지배와 민족 운동의 전개 03. 다양한 민족 운동의 전개	[10한사03-03] 3·1 운동 이후 나타난 국내외 민족 운동의 흐름을 파악한다.
	6	Ⅲ 일제 식민지 지배와 민족 운동의 전개 03. 다양한 민족 운동의 전개	[10한사03-03] 3·1 운동 이후 나타난 국내외 민족 운동의 흐름을 파악한다.
	7	Ⅲ 일제 식민지 지배와 민족 운동의 전개 04. 사회·문화의 변화와 사회 운동	[10한사03-04] 사회 모습의 변화를 살펴보고, 다양한 사회 운동을 근대 사상의 확산과 관련지어 이해한다.
10	8	Ⅲ 일제 식민지 지배와 민족 운동의 전개 05. 전시 동원 체제와 민중의 삶	[10한사03-05] 일제의 침략 전쟁 이후 식민지 지배 방식의 변화를 살펴보고, 전시 동원 체제로 달라진 민중의 삶을 사례 중심으로 파악한다.
	9	Ⅲ 일제 식민지 지배와 민족 운동의 전개 05. 전시 동원 체제와 민중의 삶	[10한사03-05] 일제의 침략 전쟁 이후 식민지 지배 방식의 변화를 살펴보고, 전시 동원 체제로 달라진 민중의 삶을 사례 중심으로 파악한다.
	10	Ⅲ 일제 식민지 지배와 민족 운동의 전개 06. 광복을 위한 노력	[10한사03-06] 일제의 침략 전쟁에 맞선 민족 운동의 내용을 파악하고, 신국가 건설에 대한 구상을 탐구한다.
	11	통합-01. 우리 민족의 아픔, 남북분단	[10한사04-01] 8·15 광복 이후의 정치적 상황을 세계 냉전 체제 형성과 관련하여 살펴보고, 통일 정부 수립을 위한 노력을 이해한다.
11	12	통합-02. 남북의 문화적 다양성 통합-03. 갈등의 고조와 통일을 위한 노력	[재구성] 남한과 북한의 문화 차이에 미친 환경적 영향을 이해하고, 이로 인해 촉발된 문화권의 특징과 삶의 방식을 이해한다. [10통사07-03] 문화적 차이에 대한 상대주의적 태도의 필요성을 이해하고, 보편윤리의 차원에서 자문화와 타문화를 성찰한다. [재구성] 남북 갈등의 고조 과정 및 화합을 위한 노력들을 살펴보고, 분단의 지속에 따른 민족의 아픔에 대해 이해한다.
	13	통합-04.우리의 소원은, 통일	[재구성] 통일의 필요성과 과제를 통합적 관점에서 분석하고, 예상되는 문제점을 극복하는 방안은 무엇인지를 탐구한다.
	14	Ⅳ 대한민국의 발전 01. 8·15 광복과 대한민국 정부 수립	[10한사04-02] 대한민국 정부 수립의 과정과 의의를 살펴보고, 식민지 잔재를 청산하기 위한 노력을 설명한다.
	15	Ⅳ 대한민국의 발전 02. 6·25 전쟁과 남북분단의 고착화	[10한사04-03] 6·25전쟁의 배경과 전개 과정을 살펴보고, 전후 남북분단이 고착되는 과정을 파악한다.
12	16	Ⅳ 대한민국의 발전 03. 4·19혁명과 민주화를 위한 노력	[10한사04-04] 4·19혁명과 그 이후의 정치 변화를 살펴보고, 독재에 맞선 민주화 운동과 그 의미를 탐구한다.
	17	Ⅳ 대한민국의 발전 04. 경제 성장과 사회·문화의 변화	[10한사04-05] 경제 성장의 성과와 문제점을 살펴보고, 이에 따른 사회·문화의 변화를 파악한다.
	18	Ⅳ 대한민국의 발전 04. 경제 성장과 사회·문화의 변화	[10한사04-05] 경제 성장의 성과와 문제점을 살펴보고, 이에 따른 사회·문화의 변화를 파악한다.
	19	Ⅳ 대한민국의 발전 05. 6월 민주항쟁과 민주주의의 발전	[10한사04-06] 6월 민주항쟁 이후 평화적 정권 교체가 이루어지고, 시민 사회가 성장하면서 민주주의가 발전하는 과정에 대해 파악한다.
2	20	Ⅳ 대한민국의 발전 05. 6월 민주항쟁과 민주주의의 발전	[10한사04-06] 6월 민주항쟁 이후 평화적 정권 교체가 이루어지고, 시민 사회가 성장하면서 민주주의가 발전하는 과정에 대해 파악한다.
	21	Ⅳ 대한민국의 발전 06. 외환위기와 사회·경제적 변화	[10한사04-07] 외환위기를 극복하기 위한 노력을 살펴보고, 이 시기에 당면한 사회적 과제를 탐구한다.

학습경험 선정하기

→ 실제로 수업을 진행하기 전 각 차시별 수업 지도안을 작성하였다. 지도안에는 각 차시별 수업의 의도, 학습 주제와 목표, 주요 교과 역량을 포함하여, '통일'이라는 같은 주제를 다루는 두 교사가 동일한 목표를 달성할 수 있는 하나의 지침 혹은 준거가 될 수 있도록 하였다.

→ 또한 학생들이 수업 시간에 하는 활동, 주어지는 자료 및 활동지 등은 미리 협의하였으며, 마찬가지로 이를 지도안에 최대한 구체적으로 작성하기로 하였다. 통합사회 따로, 한국사 따로 노는 형태의 분절된 수업이 아니라 학생들이 배움의 경험에 있어 연속성을 기할 수 있도록 노력하였다.

→ 지도안 중 4차시 분량은 다음에 첨부하였다.

☰ 절차에 따른 결과

1. 우리 민족의 아픔, 남북분단

① 냉전 체제의 형성 과정 조사하기

수업이야기

"우리의 소원은 통일"……. 초등학교 때 누구나 한 번쯤 불러 보았을 노래이지만, 이 노래에 담긴 '통일'에 대한 생각의 차이는 갈수록 더 깊어지는 듯하다. 누군가는 통일이 꼭 필요하다고 하고, 또 누군가는 통일에서 예상되는 문제점을 나열하며 반대한다.

과연 통일의 가치는 무엇일까? 우리는 분단과 통일에 대해 얼마나 알고 있을까? 통일에 대해 알아보기 위한 첫 단추는, '왜 우리가 분단국가가 되었는가?'에서 출발해야 할 것이다. 이번 시간부터 3차시에 걸쳐, 우리는 남북분단의 과정과 그 속에서 통일 정부를 만들고자 했던 노력을 살펴본다.

교수 · 학습 지도안

통합단원	우리의 소원은, 통일	소단원	① 우리 민족의 아픔, 남북분단
성취기준	[10한사04-01] 8 · 15 광복 이후의 정치적 상황을 세계 냉전 체제 형성과 관련하여 살펴보고, 통일 정부 수립을 위한 노력을 이해한다.		
학습 주제	**[주제 1] 냉전 체제와 정치 · 경제적 이념 이해하기**		
학습 목표	2차대전을 전후한 냉전 체제의 형성 과정과, 각 진영에 영향을 미친 이념의 특징을 이해한다.		
학습 요소	냉전 체제의 형성, 각 이념의 특징		
교과 역량	■ 정보활용 능력 ■ 역사 자료 분석과 해석	학습 방법	탐구 중심 프로젝트 학습
차시	(1)차시/10차시	학습 자료	태블릿 PC, 한국사-통합사회 교과서
단계	교수 · 학습 활동		자료 및 지도상의 유의점
도입	【생각 열기】 냉전 체제에 대해 알아보기 - 활용 가능 자료 안내: 태블릿 PC를 활용한 검색, 한국사 교과서, 유튜브 등 영상 자료 등을 통해 조사할 것을 안내 ♻ 냉전 체제의 뜻은? ♻ 트루먼 독트린이란? ♻ 미국과 소련의 사이가 나빠지게 된 이유는?		• 개인별로 태블릿 PC를 배부한다. • 유튜브 영상의 경우 다음과 같은 예시 자료를 안내하되, 다른 영상 검색을 통한 자료 수집도 가능함을 안내한다. 〈JTBC. 차이나는 클라스 177회〉

전개	**【본 차시 학습 목표 및 활동 안내】** ▶ 본 차시의 학습 목표 살펴보기 ▶ 수업 활동 안내 	활동 1	활동 2
---	---
• 정치 · 경제적 이념에 대해 이해하기	• 정치 · 경제적 이념이 실제 국가들의 현실 문제에 미친 영향 파악하기 | **【활동 1】정치 · 경제적 이념에 대해 이해하기** ▶ 개인별 자료 탐색 활동 + 조별 공유 ✿ 자유주의, 사회주의, 민족주의, 자본주의, 공산주의 등 특정 이념을 1개 선택하고, 자료를 조사하여 개인별 활동지에 정리 ✿ 조사한 내용을 조별로 공유하고, 패들릿의 해당 이념 칸 아래에 조별로 입력 **【활동 2】정치 · 경제적 이념이 실제 국가들의 현실 문제에 미친 영향 파악하기** ▶ 조별 자료 탐색 활동 ✿ 조별로 조사한 이념 중 한 가지를 정하여, 실제 국가의 현실 문제에 미친 영향은 무엇인지 조사 및 정리		• 가급적 3~4인 1조로 구성하고, 선택하는 이념을 각자 다르게 하여 다양한 정치 · 경제적 이념에 대한 이해도를 높일 수 있도록 함 • 이념이 현실 문제에 미친 영향은 정치, 경제, 사회, 문화 등 다각도로 조사할 수 있도록 순회 지도 시 안내해야 함 • 자료 정리가 다른 조에 비해 월등히 빠르게 진행되는 조의 경우, 해당 이념을 바탕으로 현실 문제에 대한 대처는 어떠할지에 대해 고민해 보도록 하는 등 고난도 과제를 부여하는 것도 고려할 수 있음
정리	**【조별 활동 자료 전체 공유하기】** ✿ 활동 2 내용을 조장이 대표로 학급 전체에 발표		

	평가 내용	등급	평가 척도
수행평가	정치 · 경제적 이념에 대한 자료 조사	평가 기준	• 근현대사회를 관통하는 정치 · 경제적 이념에 대한 이해를 바탕으로, 각 국가들의 현실 문제에 미친 영향을 정확하게 조사하고 정리하였는가? • 정보활용 능력: 인터넷, 도서에 있는 다양한 정보를 주어진 조건에 맞추어 정리하고, 이를 이해하기 쉬운 수준으로 조작하여 친구들과 공유할 수 있는가?
		A	위의 평가 요소 모두를 만족하는 경우
		B	다양한 정보를 조건에 맞추어 찾아 취합할 수는 있으나, 정리하거나 공유하기 위한 조작 단계가 부족한 모습을 보이는 경우
		C	다양한 정보에 대한 탐색 역량이 미흡하고 조별 · 학급 공유를 위한 정리가 잘 이루어지지 않는 경우

학습지

[주제 1] 냉전 체제와 이념 이해하기

우리 민족의 아픔, 남북분단 - ① 냉전 체제의 형성

_____학년 _____반　번호: _____　이름: _____

도입

✿ 태블릿 PC 검색, 한국사 교과서 등을 활용하여 '냉전 체제'에 대해 조사한 내용을 작성해 보세요.

활동 1

✿ 19~20세기를 관통한 다음 이념 중 1개를 선택하여, 등장 배경과 핵심 주장은 무엇인지 작성해 보세요.
✿ 이념: 자유주의, 사회주의, 민족주의, 자본주의, 공산주의

내가 선택한 이념:

✿ 조사한 내용을 조별로 공유하고, 정리하여 패들릿에 업로드하세요.

활동 2

✿ 조별로 조사한 이념 중 1개를 선택하고, 19~20세기 실제 국가의 정책(정치, 경제, 외교 등)에 미친 영향을 작성해 보세요.

우리 조가 선택한 이념: _____ / 국가 : _____

2. 남북의 문화적 다양성
② 문화 상대주의 및 보편윤리 관점에서 자문화 · 타문화 성찰하기

수업이야기

지난 시간 우리는, 문화는 한 사회의 구성원이 만들어 낸 공통의 생활양식이며, 자연 환경, 인문 환경의 영향을 받아 형성됨을 배웠다. 또 문화란 고정되어 있지 않고 지속하여 변화한다는 특징을 통해 문화의 다양성에 대한 생각을 나누기도 했다.

이 같은 전시 학습을 바탕으로 남한과 북한의 문화를 바라본다면 어떨까? 사투리, 두음법칙, 패션 등 여러 문화 요소에 대해, 북한 지역의 문화를 우리의 관점에서 평가하며 '촌스럽다'라고 말할 수 있을까? 오늘 수업은 이 질문에서부터 시작한다. 문화적 다양성에 기초하여 문화 상대주의적 관점의 필요성은 무엇인지 생각해 보고, 보편윤리 관점에서 문화적 다양성을 성찰해야 하는 이유에 대해서도 알아볼 것이다.

교수 · 학습 지도안

통합단원	우리의 소원은, 통일	소단원	② 남북의 문화적 다양성
성취기준	[10통사07-03] 문화적 차이에 대한 상대주의적 태도의 필요성을 이해하고, 보편윤리의 차원에서 자문화와 타문화를 성찰한다.		
학습 주제	**[주제 5] 문화 상대주의와 보편윤리**		
학습 목표	• 문화적 차이를 문화 상대주의 입장에서 이해한다. • 보편윤리 관점에서 북한인권결의안 내용을 분석할 수 있다.		
학습 요소	문화 상대주의, 자문화 중심주의, 보편윤리		
교과 역량	■ 통합적 사고력 ■ 비판적 사고력	학습 방법	탐구 중심 프로젝트 학습
차시	(5)차시/10차시	학습 자료	태블릿 PC, 통합사회 교과서
단계	교수 · 학습 활동	자료 및 지도상의 유의점	
도입	**【생각 열기】문화를 이해하는 태도는?** - 한글로 된 간판, 외국어로 된 간판을 제시하고 각각의 느낌을 작성하도록 한다. - 프랑스 여배우의 개고기 식용 반대 기사를 인용하여 여배우가 가진 문화에 대한 인식을 비판해 보기 ✪ 인사동, 경주 등 외국 관광객이 많은 지역의 한국어 간판과 해당 업체의 원래 간판을 검색해 보세요. 어떤 느낌이 드나요? ✪ 프랑스 여배우가 개고기 식용 문제에 대해 비난한 기사를 검색해 보세요. 어떤 느낌이 드나요?	• 개인별로 태블릿 PC를 배부한다. • 자료는 직접 검색하도록 하되, 진행이 빠르게 이루어지지 못하는 경우 교사가 미리 준비한 이미지 및 기사를 제시하여 학생들이 생각할 수 있는 시간을 충분히 확보해 줄 수 있도록 한다. • 찾은 사진자료는 바로 캡처하여 업로드할 수 있도록 온라인 플랫폼 URL을 미리 안내한다.	

전개	**【본 차시 학습 목표 및 활동 안내】** ▶ 본 차시의 학습 목표 살펴보기 ▶ 수업 활동 안내 	활동 1	활동 2
---	---

• 문화 상대주의의 필요성 인식하기	• 보편윤리 관점에서 자문화, 타문화를 성찰하기 |
	
	【활동 1】 문화 상대주의의 필요성 인식하기
	▶ 개인별 자료 탐색 활동 + 조별 공유
	♻ 문화를 이해하는 태도: 문화 절대주의, 문화 상대주의 개념 정리
	♻ [생각열기] 사례 재분석
	  1) 첫 번째 질문(간판)에 대한 자신의 생각은 문화를 이해하는 태도 중 어디에 가까운지 작성하기
	  2) 문화 상대주의 입장에서 프랑스 여배우의 글 비판하기
	♻ 대중문화 속 북한 문화 바라보기: 북한 문화를 희화화하는 사례를 찾아보고 이를 문화 상대주의 입장에서 비판하기
	
	【활동 2】 보편윤리 관점에서 타문화 바라보기
	▶ 조별 자료 탐색 및 글쓰기 활동
	♻ 극단적 문화 상대주의 및 윤리 상대주의를 비판하기 위한 보편윤리의 필요성을 작성하기
	♻ 보편윤리 관점에서 북한의 인권탄압 사례를 비판하기
	♻ 북한인권결의안 내용 살펴보기
			• 가급적 3~4인 1조로 구성
			
			• 각 개념은 통합사회 교과서 내용을 철저히 분석하여 작성할 수 있도록 함
			
			• '대중문화 속 북한 문화'와 관련하여 찾은 자료는 안내한 온라인 플랫폼 URL에 업로드하도록 안내한다.
			
			• 북한인권 결의안 내용은 '국가인권위원회'에서 파일로 다운로드 가능함을 안내함

정리	**【내용 정리】** ♻ 문답법을 통해 문화 상대주의, 보편윤리의 개념과 필요성을 다시 정리하며, 학생들이 오개념을 가지고 있다면 정정		

	평가 내용	등급	평가 척도
수행평가	문화를 바라보는 태도와 보편윤리 관련 글쓰기	평가 기준	• 문화 절대주의(자문화 중심주의, 문화 사대주의), 문화 상대주의, 보편윤리의 개념을 정확하게 이해하고 내용을 작성할 수 있는가? • 공동체적 역량: 문화의 다양성과 상대성을 바탕으로 남한과 북한 지역의 문화 차이를 이해할 수 있는가? • 비판적 사고력 　- 문화를 바라보는 태도를 바탕으로 각 사례를 비판적으로 분석할 수 있는가? 　- 보편윤리 관점에서 북한의 각종 인권탄압 사례를 비판하고, 이를 북한인권결의안 제시의 필요성과 연결하여 설명할 수 있는가?
		A	위의 평가 요소 모두를 만족 하는 경우
		B	위의 평가 요소에 드러나는 역량 중 1개가 미흡한 경우
		C	위의 평가 요소에 드러나는 역량 2개가 미흡한 경우

학습지

[주제 5] 문화 상대주의와 보편윤리

남북의 문화적 다양성 – ② 문화 상대주의와 보편윤리

_____학년 _____반 번호: _____ 이름: _____

도입

✿ 검색을 활용하여 한글 간판, 외국어 간판을 각각 1개씩 찾고, 이에 대한 느낌을 작성해 보세요.
✿ 찾은 간판은 클래스룸에 업로드하고, 느낌을 다음에 작성하세요.

✿ 1988년 서울 올림픽 즈음, 프랑스의 여배우가 한국의 개고기 문화를 비난하였습니다. 관련 기사를 찾아 보고, 해당 인물의 주장에 대한 본인의 생각을 작성해 보세요.

활동 1-1

✿ 〈통합사회〉 교과서를 참고하여, 문화를 바라보는 태도에 대한 개념을 다음에 정리해 보세요.

자문화 중심주의:

문화 사대주의:

문화 상대주의:

✿ 정리한 내용을 기준으로, 도입에서 작성한 자신의 생각은 '문화를 바라보는 태도' 중 어디에 속하는지 작성해 보세요.

〈1번 사례〉	〈2번 사례〉

활동 1-2

✿ 대중문화 속 북한 문화를 희화화하는 사례를 찾아보고, 이를 문화 상대주의 입장에서 비판해 보세요.
✿ 찾은 사례는 클래스룸에 업로드하고, 의견은 다음에 작성하세요.

활동 2

✿ 문화의 상대성에도 불구하고 보편윤리 관점에서 문화를 바라보아야 하는 이유를 〈통합사회〉 교과서를 참고하여 작성해 보세요.

✿ 보편윤리 관점에서 북한의 인권탄압 사례를 찾아 비판하는 글을 작성해 보세요.

사례:

✿ 조사한 내용을 바탕으로 북한인권결의안 내용을 분석하고, UN에서 지속적으로 이를 권고하는 이유를 작성해 보세요.

3. 갈등의 고조와 통일을 위한 노력
③ 갈등 해결을 위한 노력과 다른 나라의 통일 과정 조사하기

수업이야기

지난 시간에 우리는 남북분단의 고착화를 초래한 각종 사건 및 갈등의 고조 속에서 생겨난 민족의 아픔에 대해 배웠다. 이번 시간에는 남북의 갈등을 해결하기 위해 노력했던 정부와 민간의 노력은 어떠한 것이 있는지를 구체적인 사례를 통해 알아보고, 실제로 분단 국가에서 통일을 이루어 낸 다른 국가의 경험을 함께 나누어 볼 것이다.

지금까지 우리 정부의 통일을 위한 노력은 어떠한지 정리하고, 독일 등 구체적인 사례를 활용하여 통일에 대한 방향성을 나름대로 정리해 볼 수 있는 기회를 제공하고자 한다. 이를 바탕으로, 다음 단원에서 배울 '통일을 위한 과제'에 구체성을 부여할 내용 지식을 충실히 하는 것을 목표로 이번 수업을 구상하였다.

교수 · 학습 지도안

통합단원	우리의 소원은, 통일	소단원	③ 갈등의 고조와 통일을 위한 노력
성취기준	[재구성] 남북 갈등의 고조 과정 및 화합을 위한 노력들을 살펴보고, 분단의 지속에 따른 민족의 아픔에 대해 이해한다.		
학습 주제	[주제 7] 갈등 해결을 위한 노력과 다른 나라의 통일 과정 조사하기		
학습 목표	• 남북 갈등의 해소와 통일을 위해 실제로 우리 정부가 해 온 노력은 무엇인지 조사한다. • 다른 나라의 통일 사례를 통해 통일을 위한 과제에 대해 구체적인 방안을 모색할 수 있다.		
학습 요소	대북지원 정책, 남북회담, 개성공단, 금강산 관광 등		
교과 역량	■ 정보활용 능력 ■ 역사 정보 활용 및 의사소통	학습 방법	탐구 중심 프로젝트 학습
차시	(7)차시/10차시	학습 자료	태블릿 PC, 한국사 교과서, 통합사회 교과서

단계	교수 · 학습 활동	자료 및 지도상의 유의점
도입	**【생각 열기】남북정상회담의 의미는 무엇일까?** -2인 1조 활동으로 구성함 -남북정상회담 관련 영상을 보고, 정상회담에서 다루었던 의제와 시기적 특징을 바탕으로 의미를 찾을 수 있는 질문 만들기 -정해진 답을 찾기보다 영상을 보고 직접 질문을 만든 뒤 조원에게 찾아보도록 하여 다양한 질문과 응답이 나올 수 있도록 함 〈예시 질문〉 ✪ 지금까지 있었던 남북정상회담에서 다룬 협의사항은 주로 어떤 것일까요? ✪ 남북정상회담이 열린 배경과 서로 간에 미친 영향, 또 남북한 각각의 대내적 영향은 무엇일까요?	• 개인별로 태블릿PC를 배부한다. • 다음 영상의 링크를 제공하여 학생들이 참고할 수 있도록 한다. 〈민주평통 유튜브, 2020. 9. 18. 영상〉

전개	**【본 차시 학습 목표 및 활동 안내】** ▶ 본 차시의 학습 목표 살펴보기 ▶ 수업 활동 안내 	활동 1	활동 2
---	---
• 남북 갈등의 해소와 통일을 위한 노력 알아보기	• 독일의 통일 사례 조사하기 | **【활동 1】남북 갈등의 해소와 통일을 위한 노력 알아보기** ▶ 개인별 자료 탐색 활동 + 조별 공유 ✿ 남북 갈등을 해소 및 통일을 위한 노력 알아보기 ✿ 다음의 주요 주제를 중심으로 파악 　1) 고위급 회담, 남북정상회담 등 정부 차원의 노력 　2) 금강산 관광, 개성공단 등 민간 협력 차원의 교류 **【활동 2】독일의 통일 사례 조사하기** ▶ 조별 자료 탐색 및 글쓰기 활동 ✿ 독일의 통일 과정 조사하기 ✿ 독일이 겪었던 통일 이후의 문제점과 해결 과정 조사하기		• 가급적 3~4인 1조로 구성 • 태블릿 PC를 활용한 충분한 자료 수집을 바탕으로 활동이 진행되도록 함 • 각 조에서 인원을 분배하여 정부 차원과 민간 차원의 노력으로 나누어 조사할 수 있도록 함 • 독일의 통일 과정은 동독과 서독의 이념 차이, 통일의 계기를 중심으로 조사하도록 안내함 • 사례 조사가 다른 조에 비해 월등히 빠른 조의 경우, 독일이 겪은 통일 과정의 문제점을 우리나라의 현실에 적용해 보는 고난도 과제 부여를 고민할 것
정리	**【내용 정리】** ✿ 활동 1, 2의 내용을 각 조별 대표 학생이 학급에 전체 공유하고, 교사는 이를 정리하며 본 차시 내용을 정리		

	평가 내용	등급	평가 척도
수 행 평 가	통일을 위한 노력과 통일 사례 조사하기	평가 기준	• 남북 갈등 해결과 통일을 위한 노력을 정리하고, 독일 등 다른 국가의 통일 사례를 조사하여 우리나라의 상황과 비교 · 분석할 수 있는가? • 정보활용 능력: 인터넷, 도서에 있는 남북 갈등의 해소와 통일 노력에 대한 정보를 정부 차원과 민간 차원 등 주어진 조건에 맞추어 정리할 수 있는가? • 문제해결 능력: 독일의 통일 사례를 시대적 · 공간적 · 경제적 상황 등을 종합적으로 판단하여 현재 우리나라의 상황과 비교, 분석할 수 있는가?
		A	위의 평가 요소 모두를 만족 하는 경우
		B	위의 평가 요소에 드러나는 역량 중 1개가 미흡한 경우
		C	위의 평가 요소에 드러나는 역량 2개가 모두 미흡한 경우

학습지

[주제 7] 갈등의 고조와 통일을 위한 노력

남북 갈등 해결을 위한 노력과 독일의 통일 과정 조사하기

_____학년 _____반 번호: _____ 이름: _____

도입

✪ 〈남북정상회담 그 역사와 재조명〉영상을 보고, 질문을 만들어 봅시다.
✪ 질문 작성 방법: 정상회담에서 다룬 의제는?/열린 배경은?/정상회담이 이후 각 지역에 미친 영향은? 등
✪ 작성한 질문은 친구에게 전달하고, 자신은 친구가 만든 질문에 대한 답을 적어 봅시다.

나의 질문:

친구의 질문:
나의 답변:

활동 1

✪ 남북 갈등의 해소와 통일을 위한 노력을 조별로 조사해 봅시다.
✪ 정부 차원의 노력과 민간 차원의 노력으로 나누어 정리하고, 자신이 맡은 범주의 조사를 마치고 나면 조원들과 공유하여 다음 표를 채워 봅시다.

〈정부 차원〉	〈민간 차원〉

활동 2

❖ 독일의 통일 사례를 조사해 봅시다.

❖ [예시] 조사 주제: 통일 전 독일의 상황(이념 차이, 경제력 차이 등), 통일의 계기, 통일의 진행 과정

❖ 독일이 통일 이후 겪었던 정치ㆍ사회ㆍ경제적 문제는 무엇인지 조사하고, 이를 대처해 나간 독일 정부의 정책을 조사하여 작성해 보세요.

❖ 독일의 통일 과정에 대해 조사한 내용을 바탕으로, 현재 우리나라의 상황과 공통점ㆍ차이점을 중심으로 비교ㆍ분석해 보세요.

4. 우리의 소원은, 통일
② 통일에 대한 토의 · 토론 활동 진행하기

수업이야기

우리는 지금까지 남북분단의 계기와 정치 · 문화적 차이, 통일을 위한 과제와 노력, 통일의 필요성과 극복해야 할 과제에 대해 배웠다. 이제 학습한 내용을 바탕으로, 통일의 방안에 대한 조별 토의 혹은 통일에 대한 찬반 입장을 정하여 토론 활동을 진행해 보고자 한다.

통일에 대한 자신의 견해를 적확한 근거에 바탕을 두어 제시할 수 있고, 상대의 이야기를 경청하고 상충하거나 우선순위가 다를 수 있는 서로의 의견에 대해서는 존중하며, 제시되는 의견을 충분히 검토하여 결론에 도달할 수 있는 경험을 제공하는 것을 이번 수업의 목표로 하였다.

교수 · 학습 지도안

통합단원	우리의 소원은, 통일	소단원	④ 우리의 소원은, 통일
성취기준	[재구성] 통일의 필요성과 과제를 통합적 관점에서 분석하고, 예상되는 문제점을 극복하는 방안은 무엇인지를 탐구한다.		
학습 주제	**[주제 9] 통일 방안 토의, 통일에 대한 찬반 토론**		
학습 목표	• 통일에 대한 토의 · 토론 활동을 통해 통일의 필요성과 과제에 대해 종합적으로 이해한다. • 토의 · 토론 과정에서 내 의견을 근거를 들며 명료하게 제시하고, 상대의 의견을 경청하는 태도를 기를 수 있다.		
학습 요소	통일에 대한 제반 내용 전체(단, 특히 통일의 필요성과 통일을 위한 과제 측면에 주력)		
교과 역량	■ 비판적 사고력 ■ 의사결정 능력 ■ 공동체적 역량	학습 방법	토의 · 토론 학습
차시	(9~10)차시/10차시	학습 자료	태블릿 PC

단계	교수 · 학습 활동	자료 및 지도상의 유의점
도입	**【생각열기】 통일에 대한 나의 견해 작성하기** – 이번 통합단원에서 배운 내용을 바탕으로 통일에 대한 자신의 견해를 정리함 – 다음은 예시 주제로, 학생들의 의견을 참고하여 다양한 토의 · 토론 주제를 활용 가능함 ♻(토의 대비) 현재 논의되고 있는 통일의 방안 중 가장 적절한 것은 무엇이며, 그 이유는? ♻(토의 대비) 통일 이후 문화 변동이 일어날 때, 경제적 배경에 따른 북한 지역의 문화소멸(동화)을 막을 수 있는 방법은? ♻(토의 대비) 남한과 북한의 문화 접변으로 나타나게 될 문화 융합의 모습은? ♻(토론 대비) 통일에 찬성하는 이유를 세 가지 이상, 통일에 반대하는 이유를 세 가지 이상 작성	• 통일에 대한 찬반 입장은 토론 시작 시점에 정하므로, 의견을 두 가지 관점 측면 모두에서 미리 작성할 수 있도록 안내함

학습지

[주제 9] 통일에 대한 토의 · 토론 활동

통일에 대한 토의 · 토론 활동 진행하기

_____학년 _____반　번호: _____　이름: _____

토의 · 토론을 위한 기초자료 작성

✿ 통일에 대한 각 주제에 대하여 나의 견해 작성하기

주제:

• 통일에 대한 찬성과 반대 논거를 각각 세 가지씩 작성해 봅시다.

〈찬성〉	〈반대〉

토의 활동

♻ 조별로 토의한 내용을 정리해 봅시다.

우리 조의 주제:

♻ 조장은 내용을 정리하여 패들릿에 입력하세요.

토론 활동

♻ 통일에 대한 찬반 토론 내용을 정리해 봅시다.
♻ 나의 역할: (찬성 , 반대) / (배심원)

♻ 조장은 내용을 정리하여 패들릿에 입력하세요.
♻ 발표자의 주요 논거를 정리해 보세요.

〈찬성〉	〈반대〉

♻ 나의 입장을 정리해 보세요.

2. 법의학 알아보기

▌통합단원명

법의학 알아보기(고등학교 2학년 생명과학Ⅰ, 화학Ⅰ, 정치와 법, 생활과 윤리)

▌통합의 유형: 범교과 주제와 창의적 체험활동의 연계

통합의 유형	통합의 요소	통합의 중심	통합의 방식	통합의 단위
☐ 다학문적	■ 지식	■ 제재	☐ 병렬	☐ 통합교과(과목)
☐ 간학문적	☐ 기능	■ 주제	☐ 광역	■ 통합단원
■ 탈학문적	■ 가치/ 태도	☐ 문제	☐ 공유	☐ 차시통합
	■ 성취기준	☐ 학습 기능	☐ 혼합	
		☐ 사고 양식	■ 융합	
		☐ 표현활동		
		☐ 흥미		

▌단원의 내러티브

　'수업량 유연화 교육 활동'의 하나로, 주제 중심 프로젝트 수업 기획을 시뮬레이션하였다. 학생들이 진로 활동 중 전문 직업인 초청 특강에서 '법의학자'를 만났다고 가정하고, 이를 바탕으로 제출한 '교과융합 프로젝트 학습계획서'에 바탕하여 단원을 구상하였다. 법의학에 대한 이해를 개념/법적 접근/윤리적 접근/과학적 접근이라는 네 가지 방향으로 나누어, 이를 각각【정치와 법】【생활과 윤리】【화학Ⅰ】【생명과학Ⅰ】과 연계한 교과 융합 프로젝트 활동으로 접근해 보았다.

▌통합 절차

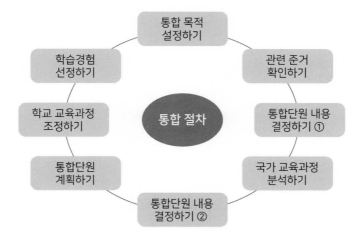

통합 목적 설정하기

→ '창의적 체험활동과 교과의 통합이 필요한 이유는 무엇인가?'라는 질문을 중심으로 통합의 목적을 설정한다.

　창의적 체험활동 중 동아리 활동은 자신의 취미와 진로, 희망 직업군을 고려한 다양한 활동 부서가 많이 만들어지고, 실제로 운영되는 모습이 보인다. 하지만 자율, 진로 활동은 아직도 '활동을 위한 활동' 수준에 그치는 경우가 많은 듯하다. 교육부의 지침으로 제시되는 각종 교육이 자율활동 시간에 진행되지만 결국 일회성 이벤트에 그치는 경우가 많으며, 진로 활동의 경우에도 진로와 적성, 전공에 대한 이해 수준에 그치거나 혹은 조금 더 나아가더라도 신문 스크랩, 정보의 추가 조사 등에 그치는 경우가 많다.

　특히 고등학교에서 창의적 체험활동 시간에 다루는 내용과 교과의 괴리는 창 · 체 활동에 대한 학생들의 참여도를 저하하는 요인으로 작용하기도 한다.

　'학생들이 경험하는 창의적 체험활동의 다양한 프로그램을 교과와 연결할 수 있다면 어떨까?'라는 고민에서부터 이번 통합단원 기획이 시작되었다. 자율활동 혹은 진로 활동에서 학생들이 경험하는 각종 프로그램 중 하나를 선정하여, 비슷한 관심사를 가진 친구들과 주제를 선정하고 이를 다듬어 프로젝트 학습의 형태로 전개할 수 있다면, 학생들은 자신들이 마주하는 각종 창 · 체 활동을 더 관심을 가지고 여러모로 살펴보게 되지 않을까라는 기대를 하였으며, 이 같은 과정 전반은 학생들의 자기주도적 학습 역량 신장에도 도움이 될 것이라고 생각하였다.

　다만 이 경우 현실적으로 계획을 2개 학기에 걸쳐 세워야 할 필요성이 있었다. 한 학기 동안 학생들이 경험한 프로그램에서 특정 주제를 뽑아내고, 이를 가공하여 교사들이 통합단원의 형태로 제시하기 위해서는 준비를 위한 물리적 시간이 필요할 것이기 때문이다. 이에 따라 1학기 수업량 유연화 주간에는 학생들이 참여한 창의적 체험활동의 프로그램에서 프로젝트 주제를 선정하여 계획서를 제출하는 것으로 하였으며, 2학기 수업량 유연화 주간에 실제 프로젝트 학습을 진행해 보기로 하였다. 또한 프로젝트 학습이 원활하게 진행될 수 있도록 해당 과목의 교원들이 어느 정도 가이드라인을 제공해 주는 것을 목표로 이번 통합단원을 시뮬레이션 하였다.

📝 절차에 따른 결과

통합단원 개발의 목적

◎ 학생들이 경험하는 창의적 체험활동 중 특히 '자율, 진로' 활동 영역에서 범교과 학습에 적합한 주제를 선정할 수 있도록 지원할 생각이다. 1학기 말에 학생들의 수요를 취합하여, 이를 2학기 교육과정에 반영하기로 하였다. 학생들의 수요를 반영한 주제 선정 및 통합교과(프로젝트 학습) 운영을 통해 실질적인 창의적 체험활동 프로그램 운영은 물론 학생들의 자기주도적 학습 역량 신장이 가능할 것으로 생각하였다.

관련 준거 확인하기

➜ '창의적 체험활동과 교과의 연계 운영을 위하여 활용할 수 있는 교육과정 구성 방안에 대하여 교육부 및 지역 교육청의 관련 준거를 확인한다.

- 창의적 체험활동과 교과의 연계 운영을 시작하고자 할 때, 먼저 생각한 부분은 '언제'였다. 학생들이 스스로 선정한 주제를 각 교과목 교사들이 지원하여 특정 프로그램으로 만든다는 것은 이상적이지만, 이를 수업 시간에 해야 하는지 혹은 자율활동 시간에 해야 하는지는 또 다른 고민을 낳기 때문이다.

- 이에 대한 고민에 대한 답을 찾기 위하여, 교육부와 지역 교육청의 교육과정 편성 지침을 찾아본 결과 다음과 같은 지침을 활용하기로 하였다.

[2021 고등학교 교육과정 편성 지침(부산광역시 교육청) 66쪽, 고등학교 단위의 의미 및 수업량 유연화]

……17회 중 1회의 수업은 학교가 해당 교과 또는 타교과 융합형의 프로젝트 수업, 보충 수업, 동아리 활동 연계 수업, 과제 탐구 수업 등 자율적 교육과정을 운영할 수 있으며……

[2021 고등학교 교육과정 편성 지침(부산광역시 교육청) 20쪽, 다. 수업시수]

……1단위의 수업은 50분을 기준하여 17회를 이수하는 수업량이다.
단, 1회는 학교가 해당 교과 또는 타교과 융합형의 프로젝트 수업, 보충 수업, 동아리 활동 연계 수업, 과제 탐구 수업 등을 자율적으로 운영할 수 있으며……

📝 절차에 따른 결과

➜ 교육과정 편성 지침의 '수업량 유연화' 교육과정을 활용하기로 하였다.

- 수업량 유연화: 1단위 17회 수업 중 1회를 학교가 해당 교과 또는 타교과 융합형 연계 수업 등 자율적 교육과정으로 운영(16+1 형태)

→ 1학기 중 실시되었던 창의적 체험활동 중 자율·진로 활동에서 학생들이 실시할 프로젝트 주제 학습에 대한 계획서를 취합하였으며, 담당 교과를 고려하여 기획안을 검토하였다.

〈예시: 프로젝트 학습 계획서〉

- 참여 인원: 4명 / 20108 김OO, 20201 강OO, 20222 최OO, 20510 박OO
- 근거: 진로 활동(전문 직업인 초청 특강)
- 주제: 법의학 알아보기
- 요청 과목(변경 가능): 정치와 법, 생활과 윤리, 생명과학 I , 화학 I
- 개요: 전문 직업인 초청 특강에서, 현재 국과수에서 근무하시는 법의학자의 이야기를 들었습니다. 부검이라는 그 직업의 단편적인 활동 중 하나만을 알고 있던 우리에게 민감한 법률상 문제를 의학적 지식을 통해 밝혀냄으로써 법 운영에 도움을 주고, 나아가 인권 옹호에 이바지한다는 법의학의 가치에 대해 해 주신 말씀은 무척이나 흥미롭게 다가왔습니다. 참여하는 우리 조원 모두가 같은 과목을 수강하고 있지는 않지만, 각자 듣고 있는 과목에서 관련 있는 주제를 중심으로 탐구하여 취합하는 형태로 프로젝트 주제 탐구에 도전해 보고자 합니다.

• 내가 담당하고 있는 교과(생활과 윤리)를 포함하여 여러 과목에 걸쳐 계획된 프로젝트 학습이므로, 동학년 수업에 들어가는 정치와 법 K 교사, 생명과학 S 교사, 화학 P 교사에게 해당 계획서를 공유하고, 개발팀 구성을 제안하였다.
• 법의학을 통합의 중심에 두고, 우선 교과별로 국가 수준 교육과정을 분석해 보기로 하였다.

정치와 법 성취기준 분석

[12정법05-01] 형법의 의의와 기능을 죄형 법정주의를 중심으로 이해하고, 범죄의 성립 요건과 형벌의 종류를 탐구한다.

[12정법05-02] 형사 절차에서 인권을 보장하는 원칙을 이해하고 이를 실현하기 위한 제도를 탐구한다.

→ 법의학은 특히 사법적 절차(형사상 문제 등)에 많은 영향을 끼친다. 첨예한 의견 대립 속에서 과학적 증거가 결정적인 역할을 하는 경우가 많기에 갈수록 그 중요도가 높아지고 있다. 정치와 법 내용 중 형법·형사 절차에 관한 내용을 통해, 법의학의 과학적 접근방식이 사법 체계에 어떤 영향을 미치는지 파악할 수 있겠다고 판단하였다.

생활과 윤리 성취기준 분석

[12생윤02-01] 삶과 죽음에 대한 다양한 윤리적 문제를 인식하고, 이에 대한 여러 윤리적 입장을 비교·분석하여, 인공임신중절·자살·안락사·뇌사의 문제를 자신이 채택한 윤리적 관점으로 설명할 수 있다.

[12생윤02-02] 생명의 존엄성에 대한 여러 윤리적 관점을 비교·분석하고, 생명 복제, 유전자 치료, 동물의 권리 문제를 윤리적 관점에서 설명하며 자신의 관점을 윤리 이론을 통해 정당화할 수 있다.

[12생윤04-01] 과학 기술 연구에 대한 다양한 관점을 조사하여 비교·설명할 수 있으며 이를 과학 기술의 사회적 책임 문제에 적용하여 비판 또는 정당화할 수 있다.

→ 생활과 윤리에서는 법의학을 윤리적 입장에서 조망할 수 있는 기회를 가져 보면 좋겠다고 생각하였다. 2단원이 '생명과 윤리'로, 이 중 [02-03]의 '사랑과 성'에 대한 내용을 제외한 2개 성취기준을 프로젝트의 1개 주제로 활용하는 것으로 방향을 설정하였다. 동시에 주로 사체(死體)를 다루며, 그 결과가 실제 재판 과정에 영향을 미친다는 점을 고려하여, 과학 기술의 사회적 책임을 다루는 [04-01] 성취기준 역시 해당 단원에 포함된다면 더 다채로운 단원 구성이 될 것으로 판단되어 이를 추가하였다.

생명과학Ⅰ 성취기준 분석

[12생과Ⅰ03-01] 활동 전위에 의한 흥분의 전도와 시냅스를 통한 흥분의 전달을 이해하고, 약물이 시냅스 전달에 영향을 미치는 사례를 조사하여 발표할 수 있다.

[12생과Ⅰ03-02] 근섬유의 구조를 이해하고, 근수축의 원리를 활주설로 설명할 수 있다.

[12생과Ⅰ03-03] 중추신경계와 말초신경계의 구조와 기능을 이해하고, 신경계와 관련된 질환을 조사하여 토의할 수 있다.

[12생과Ⅰ03-04] 내분비계와 호르몬의 특성을 이해하고, 사람의 주요 호르몬의 과잉·결핍에 따른 질환에 대해 설명할 수 있다.

[12생과Ⅰ03-05] 신경계와 내분비계의 조절 작용을 통해 우리 몸의 항상성이 유지되는 과정을 설명할 수 있다.

[12생과Ⅰ03-06] 다양한 질병의 원인과 우리 몸의 특이적 방어 작용과 비특이적 방어 작용을 이해하고, 관련 질환에 대한 예방과 치료 사례를 조사하여 발표할 수 있다.

→ 법의병리학·법의혈청학의 경우 신체에 대한 기본적인 이해가 필요한 분야이다. 생명과학의 3단원이 '항상성과 몸의 조절'로, '건강한 몸 상태'는 무엇인지, 항상성을 잃은 신체는 어떻게 되는지 등에 관한 내용이 사인(死因) 규명이라는 법의학의 목적을 달성하는 데 필요하다고 생각되어 해당 성취기준을 중심으로 내용을 구성할 것을 제시하였다.

화학Ⅰ 성취기준 분석

[12화학Ⅰ04-01] 가역 반응에서 동적 평형 상태를 설명할 수 있다.

[12화학Ⅰ04-02] 물의 자동 이온화와 물의 이온화 상수를 이해하고, 수소 이온의 농도를 pH로 표현할 수 있다.

[12화학Ⅰ04-03] 산·염기 중화 반응을 이해하고, 산·염기 중화 반응에서의 양적 관계를 설명할 수 있다.

[12화학Ⅰ04-04] 중화 적정 실험을 계획하고 수행할 수 있다.

[12화학Ⅰ04-05] 산화·환원을 전자의 이동과 산화수의 변화로 설명하고, 산화수를 이용하여 산화·환원 반응식을 완성할 수 있다.

[12화학Ⅰ04-06] 화학 반응에서 열의 출입을 측정하는 실험을 수행할 수 있다.

→ 법의혈청학의 경우 혈액검사를 중심으로 과학수사, 감식에 대한 이해가 필요한 분야이다. 따라서 화학 반응을 다룬 화학Ⅰ의 4단원(역동적인 화학 반응)의 성취기준이 법의학에 대한 이해도를 높이는 데 필요할 것으로 생각되어, 이를 중심으로 탐구할 주제를 고민할 것을 제안하였다.

• 위와 같이 각자 담당 교과의 성취기준 중 '법의학'과 연결 지을 수 있는 성취기준을 그 이유와 함께 추려 보고, 이를 엮어 통합단원의 전반적인 내용 흐름을 얼개 수준으로 작성해 보았다.

〈법의학〉 통합단원

• 법의학의 학문적 개념과 세부 분야에 대하여 이해한다.
• 법의학의 과학적 근거가 되는 관련 학문과 적용에 대하여 이해한다.
• 사망의 종류와 사인(死因)의 규명에 대한 법적 근거와 효력에 대해 이해한다.
• 생명의 존엄성에 대한 이해를 바탕으로 법의학자가 가져야 할 윤리적 태도에 대해 탐구한다.

• 작성한 얼개를 중심으로, '법의학'을 중심으로 한 통합단원의 성취기준을 협의하였다.

• 기존 4개 과목의 성취기준을 활용하되, 특정 '직업'을 중심으로 범위를 제한해야 하는 만큼 성취기준을 재진술하기로 하였다.
• 법의학에 대한 이해/각 교과별 법의학에 대한 접근을 중심으로 성취기준을 고민하였다.

📋 절차에 따른 결과

→ 학생들이 경험한 창의적 체험활동 중 교과 연계 프로젝트 학습으로 탐구할 주제를 취합하였다.

> 주제: 법의학 알아보기 / 해당 교과: 정치와 법, 생활과 윤리, 생명과학 I , 화학 I

통합단원 탐구 주제 선정

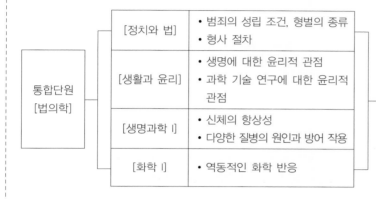

통합단원 [법의학]		
	[정치와 법]	• 범죄의 성립 조건, 형벌의 종류 • 형사 절차
	[생활과 윤리]	• 생명에 대한 윤리적 관점 • 과학 기술 연구에 대한 윤리적 관점
	[생명과학 I]	• 신체의 항상성 • 다양한 질병의 원인과 방어 작용
	[화학 I]	• 역동적인 화학 반응

• 법의학에 대해 과학적 지식을 활용하여 탐구한다.
• 법의학이 형사 절차에 영향을 미칠 수 있는 조건과 범주를 탐구한다.
• 법의학자의 윤리적 태도에 대해 탐구한다.

→ 각 교과의 성취기준을 분석하고, 이를 바탕으로 통합단원의 구성을 얼개 수준으로 작성하였다.

> 1. 법의학의 개념과 세부 분야
> 2. 법의학에 대한 과학적 접근
> 3. 법의학에 대한 법적 접근
> 4. 법의학에 대한 윤리적 접근

→ 각 교과목의 특성을 고려하여 총 5개의 성취기준을 다음과 같이 작성하였다.

01 [재구성]	02 [재구성]	03 [재구성]	04 [재구성]	05 [재구성]
법의학의 개념과 기능을 파악하고, 세부 분야에 대하여 이해한다.	법의학의 세부 분야인 법의병리학, 법의혈청학에 대하여 생명과학적 접근방식을 통해 이해한다.	법의학의 세부 분야인 법의혈청학에 대하여 화학적 접근방식을 통해 이해한다.	법의학의 적용으로 인한 사인의 판단, 감식 등이 실제 사법 체계에 미치는 영향을 이해한다.	법의학의 가치와 필요성에 대한 이해를 바탕으로, 생명을 다루는 윤리적 태도에 대해 성찰한다.

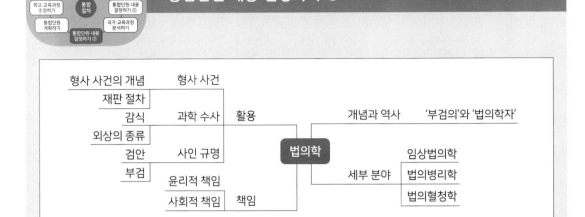

→ **해당 통합 단원은 학생들이 주도하는 프로젝트 학습으로 이루어지나, 큰 틀에서 학생들이 다룰 수 있는 내용 요소가 무엇이 있을지를 정리하여 제시함으로써 탐구의 가이드라인을 잡아 주기로 하였다.**

• 법의학의 개념, 형사 사건에 대한 이해, 재판 절차에 대한 이해, 삶과 죽음의 윤리, 각종 외상의 종류, 과학수사와 감식학, 검안과 부검, 사인의 규명, 과학 기술의 사회적 책임

→ **작성한 내용 요소를 미리 작성한 얼개와 성취기준을 고려하여 재배치하였다.**

• 4개의 교과가 함께 엮이는 통합단원이지만 각 수업을 수강하는 학생들이 다르므로 법의학의 개념은 모든 교과에서 다루는 것으로 하였다. 그리고 형사 사건에 대한 이해와 재판 절차에 대한 이해는 '정치와 법'에서, 삶과 죽음의 윤리는 '생활과 윤리'에서 다루기로 하였다.
다만 사인의 규명 및 기타 과학적 접근의 경우 생명과학과 화학적 접근이 동시에 필요하므로 이에 관해서는 내용을 동시에 다루기로 하였다. 따라서 과학적 접근 측면에서는 화학 및 생명과학 교사가 각기 필요한 과학적 지식에 대하여 조언하는 것으로 통합단원의 시퀀스를 정리하였다.

절차에 따른 결과

→ (수업량 유연화 교육 활동) 주제 중심 프로젝트 학습으로 진행되는 통합단원의 특성을 고려하여, 내용의 스코프와 시퀀스를 간단하게 정리하였다. 우선 탐구 활동의 길잡이 역할을 할 단원의 내용 요소를 설정하고, 이를 재구성한 성취기준 및 교과의 특성을 고려하여 분류하고, 학습의 흐름에 따라 편성하였다.

탐구 주제	통합단원의 스코프
법의학의 기초	• 법의학의 개념, 역사 • 임상법의학, 법의병리학, 법의혈청학
법의학에 대한 법적 접근	• 형사 사건 • 재판의 절차, 증거의 효력
법의학에 대한 과학적 접근	• 각종 외상의 종류 • 과학 수사와 감식학 • 검안과 부검 • 사인의 규명
법의학에 대한 윤리적 접근	• 삶과 죽음의 윤리 • 과학 기술의 사회적 책임

통합단원 계획하기

→ 진도표 반영을 위한 통합단원명의 경우, 학생들의 계획서에 나타난 주제명을 그대로 활용하여 '법의학 알아보기'로 설정하였다.

→ 재구성한 성취기준을 고려하여 단원의 내용 요소와 흐름을 편성하였으므로 단원의 목표 역시 성취기준에 근거하여 진술하고자 하였다.

• 법의학의 개념과 기능을 파악하고, 세부 분야에 대하여 이해한다.
• 법의학의 세부 분야인 법의병리학, 법의혈청학에 대하여 생명과학적 접근방식을 통해 이해한다.
• 법의학의 세부 분야인 법의혈청학에 대하여 화학적 접근방식을 통해 이해한다.
• 법의학의 적용으로 인한 사인의 판단, 감식 등이 실제 사법 체계에 미치는 영향을 이해한다.
• 법의학의 가치와 필요성에 대한 이해를 바탕으로 생명을 다루는 윤리적 태도에 대해 성찰한다.

→ 통합 및 재구성의 목적 및 의도를 포함하고, 앞서 작성한 단원의 목표를 고려하여 해당 통합 단원을 조망할 수 있는 개관을 작성하였다.

• 다만 지금까지 한 작업의 단순 반복으로 제시하기보다, 학생들의 프로젝트 활동이 중심이 되는 만큼 이미 학생들이 제출한 계획서의 '개요' 측면을 활용하기로 하였다.

→ 통합단원을 구성하는 4개 교과가 모두 동일 시수로 구성되어 있고(학기집중, 4시수), 16+1 형 태의 수업량 유연화 교육 활동에 따라 진행되는 활동인 만큼, 1주 수업 기준인 교과별 최대 4차시 이내로 편성하였다.

• 다만 차시별 지도 내용과 학습 주제 등은 학생들이 주도하는 프로젝트 수업이 진행되므로, 방향성을 잡을 수 있도록 돕기 위한 큰 틀에서의 주제를 제시하는 정도로만 작성하였다.

→ 수업량 유연화에 따른 해당 통합의 절차 과정에서는 별도로 평가가 이루어지지 않기에 관련 내용은 별도로 작성하지 않았다.

→ 각 수업을 수강하는 학생들이 다르다는 점을 고려하여 직소(Jigsaw) 모형을 일부 활용하기로 하였다.

• 다만 평가도 함께 고려하는 직소 모형과 달리, 해당 통합단원은 별도의 평가 단계가 없다는 점을 고려하였다. 따라서 ① 각자 소주제 분담 → ② 실제 학습 → ③ 전문가로서 조원들에게 수업을 진행하는 과정에서의 개별 책무성에 초점을 맞추어 단원 구성에 적용하고, 이를 '지도 계획표'에 반영하였다.

📋 절차에 따른 결과

→ 학생들의 계획서에 제시된 주제명을 통합단원명으로 활용하였다.

단원명: 법의학 알아보기

→ **통합의 목적과 의도, 통합의 목표, 계획서에 드러난 '개요' 측면을 활용하여 통합단원의 개관을 작성하였다.**

  법의학은 민감한 법률적 문제와 논쟁에 대하여 의학적·과학적 사항에 대한 연구를 통한 해결의 실마리를 제공하여 사법 체계의 운영에 도움을 주고, 자칫 억울할 수 있는 사람들의 인권 보호에도 이바지할 수 있는 학문이다.

  각 대학의 의과대학이 6년(예과, 본과 포함)이라는 긴 시간을 이수하도록 하는 것은 의학의 학습량, 실무 수습 기간이 다른 전공에 비해 그만큼 더 필수적으로 요구됨을 반증한다고 볼 수 있다. 법의학은 일반적으로 의사 자격을 갖추고 나서도 별도의 자격 취득 및 수련이 필요한 만큼, 일단 되기도 힘들뿐더러 직업의 특성상 시체를 자주 접하는 고되고 힘든 일이다. 하지만 그런 만큼 사람들이 겪을 수 있는 억울한 죽음, 혹은 기타 사법적 문제를 해결하는 데 결정적인 역할을 할 수 있는 보람이 있는 직업이기도 하다. 이 통합단원에서는 과학적·법적 차원에서 접근할 뿐만 아니라 법의학자로서 가져야 할 윤리적 태도에 대해서도 알아보는 등 다양한 관점에서 이 직업을 조사해 보고자 한다.

→ **각 소단원별 차시, 지도 내용, 학습 주제, 재구성 의도를 포함한 단원지도계획표를 작성하였다. 다만 이는 학생들의 계획서를 바탕으로 교사들이 안내하는 가이드라인의 역할만을 하며, 학생들이 주제 중심 프로젝트 활동을 진행하는 과정에서 변경될 수도 있음을 함께 안내하기로 하였다.**

→ **통합단원 지도 계획표는 미리 제시하되, 마지막의 협동학습 과정(직소)을 미리 안내함으로써 각자 수강하는 교과에서 담당하는 프로젝트 학습에 개별 책무성을 가질 수 있도록 하였다.**

◈ 통합단원 지도계획

통합 단원	소단원	차시	탐구 주제	지도 내용	지도 주안점
법의학 알아 보기	법의학의 개념과 세부 분야	1 (전체)	[주제1] 법의학의 개념과 역사 [주제2] 법의병리학, 법의혈청학, 임상법의학	법의학의 개념과 역사, 법의학의 세부 분야	법의학의 개념과 역할을 알고, 이를 통해 법의학자가 하는 일의 전문성의 근거가 되는 학문적 기반을 스스로 분류해 볼 수 있도록 함

법의학에 대한 과학적 접근	2 (생, 화)	[주제3] 검안과 부검의 절차, 외인사의 종류 (외상, 질식, 중독 등)	검안과 부검	사인의 규명, 부검의 절차 속에서 얻을 수 있는 각종 정보에 대하여, 생명과학-화학적 근거를 찾아볼 수 있도록 함
	3 (생, 화)		각종 외상의 종류	재판의 절차 속에서 법의학적 증거의 효력이 점차 강조되어 가는 과정과 이유에 대해 논리적으로 제시해 볼 수 있도록 함
	4 (생, 화)	[주제4] 법의병리학, 법의혈청학에 기반한 사망의 종류 판별과 사인의 규명 과정	과학수사와 감식학	사체(死體)를 다루는 직업적 특수성에 기반하여, 법의학자가 가져야 할 윤리적 태도를 생각해 보고, 법의학에 대한 사회적 인식에 의견을 나누어 볼 수 있도록 함
	5 (생, 화)		사인의 규명	
법의학에 대한 법적 접근	6 (정법)	[주제5] 형사 · 민사 사건에 대한 이해	형사, 민사 사건에 대한 이해 재판 절차와 법의학적 증거 능력	법의학에 대한 각기 다른 접근방식에 대하여, 자신이 맡은 부분에 대해서 전문가로서 충실히 공유할 수 있도록 함
	7 (정법)	[주제6] 과학수사와 증거의 효력	사례탐구 – 법의학이 실제로 재판에 미치는 영향	
법의학에 대한 윤리적 접근	8 (생윤)	[주제7] 생명과 윤리	삶과 죽음의 윤리	
	9 (생윤)	[주제8] 과학과 윤리	과학 기술의 사회적 책임	
All About 법의학	10 (전체)	[주제 전체]	프로젝트 학습 내용 취합, 직소 모형 – '전문가 활동'	

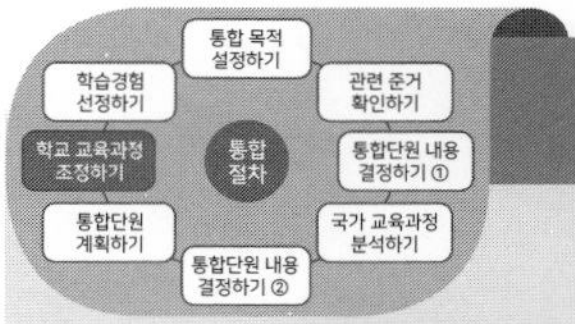

학교 교육과정 조정하기

→ 교과별 진도계획표에 편성한 통합단원을 삽입하여 조정하기로 하였다. 학생들의 부담을 줄이기 위하여 지필고사(기말고사)가 끝난 이후 프로젝트 학습을 위한 학습 주간을 설정하기로 하였다. 다음에는 참고용으로 '생활과 윤리' '정치와 법'에 대하여 작성하였다.

정치와 법 2학기 진도계획표: 단원 및 성취기준

월/주		단원 및 성취기준	
		대단원/중단원	성취기준
8	1	Ⅰ. 민주주의와 헌법 01. 정치와 법	[12정법01-01] 정치의 기능과 법의 이념을 이해하고, 민주주의와 법치주의의 발전 과정을 분석한다.
	2	Ⅰ. 민주주의와 헌법 02. 헌법의 의의와 기본 원리	[12정법01-02] 헌법의 의의와 기능을 이해하고, 우리 헌법의 기본 원리를 탐구한다.
9	3	Ⅰ. 민주주의와 헌법 02. 헌법의 의의와 기본 원리	[12정법01-02] 헌법의 의의와 기능을 이해하고, 우리 헌법의 기본 원리를 탐구한다.
	4	Ⅰ. 민주주의와 헌법 03. 기본권의 보장과 제한	[12정법01-03] 우리 헌법에서 보장하는 기본권의 내용을 분석하고, 기본권 제한의 요건과 한계를 탐구한다.
	5	Ⅱ. 민주 국가와 정부 01. 민주 국가의 정부 형태	[12정법02-01] 민주 국가의 정부 형태를 이해하고, 우리 헌법에 나타난 우리나라의 정부 형태를 탐구한다.
	6	Ⅱ. 민주 국가와 정부 02. 우리나라의 국가 기관	[12정법02-02] 입법부, 행정부, 사법부의 역할을 이해하고, 이들 간의 상호관계를 권력분립의 원리에 기초하여 분석한다.
	7	Ⅱ. 민주 국가와 정부 03. 지방 자치의 의의와 과제	[12정법02-03] 중앙 정부와의 관계 속에서 지방 자치의 의의를 이해하고, 우리나라 지방 자치의 현실과 과제를 탐구한다.
10	8	Ⅲ. 정치 과정과 참여 01. 정치 과정과 정치 참여	[12정법03-01] 민주 국가의 정치 과정을 분석하고, 시민의 정치 참여의 의의와 유형을 탐구한다.
	9	지필고사(중간고사)	중간고사 실시 기간
	10	Ⅲ. 정치 과정과 참여 02. 선거와 선거 제도	[12정법03-02] 대의제에서 선거의 중요성과 선거 제도의 유형을 이해하고, 우리나라 선거 제도의 특징과 문제점을 분석한다.
	11	Ⅲ. 정치 과정과 참여 03. 정치 과정과 정치 참여	[12정법03-03] 정당, 이익집단과 시민단체, 언론의 의의와 기능을 이해하고, 이를 통한 시민 참여의 구체적인 방법과 한계를 분석한다.
11	12	Ⅳ. 개인 생활과 법 01. 민법의 기초	[12정법04-01] 민법의 의의와 기능을 이해하고, 민법의 기본 원리를 탐구한다.
	13	Ⅳ. 개인 생활과 법 02. 재산 관계에 관련된 법 03. 가족 관계에 관련된 법	[12정법04-02] 재산 관계(계약, 불법행위)와 관련된 기본적인 법률 내용을 이해하고, 이를 일상생활의 사례에 적용한다. [12정법04-03] 가족 관계(부부, 부모와 자녀)와 관련된 기본적인 법률 내용을 이해하고, 이를 일상생활의 사례에 적용한다.
	14	Ⅴ. 사회생활과 법 01. 형법의 의의와 기능	[12정법05-01] 형법의 의의와 기능을 죄형 법정주의를 중심으로 이해하고, 범죄의 성립 요건과 형벌의 종류를 탐구한다.
	15	Ⅴ. 사회생활과 법 02. 형사 절차와 인권 보장	[12정법05-02] 형사 절차에서 인권을 보장하는 원칙을 이해하고 이를 실현하기 위한 제도를 탐구한다.
12	16	Ⅴ. 사회생활과 법 03. 근로자의 권리	[12정법05-03] 법에 의해 보장되는 근로자의 기본적인 권리를 이해하고, 이를 일상생활의 사례에 적용한다.
	17	지필고사(기말고사)	기말고사 실시 기간
	18	[수업량 유연화] 법의학 알아보기	[재구성] 법의학의 개념과 기능을 파악하고, 세부 분야에 대하여 이해한다. [재구성] 법의학의 적용으로 인한 사인의 판단, 감식 등이 실제 사법 체계에 미치는 영향을 이해한다.
	19	Ⅵ. 국제 관계와 한반도 01. 국제 관계의 변화와 국제법	[12정법06-01] 오늘날의 국제 관계 변화(세계화 등)를 이해하고 국제 사회에서 국제법이 지닌 의의와 한계를 탐구한다.
2	20	Ⅵ. 국제 관계와 한반도 02. 국제 문제와 국제 기구	[12정법06-02] 국제 문제(안보, 경제, 환경 등)를 이해하고, 이를 해결하기 위해 국제기구들이 수행하는 역할과 활동을 분석한다.
	21	Ⅵ. 국제 관계와 한반도 03. 우리나라의 국제 관계와 국제 질서	[12정법06-03] 우리나라의 국제 관계를 이해하고, 외교적 관점에서 한반도를 둘러싼 국제 질서를 분석한다.

◈ 생활과 윤리 2학기 진도계획표: 단원 및 성취기준

월/주		단원 및 성취기준	
		대단원/중단원	성취기준
8	1	I.현대의 삶과 실천 윤리 01. 현대 생활과 실천 윤리	[12생윤01-01] 인간의 삶에서 나타나는 다양한 문제를 윤리적 관점에서 이해하고, 이를 학문으로서 다루는 윤리학의 성격과 특징을 설명할 수 있다.
	2	I.현대의 삶과 실천 윤리 02. 현대 윤리 문제에 대한 접근	[12생윤01-02] 현대의 윤리 문제를 다루는 새로운 접근법 및 동서양의 다양한 윤리 이론들을 비교·분석하고, 이를 다양한 윤리 문제에 적용하여 윤리적 해결 방안을 도출할 수 있다.
9	3	I.현대의 삶과 실천 윤리 03. 윤리 문제에 대한 탐구와 성찰	[12생윤01-03] 윤리적 삶을 살기 위한 다양한 도덕적 탐구와 윤리적 성찰 과정의 중요성을 인식하고, 도덕적 탐구와 윤리적 성찰을 일상의 윤리 문제에 적용할 수 있다.
	4	II.생명과 윤리 01. 삶과 죽음의 윤리	[12생윤02-01] 삶과 죽음에 대한 다양한 윤리적 문제를 인식하고, 이에 대한 여러 윤리적 입장을 비교·분석하여, 인공임신중절·자살·안락사·뇌사의 문제를 자신이 채택한 윤리적 관점으로 설명할 수 있다.
	5	II.생명과 윤리 01. 삶과 죽음의 윤리	[12생윤02-01] 삶과 죽음에 대한 다양한 윤리적 문제를 인식하고, 이에 대한 여러 윤리적 입장을 비교·분석하여, 인공임신중절·자살·안락사·뇌사의 문제를 자신이 채택한 윤리적 관점으로 설명할 수 있다.
	6	II.생명과 윤리 02. 생명 윤리	[12생윤02-02] 생명의 존엄성에 대한 여러 윤리적 관점을 비교·분석하고, 생명 복제, 유전자 치료, 동물의 권리 문제를 윤리적 관점에서 설명하며 자신의 관점을 윤리 이론을 통해 정당화할 수 있다.
	7	II.생명과 윤리 03. 사랑과 성 윤리	[12생윤02-03] 사랑과 성의 의미를 양성 평등의 관점에서 분석하고, 성과 관련된 문제를 여러 윤리 이론을 통해 설명할 수 있으며 가족윤리의 관점에서 오늘날의 가족 해체 현상을 탐구하고 이에 대한 극복 방안을 제시할 수 있다.
10	8	III. 사회와 윤리 01. 직업과 청렴의 윤리	[12생윤03-01] 직업의 의의를 행복의 관점에서 이해하고, 다양한 직업군에 따른 직업윤리를 제시할 수 있으며 공동체 발전을 위한 청렴한 삶의 필요성을 설명할 수 있다.
	9	지필고사(중간고사)	중간고사 실시 기간
	10	III. 사회와 윤리 02. 사회 정의와 윤리	[12생윤03-02] 공정한 분배를 이룰 수 있는 방안으로서 우대 정책과 이에 따른 역차별 문제를 분배 정의 이론을 통해 비판 또는 정당화할 수 있으며, 사형 제도를 교정적 정의의 관점에서 비판 또는 정당화할 수 있다.
	11	III. 사회와 윤리 03. 국가와 시민의 윤리	[12생윤03-03] 국가의 권위와 의무, 시민의 권리와 의무를 동서양의 다양한 관점에서 설명하고, 민주시민의 자세인 참여의 필요성을 제시할 수 있다.
11	12	IV. 과학과 윤리 01. 과학 기술과 윤리	[12생윤04-01] 과학 기술 연구에 대한 다양한 관점을 조사하여 비교·설명할 수 있으며 이를 과학 기술의 사회적 책임 문제에 적용하여 비판 또는 정당화할 수 있다.
	13	IV. 과학과 윤리 02. 정보 사회와 윤리	[12생윤04-02] 정보 기술과 매체의 발달에 따른 윤리적 문제들을 제시할 수 있으며 이에 대한 해결방안을 정보윤리와 매체윤리의 관점에서 제시할 수 있다.
	14	IV. 과학과 윤리 03. 자연과 윤리	[12생윤04-03] 자연을 바라보는 동서양의 관점을 비교·설명할 수 있으며 오늘날 환경 문제의 사례와 심각성을 조사하고, 이에 대한 해결방안을 윤리적 관점에서 제시할 수 있다.
	15	V. 문화와 윤리 01. 예술과 대중문화 윤리	[12생윤05-01] 미적 가치와 윤리적 가치를 예술과 윤리의 관계 차원에서 설명할 수 있으며 대중문화의 문제점을 윤리적 관점에서 비판하고 그 개선 방안을 제시할 수 있다.
12	16	V. 문화와 윤리 02. 의식주 윤리와 윤리적 소비 03. 다문화 사회의 윤리	[12생윤05-02] 의식주 생활과 관련된 윤리적 문제들을 제시하고, 이를 윤리적 관점에서 비판할 수 있으며 윤리적 소비 실천의 필요성을 설명할 수 있다. [12생윤05-03] 문화의 다양성을 존중해야 하는 이유를 다문화 이론의 관점에서 설명하고, 오늘날 종교 갈등을 극복하기 위한 방안을 제시할 수 있다.
	17	지필고사(기말고사)	기말고사 실시 기간
	18	[수업량 유연화] 법의학 알아보기	[재구성] 법의학의 개념과 기능을 파악하고, 세부 분야에 대하여 이해한다. [재구성] 법의학의 가치와 필요성에 대한 이해를 바탕으로, 생명을 다루는 윤리적 태도에 대해 성찰한다.
2	19	VI. 평화와 공존의 윤리 01. 갈등 해결과 소통의 윤리	[12생윤06-01] 사회에서 일어나는 다양한 갈등의 양상을 제시하고, 사회 통합을 위한 구체적인 방안을 제안할 수 있으며 바람직한 소통 행위를 담론윤리의 관점에서 설명하고 일상생활에서 실천할 수 있다.
	20	VI. 평화와 공존의 윤리 02. 민족 통합의 윤리	[12생윤06-02] 통일 문제를 둘러싼 다양한 쟁점을 이해하고, 각각의 쟁점에 대한 자신의 관점을 설명할 수 있으며 남북한의 화해를 위한 개인적·국가적 노력을 구체적으로 제시할 수 있다.
	21	VI. 평화와 공존의 윤리 03. 지구촌 평화의 윤리	[12생윤06-03] 국제 사회의 여러 분쟁과 국가 간 빈부격차 문제를 윤리적 관점에서 비판적 설명을 할 수 있으며 국제 사회에 대한 책임과 기여 문제를 윤리적 관점에서 정당화하고 실천 방안을 제시할 수 있다.

절차에 따른 결과

→ 각 교과별 진도계획표에 해당 통합단원을 반영하였다.

월/주		단원 및 성취기준	
		대단원/중단원	성취기준
12	17	지필고사(기말고사)	기말고사 실시 기간
	18	[수업량 유연화] 법의학 알아보기	[재구성] 법의학의 개념과 기능을 파악하고, 세부 분야에 대하여 이해한다. [재구성] 법의학의 적용으로 인한 사인의 판단, 감식 등이 실제 사법 체계에 미치는 영향을 이해한다.

→ 다양한 과목에 각종 주제가 제시되어 특정 교과의 진도표에 1~2개의 주제를 넣기 어려운 경우 학교의 학사일정에 반영한다면 학교운영위원회 심의 후 다음과 같은 형태로 제시할 수 있다.

주		월		화		수		목		금
18	5	월17 기말고사	6	화17 기말고사	7	수17	8	목16	9	개교기념일
19	12	월18	13	화18	14	수18 수업량 유연화	15	목17 수업량 유연화	16	금17 수업량 유연화
20	19	월19 반일제 동아리	20	화19 학예제	21	수19	22	목18	23	금18 학생회 선거
21	26	월20	27	화20	28	수20 졸업식	29	목19 종업식	30	방학

학습경험 선정하기

→ 실제로 수업을 진행하기 전 각 차시별 수업 지도안을 작성하였다. 지도안에는 각 차시별 수업의 의도, 학습 주제와 목표, 주요 교과 역량을 포함하여, '통일'이라는 같은 주제를 다루는 두 교사가 동일한 목표를 달성할 수 있는 하나의 지침 혹은 준거가 될 수 있도록 하였다.

→ 또한 학생들이 수업 시간에 하는 활동, 주어지는 자료 및 활동지 등은 미리 협의하여 제시하였으며, 마찬가지로 이를 지도안에 최대한 구체적으로 작성하기로 하였다. 통합사회 따로, 한국사 따로 노는 형태의 분절된 수업이 아니라, 학생들이 배움의 경험에 있어 연속성을 기할 수 있도록 노력하였다.

→ 지도안 중 4차시 분량은 다음 장에 첨부하였다. 또한 법의학의 개념과 세부 분야에 대한 프로젝트 학습계획안, 법의학자에 대한 부정적 사회 인식과 법의학자의 윤리강령을 만들어 보는 프로젝트 학습계획안을 예시 자료로 추가하였다.

법의학의 개념과 세부 분야 - 법의학의 세부 분야

교수 · 학습 지도안

통합단원	법의학 알아보기	소단원	① 법의학의 개념과 세부 분야
성취기준	[재구성] 법의학의 개념과 기능을 파악하고, 세부 분야에 대하여 이해한다.		
학습 주제	**[주제 2] 법의병리학, 법의혈청학, 임상법의학**		

교수 · 학습 활동	자료 및 지도상의 유의점
【전시 복습】법의학의 개념은? - 전시 학습에서 찾아본 신문기사, 드라마 · 영화 등 미디어에 노출된 법의학자의 모습을 활용하여 법의학의 개념과 법의학자의 역할을 떠올려 볼 수 있도록 한다. - 법의병리학, 법의혈청학, 임상법의학의 개념을 다시 떠올려 본다. **【프로젝트 학습 ①】법의학자의 역할** - 법의학자에 추체험하여, '법의학자의 하루'를 주제로 조별로 탐구 과제를 설정한다. → 탐구 과제 설정 시 법의학의 세부 분야를 고려하도록 안내한다. → 국립과학수사연구원에서의 부검 장면, 화학적 증거물 검출 장면, 법정에 증거를 전달하기 위한 소견서 작성 등 구체적인 장면을 포함하여 내용을 작성할 수 있도록 안내한다. **【프로젝트 학습 ②】법의학자의 활동 모습 알리기** - '프로젝트 ①'에서 탐구한 '법의학자의 하루' 내용을 중심으로, 법의학자의 역할과 활동 모습을 알릴 수 있는 방법에 대해 조별 탐구 과제를 설정한다. [탐구 과제 예시] ✪ 다큐멘터리 제작을 위한 스토리보드 작성 ✪ 8컷 만화 그리기를 위한 콘티 짜기 ✪ 법의학 특집 기사 개요 짜기 - 작성한 활동 보고서를 해당 프로젝트 학습에 참여하는 전체 인원에 공유한다.	• 개인별로 태블릿 PC를 배부한다. • 미디어에 노출된 법의학자의 모습과 실제 모습의 괴리에 대해서도 생각해 볼 수 있도록 한다. • 법의학에 대해 본인의 이해도를 높이는 것이 우선이라는 점을 인지한 상태로 활동을 진행할 수 있도록 한다.

법의학에 대한 과학적 접근 – 검안과 부검

교수 · 학습 지도안

통합단원	법의학 알아보기	소단원	② 법의학에 대한 과학적 접근
성취기준	[재구성] 법의학의 세부 분야인 법의병리학, 법의혈청학에 대하여 생명과학적 접근방식을 통해 이해한다. [재구성] 법의학의 세부 분야인 법의혈청학에 대하여 화학적 접근방식을 통해 이해한다.		
학습 주제	[주제3] 검안과 부검의 절차, 외인사의 종류 [주제4] 사인의 규명		

교수 · 학습 활동	자료 및 지도상의 유의점
【내용 학습】부검의 절차 이해하기 - 검안, 검시, 부검의 개념을 파악한다. - 부검의 조건과 절차를 파악한다. - 부검을 통해 얻을 수 있는 정보에 대해 파악한다.	• 개인별로 태블릿 PC를 배부한다. • 현실적으로 직접 사체(死體)를 보는 것은 불가하므로, 서적 및 절차를 다룬 영상 매체를 활용하여 내용을 파악할 수 있도록 한다.
【프로젝트 학습】〈부검〉에 대한 과학적 접근 - 부검의 조건과 절차를 고려하여, 생명과학적/화학적 측면에서 조별로 탐구 과제를 설정한다. [탐구 과제 예시] ✪ '부검' 결과 판독의 오염에 영향을 주는 화학적 요인 ✪ 신체의 항상성을 고려한 부검 결과 판독 방법 - 탐구 과제에 대해 교과 내 학습 요소 및 추가 자료 탐색을 통해 조별로 활동 보고서를 작성한다. - 부검의 진행 과정에서 발생할 수 있는(예상되는) 문제점을 선정한다. - 조별로 제시한 (예상) 문제점에 대해 토의하고, 다른 조에서 제시한 (예상) 문제점을 극복하거나 방지할 수 있는 방법을 고민하여 보고서를 작성한다.	• 부검을 통해 얻을 수 있는 정보를 화학적 · 생명과학적 접근방식으로 나누어 분석할 수 있도록 한다. • 화학Ⅰ, 생명과학Ⅰ의 성취기준, 학습 요소를 기반으로 과학적 접근 방법에 대한 이해를 심화하거나 혹은 문제점에 대하여 지적할 수 있도록 하되, 추가 조사를 통한 자료 수집에 충분한 시간을 확보할 수 있도록 한다.

법의학에 대한 법적 접근 – 법의학이 실제로 재판에 미치는 영향

교수 · 학습 지도안

통합단원	법의학 알아보기	소단원	② 법의학에 대한 법적 접근
성취기준	[재구성] 법의학의 적용으로 인한 사인의 판단, 감식 등이 실제 사법 체계에 미치는 영향을 이해한다.		
학습 주제	[주제5] 형사 · 민사 사건에 대한 이해 / [주제6] 과학 수사와 증거의 효력		

교수 · 학습 활동	자료 및 지도상의 유의점
【내용 학습】법의학적 증거 능력 – 부검을 통해 얻을 수 있는 각종 정보가 어떤 증거 능력을 가질 수 있는지에 대해 다시 떠올려 볼 수 있도록 한다. **【사례 탐구】** – 법의학적 증거가 실제로 형사 사건 재판의 흐름에 영향을 미치거나 효력을 발휘한 사례를 찾아 공유한다. 　→ 사건의 개요, 부검 전 사건 판단 정황, 부검 결과 변하게 된 증거 등 내용을 중심으로 구성한다. **【프로젝트 학습】형사 사건과 법의학** – '사회생활과 법' 단원의 학습 요소를 고려하여, 법의학과 관련지어 탐구할 수 있는 조별 과제를 설정할 수 있도록 한다.	• 개인별로 태블릿 PC를 배부한다. • 사례를 찾고 취합하는 과정에서 충분한 검증을 통해 자료가 신뢰성을 확보할 수 있도록 한다.

'사회생활과 법' 단원의 학습 요소			
형법의 의의와 기능	죄형 법정주의		범죄의 성립
형벌의 종류	형사 절차	인권 보장	근로자의 권리와 법

[탐구 과제 예시]

✿ 범죄의 성립 및 책임의 조각 사유에 영향을 미칠 수 있는 법의학적 근거

✿ 인권 옹호에 이바지할 수 있는 법의학자의 활동 심층 분석

✿ 형사 절차에서 갈수록 중요도가 높아지고 있는 법의학, 그 이유는?

법의학에 대한 윤리적 접근 – 사체(死體)를 대하는 법의학자의 윤리적 자세

교수 · 학습 지도안

통합단원	법의학 알아보기	소단원	③ 법의학에 대한 윤리적 접근
성취기준	[재구성] 법의학의 가치와 필요성에 대한 이해를 바탕으로 생명을 다루는 윤리적 태도에 대해 성찰한다.		
학습 주제	[주제7] 생명과 윤리 / [주제8] 과학과 윤리		

교수 · 학습 활동	자료 및 지도상의 유의점
【프로젝트 학습 ①】 과학 기술의 사회적 책임과 법의학 - 부검의 절차에서 발생할 수 있는 윤리적 문제를 중심으로 조별 탐구 주제를 설정한다. - 주제 탐구 과정에서 '책임윤리'의 측면을 고려하여 법의학자의 활동을 평가해 볼 수 있도록 안내한다. 【프로젝트 학습 ②】 삶과 죽음의 윤리와 법의학 - 부검을 바라보는 일부 부정적인 사회적 인식 알아보기 → 생명의 존엄성과 생명윤리 측면에서 접근할 수 있는 법의학에 대한 부정적 인식을 이해한다. → '부검'에 대해 '2번 죽이는 것'이라는 일부 사람의 인식을 극복할 수 있는 개선 방향에 대해 의견을 나눈다. 【프로젝트 학습 ③】 법의학 윤리 강령 작성하기 - 검안, 검시, 부검 등을 앞두고 있는 법의학자가 가져야 할 윤리적 태도에 대해 조별로 토의한다. - 법의학자가 가져야 할 윤리적 태도를 '윤리강령'의 형태로 제시한다.	• 개인별로 태블릿 PC를 배부한다.

프로젝트 수업 예시

◈ 〈프로젝트 학습〉 법의학 이해하기

구분	내용	참고사항
주제 선정	법의학자의 역할 알기 법의학자의 활동 모습 알리기	
자료 수집 및 탐구 계획 수립	• 추체험: 각종 자료를 참고하여 '법의학자가 된 것처럼' 하루를 구성해 보기 　- 지식백과, 관련 논문·도서 검색, 기사 찾아보기 　- 미디어에 노출된 모습 찾아보기(영화, 드라마, 예능 등) 　- 법의학의 세부 분야, 미디어에서 볼 수 있는 법의학자의 역할을 고려하여 법의학자의 하루 스케줄을 작성 • 법의학자의 하루를 잘 보여 줄 수 있는 전달 방식 구상 　- 영상 스토리보드, 만화 콘티, 특집 기사 개요 작성 방법 알아보기	• 개인별 지급된 스마트 기기 활용 • 인터넷 검색 • 논문 검색 사이트 이용 지원 • 공동 작업이 가능한 구글 문서 등 협업 툴 제공
탐구 수행	**1. 법의학자의 역할 알기** 　1) 자료 탐색 　　- 논문: 죽은 자의 권리를 찾아주는 법의학자 문국진[1] 　　- 드라마: MBC – '검법남녀' 　　- 예능: TVN – '유퀴즈 온 더 블록' 52회 　2) '부검·감식 → 형사 사건 증거의 효력 부여'의 방향성의 내러티브를 바탕으로 법의학자의 하루 구성 **2. 법의학자의 활동 모습 알리기** 　1) 홍보 방법 선정: 8컷 만화 그리기 　2) 콘티 짜기: '법의학자의 하루' 　　- 방향성 결정 　　<table><tr><td>법의학자의 역할을 다양하게 보여 주기</td><td></td></tr><tr><td>특정 사건 중심으로 1개 역할 자세히 보여 주기</td><td>선정</td></tr></table> 　　- 내러티브를 만화적 구성 기법에 따라 재구성하기 　　- 만화 그리기	• 공동 작업이 가능한 구글 문서 등 협업 툴 제공 • 만화를 태블릿 PC를 활용하여 그리는 경우 펜슬 등 대여
탐구 결과 정리 및 발표	• 탐구 결과를 정리하여 발표하고 공유한다.	

---

1) 박병주(2009). 죽은 자의 권리를 찾아주는 법의학자 '문국진'. 과학과 기술, 42(3), 66-69.

프로젝트 수업 예시

◈ 〈프로젝트 학습〉 '삶과 죽음의 윤리'와 법의학

구분	내용	참고사항
주제 선정	'삶과 죽음의 윤리'와 법의학 법의학 윤리강령 만들기	

자료 수집 및
탐구 계획
수립
	• 자료 수집 및 탐구 계획 수립
	• 자료 수집: 법의학에 대한 인식 조사
	  - 논문, 인터넷 등 검색
	  - 용어 정리: '부검의' → '법의학자'로 변경된 이유 조사
	  - 설문 조사 등(온라인/오프라인 병행)
	
	• 토의 및 탐구 활동
	  - 법의학에 대한 사회적 인식 개선책 찾아보기
	  - 법의학 윤리강령 만들기	

탐구 수행	1. 법의학에 대한 인식 조사
	  1) 자료 탐색: 인터넷, 서적 등 조사, 명칭 변경(법의학자)의 이유 알아보기
	  2) 설문 조사
	    - 설문 문항 만들기: 논문 및 법의학자 인터뷰 활용
	      ① 오프라인: 교내 학생들 대상으로 설문 조사
	      ② 온라인: N사, G사 온라인 설문 프로그램 활용
	    - 설문 결과 취합 및 정리
	
	2. 법의학 윤리강령 작성하기
	  1) 과학자, 의료진 관련 윤리강령 조사하기
	    - 과학 기술인 윤리강령
	    - 의료인 윤리강령
	  2) 과학 기술의 사회적 책임/생명과학을 다루는 의료인의 '삶과 죽음의 윤리'에 대한 인식 조사 및 공유하기
	  3) 법의학자 윤리강령 만들어 보기	

탐구 결과 정리 및 발표	• 탐구 결과를 정리하여 발표하고 공유한다.	

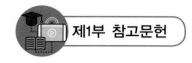

강우철 외(1983). 통합과정 운영을 위한 자료 단원. 한국교육개발원.

강충열(2011). 주제별 교과서의 등장: 초등통합교육과정에 주는 의미. 한국통합교육과정학회 학술대회자료집, 4-23.

강현석, 박영우, 이원희, 박창선, 유제순, 이지현 역(2006). 학교 교육과정 설계론의 새지평. 서울: 아카데미트레스.

곽병선(1981). 통합교과용도서 구성의 배경과 이론적 기초. 통합교과용도서의 효율적인 지도를 위한 워크숍.

곽병선(1983). 통합교육과정의 구성 방법. 한국교육개발원 편, 통합교육과정의 이론과 실제 (pp. 57-58). 서울: 교육과학사.

곽영선, 신영주(2019). 2015 개정통합과학 수업관찰을 통해 실행된 교육과정분석. 한국과학교육학회지, 39(3), 379-388.

교육부(2015). 2015 교육과정.

김대현(1986). Hirst 교육과정통합이론의 정당성 문제. 부산교육학연구, 77-90.

김대현(1990). 교육과정 조직 방식에 얽힌 오해들. 진주교육대학 초등교육연구, 2, 3-18.

김대현(1992). Hirst 교육과정 이론의 해석과 비판. 부산대학교 대학원 박사학위논문.

김대현(1996). 학교차원의 통합교육과정 개발을 위한 모형 구안. 교육과정연구, 14(3), 18-40.

김대현(1997a). 교과의 통합적 운영: 교사용 지침서. 서울: 문음사.

김대현(1997b). 교육과정 재구성과 통합수업. 부산광역시 동래교육청 '97 동래 장학자료, 43-101.

김대현(1998). 교과의 통합적 운영방안과 과제. 열린교육, 6(1), 287-303.

김대현(2017). 교육과정의 이해. 서울: 학지사.

김대현(2020). 국가교육과정체제 75년 우리에게 무엇을 남겼나? 한국교육학회 학술발표대회 자료집.

김대현, 강태용(2001). 교과경계선 허물기. 서울: 학지사.

김대현, 이영만(1995). 학교 중심의 통합교육과정 개발. 서울: 양서원.

김덕현(2011. 2. 23). 통섭·융합·컨버전스 제대로 알자. 매일경제.

김두정 외 4인(1986). 초등학교 저학년 통합교육과정 구성의 기초: 통합교육 과정의 운영실태와 개선을 위한 요구. 한국교육개발원.

김두정(1992). 학습자 학습내용량의 문제점과 대책. 교육월보, 4.

김성권(1987). 국민학교 통합교과의 구성 운영에 관한 조사 연구. 통합교과 및 특별 활동 연구, 3(1), 69-100.

김순택(1983). 통합교육과정의 학습지도. 한국교육개발원 편, 통합교육과정의 이론과 실제 (pp. 99-127). 서울: 교육과학사.

김용복, 김준태(1997). 6차 교육과정에서 공통과학의 운영실태와 개선방안. 과학교육연구, 28(1), 207-218.

김원희(1987). 교육과정연구. 부산: 부산대학교 출판부.

김은주, 김대현(2014). 2009 개정통합교과 주제별 교과서에 대한 교사들의 이해. 통합교육과정연구, 8(3), 73-92.

김재복(1988). 교육과정의 통합적 접근. 서울: 교육과학사.

김재복 외 7인(1990). 초등학교 1, 2학년 교육과정 운영에 따른 평가방안. 서울: 교육과학사.

김춘일(1993). 학교 중심 교육과정의 의의와 개발·운영을 위한 과제. 교육과정연구, 12, 17-38.

김현규(1991). 초등학교 통합교육과정 운영실태 조사연구. 공주대학교 대학원 석사학위논문.

박병주(2009). 죽은 자의 권리를 찾아주는 법의학자 '문국진'. 과학과 기술, 42(3), 66-69.

박영무, 강현석, 김인숙, 허영식 역(2006). 통합 교육과정. 서울: 원미사.

박현숙, 김현정, 손가영, 이경숙, 백윤애, 이윤정(2015). 수업 고수들: 수업 교육과정 평가를 말하다. 서울: 살림처.

박현숙, 이경숙(2014). 너! 교육과정? 아하! 교육과정 재구성! 서울: 맘에드림.

배진수, 이영만(1995). 교육과정통합과 평생교육. 서울: 학지사.

선호(2007. 4. 26). 컨버전스는 '융합'이 아니다. 미디어오늘.

성병창, 황희숙, 박수경 역(1995). 교육과정 개발과 지도성. 서울: 양서원.

성열관, 김진수, 양도길, 엄태현, 김선명, 김성수(2017). 교육과정통합, 어떻게 할 것인가? 서울: 살림터.

세종특별자치시교육청(2020). 세종마을교육공동체란?

손제민(2007. 8. 6). "통섭, 왜곡 번역됐다". 최종덕 교수 세미나서 지적. 경향신문.

송진웅, 나지연(2015). 2015 과학과 교육과정 개정의 주요 방향 및 쟁점 그리고 과학교실문화. 현장과학교육, 9(2), 72-84.

신옥순, 유혜령(1991). 유아를 위한 개방교육의 이론과 실제. 서울: 창지사.

심미옥(1989). 통합교육과정 실시의 저해 요인에 관한 연구. 통합교과 및 특별 활동연구, 5(1), 41-73.

안유섭(2020). 융복합 입문. 융복합센터 MOOC 강좌.

안창선(1986). 초등학교 통합교과 운영에 대한 연구. 통합교과 및 특별 활동연구, 2(1), 3-29.

오천석(1978). 경험과 교육. 서울: 박영사.

운현초등학교(1996). 교육과정 구성의 이론적 배경과 실제.

유한구(1988). 교과통합의 이론적 쟁점. 통합교과 및 특별 활동 연구, 4(1), 1-14.

유한구(1990). 교과통합의 인식론적 고찰. 통합교과 및 특별 활동 연구, 6(1), 39-54.

윤지현, 강선주(2016). 2015 개정교육과정에서 통합과학과 과학탐구실험 교과에 관해 고등
    학교 과학 교사들이 기대하는 부분과 우려하는 부분에 대한 분석. 학습자중심교과교육
    연구, 16(5), 515-546.

이돈희(1985). 교육철학개론. 서울: 교육과학사.

이영덕(1983). 통합교육과정의 개념. 한국교육개발원 편, 통합교육과정의 이론과 실제(pp. 15-
    55). 서울: 교육과학사.

이용숙(1992). 한국교육의 종합이해와 미래구상(Ⅲ): 교육내용과 수업방법 편. 한국교육개발
    원 연구보고, RR 92-42-2.

이용자(1991). 통합교과 운영의 저해 요인에 관한 연구. 원광대학교 대학원 석사학위논문.

이정선(2002). 초등학교 문화의 탐구. 서울: 교육과학사.

이진호, 최호형(1999). 고등학교 공통과학의 지도상 문제점과 그 해결방안. 과학교육연구,
    30(1), 99-116.

이홍우(1982). Bruner 지식의 구조. 서울: 교육과학사.

이홍우 역(1987). 민주주의와 교육. 서울: 교육과학사.

정광순, 박채형(2015). 2009 개정 통합교과 교육과정에 대한 학계 및 현장의 개선요구에 대
    한 해명. 통합교육과정연구, 9(2), 1-28.

정광순, 박채형(2017). 2015 개정교육과정에 따른 초등통합교과서 개발에 대한 기술. 통합교
    육과정연구, 11(2), 67-92.

정영홍(1987). 교육철학입문. 서울: 문음사.

조승옥(1983). 심리철학. 서울: 종로서적.

조연순(2006). 문제중심학습의 이론과 실제. 서울: 학지사.

조연순, 김경자(1996). 주제중심 통합교육과정 구성: 숙의 과정. 교육학연구, 34(1), 251-272.

조용기 역(2015). 흥미와 노력 그 교육적 의의. 서울: 교우사.

지옥정 역(1995). 프로젝트 접근법: 교사를 위한 실행지침서. 서울: 학지사.

최호성(1996). 학교 중심 교육과정의 과제와 전망. 교육과정연구, 14, 78-105.

하갑수, 박천환(1985). 통합교과 운영의 교육혁신적 관점에서의 분석. 통합교과 및 특별 활동
    연구, 1(1), 37-66.

한국교육개발원 편(1983). 통합교육과정의 이론과 실제. 서울: 교육과학사.

한국열린교육협의회편 한국교육개발원(1996). 열린교육 입문. 서울: 교육과학사.

한상주(2004). 사범대학 사회교육과 학생들의 관점에서 본 공통사회 전공의 의미. 한국교원

연구, 21(2), 141-167.

허수미(2017). 사회과 교사가 인식하는 '통합'의 의미와 실천양상. 학습자중심교과교육연구. 17(24), 766-792.

황규호(1995). 학교 단위 교육과정의 개발과 운영. 교육과정연구, 13, 25-38.

황기우(1992). 한국 초등학교의 교사문화에 관한 해석적 분석. 고려대학교 대학원 박사학위 논문.

황문수(1993). 역사란 무엇인가. 서울: 범우사.

Ackerman, D. B. (1989). Intellectual and Practical Criteria for Successful Curriculum Integration. In H. H. Jacobs (Ed.), *Interdisciplinary Curriculum: Design and Implementation* (pp. 25-38). ASCD.

Alberty, H. B., & Alberty, E. J. (1963). *Reorganizing the High-School Curriculum*. New York: The Macmillan Company.

Anderson, L. W., Krathwohl, D. R., Airasian, P. W., Cruikshank, K. A., Mayer, R. E., Pintrich, P. R., Raths, J., & Wittrock, M. C. (2001). *A Taxonomy for Learning, Teaching, and Assessing: A Revision of Bloom's Taxonomy of Educational Objectives*. New York: Pearson, Allyn & Bacon.

Aschbacher, P. R. (1991). Humanitas: A Thematic Curriculum. *Educational Leadership*, October, 16-19.

Barrow, R. (1997). *Common Sense and the Curriculum*. London: George Allen & Unwin.

Bloom, B. S., Emgelhart, M. D., Furst, E. J., Hill, W. H., & Krathwohl, D. R. (1956). *Taxonomy of Educational Objectives. Handbook 1: The Cognitive Domain*. New York: David Mckay Co Inc.

Borgia, E. (1996). Learning through Projects. *Scholastic Early Childhood Today*, *10*(6), 22-29.

Bradley, L. H. (1985). *Curriculum Leadership and Development Handbook*. Prentice Hall.

Brady, L. (1987). *Curriculum Development*. New York: Prentice Hall.

Brady, M. (1989). *What's Worth Teaching? Selecting, Organizing, and Integrating Knowledge*. Albany: State University of New York Press.

Britz, J. (1993). *Problem Solving in Early Childhood Classrooms*. Eric Clearinghouse on Elementary and Early Childhood Education, Urbana, Ill.

Brophy, J., & Alleman, J. (1991). A Caveat: Curriculum Integration Isn't Always a Good Idea. *Educational Leadership*, *49*(2), 66.

Bryson, E. (1994). Will a Project Approach to Learning Provide Children Opportunities to

Do Purposeful Reading and Writing, as Well as Provide Opportunities for Authentic Learning in Other Curriculum Areas? Alaska: Reports-Descriptive(141).

Burns, R. (1995). *Dissolving the Boundaries: Planning for Curriculum Integration in Middle and Secondary School*. Charleston, WV: Appalachia Education Laboratory.

Castanos, J. (1997). Interdisciplinary Instruction: Can the Curriculum be Integrated Successfully at the Secondary Level? Yes! *Thrust for Educational Leadership, 26*(6), 33-38.

Chard, S. C. (1998). *The Project Approach*. Home Page.

Coulby, D., & Ward, S. (1990). *The Primary Core National Curriculum: Policy into Practice*. London: Cassell, 1990.

Day, C. et al. (1993). *Leadership and Curriculum in the Primary School: The Roles of Senior and Middle Management*. London: Paul Chapman.

Dean, J. (1992). *Organising Learning in the Primary School Classroom*. London: Routledge.

Dearden, R. F. (1976). *Problems in primary education*. London: Routledge & Kegan Paul.

Dearden, R. F., Hirst, P. H., & Peters, R. S. (Eds.). (1972). *Education and the Development of reason*. London: Routledge & Kegan Paul.

Dewey, J. (1913). *Interest and Effort in Education*. Chicago: Houghton Mifflin Company.

Dewey, J. (1929). *The Sources of a Science of Education*. New York: Liveright.

Diffily, D. (1996). The Project Approach: A Museum Exhibit Created by Kindergartners. *Young-Children, 51*(2), 72-75.

Drake, S. M. (1991). How Our Team Dissolved the Boundaries. *Educational Leadership. 49*(2), 20-22.

Drake, S. M. (1993). *Planning Integrated Curriculum: The Call to Adventure*. Virginia: ASCD.

Drake, S. M., & Burns, R. C. (2004). *Meeting Standards through Integrated Curriculum*. Alexandria, VA: ASCD.

Dressel, P. L. (1958). The Meaning and Significance of Integration. In N. B. Henry (Ed.), *The Integration of Eductional Exeperiences*. Chicago: The University of Chicago Press.

Entwistle, H., (1970). *Child-centered Education*. London: Methuen & Co, Ltd.

Espinoza, P. R. A. (1993). *Exploring Integrative Curriculum for More Effective Learning by Primary Students in Costa Rica*. Master's Thesis, New Mexico State University.

Fethe, C. (1997). Curriculum Theory: A Proposal for Unity. *Educational Theory, 27*(2).

Fogarty, R. (1991). Ten Ways to Integrate Curriculum. *Educational Leadership, 49*(2), 61-65.

Fowler, W. S. (1990). *Implementing the National Curriculum: The Policy and Practice of the 1988 Education Reform Act.* London: Kogan Page.

Frazee, B. M., & Rudnitski, R. A. (1995). *Integrated Teaching Methods: Theory, Class room Applications, and Field-Based Connections.* New York: Delmar Publishers.

Gibbons, J. A. (1979). Curriculum Integration. *Curriculum Inquiry, 9*(4).

Glasgow, N. A. (1997). *New Curriculum for New Times: A Guide to Student-Centered, Problem-Based Learning.* California: Corwin Press.

Glatthorn, A. A. (1994). *Developing A Quality Curriculum.* Virginia: ASCD.

Goodlad, J. I. (1987). *The Ecology of School Renewal.* University of Chicago: NSSE.

Goodlad, J. I., & Zhixin, Su. (1992). Organization of the Curriculum. In P. W. Jackson (Ed.), *Handbook of Reasearch on Curriculum* (pp. 327-344). New York: Macmillan.

Hall, G. (Ed.). (1992). *Themes and Dimensions of the National Curriculum: Implications for Policy and Practice.* London: Kogan Page.

Hartman, J. A., & Eckerty, C. (1995). Projects in the Early Years. *Childhood Education,* Spring, 141-148.

Henry, J. (1994). *Teaching through Projects. Open and Distance Learning Series.* London: Kogan Page Ltd.

Hirst, P. H. (1974). *Knowledge and the Curriculum.* London: Routledge & Kegan Paul.

Hopkins, L. T. (1937). *Integration: Its Meaning and Application.* New York: D. Appleton Centery Company, Inc.

Hsu, Y. (1995). *An Integrated Curriculum for Kindergarten/First Grade Children Utilizing Project Approach.* Tennessee: Guides Classroom Teacher(052).

Hughes, C., Wade, W., & Wilson, J. (1993). *Inspirations for Cross-Curricular Project.* Warwickshire: Scholastic.

Ingram, J. B. (1979). *Curriculum integration and lifelong education.* Oxford: Pergamon Press.

Jacobs, H. H. (1991). Planning for Curriculum Integration. *Educational Leadership, 49*(2), 27-28.

Jacobs, H. H. (Ed.). (1989). *Interdisciplinary Curriculum: Design and Implementation.* ASCD.

Kain, D. L. (1996). Recipes or Dialogue? A Middle School Team Conceptualizes "Curriculum Integration". *Journal of Curriculum and Supervision, 11*(2), 163-187.

Kilpatrick, W. H. (1919). *The Project Method*. Teachers College, Columbia University.

Kockelmans, J. J. (Ed.). (1979). *Interdisciplinarity and higher education*. Pennsylvania State University Press.

Krogh, S. (1990). *The Integrated Early Childhood Curriculum*. New York: McGraw-Hill Publishing Company.

Leekeenan, D., & Edwards, C. P. (1992). Using the Project Approach with Toddlers. *Young-Children*, *47*(4), 31-35.

Lynn, N., & Taylor, J. E.(1993). Personal and Business Skills Development: A Project-Based Approach at the Univ. of Salford. *Studies-in Higher-Education*, *18*(2), 137-50.

Martin-Kniep, G. O., Feige, D. M., & Soodak, L. C. (1995). Curriculum Integration: An Expanded View of an Abused Idea. *Journal of Curriculum and Supervision*, *10*(3), 227-249.

Mason, T. C. (1996). Integrated Curricula: Potential and Problems. *Journal of Teacher Education*, *28*(3), 322-337.

McNeil, J. (1995). *Curriculum: The Teacher's Initiative*. New Jersey: Prentice-Hall.

McNeil, J. D. (1985). *Curriculum: A Comprehensive Introduction* (3rd ed.). Boston: Little, Brown and Company.

Meel, R. M. (1993). *Project-Based Module Development*. Heerlen, Netherlands: Centre for Educational Technological Innovation, Open Univ.

Page, T. et al. (1990). The Iron Man. *Child Education, January*, 19-26.

Palmer, J. M. (1995). Interdisciplinary Curriculum—Again. In J. A. Beane (Ed.), *Toward a Coherent Curriculum*. Virginia: ASCD.

Panaritis, P. (1995). Beyond Brainstorming: Planning a Successful Interdisciplinary Program. *Phi Delta Kappan*, April, 623-628.

Passe, J. (1995). *Elementary School Curriculum*. Wisconsin: Brown and Benchmark.

Perkins, D. N. (1989). Selecting Fertile Themes for Integrated Learning. In H. H. Jacobs (Ed.), *Interdisplinary Curriculum: Design and Implementation*. ASCD.

Posner, G. J., & Rudnitsky, A. N. (1997). *Course Design: A Guide to Curriculum Development for Teachers* (5th ed.). New York: Longman.

Pring, R. (1973). Curriculum Integration. In R. S. Peters (Ed.), *The Philosophy of Education*. London: Oxford University Press.

Proctor, N. (Ed.). (1990). *The Aims of Primary Education and the National Curriculum*. London: The Palmer Press.

Radnor, H. A. (1994). *Across the Curriculum*. London: Cassell.

Rosberg, M. (1995). *Integrated Approachs to Learning*. Iowa: Information Analyses-

General; Guides-Non-classroom.

Ross, A. (1993). *Inspirations for Cross-Curricular Themes*. Warwickshire: Scholastic.

Seely, A. E. (1995). *Integrated Thematic Units*. CA: Teacher Created Materials.

Skilbeck, M. (1984). *School-Based Curriculum. Development*. London: Harper & Row.

Tchudi, S., & Lafer, S. (1996). *The Interdisciplinary Teacher's Handbook*. Boynton/Cook Publishers, Inc.

Trepanier, S. M. (1993). What's So New about the Project Approach? *Childhood Education, 70*(1), 25-28.

Tyler, K. (1992). Differentiation & Integration of the Primary Curriculum. *J. of Curriculum Studies, 24*(6), 563-567.

Wolfinger, D. M., & Stockard, J.W. Jr. (1997). *Elementary Methods: An Integrated Curriculum*. New York: Longman.

찾아보기

| 내용 |

 저자 소개

김대현(Kim Daehyun)
부산대학교 졸업
부산대학교 대학원 교육학박사
현 부산대학교 교수

류영규(Ryu Youngkyu)
부산교육대학교 졸업
부산대학교 대학원 교육학박사
교육부 국가교육과정 각론조정위원
현 부산 연서초등학교 교사

김지현(Kim Jihyeon)
대구교육대학교 졸업
부산대학교 대학원 석사과정(교육혁신 전공)
현 부산 대신초등학교 교사

이진행(Lee Jinheng)
경북대학교 졸업
부산대학교 교육대학원 석사과정(교육과정 · 수업컨설팅 전공)
현 부산 구서여자중학교 교사

박종혁(Park Jonghyuk)
부산대학교 역사교육과 졸업
부산대학교 교육대학원 석사과정(교육과정 · 수업컨설팅 전공)
현 부산 금곡고등학교 교사

학교에서의 교육과정 통합단원 개발
How to Plan Curriculum Integrated Units in Schools

2023년 1월 10일 1판 1쇄 인쇄
2023년 1월 20일 1판 1쇄 발행

지은이 • 김대현 · 류영규 · 김지현 · 이진행 · 박종혁
펴낸이 • 김진환
펴낸곳 • (주) **학지사**
　　　　　04031 서울특별시 마포구 양화로 15길 20 마인드월드빌딩
대표전화 • 02)330-5114　　　팩스 • 02)324-2345
등록번호 • 제313-2006-000265호

홈페이지 • http://www.hakjisa.co.kr
페이스북 • https://www.facebook.com/hakjisabook

ISBN 978-89-997-2797-9 93370

정가 19,000원

출판미디어기업 **학지사**

간호보건의학출판 **학지사메디컬** www.hakjisamd.co.kr
심리검사연구소 **인싸이트** www.inpsyt.co.kr
학술논문서비스 **뉴논문** www.newnonmun.com
교육연수원 **카운피아** www.counpia.com